北京大學中國語言學研究中心

早期北京話珍稀文獻集成

主編 劉雲

——朝鮮日據時期漢語會話書匯編

分卷主編 〔韓〕朴在淵 〔韓〕金雅瑛

修正獨習漢語指南

〔韓〕柳廷烈 著
〔韓〕朴在淵 〔韓〕金雅瑛 校注

北京大學出版社
PEKING UNIVERSITY PRESS

圖書在版編目（CIP）數據

修正獨習漢語指南 /（韓）柳廷烈著；（韓）朴在淵，（韓）金雅瑛校注. —北京：北京大學出版社，2018.6
（早期北京話珍本典籍校釋與研究）
ISBN 978-7-301-28100-0

Ⅰ. ①修… Ⅱ. ①柳…②朴…③金… Ⅲ. ①北京話—研究 Ⅳ. ①H172.1

中國版本圖書館CIP數據核字（2017）第066407號

書　　名	修正獨習漢語指南 XIUZHENG DUXI HANYU ZHINAN
著作責任者	[韓]柳廷烈 著　[韓]朴在淵　[韓]金雅瑛 校注
責任編輯	路冬月　任 蕾　崔 蕊
韓文編輯	申明鈺　曹夢玥　劉 暢
標準書號	ISBN 978-7-301-28100-0
出版發行	北京大學出版社
地　　址	北京市海淀區成府路205號　100871
網　　址	http://www.pup.cn　新浪微博：@北京大學出版社
電子信箱	zpup@pup.cn
電　　話	郵購部 010-62752015　發行部 010-62750672　編輯部 010-62753374
印刷者	北京虎彩文化傳播有限公司
經銷者	新華書店
	720毫米×1020毫米　16開本　31.25印張　244千字
	2018年6月第1版　2018年6月第1次印刷
定　　價	125.00元

未經許可，不得以任何方式複製或抄襲本書之部分或全部內容。
版權所有，侵權必究
舉報電話：010-62752024　電子信箱：fd@pup.pku.edu.cn
圖書如有印裝質量問題，請與出版部聯繫，電話：010-62756370

總　序

　　語言是文化的重要組成部分,也是文化的載體。語言中有歷史。

　　多元一體的中華文化,體現在我國豐富的民族文化和地域文化及其語言和方言之中。

　　北京是遼金元明清五代國都(遼時爲陪都),千餘年來,逐漸成爲中華民族所公認的政治中心。北方多個少數民族文化與漢文化在這裏碰撞、融合,產生出以漢文化爲主體的、帶有民族文化風味的特色文化。

　　現今的北京話是我國漢語方言和地域文化中極具特色的一支,它與遼金元明四代的北京話是否有直接繼承關係還不是十分清楚。但可以肯定的是,它與清代以來旗人語言文化與漢人語言文化的彼此交融有直接關係。再往前追溯,旗人與漢人語言文化的接觸與交融在入關前已經十分深刻。本叢書收集整理的這些語料直接反映了清代以來北京話、京味兒文化的發展變化。

　　早期北京話有獨特的歷史傳承和文化底蘊,於中華文化、歷史有特別的意義。

　　一者,這一時期的北京歷經滿漢雙語共存、雙語互協而新生出的漢語方言——北京話,它最終成爲我國民族共同語(普通話)的基礎方言。這一過程是中華多元一體文化自然形成的諸過程之一,對於了解形成中華文化多元一體關係的具體進程有重要的價值。

　　二者,清代以來,北京曾歷經數次重要的社會變動:清王朝的逐漸孱弱、八國聯軍的入侵、帝制覆滅和民國建立及其伴隨的滿漢關係變化、各路軍閥的來來往往、日本侵略者的占領等等。在這些不同的社會環境下,北京人的構成有無重要變化? 北京話和京味兒文化是否有變化? 進一步地,地域方言和文化與自身的傳承性或發展性有着什麼樣的關係? 與社會變遷有着什麼樣的關係? 清代以至民國時期早期北京話的語料爲研究語言文化自身傳承性與社會的關係提供了很好的素材。

了解歷史纔能更好地把握未來。中華人民共和國成立後，北京不僅是全國的政治中心，而且是全國的文化和科研中心，新的北京話和京味兒文化或正在形成。什麽是老北京京味兒文化的精華？如何傳承這些精華？爲把握新的地域文化形成的規律，爲傳承地域文化的精華，必須對過去的地域文化的特色及其形成過程進行細緻的研究和理性的分析。而近幾十年來，各種新的傳媒形式不斷涌現，外來西方文化和國內其他地域文化的衝擊越來越强烈，北京地區人口流動日趨頻繁，老北京人逐漸分散，老北京話已幾近消失。清代以來各個重要歷史時期早期北京話語料的保護整理和研究迫在眉睫。

　　"早期北京話珍本典籍校釋與研究（暨早期北京話文獻數字化工程）"是北京大學中國語言學研究中心研究成果，由"早期北京話珍稀文獻集成""早期北京話數據庫"和"早期北京話研究書系"三部分組成。"集成"收錄從清中葉到民國末年反映早期北京話面貌的珍稀文獻并對內容加以整理，"數據庫"爲研究者分析語料提供便利，"研究書系"是在上述文獻和數據庫基礎上對早期北京話的集中研究，反映了當前相關研究的最新進展。

　　本叢書可以爲語言學、歷史學、社會學、民俗學、文化學等多方面的研究提供素材。

　　願本叢書的出版爲中華優秀文化的傳承做出貢獻！

王洪君　郭鋭　劉雲
二〇一六年十月

"早期北京話珍稀文獻集成"序

　　清民兩代是北京話走向成熟的關鍵階段。從漢語史的角度看，這是一個承前啓後的重要時期，而成熟後的北京話又開始爲當代漢民族共同語——普通話源源不斷地提供着養分。蔣紹愚先生對此有着深刻的認識："特別是清初到19世紀末這一段的漢語，雖然按分期來説是屬於現代漢語而不屬於近代漢語，但這一段的語言（語法，尤其是詞彙）和'五四'以後的語言（通常所説的'現代漢語'就是指'五四'以後的語言）還有若干不同，研究這一段語言對於研究近代漢語是如何發展到'五四'以後的語言是很有價值的。"（《近代漢語研究概要》，北京大學出版社，2005年）然而國內的早期北京話研究并不盡如人意，在重視程度和材料發掘力度上都要落後於日本同行。自1876年至1945年間，日本漢語教學的目的語轉向當時的北京話，因此留下了大批的北京話教材，這爲其早期北京話研究提供了材料支撐。作爲日本北京話研究的奠基者，太田辰夫先生非常重視新語料的發掘，很早就利用了《小額》《北京》等京味兒小説材料。這種治學理念得到了很好的傳承，之後，日本陸續影印出版了《中國語學資料叢刊》《中國語教本類集成》《清民語料》等資料匯編，給研究帶來了便利。

　　新材料的發掘是學術研究的源頭活水。陳寅恪《〈敦煌劫餘錄〉序》有云："一時代之學術，必有其新材料與新問題。取用此材料，以研求問題，則爲此時代學術之新潮流。"我們的研究要想取得突破，必須打破材料桎梏。在具體思路上，一方面要拓展視野，關注"異族之故書"，深度利用好朝鮮、日本、泰西諸國作者所主導編纂的早期北京話教本；另一方面，更要利用本土優勢，在"吾國之舊籍"中深入挖掘，官話正音教本、滿漢合璧教本、京味兒小説、曲藝劇本等新類型語料大有文章可做。在明確了思路之後，我們從2004年開始了前期的準備工作，在北京大學中國語言學研究中心的大力支持下，早期北京話的挖掘整理工作於2007年正式啓動。本次推出的"早期北京話珍稀文獻集成"是階段性成果之一，總體設計上"取異族之故書與吾國之舊籍互相補正"，共分"日本北京話教科書匯編""朝鮮日據時期漢語會話書匯編""西人北京話教科書匯編""清代滿漢合璧文獻萃編""清代官話正音文獻""十全福""清末民初京味兒小説書系""清末民初京味兒時評書系"八個系列，臚列如下：

"日本北京話教科書匯編"於日本早期北京話會話書、綜合教科書、改編讀物和風俗紀聞讀物中精選出《燕京婦語》《四聲聯珠》《華語跬步》《官話指南》《改訂官話指南》《亞細亞言語集》《京華事略》《北京紀聞》《北京風土編》《北京風俗問答》《北京事情》《伊蘇普喻言》《搜奇新編》《今古奇觀》等二十餘部作品。這些教材是日本早期北京話教學活動的縮影，也是研究早期北京方言、民俗、史地問題的寶貴資料。本系列的編纂得到了日本學界的大力幫助。冰野善寬、内田慶市、太田齋、鱒澤彰夫諸先生在書影拍攝方面給予了諸多幫助。書中日語例言、日語小引的翻譯得到了竹越孝先生的悉心指導，在此深表謝忱。

"朝鮮日據時期漢語會話書匯編"由韓國著名漢學家朴在淵教授和金雅瑛博士校注，收入《改正增補漢語獨學》《修正獨習漢語指南》《高等官話華語精選》《官話華語教範》《速修漢語自通》《速修漢語大成》《無先生速修中國語自通》《官話標準：短期速修中國語自通》《中語大全》《"內鮮滿"最速成中國語自通》等十餘部日據時期（1910年至1945年）朝鮮教材。這批教材既是對《老乞大》《朴通事》的傳承，又深受日本早期北京話教學活動的影響。在中韓語言史、文化史研究中，日據時期是近現代過渡的重要時期，這些資料具有多方面的研究價值。

"西人北京話教科書匯編"收録了《語言自邇集》《官話類編》等十餘部西人編纂教材。這些西方作者多受過語言學訓練，他們用印歐語的眼光考量漢語，解釋漢語語法現象，設計記音符號系統，對早期北京話語音、詞彙、語法面貌的描寫要比本土文獻更爲精準。感謝郭鋭老師提供了《官話類編》《北京話語音讀本》和《漢語口語初級讀本》的底本，《尋津録》、《語言自邇集》（第一版、第二版）、《平仄編》、《漢英北京官話詞彙》、《華語入門》等底本由北京大學圖書館特藏部提供，謹致謝忱。《華英文義津逮》《言語聲片》爲筆者從海外購回，其中最爲珍貴的是老舍先生在倫敦東方學院執教期間，與英國學者共同編寫的教材——《言語聲片》。教材共分兩卷：第一卷爲英文卷，用英語講授漢語，用音標標注課文的讀音；第二卷爲漢字卷。《言語聲片》采用先用英語導入，再學習漢字的教學方法講授漢語口語，是世界上第一部有聲漢語教材。書中漢字均由老舍先生親筆書寫，全書由老舍先生錄音，共十六張唱片，京韻十足，殊爲珍貴。

上述三類"異族之故書"經江藍生、張衛東、汪維輝、張美蘭、李無未、王順洪、張西平、魯健驥、王澧華諸先生介紹，已經進入學界視野，對北京話研究和對外漢語教學史研究產生了很大的推動作用。我們希望將更多的域外經典北京話教本引入進來，考慮到日本卷和朝鮮卷中很多抄本字跡潦草，難以辨認，而刻本、印本中也存在着大量的異體字和俗字，重排點校注釋的出版形式更利於研究者利用，這也是前文"深度利用"的含義所在。

對"吾國之舊籍"挖掘整理的成果，則體現在下面五個系列中：

"清代滿漢合璧文獻萃編"收入《清文啓蒙》《清話問答四十條》《清文指要》《續編兼漢清文指要》《庸言知旨》《滿漢成語對待》《清文接字》《重刻清文虛字指南編》等十餘部經典滿漢合璧文獻。入關以後，在漢語這一強勢語言的影響下，熟習滿語的滿人越來越少，故雍正以降，出現了一批用當時的北京話注釋翻譯的滿語會話書和語法書。這批教科書的目的本是教授旗人學習滿語，却無意中成爲了早期北京話的珍貴記錄。"清代滿漢合璧文獻萃編"首次對這批文獻進行了大規模整理，不僅對北京話溯源和滿漢語言接觸研究具有重要意義，也將爲滿語研究和滿語教學創造極大便利。由於底本多爲善本古籍，研究者不易見到，在北京大學圖書館古籍部和日本神户市外國語大學竹越孝教授的大力協助下，"萃編"將以重排點校加影印的形式出版。

"清代官話正音文獻"收入《正音撮要》（高静亭著）和《正音咀華》（莎彝尊著）兩種代表著作。雍正六年（1728），雍正諭令福建、廣東兩省推行官話，福建爲此還專門設立了正音書館。這一"正音"運動的直接影響就是以《正音撮要》和《正音咀華》爲代表的一批官話正音教材的問世。這些書的作者或爲旗人，或寓居京城多年，書中保留着大量北京話詞彙和口語材料，具有極高的研究價值。沈國威先生和侯興泉先生對底本搜集助力良多,特此致謝。

《十全福》是北京大學圖書館藏《程硯秋玉霜簃戲曲珍本》之一種,爲同治元年陳金雀抄本。陳曉博士發現該傳奇雖爲昆腔戲,念白却多爲京話,較爲罕見。

以上三個系列均爲古籍,且不乏善本,研究者不容易接觸到,因此我們提供了影印全文。

總體來説,由於言文不一,清代的本土北京話語料數量較少。而到了清末民初,風氣漸開,情況有了很大變化。彭翼仲、文實權、蔡友梅等一批北京愛國知識分子通過開辦白話報來"開啓民智""改良社會"。著名愛國報人彭翼仲在《京話日報》的發刊詞中這樣寫道:"本報爲輸進文明、改良風俗,以開通社會多數人之智識爲宗旨。故通幅概用京話,以淺顯之筆,達樸實之理,紀緊要之事,務令雅俗共賞,婦稚咸宜。"在當時北京白話報刊的諸多欄目中,最受市民歡迎的當屬京味兒小説連載和《益世餘譚》之類的評論欄目,語言極爲地道。

"清末民初京味兒小説書系"首次對以蔡友梅、冷佛、徐劍膽、儒丐、勳鋭爲代表的晚清民國京味兒作家群及其作品進行系統挖掘和整理,從千餘部京味兒小説中萃取代表作家的代表作品,并加以點校注釋。該作家群活躍於清末民初,以報紙爲陣地,以小説爲工具,開展了一場轟轟烈烈的底層啓蒙運動,爲新文化運動的興起打下了一定的群衆基礎,他們的作品對老舍等京味兒小説大家的創作産生了積極影響。本系列的問世亦將爲文學史和思想史研究提供議題。于潤琦、方梅、陳清茹、雷曉彤諸先生爲本系列提供了部分底本或館藏綫索,首都圖書館歷史文獻閲覽室、天津圖書館、國家圖書館提供了極大便利,謹致謝意!

"清末民初京味兒時評書系"則收入《益世餘譚》和《益世餘墨》,均係著名京味兒小説家蔡友梅在民初報章上發表的專欄時評,由日本岐阜聖德學園大學劉一之教授、矢野賀子教授校注。

這一時期存世的報載北京話語料口語化程度高,且總量龐大,但發掘和整理却殊爲不易,稱得上"珍稀"二字。一方面,由於報載小説等欄目的流行,外地作者也加入了京味兒小説創作行列，五花八門的筆名背後還需考證作者是否爲京籍，以蔡友梅爲例，其真名爲蔡松齡，查明的筆名還有損、損公、退化、亦我、梅蒐、老梅、今睿等。另一方面，這些作者的作品多爲急就章，文字錯訛很多，并且鮮有單行本存世，老報紙殘損老化的情況日益嚴重，整理的難度可想而知。

　　上述八個系列在某種程度上填補了相關領域的空白。由於各個系列在內容、體例、出版年代和出版形式上都存在較大的差異，我們在整理時借鑒《朝鮮時代漢語教科書叢刊續編》《〈清文指要〉匯校與語言研究》等語言類古籍的整理體例，結合各個系列自身特點和讀者需求，靈活制定體例。"清末民初京味兒小説書系"和"清末民初京味兒時評書系"年代較近，讀者群體更爲廣泛，經過多方調研和反復討論，我們決定在整理時使用簡體橫排的形式，儘可能同時滿足專業研究者和普通讀者的需求。"清代滿漢合璧文獻萃編""清代官話正音文獻"等系列整理時則采用繁體。"早期北京話珍稀文獻集成"總計六十餘册，總字數近千萬字，稱得上是工程浩大，由於我們能力有限，體例和校注中難免會有疏漏，加之受客觀條件所限，一些擬定的重要書目本次無法收入，還望讀者多多諒解。

　　"早期北京話珍稀文獻集成"可以説是中日韓三國學者通力合作的結晶，得到了方方面面的幫助，我們還要感謝陸儉明、馬真、蔣紹愚、江藍生、崔希亮、方梅、張美蘭、陳前瑞、趙日新、陳躍紅、徐大軍、張世方、李明、鄧如冰、王强、陳保新諸先生的大力支持，感謝北京大學圖書館的協助以及蕭群書記的熱心協調。"集成"的編纂隊伍以青年學者爲主，經驗不足，兩位叢書總主編傾注了大量心血。王洪君老師不僅在經費和資料上提供保障，還積極扶掖新進，"我們搭臺，你們年輕人唱戲"的話語令人倍感温暖和鼓舞。郭鋭老師在經費和人員上也予以了大力支持，不僅對體例制定、底本選定等具體工作進行了細緻指導，還無私地將自己發現的新材料和新課題與大家分享，令人欽佩。"集成"能夠順利出版還要特別感謝國家出版基金規劃管理辦公室的支持以及北京大學出版社王明舟社長、張鳳珠副總編的精心策劃，感謝漢語編輯室杜若明、鄧曉霞、張弘泓、宋立文等老師所付出的辛勞。需要感謝的師友還有很多，在此一并致以誠摯的謝意。

"上窮碧落下黄泉，動手動脚找東西"，我們不奢望引領"時代學術之新潮流"，惟願能給研究者帶來一些便利，免去一些奔波之苦，這也是我們向所有關心幫助過"早期北京話珍稀文獻集成"的人士致以的最誠摯的謝意。

劉　雲
二〇一五年六月二十三日
於對外經貿大學求索樓
二〇一六年四月十九日
改定於潤澤公館

整理说明

本叢書收錄的是20世紀前半葉韓國出版的漢語教材，反映了那個時期韓國漢語教學的基本情況。教材都是刻版印刷，質量略有參差，但總體上來說不錯。當然，錯誤難免，這也是此次整理所要解決的。

考慮到閱讀的方便，整理本不是原樣照錄（如果那樣，僅影印原本已足夠），而是將原本中用字不規範甚至錯誤之處加以訂正，做妥善的處理，方便讀者閱讀。

下面將整理情況作一簡要說明。

一、原本中錯字、漏字的處理。因刻寫者水平關係，錯字、漏字不少。整理時將正確的字用六角括號括起來置於錯字後面。如：

悠〔您〕、逌〔道〕、辨〔辦〕、兩〔雨〕、郡〔都〕、早〔旱〕、删〔剛〕、往〔住〕、玖〔玫〕、牧〔牡〕、湖〔胡〕、衣〔做〕、長〔漲〕、瘐〔瘦〕、敝〔敝〕、泐〔沏〕、賸〔賸〕、掛〔掛〕、楊〔褐〕、紛〔粉〕、宁〔廳〕、蠡〔蜊〕、叹〔哎〕、林〔材〕、醮〔瞧〕、到〔倒〕、仙〔他〕、設〔説〕、悟〔誤〕、嗜〔瞎〕、顒〔顒〕、孃〔讓〕、斫〔砍〕、抗〔亢〕、搜〔樓〕、遛〔溜〕、藝〔囈〕、刃〔刀〕、歐〔毆〕、肯〔背〕、叔〔叙〕、坂〔坡〕、裹〔裏〕、炎〔災〕、正〔五〕、着〔看〕、呆〔茶〕、怜悧〔伶俐〕、邦〔那〕、尿〔屁〕、常〔當〕、師〔帥〕、撤〔撒〕、例〔倒〕、孽〔孽〕、眛〔眯〕

如果錯字具有系統性，即整部書全用該字形，整理本徑改。如：

"熱"誤作"勢"、"已"誤作"己"、"麽"誤作"麼"、"豐"誤作"豊"、"懂"誤作"憧/懂"、"聽"誤作"聽"、"緊"誤作"緊"

二、字跡漫漶或缺字處用尖括號在相應位置標出。如：
賞□〈罰〉、這□〈不〉是

三、異體字的處理。異體字的問題較爲複雜，它不僅反映了當時某一地域漢字使用的習慣，同時也可能提供別的信息，因此，對僅僅是寫法不同的異體字，整理本徑改爲通行字體。如：

呌—叫	伱、儞—你	煑—煮
馱、駄—馱	幇—幫	冐—冒
恠—怪	寃—冤	徃—往
胷—胸	櫃—櫃	鴈—雁
決—决	牀—床	鑰—鎖
硑—碰	粧—裝	箇—個
鬧—閙	鑛—礦	牆—墙
舘—館	俻—備	喒、偺、喒—咱
膓—腸	葯—藥	寳—寶
槀—稾	讃—讚	蓆—席
盃—杯	砲、礮—炮	姪—侄
窓—窗	躭—耽	欵—款
荅—答	糡—糨	踈—疏
聦—聰	贜—贓	㩦—攜
饑—饉	撣—撣	躰—體
醎—鹹	坭—泥	窑—窰
滙—匯	朶—朵	擡—抬
煙—烟	賸—剩	骸—腿

以上字形，整理本取後一字。

對有不同用法的異體字，整理時加以保留。如：

疋—匹　　　升—昇—陞

四、部分卷册目錄與正文不一致，整理本做了相應的處理，其中有標號舛誤之處因涉及全書的結構，整理本暫仍其舊。

凡 例

中國言語有四處方言。一，官話、二、南方話、三、滿洲話，四、嶺南話，而此書特取官話編纂。

官話中有四聲分別，上平、下平、上聲、去聲也。爲其易曉，每字傍加圈爲票，圈在左下爲上平，在左上爲下平，在右上爲上聲，在右下爲去聲。列如 下平。 。上聲① 上平。 長 。去聲。

聲之上而重者上平也，聲之下而輕者下平也，聲之上而猛烈者上聲也，聲之去而哀遠者去聲也。

爲其語意之易解，以朝鮮語翻譯其下。爲其字音之易曉，亦以鮮文注懸字傍。

鮮文中，不隨常例特用別法。例如낲(나오)合音，붚(너우)合音，앺앮後皆仿此。뱨(바아)合音唇齒聲，뱨(버어)合音唇齒聲，쀼쀼後皆仿此。솨(라아)合音捲〔卷〕舌音，셔(러어)合音捲〔卷〕舌音，수시皆仿此。솨(돠와)合音捲〔卷〕舌音，쉬仿此。웨(수워)合音唇齒聲，웨웨皆仿此。

或有一字二音，因其活用而變者也，亦隨其應用注懸字傍一。例如，(了字)랴댠，(學字)쌘，쉐等也。

---

① 注：底本每个字旁边加圈表示四声，整理本用"1、2、3、4"代替，标注在字的右下角。

目 錄

第一編

數目部 [슈무부] ··· 1
四季部 [쓰지부] ··· 1
禮拜部 [리빈부] ··· 2
月份部 [웨앤부] ··· 2
日期部 [스치부] ··· 2
時辰部 [싀천부] ··· 2
天文部 [텬원부] ··· 3
地理部 [듸리부] ··· 4
方向部 [향썅부] ··· 5
人事部 [신싀부] ··· 6
工商部 [꿍썅부] ··· 8
身體部 [썬틔부] ··· 9
房屋部 [향우부] ··· 10
傢伙部 [쟈훠부] ··· 11
衣裳部 [이썅부] ··· 13
飮食部 [인싀부] ··· 14
菜穀部 [얫구부] ··· 14
走獸部 [쩌셔부] ··· 15
飛禽部 [쎄친부] ··· 16
魚介部 [위졔부] ··· 16
蟲子部 [쭝쯔부] ··· 17
草木部 [얔무부] ··· 17
金石部 [진싀부] ··· 18
郵政電報局, 銀行部 [역쪙뎨반쥐, 인항부] ···································· 19

城府部 [청앾부] …………………………………………………………20
車船部 [처좐부] …………………………………………………………21
陸軍部 [루쿈부] …………………………………………………………21
海軍部 [희쿈부] …………………………………………………………24

第二編　散語

散$_4$語$_3$第$_4$一$_4$章$_1$ [싼워듸이장] …………………………………26
散$_4$語$_3$第$_4$二$_4$章$_1$ [싼워듸얼장] …………………………………26
散$_4$語$_3$第$_4$三$_1$章 [싼워듸싼장] …………………………………27
散$_4$語$_3$第$_4$四$_4$章$_1$ [싼워듸쓰장] …………………………………27
散$_4$語$_3$第$_4$五章$_1$ [싼워듸우장] …………………………………28
散$_4$語$_3$第$_4$六$_4$章$_1$ [싼워듸루장] …………………………………28
散語$_3$第$_4$七章$_1$ [싼워듸치장] …………………………………29
散$_4$語$_3$第$_4$八$_1$章$_1$ [싼워듸쌔장] …………………………………29
散$_4$語$_3$第$_4$九章$_1$ [싼워듸쥬장] …………………………………30
散$_4$語$_3$第$_4$十$_2$章$_1$ [싼워듸싃장] …………………………………31
散$_4$語$_3$第$_4$十$_2$一$_4$章$_1$ [싼워듸싃이장] …………………………32
散$_4$語$_3$第$_4$十$_2$二$_4$章$_1$ [싼워듸싃얼장] …………………………32
散$_4$語$_3$第$_4$十$_2$三$_1$章$_1$ [싼워듸싃싼장] …………………………33
散$_4$語$_3$第$_4$十$_3$四章$_1$ [싼워듸싃쓰장] …………………………34
散$_4$語$_3$第$_4$十$_3$五$_3$章$_1$ [싼워듸싃우장] …………………………35
散$_4$語$_3$第$_4$十$_2$六$_4$章$_1$ [싼워듸싃루장] …………………………36
散$_4$語$_3$第$_4$十$_2$七章$_1$ [싼워듸싃치장] …………………………37
散$_4$語$_3$第$_4$十$_2$八$_1$章$_4$ [싼워듸싃쌔장] …………………………38
散$_4$語$_3$第$_4$十$_2$九$_3$章$_1$ [싼워듸싃쥬장] …………………………39
散$_4$語$_3$第$_4$二$_4$十$_2$章 [싼워듸얼싃장] …………………………40
散$_4$語$_3$第$_4$二$_4$十$_2$一$_4$章$_1$ [싼워듸얼싃이장] ……………………41
散$_4$語$_3$第$_4$二$_4$十$_3$二$_4$章$_1$ [싼워듸얼싃얼장] ……………………42
散$_4$語$_3$第$_4$二$_4$十$_2$三$_1$章$_1$ [싼워듸얼싃싼장] ……………………43
散$_4$語$_3$第$_4$二$_4$十$_2$四章$_1$ [싼워듸얼싃쓰장] ……………………44

散₄語第₄二₄十₂五₃章₁ [싼워듸얼읙우장] ……………………45
散₄語第₄二₄十₂六₄章 [싼워듸얼읙루장] ……………………46
散₄語₃第₄二十₂七₁章₁ [싼워듸얼읙치장] ……………………47
散₄語₃第₄二₄十₂八₁章₁ [싼워듸얼읙쌔장] ……………………48
散₄語₃第₄二₄十₂九₃章 [싼워듸얼읙쮸장] ……………………50
散₄語₃第₄三₁十₂章₁ [싼워듸싼읙장] ……………………51
散₄語₃第₄三₁十₂一₄章₁ [싼워듸싼읙이장] ……………………53
散₄語₃第₄三十二₄章₁ [싼워듸싼읙얼장] ……………………54
散₄語₃第₄三₁十三章 [싼워듸싼읙싼장] ……………………55
散₄語₃第₄三₁十₂四₄章₁ [싼워듸싼읙쓰장] ……………………57
散₄語₃第₄三₁十₂五₃章₁ [싼워듸싼읙우장] ……………………58
散₄語₃第₄三₁十₂六₄章₁ [싼워듸싼읙루장] ……………………59
散₄語₃第₄三₁十₂七₁章₁ [싼워듸싼읙치장] ……………………61
散₄語₃₄第₃一₁十₂八₁章₁ [싼워듸싼읙쌔장] ……………………62
散₄語₃第₄三₁十₂九₃章₁ [싼워듸싼읙쮸장] ……………………63
散₄語₃第₄四₄十₂章₁ [싼워듸쓰읙장] ……………………65
散₄語₃第₄四₄十一章₃ [싼워듸쓰읙이장] ……………………66
散₄語₃第₄四₄十₂二₄章₁ [싼워듸쓰읙얼장] ……………………67
散₄語₃第₄四₄₂十₃三章₁ [싼워듸쓰읙싼장] ……………………69
散₄語₃第₄四十四₄章₁ [싼워듸쓰읙쓰#] ……………………71
散₄語₃第₄四₄十₂五₃章₁ [싼워듸쓰읙우장] ……………………73
散₄語₃第₄四₄十₂六₄章 [싼워듸쓰읙루장] ……………………74
散₄語₃第₄四₄十₂七₁章₁ [싼워듸쓰읙치장] ……………………76
散₄語₃第₁四₄十₂八₁章₁ [싼워듸쓰읙쌔장] ……………………77
散₄語₃第₄四₄十₂九₃章 [싼워듸쓰읙쮸장] ……………………78
散₄語₃第₄五₃十₂章₁ [싼워듸우읙장] ……………………80

第三編 會話

第一課 學房 [회화듸이커쒜앵] ……………………84
第二課 莊稼人的兒子 [듸얼커좡쟈신듸얼쯔] ……………………84
第三課 春景天 [듸싼커춘징텐] ……………………85

第四課　蜂蝶　[듸쓰커앵데] …………………………………85
第五課　方向　[듸우커앵썅] …………………………………86
第六課　晚晌　[듸루커완앙] …………………………………86
第七課　田家　[듸치커뎬쟈] …………………………………87
第八課　孩子　一　[듸쌔커히쯔이] …………………………88
第九課　孩子　二　[듸쥬커히쯔얼] …………………………88
第十課　四季　[듸씌커쓰지] …………………………………89
第十一課　鷄　[듸씌이커지] …………………………………90
第十二課　馬牛　[듸씌얼커마뉴] ……………………………90
第十三課　懶惰的　一　[듸씌싼커란둬듸이] ………………91
第十四課　懶惰的　二　[듸씌쓰커란둬듸얼] ………………92
第十五課　房子　[듸씌우커앵쯔] ……………………………93
第十六課　園子　[듸씌루커웬쯔] ……………………………93
第十七課　家裏　一　[듸씌치커쟈리이] ……………………94
第十八課　家裏　二　[듸씌쌔커쟈리얼] ……………………95
第十九課　馬　[듸씌쥬커마] …………………………………95
第二十課　麥子　[듸얼씌커믹쯔] ……………………………96
第二十一課　信局　[듸얼씌이커신쥐] ………………………97
第二十二課　孝子　[듸얼씌얼커쌰쯔] ………………………97
第二十三課　學生　[듸얼씌싼커쉐엉] ………………………98
第二十四課　自鳴鐘　[듸얼씌쓰커쯔밍쭁] …………………99
第二十五課　晝夜　[듸얼씌우커쭈예] ……………………… 100
第二十六課　孤〔狐〕假虎威　[듸얼씌루커후쟈후웨] …… 100
第二十七課　火輪車　一　[듸얼씌치커휘룬처이] ………… 101
第二十八課　火輪車　二　[듸얼씌쌔커휘룬처얼] ………… 102
第二十九課　火輪車　三　[듸얼씌쥬커휘룬처싼] ………… 103
第三十課　火輪車　四　[듸싼씌커휘룬처쓰] ……………… 104
第三十一課　火輪車　五　[듸싼씌이커휘룬처우] ………… 105
第三十二課　火輪車　六　[듸싼씌얼커휘룬처루] ………… 106
第三十三課　貪心狗　[듸싼씌싼커탄신꾸] ………………… 107
第三十四課　太陽的力　[듸싼씌쓰커틱양듸리] …………… 108

第三十五課 虹霓絳 [디싼씌우커짱이쟝] ………………………………… 109

第三十六課 葡萄〔萄〕 [디싼씌뤼커푸탇] ………………………………… 109

第三十七課 秋景 [디싼씌치커취징] ………………………………… 110

第三十八課 稻子（水粳子） [디싼씌싸커땃쯔(쒸징쯔)] ………………… 111

第三十九課 上山逛逛 [디싼씌쥐커쌍싼꽝#] ………………………………… 112

第四十課 松竹間 [디쓰씌커쑹주졘] ………………………………… 113

第四十一課 米麵 [디쓰씌이커미면] ………………………………… 114

第四十二課 烏蛤 [디쓰씌얼커우꺼] ………………………………… 114

第四十三課 母親的心 [디쓰씌싼커무친듸신] ………………………………… 115

第四十四課 公鷄争鬥 [디쓰씌쓰커궁지쩡뚜] ………………………………… 116

第四十五課 縣城裏 [디쓰씌아커쏀청리] ………………………………… 117

第四十六課 打圍的 [디쓰씌릭커따웨듸] ………………………………… 118

第四十七課 猴兒 [디쓰씌치커후얼] ………………………………… 118

第四十八課 雪景 [디쓰씌싸커쒜징] ………………………………… 120

第四十九課 洋火 [디쓰씌쥐커양훠] ………………………………… 120

第五十課 伶俐奴才 [디우씌커링리누쮜] ………………………………… 121

第五十一課 海魚開會 [디우씌이커히위캐회] ………………………………… 123

第五十二課 窗友問病 [디우씌얼커촹역원삥] ………………………………… 124

第五十三課 我們的學生 [디우씌싼커워먼듸쒜엉] ………………………… 124

第五十四課 狼心 [디우씌쓰커랑신] ………………………………… 125

第五十五課 飯館子 [디우씌우커빤꽌쯔] ………………………………… 126

第五十六課 學生省親 [디우씌릭커쒜엉엉친] ………………………………… 127

第五十七課 春天約逛 [디우씌치커춘톈웨꽝] ………………………………… 128

第五十八課 火輪船 [디우씌싸커훠룬촨] ………………………………… 130

第五十九課 送行去 [디우씌쥐커쑹싱취] ………………………………… 131

第六十課 螃蟹和長蟲 [디릭씌커팡쎄히창쭝] ………………………………… 133

第六十一課 電報局 一 [디릭씌이커뎬반쥐이]………………………………… 134

第六十二課 電報局 二 [디릭씌얼커뎬반쥐얼]………………………………… 135

第六十三課 狐求狼 [디릭씌싼커후취랑] ………………………………… 136

第六十四課 財神廟 [디릭씌쓰커쮜썬먀] ………………………………… 137

第六十五課 小俚騙鞋 [디릭씌우커쌰리펜쎼] ………………………………… 139

第六十六課 猫吃虎肉 [디루옄루커맏옄후슄] ……………… 140
第六十七課 聾翁取笑 [디루옄치커룽웡취쌷] ……………… 142
第六十八課 三子分家 [디루옄쌔커싼쁘앤쟈] ……………… 144
第六十九課 戒友酒色 [디루옄쥬키 [커] 졔유쥐엑] ……………… 148

修正獨習漢語指南（影印）……………… 151

第一編

數目部 [수무부]

一$_4$ [이] 하나
二$_4$ [얼] 둘
三$_1$ [싼] 셋
四$_4$ [쓰] 넷
五$_3$ [우] 다섯
六$_4$ [류] 여섯
七$_1$ [치] 닐곱
八$_1$ [빠] 여덜
九$_3$ [쭈] 아홉
十$_2$ [쓰] 열
一$_2$個$_4$ [이거] 한 기
兩$_3$個$_4$ [량거] 두 기
三$_1$個$_4$ [싼거] 세 기
四$_4$個$_4$ [쓰거] 네 기
五$_3$啊$_1$ [우아] 다섯이오
六$_4$啊$_1$ [류아] 여섯이오
七$_1$個$_4$ [치거] 닐곱 기
八$_1$個$_4$ [빠거] 여덜 기
九$_3$個$_4$ [쭈거] 아홉 기

十$_3$個$_4$ [쓰거] 열 기
第$_4$一$_4$ [듸이] 第一
第$_4$十$_2$ [듸쓰] 第十
第$_4$一百$_3$ [듸이비] 第一百
第$_4$一$_4$號 [듸이핳] 一號
第$_4$二$_4$號$_4$ [듸얼핳] 二號
第$_4$三$_1$號 [듸싼핳] 三號
幾個 [지거] 몃 기
一$_4$半$_4$兒$_2$ [이빤얼] 졀반
多$_1$少$_3$ [둬쏴] 얼마
十$_2$來$_2$個$_4$ [쓰리거] 近十個
好$_3$些$_4$個$_4$ [핳쎼거] 미우 여러 기
十$_2$多$_1$個$_4$ [쓰뒤거] 十餘個
很$_3$多$_1$ [헌둬] 甚大
許$_3$多$_1$ [쉬둬] 許多
三$_1$分$_1$之$_1$一$_4$ [싼옌즤이] 三分의 一
四$_4$分$_1$之$_1$三$_1$ [쓰옌즤싼] 四分의 三
三$_1$萬$_4$多$_1$ [싼완둬] 三萬餘

四季部 [쓰지부]

春$_1$天$_1$ [춘톈] 봄
夏$_4$天$_1$ [쌰톈] 여름

秋$_2$天$_1$ [쥬톈] 가을
冬$_1$天$_1$ [둥톈] 겨을

禮拜部 [리비부]

禮₃拜₄ [리비] 日曜
禮₃拜₄一₄ [리비이] 月曜
禮₃拜₄二₄ [리비얼] 火曜
禮₃拜₄三₁ [리비싼] 水曜
禮₃拜₄四₄ [리비쓰] 木曜
禮₃拜₄五 [리비우] 金曜
禮₃拜₄六₄ [리비류] 土曜

月份部 [웨앤부]

正₂月₄(一₄月₄) [쪙웨(이웨)] 正月
二月₄ [얼웨] 二月
三₁月₄ [싼웨] 三月
四₄月₄ [쓰웨] 四月
五₃月₄ [우웨] 五月
六₄月₄ [류웨] 六月
七₁月₄ [치웨] 七月
八₁月₄ [싸웨] 八月
九₃月₄ [쥬웨] 九月
十月₄ [싀웨] 十月
十₂一₄月₄(冬₄月₄) [싀이웨(둥웨)] 十一月
十₂二₄月₄(獵〔臘〕₄月₄) [싀얼웨(라웨)] 十二月

日期部 [싀치부]

初₁一₄(一₄號₄) [추이(이환)] 初一日
初₁二₄(二₄號₄) [추얼(얼환)] 初二日
初₁三₁(三₁號₄) [추싼(싼환)] 初三日
初₁十₂(十₂號₄) [추싀(싀환)] 初十日
十₂一₄(十一₄號₄) [싀이(싀이환)] 十一日
二十(二₄十₂號₄) [얼싀(얼싀환)] 二十日
三₁十₂(月₄底₃) [싼싀(웨듸)] 三十日

時辰部 [싀천부]

一₄秒₃鍾〔鐘〕₁ [이먀쭝] 一秒鍾
一₄分₄鍾〔鐘〕₁ [이앤쭝] 一分鍾
一₄刻₄ [이커] 十五分
一₄点₃鍾〔鐘〕₁ [이뎬쭝] 六十分
兩₃下₄兒鐘 [량쌰얼쭝] 두 뎜 鍾
十₂二₄點₃鍾〔鐘〕₁ [싀얼뎬 〔뎬〕]

쭝] 十二時
早₃起₃ [짜오치] 아참
天₁亮₄ [톈량] 날 발거
曚₂曚₂[蒙蒙]亮₄兒₂ [멍멍량얼] 먼동 트기
白₂晝₄ [빋쥐] 白晝
晌₄午₃ [썅우] 낮
黃₂昏₁ [황훈] 黃昏
晚₃上₄ [완쌍] 初夕
黑₄下₄ [헤쌰] 어두어
夜₄裏₃ [예리] 夜中
上₄半₄天₁ [쌍쌘톈] 午前
下₄半₄天₁ [쌰쌘톈] 午後
前₂半₄夜₄ [쳰쌘예] 子正前
後₄半₄夜₄ [훠쌘예] 子正後
今₁天₁(今₁兒₂) [진톈(진얼)] 今日
明₂天₁(明兒₂) [밍톈(밍얼)] 明日
後₄天₁(後₄兒₂) [훠톈(훠얼)] 後明日
大₄後₄天₁(大₄後₄兒₂) [따훠톈(따훠얼)] 後後明日
昨₂天₁(昨兒₂) [쮜톈(쮜얼)] 昨日
前₂天₁(前兒₂) [쳰톈(쳰얼)] 再昨日
大₄前₂天₁(大₄前₂兒₂) [따쳰톈(따쳰얼)] 再再昨日
半₄天₁ [쌘톈] 半日
整₃天₁家₁ [졍톈쟈] 終日

隔₂一₄天₁ [꺼이톈] 間一日
每₃天₁(每₃日₄) [메톈(메시)] 每日
天₁天₁兒₂(見₄天₁) [톈톈얼(졘톈)] 날마다
前₂兩₃個₄月₁ [쳰량거웨] 二個月前
前₂一₄個₄月₄ [쳰이거웨] 一個月前
上₄禮₃拜₄ [쌍리빠] 前週日
下₄禮₃拜₄ [쌰리빠] 다음 週日
前₂年 [쳰녠] 再昨年
去₄年₂ [취녠] 去年
今₁年₂ [진녠] 今年
明₂年 [밍녠] 明年
後₄年₂ [훤녠] 後年
現₄在₄ [쎈짓] 現今
目₄下₄ [무쌰] 目下
立₄刻₄ [리커] 즉각
馬₃上₄ [마쌍] 즉금
剛₁纔₂(方₁纔₂) [깡짜이(쌍짜이)] 앗가
上₄回₂ [쌍회] 前回
向₄來₂ [썅리] 從來
將來₂ [쟝리] 將來
這₄程₂子₃ [저청쯔] 이동안
工₁夫₁兒₂ [꿍얍얼] 동안
已₃經₁ [이징] 벌셔
多₁咱₁ [둬짠] 언제
回₂頭₂ [회튀] 잇다가
這₄時₂候₄ [저씌훠] 此時

天文部 [톈원부]

天₁ [톈] 天　　　　　天₁上₄ [톈쌍] 空中

太$_4$陽$_2$(日$_4$頭$_2$) [틔양] 日
晴$_2$天$_1$ [칭텐] 晴日
陰$_1$天$_1$ [인텐] 陰日
太$_4$陽$_2$地$_4$裏$_3$ [틔양듸리] 向陽地
日$_4$頭$_{12}$地$_4$裏$_3$ [스투듸리] 向陽地
陰$_1$凉$_2$兒$_2$ [인량얼] 근늘
月$_4$亮$_4$(太$_4$陰$_1$) [웨량(틔인)] 月
月$_4$芽$_2$兒$_2$ [웨야얼] 初生月
星$_1$星$_1$兒$_2$ [싱싱얼] 星
雲$_2$彩$_3$ [윈쳐] 雲
雨$_2$ [위] 雨
雪$_3$ [쉐] 雪
霜$_1$ [쐉] 霜
雹$_4$子$_2$ [밮쯔] 우박
霧$_4$ [우] 안기
露$_4$水$_3$ [루쉬] 이슬
風$_1$ [휑] 風
順$_4$風$_1$ [윤휑] 順風
頂$_3$風$_1$ [씡휑] 逆風

鬧$_4$天$_4$氣$_4$ [난텐치] 요란흔 日氣
大$_4$風$_1$ [따휑] 大風
冰$_1$楞$_2$ [삥렁] 고도롬
虹$_4$ [쌍] 무지기
頂$_3$熱$_4$ [씡서] 뎨일더워
閃$_3$ [샨] 電
雷$_2$ [레] 雷
伏$_3$天$_1$ [뿌텐] 伏炎
節$_4$季$_4$ [졔지] 節序
春$_1$分$_1$ [춘휀] 春分
夏$_4$至$_4$ [샤즤] 夏至
秋分$_1$ [취휀] 秋分
冬$_1$至$_4$ [둥즤] 冬至
黃$_2$梅$_2$節$_2$ [황메졔] 黃梅節
凍$_4$冰$_1$ [쭝삥] 成氷
晴$_2$ [칭] 晴
陰$_1$ [인] 陰
化$_4$了$_1$ [화랴] 녹아다

地理部 [듸리부]

世$_4$界$_4$ [싀졔] 世界
旱$_4$地$_4$ [한듸] 陸地
旱$_4$路$_4$ [한루] 陸路
山$_1$ [싼] 山
火$_3$山$_1$ [휘싼] 火山
礦$_4$窑$_2$ [쾅야오] 礦山
山$_1$嶺$_2$兒$_2$ [싼링얼] 고기
山$_1$峰$_1$ [싼훵] 봉오리
山$_1$腰$_1$ [싼야오] 山 즁칙이

山$_1$根$_1$兒$_2$底$_3$下$_4$ [싼껀얼듸쌰] 山下
山$_1$坡$_1$兒$_2$ [싼퍼얼] 山坂
山$_1$澗$_4$兒$_2$ [싼졘얼] 山谷
土$_3$坡$_1$子$_3$ [투퍼쯔] 언덕
道$_4$兒$_2$ [단얼] 길
大$_4$道$_4$ [따단] 大路
小$_3$道$_4$ [쌰오단] 小路
岔$_4$道$_4$ [차단] 갈님길

抄₁道₄兒₂ [챠오댤] 즐음길
抄₁近₄的₁道₄兒₂ [챠진듸댜얼] 近道
繞₄道₄兒₂ [쌴댜얼] 도난길
窪₁道₄ [와댜] 웅덩이길
街₁上₄ [졔썅] 힝길
衚衕₂ [후퉁] 골목
道₄兒₂上₄ [쌰얼썅] 道中
路₄上₄ [루썅] 路上
十₂字₄路₄ [싀쓰루] 十字路
丁₁字₄路₃ [띵쓰루] 丁字路
河₂ [허] 河水
小₃河₂ [쌰허] 小河
橋₂ [챠오] 橋
浮₂橋₂ [뿌챠오] 舟橋
木₄頭₂橋₂ [무투챠오] 木橋
石₂頭₂橋₂ [싀투챠오] 石橋
鐵₃橋₂ [톄챠오] 鐵橋
海₃ [히] 海水
大₄洋₂ [따양] 大洋
海₃面₄上₄ [히몐썅] 海上
海₃島₃ [히쌰오] 海島
沙₁灘₁ [싸탄] 沙場
海₃邊₁兒₂ [히뼨얼] 海岸
海₃口₃ [히커우] 海口
碼₃頭₂ [마투] 港口

棧₃橋₂ [잔챠오] 棧橋
海₃潮₂ [히챠오] 海潮
潮₂ [챠오] 潮水
水₃田₂ [쉬톈] 畓
莊₁稼₄地₄ [쫭쟈듸] 農莊
自₄來₂水₃ [쯔릭쉬] 機械水道
池₂子₃ [츼쯔] 못
水₃ [쉬] 水
湖₂ [후] 湖水
瀑₄布₄ [빠부] 瀑布水
泉₃水₃(井₃水₃) [챤쉬(징쉬)] 우물물
水₃源₂ [쉬웬] 水源
水₃坑₁子₃ [쉬컹쯔] 물웅덩이
石₂頭₂ [싀투] 돌
大₄石₂頭₂ [따싀투] 大石
小₃石₂頭₂ [쌰싀투] 小石
泥₂ [늬] 泥上
土₃(塵₂埃₂) [투(천익)] 몬지
砂₁子₃ [싸쯔] 몰릭
明₂溝₁ [밍꺼우] 無蓋溝
暗₄溝₁ [안꺼우] 隱[陰]溝
護₄城₂河₂ [후청허] 城壕
擺₃渡₄口₃ [빼두커우] 渡船口
地₄動₄ [듸둥] 地震
海₃嘯₄(海₃笑₄) [히쌰오(히쌰오)] 海嘯

方向部 [팡썅부]

東₁ [둥] 東方
西₁ [시] 西方

南₃ [난] 南方
北₃ [쎄] 北方

左$_2$ [쭤] 左側
右$_2$ [여] 右側
前$_2$頭$_2$ [쳰투] 前
後$_4$頭$_2$ [후투] 後
上$_4$中$_4$下$_4$ [쌍중쌰] 上中下
裏$_3$頭$_2$ [리투] 內
外$_4$頭$_2$ [왜투] 外
傍$_2$邊$_1$ [팡볜] 傍
這$_4$邊$_1$兒$_2$ [져뺀얼] 此邊
那$_4$邊$_1$兒$_2$ [나뺀얼] 彼邊

那$_3$邊$_1$兒$_2$ [나-뺀얼] 어듸
隔壁$_4$兒$_2$ [졔[거]쎄얼] 接隣
橫$_2$的$_2$ [헝디] 橫者
竪$_4$的$_2$ [쑤디] 直立者
拐$_3$灣〔彎〕$_1$兒$_2$ [쾌완얼] 모롱이
嘎$_1$拉$_1$兒$_2$ [까라얼] 구셕
正$_4$中$_1$間$_1$ [졍중졘] 正中間
正$_4$對$_4$面$_4$ [졍되몐] 正越便
斜$_2$對$_4$面$_4$ [쎼되몐] 斜越便

人事部 [신쓰부]

男$_2$人$_1$(爺$_2$們$_1$) [난신(예먼)] 男
娘$_2$兒$_2$們$_1$ [냥얼먼] 女等
姑$_1$娘$_2$ [꾸냥] 아가씨
小$_3$孩$_2$兒$_2$ [쌰히얼] 어린 아히
年$_2$輕$_1$的$_1$ [녠칭디] 少年
父$_4$母$_3$(雙$_1$親$_1$) [유무(쌍친)] 兩親
母$_3$親$_1$(媽$_1$媽$_1$) [무친(마마)] 母
祖$_3$母$_3$(奶$_3$奶$_3$) [쭈무(내내)] 祖母
婦$_4$女$_3$(女$_3$子$_3$) [유뉴(뉴쯔)] 女
小$_3$子$_3$(小$_3$孩$_2$子$_3$) [쌰쯔(샤히쯔)] 男孩
妞$_1$兒$_2$(女$_3$孩$_2$兒$_2$) [뉴얼(뉴히얼)] 女孩$_2$
丫頭$_2$ [야투] 使喚女孩
老$_3$頭$_2$兒$_2$(年$_2$老$_3$的$_1$) [랴투얼(녠랴디)] 老人
父$_4$親$_1$(爹$_2$爹$_2$) [유친(뎨뎨)] 父
祖$_3$父$_4$(爺$_2$爺$_2$) [쭈유(예예)] 祖父

兒$_3$子$_3$ [얼쯔] 子
孫$_1$子$_3$, 孫$_1$女$_3$兒$_2$ [쑨쯔, 쑨뉴얼] 孫及孫女
弟$_4$兄$_1$ [듸슘] 兄弟
哥$_1$哥$_1$, 兄$_1$弟$_4$ [꺼꺼, 슘듸] 兄及弟
姐$_3$姐$_3$, 妹$_4$妹$_4$ [졔졔, 메메] 姊及妹
叔$_2$伯$_4$, 弟$_4$兄$_1$ [유쌔, 듸슘] 從兄弟
大$_4$爺$_2$, 叔叔$_2$ [따예, 쑤쑤] 伯父及叔父
侄$_2$兒$_2$, 侄$_2$女$_3$ [즤얼, 즤뉴] 男姪及女姪
丈$_4$夫$_1$(男$_2$人$_1$) [장유(난신)] 家丈
令$_4$尊 [링쭌] 稱人父
令$_4$堂$_2$(老$_3$太$_4$太$_4$) [링탕(랴틔틔)] 稱人母
夫$_1$人$_2$(太$_4$太$_4$) [유신(틔틔)] 稱人妻
乾$_1$爹$_1$, 乾$_1$媽$_1$ [깐뎨, 깐마] 收養父

及母

乾₁兒₂子₃, 乾₁女₃兒₂ [깐얼쯔, 깐뉘얼] 收養子及女

家₁兄₁, 舍弟₄ [쟈융, 여디] 稱自己兄弟

令₄兄₁, 令弟₄ [링융, 링디] 稱人兄及弟

如₂夫₁人₂ [수부신] 稱人小室

姑₁姑₁(孀₃子₃) [꾸꾸(썬쯔)] 伯叔母

姨₂父₁, 姨₂媽₁ [이뿌, 이마] 姨父母

媳₂婦₄兒₂ [씌뿌얼] 妻

親₁戚₄ [친치] 親戚

朋₂友₄ [펑여] 朋友

皇₂帝₄(萬₄歲₄爺₃) [황디(완쉐예)] 皇帝

皇₂后₄(娘₂娘₂) [황허] 皇后

皇₂太₄后₂ [황틔휘] 皇太后

皇₂太₄子₃ [황틔쯔] 皇太子

親₁王₂(王₂爺₂) [친왕(왕예)] 親王

中₁堂₂ [중탕] 大臣

民₂人₁ [민신] 百姓

文₂官₁ [원꽌] 文官

念₄書₁人₄ [녠우신] 션비

牙₂大₄夫₄ [야쎠얖] 齒醫

和₂尚₄ [허썅] 僧

教₄習₂ [쟈시] 教師

做₄官₁的₁(當₁差₁使₃) [쭤꽌디(땅치씌)] 官人

巡₂警₃ [쉰징] 巡查

帶₄兵₁官₁ [싸삥꽌] 軍官

大₄夫₁(醫₄生₁) [쩨얖(이엉)] 醫師

士 [土]₃大₄夫₁ [투쎠얖] 獸醫

道₄士₄ [따씌] 道士

先₁生₁ [쎈엉] 先生

學₂生₁ [쉐엉] 學生

唱₄戲₄的₁ [창씌디] 演劇者

經₁紀₄ [징지] 仲介人

掌₃櫃₄的₁ [쟝꿰디] 掌財者

夥₃計₃ [훠지] 差人

訟₄師₁(大₄律₄師₁) [쑹씌(싸뤼씌)] 辯護士

店₄東₁ [뎬뚱] 店主

剃₄頭₂的₁ [틔투디] 理髮師

衙₂役₁ [야이] 衙門使喚人

強₃盜₄ [챵쩌] 強盜

匠₄人₂ [쟝신] 工匠

買₃賣₄人₂ [믜-믜신] 營業人

東₁家₁(主₃人₂) [둥쟈(주신)] 主人

書₁辦₄ [우빤] 書記

徒₂弟₁ [투디] 弟子

房₂東₁ [앙둥] 戶主

厨₂子₄ [추쯔] 掌飲食者

帶₄道₄的₁ [쌔따디] 道路引導者

賊₂ [쩨] 盜賊

雇₄工₁ [꾸꿍] 雇工

使₃喚₄人₂ [씌읜] 使喚人

車₄夫₁(拉₁車₁的₁) [처얖(라처디)] 車夫

底₂下₄人₂ [듸쌰신] 下人

奶₃娘₃ [늬냥] 乳母

苦₃力₄(挑₁夫₁) [쿠리(탸얖)] 삭

군

小₃綹₄ [쌰리] 슬이도젹
百₃姓₄ [쌔싱] 人民
管₂車₁的₁ [꽌처듸] 車掌
站₄夫₁ [잔얚] 驛夫
馬₃夫 [마얚] 牽馬者
趕₃車₁的₁ [깐처듸] 御者

跟₁班₁的₁ [끈빤듸] 駔從
老₃婆₂子₃ [랃퍼쯔] 老婆
跑₃堂₂兒₂的₁ [퍃탕얼듸] 料理店下人
花₁子₃ [화쯔] 거지
鄕₁下₄人₂ [썅쌰신] 시골사람
站₄長₃ [잔장] 驛長
送₄信₄的₁ [쑹신듸] 郵便配達人

工商部 [꿍썅부]

鋪₄子₃ [푸쯔] 商店
洋₂行₂ [양항] 西洋物品專門大商店
錢₂鋪₄ [쳰푸] 錢交換買賣舖
書₁鋪₄ [쑤푸] 冊肆
雜₄貨₄鋪₄ [짜휘푸] 雜貨商店
綢₂緞₄鋪₄ [쳐돤푸] 紬緞舖
茶₂館₂兒₂ [차꽌얼] 茶店
戲₂館₂子₃ [시꽌쯔] 演劇揚[場]
木₄匠₄ [무쟝] 木工
洋₂鐵₃鋪₄ [양톄푸] 洋鐵舖
公₁司₁ [꿍쓰] 會社
銀₂行₂(銀₂號₄) [인항(인화)] 銀行
當₄鋪₄ [땅푸] 典當局
藥₄鋪₄ [얖푸] 藥局
洋₂貨₄鋪₄ [양휘푸] 洋貨店
酒₃鋪₄ [쥬푸] 酒店
飯₄館₃子₃(飯₄莊₁子₃) [앤꽌쯔(앤쟝쯔)] 料理店
木₄廠₃子₃ [무창쯔] 材木廛
泥₂水₃ [늬쉐] 濁水

磨₂坊 [머팡] 造粉所
染₃坊₁ [산팡] 染色所
洗₃衣₁鋪₄ [싀이푸] 洗濯所
裱₂糊₂匠₄ [뱌후쟝] 塗褙匠
裁₂縫₂ [ᄽ애팡] 裁縫
造₄坊₁ [ᄍ와팡] 製造所
煤₂鋪₄ [메푸] 石炭商店
姻〔烟〕₁鋪₄ [옌푸] 烟草屋
靴₁子₃鋪₄ [쉐쯔푸] 洋靴舖
磁₂器₄鋪₄ [쯔치푸] 砂器店
水₃果₃鋪₄ [쉬궈푸] 生果物廛
鍾〔鐘〕₁表₃鋪₄ [쭝뱌푸] 時計舖
照₄像₄館₄ [쟈썅꽌] 寫眞館
屠₂戶₄ [투후] 賣肉家
賣₄魚₁的₁ [매위듸] 賣魚者
客₄店₄ [커뎬] 旅舘
箍₁桶₃的₁ [꾸퉁듸] 통메장수
洋₂衣₁鋪₄ [양이푸] 洋服店
文₂具₄鋪₄ [원쮜푸] 文房舖
点₃心₁鋪₄ [뎬신푸] 菓子舖

身體部 [셛틔부]

心₁ [신] 心
臉₃上₄ (臉₃面₄) [□쌍] 얼굴
腦₃子₃ [난쯔] 골
腦₃門₂子₃ [난먼쯔] 額
鼻₂子眼兒₂ [셰쯔얀얼] 코구멍
眼₃睛₁ [얀징] 눈
眼₃球兒₃ [얀취얼] 눈망울
嘴₃唇₂兒₂ [줴춘얼] 입살
槽₂牙₂ [쌰오야] 억음니
身₁子₃ [션쯔] 몸
腦₃袋₄ [난쩨] 頭骨
頭₂髮₃ [투애] 머리털
鼻₂子₃ [셰쯔] 코
眉₂毛₂ [메마오] 눈섭
眼₃皮子₂ [얀피쯔] 눈가죽
嘴₃ [줴] 입
牙₂ [야] 니
門₂牙₂ [먼야] 압니
垢₄ [꾸] 씻
牙₂花兒₂ [야화얼] 니쏭
舌₃頭₂ [쎠투] 舌
耳₃朶₃ [얼뒈] 귀
下₄巴₁頦兒₂ [쌰빠커얼] 아릭턱
嗓₃子₃ [쌍쯔] 목
肩₁膀₃兒₂ [젠쌍얼] 억기
手₃背₄ [셕뻬] 손등
胳₁臂₄ [꺼뻬] 팔
指₃頭₂ [쥐투] 손가락
頭泥₂ [투늬] 머리썻

牙₂床₂兒₂ [야촹얼] 니몸
鬍₂子₃ [후쯔] 슈염
腮₁頰₄ [씨쟈] 쌤
腮₁幫₁子₃ [씨쌍쯔] 볼
脖₂子₃ [새쯔] 목
手₃ [셕] 手
手₃掌₃ [셕쟝] 손바닥
胳₁臂₄肘₃子₃ [꺼쎄쥬쯔] 팔목
大₄拇₃指₃頭₂ [따무쥐투] 엄지손
    가락
二₄拇₃指₃頭₂ [얼무쥐투] 第二指
中₁指₃ [쭁즤] 第三指
四₄指₃ [쓰즤] 無名指
小₂拇₃指₃頭₂ [쌰오무쥐투] 第五指
骨₃節兒₂ [꾸졔얼] 骨節
指₁甲₃ [즤쟈] 손톱
拳₂頭₂ [촨투] 주먹
胸₁膛₂(胸₁脯₃子₃) [쑝탕(쑝얘[푸]
    쯔)] 가삼
奶₃子₃(嗯₁嗯₁兒₂) [니쯔(야야얼)]
    乳房
心₁窩 [신워] 命門
肚₄子₃ [뚜쯔] 腹
肚₄臍₂眼兒₂ [뚜지얀얼] 빅곱
脊₃梁₂背兒₂ [지량쎄얼] 滕
腰₁ [야오] 腰
屁₂股₃ [피꾸] 臀
大₄腿₃ [따퇴] 넙적딕리
脚₃ [쟈오] 足

波$_1$棱$_2$蓋兒$_2$ [새렁시얼] 膝
迎面$_4$骨$_3$ [영몐꾸] 脛
脚$_2$掌$_3$兒$_2$ [쟈쟝얼] 발빠당
陽$_2$物$_4$ [양우] 陽物
卵$_3$子$_3$ [롼쓰] 囊丸
皮$_2$膚$_3$ [피뿌] 皮膚
骨$_3$頭$_2$ [꾸투] 뼈
脊$_3$梁骨$_3$ [지량꾸] 背骨
眼$_3$泪$_4$ [얀례] 눈물
鼻$_2$涕$_4$ [쎄틔] 코물
咳$_2$嗽$_4$ [커쑤] 咳嗽
唾$_4$沫$_4$ [퉈머] 춤
痰$_2$ [탄] 痰
大$_4$(小)便$_4$ [따(쑈)뼨](出$_1$恭$_4$[추궁], 下$_4$溺$_4$ [쌰냐६) 大小便
啞$_3$子$_3$ [야쓰] 벙어리
聾$_2$子$_3$ [룽쓰] 귀머거리
瞎$_4$子$_3$ [쌰쓰] 장님
一$_1$隻$_1$眼$_3$ [이즤얀] 片眼
殘$_2$疾$_4$ [찬즤] 병신
駝$_2$背$_4$ [퉈뻬] 곱사등
羅$_2$鍋$_1$ [뤄궈] 鳩胷
近$_4$視$_4$眼$_3$ [진쓰얀] 近視眼

花$_1$眼$_3$ [화얀] 眼昏
瘸$_2$子$_3$ [춰쓰] 졀능바리
呆$_1$子$_3$ [쩨쓰] 멀건이(無精神氣)
麻$_2$子$_3$ [마쓰] 天然痘痕(굽보)
健$_4$壯$_4$ [젠좡] 健壯
虛$_1$弱$_4$ [쉬웨] 虛弱
病$_4$ [삥] 病
肚$_4$疼$_2$ [뚜텅] 腹痛
頭$_2$疼$_2$ [투텅] 頭痛
感$_3$冒$_4$(着$_1$凉$_2$) [깐마(쟈량)] 感氣
疙$_1$瘩$_2$ [꺼다] 종긔
痢$_4$疾$_4$ [리즤] 痢疾
風$_1$濕$_1$ [펑싀] 風濕
膿$_2$血$_3$ [눙쎼] 膿血
發$_1$燒$_1$ [파쌰] 發熱
出$_1$汗$_4$ [추한] 出汗
發$_3$抖$_3$ [파쩌] 發戰(덜덜쓴다)
發$_2$木 [파무] 살이 나무살 갓튼 것
胖$_4$ [팡] 肥
瘦$_4$ [써] 瘦
生$_4$養$_3$ [셩양] 養育
打$_3$膈[噶]$_2$兒$_3$ [따꺼얼] 쏠국질

房屋部 [왕우부]

房$_2$子$_3$ [왕쓰] 家屋
屋$_4$門$_2$ [우먼] 방門
進$_4$路$_4$ [진루] 入路
出$_1$路$_4$ [추루] 出路
間$_1$數$_4$ [졘쑤] 間數

屋$_4$子$_3$ [우쓰] 방
客$_4$廳$_4$ [커팅] 舍廊 [廊]
書$_1$房$_2$ [쑤왕] 書齋
飯$_4$廳$_1$ [왠팅] 食堂
臥$_4$房$_2$ [어왕] 寢房

厨₂房₂ [추엉] 부엌　　　　毛₂房₃ [모엉] 便所
樓₂上₄ [루쌍] 樓上　　　　院₄子₃ [웬쯔] 마당
房₂頂₃兒₂ [앙띵얼] 집턴쟝　樓₂梯₄ [루틔] 樓梯(層層臺)
頂₃棚₂ [띵펑] 반즈　　　　門₂扇₄ [먼샨(쌴)] 門짝
地₄板₃ [듸싼] 마루　　　　游₂廊₂ [역랑] 힝랑
窓₁戶₄ [챵후] 들창　　　　山₁墻₂ [싼챵] 墻垣
隔₂扇₄ [꺼싼] 판쟝　　　　籬₂笆₁ [리빠] 울
大₄門₂ [따먼] 大門　　　　井₃ [징] 우물
後₄門₂ [허먼] 後門　　　　花₁園₂子₃ [화웬쯔] 花園
澡₃堂₂ [쨔탕] 沐浴室　　　烟₁筒₃ [옌퉁] 烟筩
馬₃棚₂ [마펑] 馬廐　　　　炕₄ [캉] 温突

傢伙部 [쟈훠부]

桌₁子₃ [쥐쯔] 四仙床　　　表₃鑰₄匙₁ [뱌야쓰] 時表열쇠
飯桌₁子₃ [앤쥐쯔] 食桌　　定₄南₂針₁ [띵난쩐] 指南針
椅₃子₃ [이쯔] 교의　　　　寒₃暑₃表₃ [한쑤뱌] 寒暖計
橙〔凳〕₄子₃ [쩡쯔] 등상　　硯₄臺₂ [옌틔] 베루
脚₁踏₁子₃ [쟈타쯔] 발판　　硯₂匣₂ [옌샤] 硯匣
地₄毯₄ [듸탄] 담요　　　　墨₄盒₂兒₂ [머허얼] 墨盒
席₂ [시] 자리　　　　　　　紙₃ [즤] 紙
鎖₃頭 [쒀투] 잠을쇠　　　　格₃兒₂紙₃ [꺼얼즤] 印札紙
鑰₄匙₁ [야쓰] 열쇠　　　　筆₃ [비] 筆
團₃扇₄ [퇀싼] 團扇　　　　鋼₁筆₃ [깡비] 鋥筆
扇₄子₃ [싼쯔] 扇子　　　　石₂盤₂ [싀판] 石盤
眼₃鏡₄ [얀징] 眼鏡　　　　石₂筆₃ [싀비] 石筆
帳₄子₃ [쟝쯔] 帳幕　　　　鉛₁筆₃ [쳰비] 鉛筆
簾₂子₃ [롄쯔] 발　　　　　墨 [머] 墨
鐘₁ [쭝] 掛鍾　　　　　　　畫₄ [화] 畫
表₃ [뱌] 時表　　　　　　　油₂畫 [역화] 油畫
表₃鏈₂子₃ [뱌롄쯔] 時表줄　圖₃書₁ [투쑤] 圖章 [書]

印$_4$色$_4$ [인써] 印朱
信$_4$紙$_3$ [신즈] 片紙紙
信$_1$套$_4$ [신탄] 封套紙
火$_2$漆$_1$ [훠치] 封套 붓치는 洋蠟
硯$_4$水$_3$壺$_2$ [옌쒀후] 硯滴
水$_3$缸$_1$ [쒀깡] 水瓮
壓$_1$紙$_3$ [야즈] 壓紙
洋爐$_2$子$_3$ [양루쯔] 煖爐
煤$_3$ [메] 石灰 [炭]
柴$_2$火$_3$ [치훠] 火木
炭$_4$ [탄] 木炭
火$_2$油$_2$ [훠열] 石油
火$_3$盆$_2$ [훠펀] 火爐
火$_3$筷$_4$子$_3$ [훠쾌쯔] 火箸
飯$_4$鍋$_1$ [앤궈] 釜
鏟$_3$子$_3$ [찬쯔] 삽
飯$_2$碗$_3$ [앤완] 飯碗
海$_2$碗$_3$ [히완] 大碗
盤$_2$子$_3$ [판쯔] 징반
碟$_2$子$_2$ [데쯔] 접시
筷$_4$子$_3$ [쾌쯔] 箸
匙$_2$子$_3$ [츠쯔] 匙
飯$_4$杓〔勺〕$_2$子$_3$ [앤쌀쯔] 주걱
鍾$_1$子$_3$ [챠쯔] 三叉枝匙
刀$_1$子$_2$ [쌀쯔] 刀子
七$_1$星$_1$罐$_4$兒$_2$ [치싱관얼] 약염瓶
茶$_2$壺$_2$ [차후] 茶罐
銅$_2$吊$_4$子$_3$ [퉁댤쯔] 湯水罐
茶$_2$盅$_1$ [차쭝] 차종
酒$_3$瓶$_2$ [죠핑] 酒瓶
水$_3$杯$_1$ [쒀쩨] 곱부

酒$_3$壺$_1$ [죠후] 酒煎子
碗$_3$ [완] 砂鉢
茶$_2$碗$_3$ [차완] 茶鍾
珈$_1$琲$_1$茶$_2$碗$_3$ [까[쟈]에차완] 珈琲茶碗
茶$_2$托$_1$子 [차퉈#] 茶鍾밧침
盆$_2$ [펀] 盆
菜$_4$刀$_1$ [차단] 식刀
橔$_1$子$_3$ [쭌쯔] 도마
木$_4$桶$_3$ [무퉁] 桶
吊$_4$桶$_3$ [댤퉁] 두레박
笤$_2$箒 [탄주[옊]] 비
揮$_3$子$_3$ [쭌쯔] 몸지쩌리기
手$_3$巾$_1$ [쎠진] 手巾
攞$_3$布$_4$ [잔부] 걸네
灯$_1$火$_3$ [뎡훠] 灯火
蠟$_4$ [라] 초
燈$_1$籠$_2$ [뎡룽] 燈籠
蠟$_4$燈 [라뎡] 洋燭불
洋$_2$燈$_4$ [양뎡] 람푸
自$_4$來$_2$火$_3$(洋$_2$火$_3$) [쯔릭훠(양훠)] 洋黃
電$_4$氣$_4$燈$_1$ [뎬치뎡] 電氣燈
煤$_3$氣$_4$燈$_1$ [메치뎡] 煤氣燈
燈$_1$罩$_4$兒$_2$ [뎡쟌얼] 燈皮
蚊$_2$帳$_4$ [원장] 蚊帳
小$_3$刀$_1$子$_3$ [쌀쌀#] 囊刀
剪$_3$子$_3$ [젠쯔] 가위
剃$_4$頭$_2$刀$_1$ [틔퉈쌀] 理髮刀
磨$_4$刀$_1$石$_2$ [머쌀싀] 숫놀[돌]
臉$_3$盆$_2$ [롄펀] 듸야

胰$_3$子$_3$ [이쯔] 비누　　　　口$_3$袋$_4$ [쿼쎠] 젼듸
刷$_4$牙$_3$子$_3$ [솨야쯔] 니솔　　鏡$_4$子$_3$ [징쯔] 거울
刷$_4$牙$_2$散$_3$ [솨야싼] 磨齒粉　櫳$_4$子$_3$(篦$_4$子$_3$) [룽쯔] 眞梳
牙$_2$籤兒$_2$ [야쳰얼] 니쑤시기　木$_4$梳$_1$ [무쑤] 얼에빗
床$_2$ [챵] 평상　　　　　　　刷$_1$子$_3$ [솨쯔] 솔
台$_2$布$_1$ [틔부] 床袱　　　　尺$_3$頭$_2$ [츼투] 尺
鋪$_1$蓋$_4$ [푸씌] 니부자리　　秤$_1$子$_3$ [쳥쯔] 져울
褥$_3$子$_3$ [수쯔] 요　　　　　斗$_4$ [쭈] 斗
枕$_3$頭$_2$ [젼투] 베기　　　　匣$_2$子$_3$ [쌰쯔] 匣
毡$_1$子$_3$ [잔쯔] 실담　　　　激$_1$筒$_3$ [지퉁] 무자위
包$_1$袱$_2$ [반얖] 보즈

衣裳部　[이썅부]

褂$_4$子$_3$ [솨쯔] 두루마기　　　鉗$_2$子$_3$ [쳰쯔] 耳環
外$_4$褂$_4$子$_3$ [왜솨쯔] 外套　　戒$_4$指兒$_2$ [졔즤얼] 반지
馬$_3$褂兒$_3$ [마솨얼] 마과즈　　鐲$_2$子$_3$ [줘쯔] 팔지
摺〔褶〕$_2$紋$_3$ [젹원] 쥬룸　　縧$_1$子$_3$ [탄쯔] 끈
砍$_3$肩兒$_2$(背$_4$心$_1$) [칸졘얼(쎄신)]　針$_1$ [젼] 바늘
　족기　　　　　　　　　　綫$_4$ [쏀] 실
褲$_4$子$_3$ [쿠쯔] 바지　　　　絲$_1$綫$_4$ [쓰쏀] 면주실
汗$_3$褟兒$_1$$_2$ [한타얼] 쌈박기　頂$_3$針兒$_2$ [찡쪈얼] 골무
襪$_2$子$_3$ [와쯔] 버션　　　　烟$_1$荷$_2$包$_1$ [옌허반] 쌈지
領$_3$子$_3$ [링쯔] 깃　　　　　烟$_1$捲兒$_3$$_2$盒$_2$子$_3$ [옌촨얼허쯔] 捲
領$_3$帶$_4$ [링쎠] 동졍　　　　　烟匣
帽$_4$子$_3$ [만쯔] 모자　　　　兜兒$_1$$_2$ [쭈얼] 冊囊
靴$_1$子$_3$ [쉐쯔] 목화　　　　袖$_1$子$_3$ [식쯔] 소매
鞋$_2$ [쎄] 신　　　　　　　　鈕$_3$子$_3$ [누쯔] 단초
手$_3$套$_4$ [쑈탄] 掌甲　　　　鈕$_3$子$_3$眼兒$_3$$_2$ [누쯔옌얼] 단초구멍
手$_3$帕$_4$子$_3$ [쑈파쯔] 女子 손手巾

飮食部 [인씩부]

早₃飯₄ [쫘앤] 朝飯
晌₃₄飯₄ [샹앤] 午飯
晚₃飯₄ [완앤] 夕飯
打₃尖₄ [짜젠] 中火참밥
麵₄包₁ [멘반] 麵包
點₃心₁ [덴신] 菓子
飯₄ [앤] 飯
牛₂肉₄ [뉴쉬] 牛肉
羊₂肉₄ [양쉬] 羊肉
鷄₁肉₄ [지쉬] 鷄肉
猪₁肉₄ [주쉬] 猪肉
魚₂ [위] 魚
火₃腿₃ [휘퇴] 鹽猪肉
喝₁的₁東₁西₁ [허듸둥시] 마시는 물건
開₁水₃ [캐쉬] 쓸인 물
茶₂ [차] 茶

酒₃ [쥬] 酒
三₁便₄酒₃ [싼펜쥬] 三便酒
紅₂酒₃ [훙쥬] 葡萄酒
麥₄酒₃ [미쥬] 麥酒
黃₂酒₃ [황쥬] 약쥬
荷₂蘭₂水₃ [허란#] 나무네
鷄₁蛋₄ [지딴] 鷄卵
牛₂奶₃ [뉴늬] 牛乳
黃₂油₂ [황여] 쌔다
淸₁醬₄ [칭쟝] 淸醬
醋₄ [추] 醋
白₂糖₂ [쎄탕] 雪糖
鹹〔鹻〕₂鹽₂ [쎈옌] 소금
胡₂椒₁麵₄兒₂ [후쟈멘얼] 胡椒末
芥₄末₄ [졔머] 芥子末
麵₄ [멘] 국슈(或 가루)
挂₄麵₄ [콰멘] 日本국슈

菜穀部 [쩨구부]

米₃ [미] 米
糯₄米₃(江₁米₃) [수미(쟝미)] 춥살
粳₄米₃ [징미] 멥살
麥₄子₃ [미쓰] 보리
小₂米₃ [쌰미] 좁쌀
黍₄子₃ [쒸쓰] 黍
玉₄米₃(包₄米₂) [위미(반미)] 각낭이(或 옥슈슈)
高₁粱〔粱〕₂ [꺄량] 紅粱〔粱〕

豆₄子₃ [쑤쓰] 콩
黃₂豆₄ [황쑤] 黃豆
紅₂豆₄ [훙쑤] 팟
蠶₂豆₄ [짠쑤] 蠶豆
豌₂豆₄ [완쑤] 동부
蘿₂蔔〔蔔〕₁ [뤄버] 무
紅₂蘿₂蔔〔蔔〕₁ [훙뤄버] 紅무
葱 [쭁] 파
茄₂子₃ [쳬쓰] 가지
白₂菜₄ [빼체] 白菜

菠$_1$菜$_4$ [새역] 시금치
笋$_3$ [쑨] 竹笋
芹$_2$菜$_4$ [친역] 미나리
菲〔韭〕$_3$菜$_4$ [취역] 부초
蒜$_4$菜$_4$(蒜$_4$頭$_3$) [쏸역(쏸투)] 마눌
辣$_4$椒$_1$ [라쟈] 고초
青$_1$椒$_1$ [칭쟈] 풋고초
薑$_1$ [쟝] 薑
蘑$_2$菇$_4$ [머꾸] 버섯
芋$_4$頭$_2$ [위투] 토란

白$_2$薯$_3$(地$_4$瓜$_1$) [비우(듸쫘)] 감즈
牛$_1$旁$_1$ [뉴팡] 牛旁
山$_2$藥 [싼얀] 마
黄$_2$瓜$_1$ [황과] 외
西$_1$瓜$_1$ [시과] 수박
甜$_2$瓜$_1$ [톈과] 참외
倭$_1$瓜$_1$(南瓜) [왜과] 호박
芝$_1$麻$_2$ [즤마] 참씨
藕 [우 [어]] 蓮根

走獸部 [쩌역부]

獅$_1$子$_3$ [싀쯔] 獅子
象$_4$ [썅] 코기리
老$_3$虎$_3$ [란후] 범
狗$_3$熊$_2$ [꼰슝] 곰
狐$_1$狸$_2$ [후리] 여호
狸$_2$ [리] 삵
牛$_2$ [뉴] 소
公$_1$牛$_2$ [꿍뉴] 수소
母$_3$牛$_2$ [무뉴] 암소
小$_3$牛$_2$ [쌴뉴] 犢
猪$_1$ [주] 家
野$_3$猪$_1$ [예주] 山猪
馬$_3$ [마] 馬
驢$_2$ [뤼] 나귀
騾$_2$子 [뤄쯔] 노시

駱$_4$駝$_2$ [뤄퉈] 駱駝
山$_1$羊$_2$ [싼양] 山羊
綿$_2$羊$_2$ [몐양] 綿羊
羊$_2$羔$_1$兒$_2$ [양꺄얼] 兒羊
猴$_2$兒$_2$ [훠얼] 원숭이
猫 [마] 고양이
野$_3$猫$_4$ [예먀] 토긔
狼$_3$ [랑] 늑듸
狗$_3$ [꼰] 기
耗$_4$子$_3$(老$_3$鼠$_3$) [햔쯔(랴우)] 쥐
獵$_4$犬$_3$(狗) [례촨(꼰)] 산양기
海$_2$獺$_3$ [히타] 水獺
鯨$_2$魚 [칭위] 고릐
尾$_3$巴$_1$ [이빠] 꼬리

飛禽部 [페친부]

仙$_1$鶴$_2$ [쎈허] 鶴
孔$_2$雀$_4$ [쿵챺] 孔雀
老$_2$雕$_1$ [랃댜ㅗ] 鷲
鷹 [영] 미
老$_3$鴉$_1$ [랃셔[쨔]] 까마귀
家$_1$雀$_3$兒$_2$ [쟈챺얼] 참시
雁$_4$ [옌] 鴈
小$_3$燕$_4$兒$_3$ [쨔옌얼] 燕子
鸚$_1$哥$_1$兒 [영꺼얼] 鸚鵡
夜$_4$猫$_1$子$_3$ [예맏ㅗ쯔] 옷비미
野$_3$鷄$_1$ [예지] 雉
鴿$_1$子$_3$ [꺼쯔] 비들긔
鴨$_4$子$_3$ [야쯔] 오리
鵝$_2$ [어] 거위
家$_1$鴨$_4$子$_3$ [쟈야쯔] 집오리

鳶$_2$鳥$_3$ [옌냐ㅗ] 鳶
鳳$_1$凰$_4$ [펑황] 鳳凰
火$_3$鷄$_1$ [휘지] 七面鳥
小$_3$鷄$_1$子$_3$ [쨔지쯔] 軟雞
公$_1$鷄$_1$ [꿍지] 雄鷄
母$_3$鷄$_1$(草$_3$鷄$_1$) [무지(챠ㅗ지)] 雌鷄
小$_3$鷄$_1$子$_3$兒$_2$ [쨔지쯔얼] 鷄卵
喜$_3$鵲$_1$ [시챠ㅗ] 싯치
杜$_4$鵑$_2$ [두좐] 杜鵑
雲$_2$雁$_4$ [원옌] 雲雀
鴕$_2$鳥$_3$ [퉈냐ㅗ] 鴕鳥
黃$_2$鶯$_1$ [황영] 黃鶯
翅$_4$膀$_3$兒$_2$ [츠[츠]빵#] 날기쥭지
羽$_3$毛$_2$ [위마ㅗ] 羽

魚介部 [위제부]

金$_1$魚$_2$ [진위] 金鮒魚
海$_3$鯊$_1$魚$_2$ [히아ㅑ위] 鯊魚
鮫$_1$魚$_2$ [쟈ㅗ위] 鮫魚
鱴$_{13}$魚$_2$ [민위] 민魚
撒$_3$蒙$_2$魚$_2$ [싸멍위] 고등어
大$_4$頭$_2$魚$_2$ [따터우위] 딩구
鯉$_3$魚$_2$ [리위] 鯉魚
鯽$_1$魚$_3$ [지위] 鮒魚
比$_3$目$_4$魚$_2$ [삐무위] 比目魚
銀$_2$魚$_2$ [인위] 銀魚
鱔$_4$魚$_2$ [싼위] 빔장어

烏$_1$龜$_1$(金$_1$龜$_1$) [우쿼이(진쿼이)] 거복
甲$_3$魚$_2$ [쟈위] 자라
章$_1$魚$_2$ [쟝위] 章魚
烏$_1$賊$_2$魚$_2$ [우쩨위] 오증어
螃$_2$蟹$_1$ [팡셰] 게
龍$_2$蝦$_1$ [룽샤] 大蝦
蝦$_1$米$_3$ [샤미] 시우
蛤$_2$蠣$_4$ [꺼리] 죠기
海$_3$蛤$_2$蠣$_4$ [히꺼리] 큰 죠기
鮑$_4$魚$_2$ [바ㅗ위] 全鰒
海$_3$參$_1$ [히썬] 海參

蟲子部 [융쯔부]

蠶₂ [얀] 뉘에
蝴₂蝶₃兒₂ [후데얼] 나비
螞₃蜂₁ [마఩] 벌
蜜₄蜂₁ [미఩] 쑬벌
螞₃蟻₃ [마이] 기미
蜘₂蛛₁ [즤주] 거미
火₃虫₂兒₂ [훠웅얼] 螢火
長₃虫₃ [창웅] 蛇
蒼₁蠅₁ [양영] 파리
蚊₃子₃ [원쯔] 모긔
虱₁子₃ [싀쯔] 虱子

虼₄蚤₄ [꺼쫘] 베록
臭₄虫₂ [춰충] 빈딕
蝸₁牛₂ [쫘누] 달팽이
蛤₃蟆₄ [하머] 기고리
蛉螂₃ [링랑] 蜻蛉
螞₄蚱₂ [마자] 멱쭈기
蟋₁蟀₁兒₂ [쒀쒀얼] 蟋蟀
毛₂虫₂ [만웅] 松虫
蛆₁ [취] 구더기
蚰₁蟮₄ [춰싼] 蚯蚓
蜈₂蚣₁ [우꿍] 진네

草木部 [짜무부]

植₂物₄ [즥우] 植物
樹₄木₄ [쑤무] 樹木
四₄季₄樹₄ [쓰지쑤] 스쳘나무
小₃樹₄ [쌴쑤] 小樹
水₃草₃ [쒀짜] 水草
草₃ [짜] 草
野₃草₃ [예짜] 野草
樹₄幹₄ [쑤깐] 枝幹
梗₃兒₂(梃₁兒₂) [겅얼(팅얼)] 莖幹
芽₂ [야] 싹
葉子₃ [예쯔] 입사귀
爬₂蔓₂兒₂ [파만얼] 덤풀
樹₃根₄兒₂ [쑤껀얼] 木根
花₁ [화] 花
椹₁兒 [쎤[썬]얼] 實
樹₃枝₁兒₂ [쑤즤얼] 樹枝

花₁朶₃兒₂ [화둬얼] 花峯
果₃品₃ [궈핀] 果品
松₁樹₄ [쑹쑤] 松樹
梅₃樹₄ [메쑤] 梅樹
櫻₂樹 [영쑤] 스구라나무
杉₁松₁ [싼쑹] 杉木
扁₃松₁ [꼔쑹] 젼나무
檀₂木₄ [탄무] 박달나무
梧₂桐₂ [우퉁] 梧桐
桑₄樹₄(桑₄椹₁兒₂) [쌍쑤(쌍쎤얼)] 桑木과 桑實
桃₂樹₄ [탸쑤] 桃樹
柳₃樹₄ [류쑤] 柳樹
梨₂子₃ [리쯔] 빈
槐₂樹₄ [홰쑤] 槐木
海₃棠₂ [히탕] 海棠

躑$_2$躅$_2$ [데[외]주] 躑躅花
蘭$_2$花$_1$ [란화] 란초花
藤$_2$蘿$_2$ [텅뤄] 藤
草$_3$花$_1$ [얏화] 草花
牧〔牡〕$_3$丹$_1$花$_1$ [무딴화] 牧丹
菊$_2$花$_1$ [쥐화] 菊花
荷$_2$ [허] 蓮
白$_2$果$_3$樹$_4$ [비꿔쭈] 銀杏木
楓$_1$樹 [엉쭈] 楓樹
萍〔蘋〕$_2$果$_3$ [핀궤] 沙果
芍$_2$藥$_4$ [쏴얀] 芍藥
勤$_1$娘子$_3$(喇$_3$叭$_1$花$_1$) [친냥쯔(라빠화)] 멧꽃(朝顔花)
芭$_2$蕉$_1$ [쎄[쌔]쟌] 巴蕉
佛$_3$手$_3$ [예[쎄]쎵] 佛手柑
橘$_2$子$_3$ [쥐쯔] 유ㅈ
無$_2$花$_1$果$_3$ [우화궈] 無花果
栗$_4$子$_3$ [리쯔] 栗子
拓[石]榴$_2$ [얼루] 石榴
桂$_4$花$_1$ [꿰화] 桂花

棗$_3$兒$_2$ [쨔얼] 大棗
榛$_1$子$_3$ [쩐쯔] 기금
李$_3$子$_3$ [리쯔] 오얏
胡$_2$桃$_2$ [후탄] 胡桃
竹$_2$子$_3$ [주쯔] 竹木
玫[玫]$_2$瑰$_4$ [메궤] 玫[玫]瑰花
落$_4$花$_1$生$_1$ [뤄화엉] 落花生
蘆$_2$葦$_3$ [루웨] 갈딕
桃$_2$兒$_3$ [탄얼] 桃實
葡$_2$萄$_3$ [푸탄] 葡萄
杏$_4$兒$_2$ [싱얼] 杏
鳳梨$_2$ [엥리] 鳳梨
十$_2$姉$_3$妹$_4$ [씌제메] 石竹花
菖$_1$蒲$_3$ [창푸] 蒲菖[菖蒲]
水$_3$仙$_1$ [쉬쎈] 水仙花
百$_2$合$_2$ [쎄허] 百合
筜$_4$草$_3$ [자얏] 浮萍
蕨$_2$菜$_4$ [줴애] 고사리
人$_2$參$_4$ [신언] 人參

金石部 [진쎡부]

五$_3$金$_1$ [우진] 金屬
十$_3$足$_2$金$_1$ [씌쭈진] 上金
五$_3$金$_1$礦$_3$ [우진쾅] 金屬礦
金$_1$子$_3$ [진#] 金
銀$_2$子$_3$ [인#] 銀
銅$_2$ [퉁] 銅
鐵$_3$ [테] 鐵
鋼$_1$鐵$_3$ [깡테] 鋼鐵

黃$_2$銅$_2$ [황퉁] 黃銅
紫$_3$銅(紅$_2$銅$_2$) [쯔[으]퉁(홍퉁)] 赤銅
洋$_2$白$_2$銅$_2$ [양쎄퉁] 洋白銅
白$_2$銅$_2$ [쎄퉁] 白銅
錫$_2$鑞$_4$ [시라] 含錫
鉛$_2$ [첸] 鉛鐵
水$_3$銀$_2$ [쉬인] 水銀

黑₁鉛₂ [헤첸] 黑鉛
金₁(銀₂)葉₄子₃ [진(인)예쓰] 金箔
　銀箔
吸₁鐵₃石₂ [시테외] 磁石
硫₂黃 [루황] 石硫黃
玻₁璃₂ [쌔리] 硫璃
寶₃玉₄ [보위] 寶玉
寶₃石₂ [보외] 寶石
金₁剛₁石₂ [진쌍외] 金剛石

水₃晶₁ [쉬징] 水晶
真₁珠₂ [쩐주] 眞珠
瑪₃瑙₃ [마놔] 瑪瑙
琥₃珀₂ [후쌔] 琥珀
大₄理₃石₂ [싸리외] 大理石
雲₂石₂ [윈외] 花崗石
珊₁瑚₂ [싼후] 珊瑚
潮₁腦₃ [챠놔] 樟腦

郵政電報局, 銀行部 [여쎵데반쥐, 인항부]

郵₂政₄局₂ [여쎵쥐] 郵便局
總₃局₂ [쭝쥐] 總局
分₁局₂ [연쥐] 支局
信₄票₄ [신퍈] 郵票
印₄花₁紙₃ [인화외] 印紙
明₂信₁片 [밍신펜] 葉書
來回₂明₂信₄片₄ [릐회밍신펜] 徃覆
　葉書
外₁國₃明₂信₄片₄ [왜꿔밍신펜] 外
　國葉書
帶₄畫₄兒₂的₁明₃信₄片₄ [쩌화얼디밍
　신펜] 繪葉書
挂₄號₄ [좌화] 登記(書留)
寄₄物₄ [지우] 小包郵依
銀行₂(銀₂號₄) [인항(인환)] 銀行
存₃款₃ [윤콴] 貯金
支₁取₃ [즤취] 支出
匯₄銀₂ [회인] 換錢
用₄錢₂ [용쳰] 口文

信₄錢₂(費₄) [신쳰(예)] 郵費
寄₄(發₁)信₄人₂ [지(애)신신] 送札
　人
收₁信₄人₂ [여신신] 收札人
電₁報₂局₂ [뎬반쥐] 電報局
電₁報₄紙₃ [뎬반외] 電報
電₁費₄ [뎬예] 電費
電₁報₄ [뎬반] 電報
電₄話₄(獨₂律₄風) [뎬화(뚜레영)]
　電話
算₄賬[賬]₄[쏸장] 會計
結₁賬[賬]₄ [졔장] 結算
股₃票₄ [꾸퍄] 株券
分₁利₄ [연리] 配當利益
盈₃餘₂ [잉위] 利益
虧₄空₁ [퀘쿵] 損失
擔₁保₂ [딴바] 担保
匯₄票₄(對₄條₂) [회퍄(되탸)] 換票
銀₂票₄子₃ [인퍄쓰] 紙票

金₄錢₃ [진첸] 金錢
銀₂錢₂ [인첸] 銀錢
銅₂錢₂ [퉁첸] 銅錢
白₂銅₂錢₂ [쎄퉁첸] 白銅錢
一₂個₄銅₂子₃兒₂ [이거퉁쯔얼] 一錢
一₂毛₂錢₂ [이맏첸] 十錢
一₂角₃錢₂ [이쟌첸] 十錢
一₂塊₄錢₂ [이쾌첸] 一元

一₂吊₄錢₂ [이댣첸] 二十錢
電₄杆₃ [덴깐] 電桿木
本₂錢₂ [쎈첸] 資本
股₃東₁ [구둥] 株主
該₂錢₂ [싀첸] 負債
借₄給₃錢₂ [제쎄첸] 貸付金
利₄息₂ [리시] 利子

城府部 [청왇부]

皇₂宮₁ [황궁] 皇闕
宮₁殿₄ [궁뎬] 宮殿
衙₂門₂ [야먼] 官衙
內₄閣₂ [네꺼] 內閣
翻₁譯₄局₂ [앤이쥐] 飜譯所
內₄務₄省₃ [네우엉] 內部
外₄務₄省₃ [왜우엉] 外部
文₂部₄省₃ [원부엉] 學部
遞₄信₄省₃ [듸신엉] 遞信省
陸₄軍₁省₃ [루쥔엉] 陸軍省
海₃軍₁省₃ [히쥔엉] 海軍省
農₂商₁務₄省₃ [능앙우엉] 農商工部
法₃政₄局₂ [왜쩡쥐] 司政局
審判₄廳 [언판팅] 裁判所
大₁學₂堂₃ [따쉐탕] 大學校
中₁學₂堂₂ [쭝쉐탕] 中學校
小₃學₂堂₂ [쌴쉐탕] 小學校
師₁範₄學₂堂₂ [싀앤쉐탕] 師範學校
專₁門₂學₁堂₂ [좐먼쉐탕] 專修學校
  [校]

兵₁學₂堂₂ [삥쉐탕] 武官學校
法₃政₄學₂堂₂ [왜쩡쉐탕] 法政學校
農₂學₂堂₂ [눙쉐탕] 農學校
醫₁學₂堂₂ [이쉐탕] 醫學校
商₁業₄學₂堂₂ [썅예쉐탕] 商業學校
職₂業₄學₂堂₂ [즤예쉐탕] 職業學校
工₁業₄學₂堂₂ [궁예쉐탕] 工業學校
巡₂警₃局₂ [쒼징쥐] 警 [警] 察署
巡₂警₂分₁₂局₂ [쒼징앤쥐] 派 [派] 出所
監₄獄₃署₃ [졘위우] 監獄署
博₁覽₃會 [쌔란회] 博覽會
動₁物₄園₂ [뚱우웬] 動物園
植₁物₄園₂ [즤우웬] 植物園
水₃族₂館₃ [쉬쭈관] 水族舘
養₃育₂院 [양위웬] 養育院
病₄院₄ [삥웬] 病院
圖₃書₁館₃ [투우관] 印刷所

公₁園₂ [꿍웬] 公園　　　　　　　寶₂塔₃ [반타] 塔
運₄動₄場₃ [윈둥창] 運動場　　　講₃書₁堂₂ [쟝쑤탕] 禮拜堂
欽₁差₁公₄館₂ [친치꿍꽌] 公使館　牢₂獄₄ [라위] 牢囚
領₃事₄公₂館₃ [링의꿍꽌] 領事舘　城₂廂₁ [청썅] 城廓
佛₂廟₄ [얘먀오] 寺

車船部 [처좐부]

鐵₃路₄ [테루] 鐵路　　　　　　　車
火₃車₁頭₂(火₃車₁站₄) [훠처투(훠　脚₃踏₄車₁ [쟈오타처] 自轉車
　처잔)] 停車場　　　　　　　自₄行₂車₁ [쯔싱처] 自動車
一₄挂₄火₃車₁ [이꽈훠처] 列車　　牛₂車₄ [뉴처] 牛車
客₄車₁ [커처] 客車　　　　　　　廠₃車₁ [창처] 荷車
頭₂等₃車₁ [투덩처] 上等車　　　火₃輪₄船₂ [훠룬촨] 火輪船
候₄車₁房₂ [후처팡] 待合室　　　信₄船₂ [신촨] 郵便船
貨₄車₁ [훠처] 貨車　　　　　　　商₁船₂ [쌍촨] 商船
時₂刻₄單₄ [씨커탄] 時間表　　　撥₁船₂ [뻐촨] 荷船
車₁票₄ [처퍄오] 車票　　　　　　夾₄板₃船₂ [쟈빤촨] 從船
電₄氣₄車₁ [뗀치처] 電氣車　　　擺₃渡₄船₂ [빼두촨] 渡船
鐵₄道₄馬₃車₁ [테따오마처] 鐵道馬車　舢₁板₃ [싼빤] 端舟
盪₄子₃車₁ [탕쯔처] 合乘馬車　　篷₂ [펑] 帆
東₁洋₂車₁ [둥양처] 人力車　　　鐵₃錨₂ [테마오] 닻
火₃車₁(火₃輪₂車₄) [훠처(훠룬처)]　艣₃ [루] 노
　汽車　　　　　　　　　　　　櫂₄子₃ [쟈오쯔] 상아씨
馬₃車₁ [마처] 馬車　　　　　　　篙₃子₃ [까오쯔] 棹
車₁圍₂子₃ [처웨이쯔] 車揮帳　　轎₄子₃ [쟈오쯔] 步轎
推₄車₁(小₃車₁) [퉤#(쌰오처)] 獨輪

陸軍部 [루쥔부]

陸₄軍 [루쥔] 陸軍　　　　　　　兵₁房₂ [삥팡] 兵舍
營₂盤₂ [영판] 兵營　　　　　　　宣₁戰₄書₁ [쒠짠쑤] 宣戰書

交₁戰₄ [쟈안] 交戰
打₂仗 [따장] 戰爭
防₂守₃ [빵쎠] 防守
重₁修₄舊₁好₃ [충슈쥬환] 平和
議₄和₂(說合) [이허(워허)] 講和
　談辦
爭₂鬥₄ [졍쭈] 爭鬪
局₂外₄中₁立₄ [쥐왜쭝리] 局外中立
同₂盟₂ [퉁멍] 同盟
戰₄場₃ [짠창] 戰場
得₃勝₁(奏凱班₁師₁) [더엉(쭈캐쌴쓰)] 凱旋
停₂戰₄ [팅짠] 休戰
投₂降₂ [터썅] 投降
嚴₁厲₄準₃備 [옌리쥰쩨] 示威準備
通₁報₄ [퉁바] 通牒
欽₁差₁回₂國₂ [친치회궈] 公使回國
戰₄勝₁國₂ [짠셩궈] 勝戰國
戰₄敗₄國₂ [짠쌔궈] 敗戰國
打₃勝₁ [따셩] 勝戰
打₃敗₄ [따쌔] 敗戰
敵₂兵₁ [디벵] 敵兵
官₁兵₁ [관벵] 官軍
戰₄友₃ [짠여] 戰士
得₂占₄ [더짠] 佔領
拿₂住₄ [나쥬] 生擒
被₄擒₂的₁ [쎄친듸] 生擒者
戰₄利₄品₃ [짠리핀] 戰利品
攻₁ [꿍] 攻勢
守₃ [셔] 守勢
進₄兵₁ [진벵] 出兵

退₄兵₁ [퇴벵] 退兵
上₄岸₄ [썅안] 登陸
起₃貨 [치훠] 發貨
紅₂十₂字₄會₄ [훙의쯔회] 赤十字社
裹〔裏〕₃布₄ [궈부] 裏布
治₄療₄ [지랴] 治療
陣₄亡₂的₁ [찐(쩐) 왕듸] 陣亡者
受₄傷₁的₁ [셔쌍듸] 受傷者
重₄傷₁ [쭝쌍] 重傷
輕₁傷₁ [칭쌍] 輕傷
登₁時₂絶₂命₄ [정싀쮀밍] 卽時死者
往₃前₂走₃ [왕쳰쩌] 前으로 가
戰₄鬥₄力₄ [짠쭈리] 攻鬪力
往右轉₄ [왕여쫜] 右向立
惡₄戰₄ [어짠] 激戰
耐₄戰₄ [내짠] 苦戰
猛₃攻 [멍꿍] 決戰
決₄戰₁ [쮀짠] 突擊
馬₁軍 [마쥔] 馬軍
近₄衛₄兵₁ [진웨벵] 近衛兵
師₁團₂ [싀퇀] 師團
軍₁團₂ [쥔퇀] 軍團
旅₃團₂ [뤼퇀] 旅團
聯₂隊₄ [롄뒤] 聯隊
大₄隊₄ [따뒤] 大隊
小₃隊 [쌰뒤] 小隊
中₁隊₄ [쭝뒤] 中隊
分₄隊 [펀뒤] 分隊
步₄隊₄兵₁ [부뒤벵] 步兵隊
馬₃隊₄兵₁ [마뒤벵] 馬兵隊
炮₄隊₄兵₁ [판뒤벵] 砲兵隊

工₁程₂隊₁ [꿍청되] 工兵隊
輜₁重₄隊₁ [쓰중되] 輜重隊
隊₄伍₃ [되우] 隊伍
傍₂面₄ [팡몐] 側面
正₄面₄ [졍몐] 正面
右翼₄ [여이] 右側
左翼₄ [줘이] 左側
圍₂攻 [웨쿵] 包圍攻擊
追₁打₃ [줴짜] 追擊
防₁禦₄工₁程₂ [양위꿍청 [쳥]] 防禦
　　工事
前₂衛₄ [쳰웨] 前衛
守₃(卡₃)兵₂ [쇼(챠)삥] 哨兵
本₃隊₄ [뻔되] 本陣
救₁兵₁ [쥬삥] 援兵
先鋒₁ [쏀뗑] 先鋒
後₄隊₄ [후되] 後陣
探₁子₃ [탄쯔] 偵探兵
探₁哨₂隊₄ [탄쏘되] 偵探隊
軍₁樂₄隊₄ [쥔웨되] 軍樂隊
電信₄隊₄ [뎬신되] 電信隊
衛₄生₁隊₄ [웨엉되] 衛生隊
常₁備₁兵₁ [창뻬삥] 常依兵
鐵₃路₄隊₄ [톄루되] 鐵道隊
現₁役₄兵₁ [쏀이삥] 現役兵
豫₄備₁軍₁ [위뻬쥔] 豫傾兵
後₁備₁兵₁ [후뻬삥] 後軍
國民₂軍₁ [쒀민쥔] 國民軍
守₃備₁兵₁ [쇼뻬삥] 守備隊
憲兵₁ [쏀삥] 憲兵隊
喇₃叭₁手₃ [라싸쑈] 喇叭手

戰₄地₄病₄院 [잔듸삥웬] 野戰病院
伏₂兵₁ [얙삥] 伏兵
屯₂兵₁ [툰삥] 屯兵
志₄願₄兵₁ [쥐웬삥] 志願兵
補₃充₁兵₁ [부츙삥] 候補兵
軍₁務₄處₄ [쥔우추] 軍務處
野₃營₂ [예영] 野營
帳₄房₂ [장양] 帳幕
糧₂食₂ [량싀] 軍糧
彈₂子₃兒₁ [탄쯔얼] 彈子
火₃藥₄庫₁ [휘얏쿠] 火藥庫
軍₁械₄庫₁ [쥔쎄쿠] 軍機庫
大₄炮₄ [따퍄오] 大砲
攻₁城₂炮₄ [꿍청퍄오] 攻城砲
野₃炮₄ [예퍄오] 野砲
過₄山₁炮₄ [쒀안퍄오] 回山砲
田₂鷄₁炮₄ [톈지퍄오] 田鷄砲
機₁關炮₄ [지꽌퍄오] 機關砲
快₁槍₄ [콰양] 速射砲
子母₃彈₄ [쓰무탄] 榴彈槍
槍₁ [양] 銃
連₂環₂槍₁ [롄환양] 連發銃
單₁響₃槍₁ [싸[쏘]쌍양] 一穴彈
炮₄車₁ [퍄오처] 砲車
炸₂開₁ [자캐] 爆發
無₂烟₁藥₄ [우옌얏] 無烟藥
破₄壞₄ [퍼홰] 破損
地₄雷₂ [듸레] 地雷火
劍₄ [젠] 劍
軍₁旗₂ [쥔치] 軍旗
聯₂隊₄旗₂ [롄되치] 聯隊旗

停₂戰₄旗₂ [팅잔치] 停戰旗
白₂旗₂ [쎄치] 白旗
擔₁架₄ [짠자[쟈]] 擔架
看₄護₄兵₁ [칸후삥] 看護兵
將₄校₄ [쟝쟢[쑈]] 將校
下₄士官₁ [싸읙관] 下士官
兵₁丁₁ [삥띵] 兵卒
炮₄門₂ [퐈먼] 砲門

城₃ [쳥] 城
槍₁眼₃ [챵옌] 銃口
炮₄臺₂ [퐈틱] 砲臺
險₂要₄ [쎈얔] 要塞處
戎₂衣₂ [숭이] 軍服
軍₁人₂ [퀸신] 軍人
隨₂軍₁人₂ [쉐퀸신] 隨軍人
軍₁夫₁ [퀸얔] 軍夫

海軍部 [히퀸부]

海₃軍₁ [히퀸] 海軍
兵₁船₂ [삥촨] 兵艦
大₃鐵₂甲₃船₂ [따테쟈촨] 大鐵甲船
巡₂洋₂艦 [쉰양쎈] 巡洋艦
海₃防₂船₂ [히빵촨] 海防船
水₃雷₂驅₂逐₂艦₄ [쉬레취주쎈] 驅逐艦
水₃雷₂艇₂ [쉬레팅] 水雷艇
報₄知₁艦₂ [뽀즤쎈] 探報艦
水₃母₃船₁ [쉬무촨] 水雷母艦
鍊₄習₂兵₁船₂ [렌시삥촨] 兵艦鍊習
舢₁板₃船₂ [싼빤촨] 舢板船
運₄船₂ [윈촨] 運船
魚₂雷₂ [위레] 魚形水雷
水₂雷₂ [위레] 水雷
機₁關₁水₃雷₂ [지꽌위레] 機關水雷
掃₃海₃法₃ [쏘히애] 掃海法
司₁令₄官 [쓰링꽌] 司令官
艦₄長₃ [쎈쟝] 艦長
放槍 [빵챵] 放銃

馬₃力₄ [마리] 馬力
吃₁水₃ [츠쉬] 浮水力
噸數 [쑨쑤] 噸數
排₂水₃量₄ [파쉬량] 排水力
速₂力₄ [쑤리] 速力
海₃里₃ [히리] 海路
沈沒₄ [쳔머] 沈沒
艙₁頂₃ [챵띵] 甲板
船₂尾₃ [촨웨] 船尾
船₂首₃ [촨예] 船頭
船₂幇₁兒₂ [촨빵얼] 舷
通₁風₂筒₃ [퉁옝퉁] 通風機
汽₄關₁房₂ [치꽌빵] 機械關
司₁令₄塔₃(房) [쓰링타(엥[양])] 司令塔
定₄南₂針₁ [띵난쩐] 指南鐵
信₄號₄ [신핯] 信號
水₃路 [쉬루] 水路
全₂滅 [촨메] 全滅
船₂上₄人₂ [촨쌍신] 乘船人

非₁戰₄鬥₄員₂ [예얀쭈웬] 非攻擊人
戰₄鬥₄員₂ [얀쭈웬] 攻擊人
鎭₄守₃府₃ [쩐쒸약] 鎭守府
海₃戰₄ [히얀] 水戰
護₄衛₄ [후웨] 護衛 [衛]
封₁口₃ [펑커우] 封鎖
烟₁筒₃ [옌퉁] 烟筒
兵₁船₂旗₂ [삥촨치] 軍艦旗
封₃鎖₃ [펑쒜] 封鎖
損₃害₄ [쑨히] 損害
燈₃臺₂ [덩틔] 燈軍

軍₁港₃ [쮠깡] 軍港
通₁商₁碼₃頭₂ [퉁양마터우] 港口埠頭
艦₄隊₃ [졘뒤] 艦隊
船₂塢₂ [촨우] 船渠
炮₄擊₁ [파오지] 砲擊
水₃兵₁ [쒜이삥] 水軍
士₄官 [싀꽌] 士官
船₂廠₃ [촨창] 造船所
開₁戰₄旗₂ [캐얀치] 戰鬪旗
打₃沈₂ [다친] 擊沈
淹₁死₃ [옌쓰] 溺水死

第二編　散語

散語₃第₄一₄章₁ [싼위듸이장]

你₃[늬] 我₃[워] 他₁[타] 這₄兒₂[저얼] 那₄兒₂[나얼] 衙₂門₂[야먼] 街₁上₄[졔양] 東₁西₁[둥시] 買₃賣[미-미] 城₂裏〔裏〕₃頭₂[쳥리투]

你₃住₄在₁那₄兒₃? [늬주엣나얼] 老兄은 何處에 사심닛가?

我₃住₄在₁城₂裏₃頭₂。[워##쳥리투] 나는 城안에 사옵니다.

他₁上₄那₃兒₂去₄? [타양##춰] 그는 어듸로 갓슴닛가?

上₄衙₂門₂去₄了₁。[#야먼춰라] 衙門에 갓슴니다.

他₁不₂是₄這₃₄兒₂住麼₁? [##싀###마] 그는 여긔셔 留치 아니흐옵닛가?

他₁上₄街₁上₄買₃東₁西₁去₄了₁。[##졔#미둥시##] 그가 힝길로 物件 사러 갓슴니다.

街₁上₄買₃賣₄的₄人₁很₄多₁。[##미-미듸신헌뒤] 街上에 買賣호는 사람이 미우 만슴니다.

這₄個₄你₃數₄一₂數₄罷₄。[저쩌늬쑤이#바] 이것을 老兄이 셰여 보시오.

一₂二₄三₁四₄五₃六₄七₁八₄九₂十₂。[이얼싼쓰우류치쌔쥬싀] ᄒ나 둘 셋 넷 다섯 여섯 닐곱 여덜 아홉 열.

散語₃第₄二₄章₁ [싼위듸얼장]

你₃們₂[늬먼] 我₃們₂[워먼] 他₁們₂[타먼] 很₃好₃[헌ᄒᆞᆼ] 多少[둬쏘] 不₂要₄[부야] 房₂子₃[ᄋᆡᆼᄯᅳ] 屋₄子₃[우ᄯᅳ] 鋪₁子₃[푸ᄯᅳ] 窗₄户₄[쳥후]

這₄個₄是₄你₃們₂的₁。 [저 쩌 의 늬 먼듸] 이것은 老兄덜에 것이오.

那₄個₄是₄我₃們₂的₁。[나###워##] 져것은 우리덜에 것이올시다.

他₁們₂₄要₄這₄個₄。[타#야##]그의덜은 이것을 요구ᄒᆞ옵니다.

這₄個₄東₁西₁很₃好₃。[##둥시헌환] 이 物件이 미오 둣소.

價₄錢₂多₁少? [쟈쳰둬쏘] 갑시 얼마오닛가?

我₂們₂₄不₁要₄了₁。[##부야라] 우리는 실슴니다.

你₃住₄的₁房₂子₃₄大₄小₃? [#주#ᄋᆡᆼᄯᅳ쟈쏘] 老兄 居住ᄒᆞ시는 집이 큼닛니가 적음닛가?

有₃三₁個₃屋₁子₃。[역싼#우쯔] 三間 방이 잇슴니다.
開₁着₂₄三₄個₄鋪₄子₃。[캐쥐##

散₄語₃第₄三₁章 [싼위듸싼장]

甚₂麽₂[썬마] 可₃以₃[커이] 吃₁[칙] 能₂[녕] 走₃[쭤] 着₂[쥐] 東₁城₂[둥청] 土₃[투] 外₄頭₂[왜투] 知₁道₄[즤꽌] 去₄了₁[취라]
有₃甚₂麽₂人₂來₂? [유언마신릭] 엇더한 사람이 왓슴닛가?
你₃可₃以₃吃₁飯₄去₄。[늬커이칙앤취] 老兄은 진지 잡수시러 가시오.
我₃吃₁過₄了₁。[워#쒀라] 나는 먹어슴니다.
再₄不₁能₃吃₄。[앸부녕#] 다시 더 먹지 못하겟슴니다.

푸#] 三個의 塵을 닉엿슴니다.
關₁上₄窓₁戶₄罷₁₃。[꽌썅챵후바] 窓을 다드시오.

一₂塊兒₂走₃罷₂₄。[이쾌얼쭤바] 함긔 가옵시다.
住₄在₄東₁城₂裏₃頭₂。[주얶둥청리투] 東門안에 留홈니다.
颳₁風₁, 土₃₄大₁得₁很₃。[솨영투짜더헌] 바람이 부러셔 몬지가 딕단함니다.
外₄頭₂來₂的₁人₂是₄誰₂? [왜#릭#신쒀워] 밧게 온 사람이 누구오?
你₃知₄道₄不₄知₁道? [#즤####] 老兄은 아심닛가 모르심닛가?
我₃要₄回₁家₃去₁了₁。[#얖회쟈##] 나는 집에 도라가랴 하옵니다.

散₄語₃第₄四₄章₁ [싼위듸쓰장]

喜₃歡₁[시환] 愛₄不₂愛₄[이부이] 沒₃有₂[메유] 躺₃着₂[탕쥐] 坐₄着₂[쭤#] 白₂糖₃[쎅탕] 鹹₂鹽₁[쎤옌] 點₃心₁[뎐신] 麥₄酒₃[믜쥬] 不₂是₄[부싀]
我也₃喜₃歡₁那₄個₄東₁西₁。[#예쇠환#거둥시] 나도 그 物件을 됴와하옵니다.
這₄個₄人₂, 你₂愛₄不₂愛₁? [####이부#] 이 사람을 老兄이 스랑하시오 사랑치 아니 안으시오?
沒₃有₃甚₃麽₁很₁好₁的₁。[메유섬#

헌한듸] 무엇 미오 됴홀 것 업슴니다.
你₃在₄床₃上₄躺₃着₂。[#얶챵썅탕쥐] 老兄은 寢床 우에 누으시오.
我₃在₄椅₃子₃上₄坐着₂。[##이쯔#쭤#] 나는 椅子에 안겟슴니다.
你₃愛₁吃₁白₂糖₂麽₁? [##칙쎅탕#] 老兄이 雪糖을 잘 자심닛가?
鹹₂塩[鹽]₂是₄和₄白₁₃糖₁一₄樣兒₂。[□〈쎤〉옌의히###양#] 소곰은 雪糖과 한 모양이올시다.
餓₄了₁, 要₄吃₄點₃心₁。[어###뎐신]

시쟝ᄒᆞ니 果子를 먹고자 ᄒᆞᆸ니다.

這₄是₄麥₃₄酒₃麽₄? [##믜쥬#] 이것이 麥酒오닛가?

可₃不₂是₄麽₄, 也叫₄皮₂酒₃. [커부웍#예쟌피#] 왜 아니야요, 또ᄒᆞᆫ 皮酒라고도 ᄒᆞᆸ니다.

散₄語₃第₄五章₁ [싼위듸우쟝]

誰₂的₁ [워듸] 站₄着₂ [쟌쥐] 步₄行兒₂ [부싱얼] 快慢₄ [쾌만] 樓₂上₄ [루앙] 地₄下₄ [듸쌰] 車₁ [처] 轎子₃ [쟌쯔] 馬₃ [마] 騾子₃ [뤄#] 驢₃ [뤼]

這₄個東₄西₁是₁誰₃的₁? [##둥시웨위듸] 이 物件은 누의 것이오닛가?

他₁在₄道兒₂上₄站₄着₂. [타엌쌋얼앙짠저] 그가 路上에셔 셧슴니다.

我₃是₄步₄行₂兒₂來₁的₁. [##부싱#릭#] 나는 步行으로 왓슴니다.

他₁走₃得₂快₄. [#쮜더쾌] 그는 것기를 速ᄒᆞ게 ᄒᆞ고.

我₃走₂得₂慢₁. [#쮜더만] 나는 것기를 느리게 ᄒᆞᆸ니다.

我₃上₄樓₂上₄去₄看₄看₄. [워앙루##칸#] 닉가 樓上으로 가셔 보겟슴니다.

他₁在₄地₄下₄做₄甚₂麽₂? [##듸쌰쭤언마] 그가 ᄯᅡ에셔 무엇ᄒᆞ옵닛가?

坐₄車₁去₄很₃好₃. [워처#헌환] 車 타고 가는 것이 미오 됴소.

坐₄着₂一₄頂₃轎₄子₃去₄. [###씽쟌##] ᄒᆞᆫ 치 轎子를 타고 가시오.

要₄買₃的₄是₄馬₃麼₁? [얀미##마#] 사시랴난 것은 馬이오닛가?

不₂是, 買₃的₁是₄騾₂子₃驢₂. [#####뤄쯔뤼] 아니오. 사랴는 것은 노시와 나귀올시다.

散₄語₃第₄六₄章₁ [싼위듸루쟝]

先₁生₁ [쎤엉] 敎₄習₂ [쟌시] 學₂生₁ [쉑#] 字典₃ [쯔뎬] 抄寫₃ [챠쎼] 寫字₄ [#쯔] 請₃敎₄ [칭#] 告訴₄ [꼬쑤] 記₄得₂ [지더] 口₂音₁ [큐인]

請₃先₁生₁敎₄話₄. [칭쎤엉쟌화] 請컨듸 先生은 말을 가리쳐 주시오.

敎₄習₂是₄那₃一位₄? [#시여나이웨] 敎師는 엇던 분이오닛가?

有₃好₃些₁個₄學₂生₁. [유환쎼쩌쒥#] 여러 學生이 잇슴니다.

你₃們₂那₄兒₂有₃字₄典₃麽₂? [늬먼###쯔뎬#] 老兄들 거기에 字典이 잇슴잇가?

這₄本₃書₄, 你₂趕₃緊₃的抄₂寫₃出₁來₂罷₄. [저쌘우#깐진#챠쎼추릭바]

이 冊을 老兄은 速히 抄出ᄒ시오.
你$_3$會$_4$寫$_3$字$_4$麽$_1$? [#휘#쯔#] 老兄은 글시 쓸 줄 아르심닛가?
請$_3$您$_2$教$_4$我$_3$中國$_2$話$_4$. [칭닌#워중궈화] 請컨듸 당신은 나의게 中國語를 가리쳐 주시오.
已$_3$經$_1$告$_4$訴$_4$過$_4$了$_1$。 [이징꼬우

궈#] 임의 말ᄒ얏슴니다.
這$_4$個$_4$字$_4$你$_3$記$_4$得$_2$不$_2$記$_4$得$_2$? [저###지더부##] 이 글ᄌ를 당신은 긔역ᄒ시오 긔역지 못ᄒ시오?
他$_1$的$_1$口$_3$音$_4$正$_4$. 説$_1$話$_4$真$_1$. [#듸쿠인쩡쒀화진[전]] 그의 口音이 발너셔 말ᄒ난 것이 참 됨니다.

散語$_3$第$_4$七章$_1$ [싼워듸치장]

東$_1$邊$_1$兒$_3$ [둥볜얼] 拿$_2$來$_1$ [나릐] 拿$_2$去$_1$ [나춰] 這麼$_1$ [저마] 那麼$_1$ [나마] 不$_2$肯$_3$ [부컨] 一$_4$張$_1$紙$_3$ [이장즤] 一$_4$本$_3$書$_1$ [이쎤우] 三$_1$塊$_4$墨$_4$ [싼쾌머] 四$_4$管$_3$筆$_3$ [쓰꽌쎄] 懂$_3$得$_2$ [둥더] 官$_1$話$_1$ [꽌화]

東$_1$邊$_1$兒$_3$有$_3$三$_1$個$_1$. [둥볜얼역##] 東편에 세 긔가 잇슴니다.
你$_3$可$_3$以$_3$拿$_1$來$_2$. [#커이나릐] 老兄은 가져오시오.
這$_4$個$_4$東$_1$西$_1$誰$_2$拿$_2$去$_4$了$_1$? [저거##쒀#춰#] 이 物件을 누가 가져갓슴닛가?
這$_4$麽$_1$大$_4$, 那$_4$麽$_1$小$_3$。 [저마싸나#쑈] 이럭케 젹고 져려케 젹슴니다.
他$_1$因$_1$爲$_4$甚$_2$麽$_2$不$_1$肯$_3$來$_3$? [타인

웨섬#부컨릐] 그가 무엇을 인ᄒ야 오기를 시려홈잇가?
你$_3$給$_3$我$_3$買$_3$一$_4$張$_1$紙$_3$. [#쎄#믜#장즤] 老兄은 나의게 ᄒᆞᆫ 장 조희를 사쥬시오.
這$_3$一$_4$本$_3$書$_1$是$_4$甚$_2$麽$_2$人$_2$的$_1$? [##쎤우###신듸] 이 한 권 冊은 何人의 것이오닛가?
我不$_2$可$_3$不$_4$買$_3$了$_1$三$_4$塊$_4$墨$_4$、四$_4$管$_3$筆$_3$. [######쾌머#꽌쎄] 닉가 不可不 셕 장 먹과 네 ᄌᆞ루 붓을 사겟소.
你$_3$懂$_2$得$_2$不$_1$懂$_3$? [#둥더##] 老兄이 아라드르시오 아라듯지 못ᄒ심잇가?
你$_3$會$_2$説$_1$官$_4$話$_4$麽$_1$? [#회워[워]꽌화#] 老兄이 官話를 ᄒᆞ실 줄 아심닛가?

散$_4$語$_3$第$_4$八$_1$章$_1$ [싼워듸쌔장]

聽$_4$見$_4$ [틩졘] 忘$_4$了$_1$ [왕라] 四$_4$

聲$_1$ [쓰엥] 不錯$_4$ [부웍] 完$_2$了$_1$

[완라] 不會₄ [#회] 明₂白₂ [밍비] 打₃起₃ [짜치] 從₂ [쭁] 老₃爺₂ [랃예]

我₂聽₁見₄説₁你₃學₂官₁話₄是₄真₁的₄麼₁? [#팅젼##쑈###쩐##] 닉가 말을 들르니 老兄이 官話를 비온다 ᄒ니 참말이오닛가?

那₄書₁上₄的₁字₄都₁忘₄了₁。 [#우샹#쯔쭈왕라] 그 冊에 글ᄌᆞ를 모다 니젓습니다.

中₁國₂話₄裏₃頭₂四₄聲₁是₄頂₃難₂的。[즁궈화리투#쎵의#난#] 中國말 中에 四聲이 미오 어렵습니다.

實₂在₄是₄不₂錯₄的₁。 [의얶##쭤#] 참 올습니다.

那₄一₄本₃書₁你₃看₃完₁了₁麼₁? [##쌘우#칸완##] 져 한 권 칙을

老兄이 다 보셧습잇가?

你₃不₂會₄英₁國₂話₄麼₁? [##횡영###] 老兄이 英語를 알지 못 ᄒ옵닛가?

這₄件₄事₄情₁明₂白₂不₄明₂白₂? [#젠의칭밍빈부##] 이 일이 明白 ᄒᆞ오 明白지 아니홉잇가?

你打₃那₃兒₂來₂? [#짜##릭] 老兄이 어딘로붓터 오십닛가?

我起₃家₁裏₃來₂的₁。 [#치쟈###] 나는 집으로붓터 옵니다.

他₁從₂這₁兒₂過₄往₃西₁去₄了₁。 [#쫑##궈왕시##] 그가 여긔로붓터 西으로 갓습니다.

老₂爺₂₄叫₄我₃做₄甚₄麼₂? [랃예쟌#쭤##] 슈監 나더려 무엇ᄒ라 ᄒ심닛가?

散₄語₃第₄九章₁ [싼위듸쥬쟝]

炕₄ [캉] 床₂ [촹] 帳₄子₃ [쟝쯔] 席₂ [시] 鋪₃盖₄ [푸긔] 桌₁子₃ [쥐쯔] 椅₃子₃ [이#] 蠟₁ [라] 燈₁ [쎵] 厠₄房 [쯔왱] 刀₁子₃ [짠#] 鋸₁子₃ [차#]

天₁氣₄冷₃了₁, 得₃多燒₁炕₄。[텬치렁#데데 [뒤] 쑈캉] 日氣가 차니 溫突에 불을 더 썩여라.

這₄一₄張₁床₃誰₁買₃來₃的₁? [##쟝촹쒀미릭#] 이 一座床은 누가 스온 것이오닛가?

有₃帳₄子₃没₂有₂? [역쟝###] 帳이 잇습닛가 업습닛가?

那₄個₄炕₄上₄都₁有₃席₂。 [##캉쑹#시] 져 溫突 우에 ᄌᆞ리가 다 잇습니다.

你₃把₃鋪₁盖₄好₃好₃兒₂叠₂起₃來₂。 [#쌔푸긔환#얼데치릭] 너는 寢具를 잘 기여라.

擱₁₃在₂那₄個₄桌₁子₃上₄。 [쪄엇##쥐#앙] 져 四仙床 우에 두시오.

這₄些₁椅₃子₃都₁壞₄了₁。 [#셰이##

홰#] 이 여러 椅子가 모도 씨젓소.

這$_{34}$不$_2$是$_4$洋$_2$燈$_1$, 就$_4$是$_4$蠟$_4$燈$_1$。[###양쪙쥬#라#] 이것이 洋燈이 아니오. 燭臺올시다.

廚$_2$房$_4$裏$_2$廚$_2$子$_2$有$_3$沒$_3$有$_3$? [추왱리##여##] 부엌에 부엌덕이[1]

가 잇소 업소?

買$_3$給$_3$我$_3$一$_{24}$把$_3$刀$_1$子$_3$。[민쎄##쌔쭈#] 칼 ᄒᆞ나 스주시오.

吃$_1$外$_4$國$_2$菜$_4$的$_1$時$_2$候$_4$就$_4$用$_4$鋸$_1$子$_3$。[츼왜쭤역# 씌훠쥬융차#] 外國科[料]理를 먹을 써에는 鋸子를 씁니다.

散$_4$語$_3$第$_4$十$_2$章$_1$ [싼워듸의쟝]

飯$_4$鍋$_1$ [앤궈] 茶碗 [차완] 酒$_3$杯$_1$ [쥬쩨] 凳$_4$子$_3$ [쩡#] 傢$_1$伙$_3$ [쟈훠] 爐$_2$子$_3$ [루#] 花$_1$瓶$_2$ [화핑] 酒$_3$壺$_2$ [#후] 盤$_2$子$_3$ [판#] 碟$_3$子$_3$ [데#] 點$_3$燈$_3$ [뎬쎵] 滅$_{24}$火$_3$ [몌훠] 倒$_4$水$_3$ [쏘쒸] 滿$_3$了$_1$ [만랴] 使$_3$得$_2$ [씌더]

飯$_4$鍋$_1$是$_4$煮$_3$飯$_4$用$_4$的$_1$。[앤궈#주앤#융] 솟은 밥 짓는 듸 쓰난 것이올시다.

茶$_2$碗$_3$掉$_4$在$_4$地$_1$下$_4$破$_4$了$_1$。[차완댜옄듸쌰퍼#] 茶碗이 짜에 써러져 씨젓습니다.

酒$_3$杯$_1$再$_4$拿$_4$幾$_3$個$_4$來$_2$。[쥬쩨#나지거리] 술잔 몃 기 더 가져오너라.

把$_3$一$_4$條$_2$凳$_4$子$_3$挪$_2$在$_4$這$_4$邊$_1$兒$_2$。[##탸##눠##쩬#] 한 기 등상을 이편으로 비켜 노아라.

家$_1$裏$_3$用$_4$的$_1$東$_1$西$_1$都$_1$是$_4$傢$_2$伙$_3$。[쟈리####쭈의쟈훠] 家內에

쓰는 物件은 모도 세간이오.

爐$_2$子$_3$有$_2$大$_4$小$_3$不$_4$同$_2$。[루#여쟈 쌰부퉁] 화로는 大小가 잇셔 갓지 안슴니다.

那$_4$個$_4$花$_1$瓶$_2$很$_2$好$_3$看$_4$的$_1$。[##화핑헌핟칸듸] 져 花瓶은 미오 보기 좃습니다.

那$_4$酒$_3$壺$_2$、盤$_2$子$_3$、碟$_2$子$_3$, 都$_1$是$_4$零$_2$用$_4$的$_1$傢$_2$伙$_3$。[#쥬후판#데#뿌의링융#쟈훠] 져 酒壺와 소반과 접시는 모다 허드릭로 쓰는 세간이올시다.

黑$_1$上$_4$來$_2$了$_1$, 你$_3$快$_3$點$_3$燈$_1$。[헤#릭##쾌뎬쎵] 어두어오니 너난 얼픳 불 케라.

滅$_4$火$_3$是$_4$滅$_3$了$_1$爐$_2$子$_3$的$_1$火$_3$。[메####루쯔#훠] 滅火는 화로의 불을 끈다는 말이올시다.

把$_3$那$_4$空$_1$的$_1$倒$_4$滿$_3$了$_1$水$_2$。[쌰#쿵#쏘만#쒸] 져 빈 것에 다 물

---

[1] 부억덕이: 廚子. 부억데기.

을 가득히 짜르시오.

叫₄人₂收₃拾₃使₂得使₃不₄得₂? [쟈

신웍의읙더###] 사룸으로 修繕케 ᄒ면 쓰겟소 못 쓰겟소?

散₄語₃第₄十₂一₄章₁ [싼워듸읙이쟝]

前₂年₂ [쳰녠] 去₄年₂ [취#] 今₄年₂ [진#] 明₂年₂ [밍#] 後₂年₂ [훀#] 上₄月₄ [썅웨] 本₃月₄ [쎈#] 下₄月₄ [쌰#] 前₂天₁ [쳰톈] 昨₂天₁ [줘#] 今₁天₁ [진#] 後₂天₁ [훀#] 時₁令₄ [씌링] 四₄時₂ [쓰의] 天₁氣₄ [#치]

他₁是₁前₁年₁來的₁. [타의 쳰녠리듸] 그는 再昨年에 왓고.

我₃是₄去₃₄年₂到₄的₁. [위 [워] ##취#쌰#] 나는 昨日에 왓습니다.

今₁年₂多₁大₄歲₄數₄了₂? [진#둬짜쉐우얼] 今年에 년셰가 얼마나 되심잇가?

趕₃到₄明₂年₂就₄是₄滿₃限₄了₁. [깐#밍#쥭#만쎈라] 明年에는 곳 滿限이올시다.

後₄年₂的₁事₄情₃怎₂麽₁能₁知₁道₄呢₁? [훀#듸의 칭쪈#넝지#늬] 後年의 일을 엇지 능히 안다 ᄒ릿가?

我₃們₂上₄月₄初₁十₂起₃的₁身. [#먼썅웨추#치#쎤] 우리난 去月初十日에 쪄낫습니다.

他₁的₁生₁日₄就₄是₄本₃月₄二₄十₂五₃日₄. [##영싀##쎈#####] 그의 生日은 곳 今月念五日이올시다.

到₄了₁下₄月₄就₄是₄放₄學₂. [쏘#쌰###앵쒜] 來月에는 곳 放學홈니다.

前₂天₁就₄是₄前₂兒₂. [쳰####] 前天은 곳 再昨日이오.

昨₂天₁還₂是₄昨₂兒₂. [줘#회###] 昨天은 昨日이올시다.

今₁天₁天₁氣₄很₃好₃. [###치헌환] 今日 日氣가 매오 좃습니다.

後₄天₁不₂是₄開₁學₂麽₁? [####캐쒜마] 모레가 開學이 아니오닛가?

時₂令₄就₄是₄一₄年₂的₁四₄時₂. [씌링쥭##녠###] 時令은 곳 一年의 四時올시다.

昨₂兒₂颳₁風₁, 今₁兒₂天₁氣₄不₄妥₃當₄. [##좌영진####퉈땅] 어졔 바름이 부더니 오날은 日氣가 뎡망치 못홈니다.

散₄語₃第₄十₂二₄章₁ [싼워듸읙얼쟝]

天₁冷₃ [톈렁] 天₁熱₄ [#서] 天₁凉₂ [#량] 暖₃和₂ [난허] 下₄雨₃ [쌰

워] 下₄雪₃ [#쒜] 白₂晝₄ [쎄쥭] 黑₁下 [헤쌰] 一₄會₃兒₂ [#회#]

一₄點₃鍾〔鐘〕₁ [#뎬쭝] 容₂易₄ [융이] 合₂式[허의] 府₄上 [약쌍] 出₁去₄ [추취] 進₄來₂ [진릭]

天₁冷₂的₁時₂候₄下₃₄雪₃。[#렁#의휘 쌰쉐] 날이 찰 씌에 눈이 오고.

天₁熱₃的₁時₂候₄下₄雨₃。[#서 ####워] 날이 더울 씌에 비가 옵니다.

秋₁天₁就₄是₄天₁凉₂的₁時₂候₄多₁。[추####량듸##뒤] 秋日에난 곳 셔늘한 씌가 만슴니다.

春₁天₁就₄是₄暖₃和₂。[춘###난 허] 春日에난 곳 暖和홈니다.

不₄分₃夜₄裏₃白₂晝₁很₃愛₃用₄工₁。[부앤예리쎄쥐헌이융쌍] 晝夜를 不分호고 공부호기를 미오 조와홉니다.

昨₂兒₂黑₁下₄下₄得₂雨₃很₃大₄, 今₁兒₂晴₂了₁天₁。[##헤쌰#더## 쌰##칭##] 昨日 져녁에 비가 만이 오더니 今日에난 기인 날이 올시다.

等₃了₁一₄回₂兒₂就₄回₂去₄。[셩## 회#직##] 죠곰 기다려 곳 도라 가 오겟소.

快₄到₄兩₃點₃鍾〔鐘〕₁兩刻₁。[쾌쏘 ##쭝량커] 거진 두 졈 솜십 분이 나 되엿슴니다.

這₄件₄事₄情₂很₃容₂易₄辦₄的₁。[#졘 의칭헌용 [슝] 이빤#] 이 일은 미 오 판단호기 容易호오.

這₄個₄東₁西₁做₄得₂很₃合₂式₄。[####워더헌허의] 이 物件 만 들기를 미우 맛게 호엿습니다.

您₂府₃上₄在₄那₃兒₂? [닌약####] 貴宅은 어딕시오?

不₁愛₃念₄書₁, 出₁去₄做₄甚₂麽₂? [## 녠우추취#언마] 글 읽기를 시려호 고 나가셔 무엇을 호나냐?

你₃進₄來₂罷₄, 我₃有₃話₄説₄。[#진 릭바#약화워] 老兄은 들러오시오. 내가 할 말숨이 잇슴니다.

散₄語₃第₄十₂三₁章₁ [싼위듸의싼쟝]

每₃天₁ [메텬] 各₄樣₄ [쩌양] 早起₃ [쏘치] 晌₃午₄ [썅우] 晩上₄ [완#] 上₄半₄天₁ [#쌘#] 前₂半₄夜 [쳰#예] 天₄長₃ [#창] 天₁短₃ [#돤] 多₁咱₁ [#짠] 工₁夫₁ [쏭약] 雲₂彩₃ [원얘] 下₄霧₄ [쌰우] 擱₁着₂ [꺼쥐] 罷₄了₁ [쌔라]

每₃天₁早₃起₃起₃來₂。[##쏘치# 릭] 每日 일즉 니러나지오.

各₄式₄各₄樣₁的都₁₃有₃。[쩌의#양#쭈 역] 各式各樣이 모다 잇슴니다.

晌₃午₄錯₄了₁。[썅웅춰#] 午正이 지낫소.

今₁兒₂晩₃上₁見₄罷₄。[진#완#졘 바] 今日 젼역에 봅시다.

上₄半₄天₁下₁了₄雨₃₄, 下₄半₄天₁晴₂了₁。

[앙쌘#쌰#위###칭#] 午前에는 비가 오더니 午後에는 기엿슴니다.

前₂半₄夜₄下₄雪₃, 後₄半₄夜₄冷₃了₁。 [##예#쥐후##렁#] 子正前에는 눈이 오더니 子正後는 춥슴니다.

天₁長₁₂的₂時候₄做事₄的₁工₁夫₁多₁, 天₁短₃的₁時後〔候〕没₃₄有₁空₁₃兒₂。 [#창#의후웨의#쭝앺뒈#돤듸의후##쿵얼] 히 길 썩에 난 일할 동안이 만코 히 잘을 썩에난 틈이 업슴니다.

他₁多₁咱₁上₁學₃堂₂去₄呢₁? [타뒈 짠#쥐##늬] 그가 언제 學校에 갑잇가?

用₄工₁的₁人₂没₂有₃甚₂麽₂閑₂工₁夫₁。 [융 궁####연#쩬숭약] 공부 하는 스람은 무슨 閒隙이 업지오.

天₁上₄雲₂彩₃滿₃了₁就₄是₄陰₁天₁。 [텐#윈엑만#쥬#인#] 하늘에 구름 낀 것은 陰日이라 흠니다.

今₁兒₂早₃起₃下₇霧₁很₃₄大₄, 大₄山₁都₁看₄不₂見₄了₁。 [진#쨔치쌰우 헌쟈##쭈칸부졘라] 오늘 아참에 안기가 마니 나리여 큰 산도 모다 뵈이지 아니홈니다.

把₃那₄個₄擱₁到₂屋₁裏₃去₄罷₄。 [쌔 ##쩌#우리#바] 그것을 방 안에 ᄀᆞᆺ다 두시오.

就₄這₄麽₁樣₄罷₁。 [쥬##양#] 곳 이러할 쑨이올시다.

散₄語₃第₄十₂四章₁ [싼위디의쓰쟝]

乾₁净₄ [깐징] 腌₁臟₁ [앙쨩] 刷₁洗₃ [쇼시] 衣₁裳₄ [이썅] 襪₄子₃ [와쯔] 靴₁子₃ [쉐#] 穿₁上₄ [촨썅] 脱₁下₄來₁ [퉈쌰릐] 縫補₃ [엉부] 鞋 [쎼] 手₂巾₁ [쎺진] 臉₃盆₃ [렌펀] 刷₁子₃₄ [쇼#] 破₄了₁ [퍼라]

這₁個₃₄屋₁子₃很₃乾₁净₄。 [##우#헌깐징] 이 방이 미오 씨긋홈니다.

這₄水₃腌₁臟₁了₄, 換₃乾₁净₄的₁來₂。 [#웨앙쨩#환깐징#릐] 이 물이 더러오니 씨긋홀 것을 밧고아 오너라.

你₃的₁那₁皮₃靴₁子₃得₃刷₁一₁₂刷₃。 [늬듸나피쉐#데쇼##] 老兄의 져 洋靴를 닥그십시오.

有₃体₃面₄的₁得₃穿₁外₁國₃衣₁裳₁。 [#틔몐#데촨왜귀이썅] 졈잔은 사람은 외국옷을 입어야 됨니다.

那₁個₄鋪₁子₃裏₃有₃外₄國₂襪₄子₃没₂有₃? [##푸#리얶왜귀와#메#] 져 젼에 洋襪이 잇소 업소?

靴₁子₃有₃皮₂做₃的₄, 有₃絨₃做₄的₁。 [쉐##피###숭#듸] 목화는

가죽으로 민든 것도 잇고 융으로 민든 것도 잇소.

你穿₁上₄衣₁裳₁, 我₃們₂逛去₄罷₄。 [#촨#이###꽝##] 老兄 옷을 입으시오. 우리 구경ㅎ러 갑시다 [다].

天₁氣₄頂₃熱₄, 褂₄子₃脫₁下₄來₁₂好₃。 [#치띵서쫘#튀###] 日氣가 미우 더우니 周衣를 벗는 것이 죳슴니다.

這₁件₄衣₁裳₁破₄了₁, 得₃叫₄人₂縫₂補₃。 [#젠##퍼#뎨쟌#엉부] 이 옷이 히젓스니 스룸으로 ᄒ야금 깃계ᄒ시오.

這₁一₃條₃手₁巾₁腌臟了₁, 擱₁在₄臉₃盆₂裏₃洗₄一₄洗₄。 [##탼쩐진앙쌍#쩌#렌펀리시##] 이 흔 기 슈건이 더러우니 셰슈듸야에다 쌀고 싸시오.

散₄語₃第₁十₃五₃章₁ [싼워듸읙우쟝]

砍₃肩₁兒₂ [칸젠얼] 汗₄褟₃兒₂ [한탄#] 褂₄子₃ [쫘쯔] 褲₄子₃ [쿠#] 針₁綫₄ [쩐쎈] 裁₂了₁ [엵라] 補₃了₁ [부#] 戴₄帽₃子₃ [띡맡#] 兩₃樣兒₃ [량양#] 官₁帽₄子₃ [꽌##] 撣₃子₃ [짠#] 洗₃澡₃ [시쫘] 頭₁髮₃ [틎애] 梳₁頭₂ [우튿]

這₄砍₃肩₁兒₂是₄時₁興的₁。 [저칸젠##읙싱싱①] 이 족기는 시톄 것이올시다.

拿₂水₃₄來₂₄把₃汗₁褟₃兒₂洗₃一₄洗₃。 [나쒀릐쌔한타####] 물을 ᄭ다가 쌈빅기②를 쌀어라.

那₄褂₄子₂太₄短₃, 不₄合₂式₄。 [#쫘#틱돤#허읙] 저 周衣는 넘어 쌀나셔 맛지 아니ᄒ니다.

褲₄子₃太₄小₃, 於₂我₂不₂中₄用₄。 [쿠##쌰워워##융] 바지가 넘우 젹어셔 나의게 맛지 아니ᄒ오.

針₁綫₄是₄女人₂的₁本₃事₄。 [쩐쎈#뉴신#쌘읙] 針線은 女人의 職務올시다.

按₄着₂單₁子₃上₄寫₃的₁尺₃₄寸₃裁₂了₄就₄好₃。 [안#짠##쎄#츠운엵#쥭환] 單子 上에 쓴 尺數듸로 말느면③ 곳 둇슴니다.

這₄件₄衣₁裳₁破丁 [了]₁, 趕₃緊₃的₁補₃了₁就₄好₃。 [#젠이앙퍼라싼#듸####] 이 옷이 쩌러젓스나 급히 깃는 것이 곳 둇슴니다.

上₄街₁上₄去得₄戴₄帽₄子₃。 [앙졔#췌뎨쩌맡#] 힝길에 나가랴면 帽

---

① 발음 오기.
② 쌈빅기: 汗褟兒. 내의.
③ 말느면: 裁. 마르면.

子를 씀니다.

官₁帽₁兒₃有₃凉₂帽₄、暖₁帽₄兩₃樣₄兒₂。[꽌맏#역량#난#양량#] 官帽에 凉帽와 暖帽 두 가지가 잇슴니다.

拿撣₃子₃撣₃一₄撣₃衣₁裳₄上₄的₁土₂。[나켌####이앙##투] 쩌리기①를 갓다가 옷 우의 몬지를 터러라.

天₁天₁兒₂洗₃澡₃就₄好₃。[####쨔##] 날마다 목욕ᄒᆞᄂᆞᆫ 것이 곳 됴슴니다.

那₄女₃人₂的₁頭₂髮₃₄就₄像₄漆₁黑₁的₁。[#뉴신#투애#쌍치헤#] 져 女人의 頭髮이 곳 漆갓치 검소.

那₄一₄把₃木₄梳₄是₄誰₁梳₁頭₂的? [##쌔무우#쒸#투#] 져 ᄒᆞᆫ 자루 얼에빗②은 누가 머리 빗ᄂᆞᆫ 것이오잇가?

散₄語₃第₄十₂六₄章 [싼워듸으루장]

欠₄帳₄[쳰장] 借₄錢₂[졔쳰] 帳₄目₄[#무] 花₄費₁[화에] 價₄錢₂[쟈#] 很₃賤₄[헌쪈] 不₂貴₄[부 쉐] 銀₂子[인쯔] 銀₂錢₂ 銅錢₂[퉁#] 票₄子₃[퍄#] 一₄吊₄錢₂[#댜#] 輕₁重₄[칭쭝] 秤₁[청] 稱₁一₄稱₄[청##] 花錢₂[화#]

他₄欠₄人₂的₁帳₄目就₃₄是₄二₄千₁兩₃銀₂子₃。[타쳰####쥬의얼쳰량인#] 그가 남에게 빗진 것이 二千兩銀子올시다.

借₄錢₂是₄把₃人₂家₁的₁錢₂₄拿₃來₂我₃使₃。[졔##쌔#쟈##나릭워의] 錢을 借用ᄒᆞᆫ다는 것은 남의게 錢을 拏來ᄒᆞ야 닉가 쓰난 것이올시다.

我₃的₁家₁裏₃天₁天₁兒₂花₄費₃₄的₁很₃多₁。[###리####에#헌둬] 나의 집안에셔 每日 쓰난 돈이 미우 만소.

這₄房₁子₃的₁價₃₄錢₂多少₃? [#얭##쟈쳰#쏘] 이 집 갑시 얼마나 됨잇가?

近₄來₂錢₂很₃緊₁₃, 東₁西₁的₁價₁錢₃都₁很₃₄賤₂₄。[진릭###둥##쟈#쭌#졘] 近日에 錢荒ᄒᆞ야 물건 갑시 모다 헐홈니다.

那₄個₄花₁瓶₂價₄錢₂不₂貴₄。[나거#펑####] 져 花瓶 갑시 빗싸지 아니홈니다.

金₁子₃比₃銀₂子₃貴₄。[진#쌔###] 金은 銀보다 貴홈니다.

銀₂錢₂是₄銀₂子₃做₄的₁。[######워] 銀錢은 銀子로 만든 것이올시다.

銅₂錢₂就₄是₄銅₁做₁的₁。[퉁####
##] 銅錢은 銅으로 만든 것이

---

① 쩌리기: 撣子. 털이개.
② 얼에빗: 木梳. 얼레빗.

올시다.

票₄子₃是₄一₄張₁紙₃上₁頭₃寫₃着₂錢₂數兒₂。[퍄###장직#투셰줘#쭈얼] 票는 一張紙 上에 錢額을 쓴 것이올시다.

這₄一₄雙₄襪₄子₃₄一₄吊₄錢₂買₃的₁。[저#쌍###딴쳰미#] 이 흔 커리 버션은 열 냥에 산 것이올시다.

散₄語₃第₄十₂七₁章₁ [싼위디윾치장]

柴₂火₂ [치훠] 煤₂炭₄ [메탄] 米₃麵₄ [미몐] 饅₂頭₂ [만투] 白₂糖₂ [쎄탕] 鷄₁子₃兒₂ [지#얼] 牛₂奶₃ [뉴닉] 果₃子₃ [궈#] 燈油₂ [떵여] 香₁油₂ [쌍#] 鹽₂ [옌] 弄₄菜₄ [눙쳭] 撒了₁ [처] 吃₁飯₄ [츼얜] 喝₁湯₁ [허탕] 芝₁麻₂ [즤마] 弄₄火₃

他₁要₄買₃多₄少₃斤₁柴₂火₃? [타야미둬쌰진치훠] 그난 몟 근 나무를 사고즈 ᄒᆞ오?

我₃昨₂兒₂₄買₃了₁三₁百₃斤₁煤₂, 四₄十₂斤₁炭₄。[#웨#미#싼비진메쓰##탄] 닉가 어졔 三百斤 石炭과 四十斤 木炭을 삿습니다.

給₃你₃我₃買₃五₃石₄米₃、七₁包₁麵₄。[#쎄###싼미#바몐]老兄은 五石 米와 七包 밀가루를 사주시오.

饅₂頭就₄是₁没₃餡₁兒₃的₁。[만투###쎈얼] 饅頭난 곳 소가 업난 것이올시다.

拿₂秤₄稱₁一₄稱₁可知₁道₄那₄個₄的₁輕₁重₄。[나청청##커즤쏘###칭쭝] 져울을 굿다 달고 달아야 그것의 輕重을 알 커이지오.

他₁很₃嗇₄刻, 不₄愛₄花₄錢₂。[타헌 써커부이화쳰] 그는 미우 인식ᄒᆞ야 돈 쓰기를 죠와 아니ᄒᆞᆷ니다.

白₂糖是₄很₃甜₃, 很₃好₃吃₁的₁。[쎄탕##뗴####] 雪糖은 미우 달어셔 먹기를 좃습니다.

我₃要₄買₃一₄隻₁小₃鷄₁子₃、三₁四₄個₄鷄₁子₃兒₂。[####쯰쌰지######] 나는 一首軟鷄와 三四個 鷄卵을 사고즈 ᄒᆞ오.

我₃們₂這₄兒₂買₃牛₂奶₃都₁是₄論₄碗、論₁瓶₃。[####뉴닉쭈#룬완#펑] 우리 여기셔는 牛乳를 사랴면 모다 碗과 瓶으로 의론ᄒᆞᆷ니다.

買₃果₃子₃都₁是₄論₄個兒₂。[미궈#역##쩌#] 果子를 스랴면 모도 箇數로 의론ᄒᆞᆷ니다.

燈₁油₂是₄豆₂子₃做₄的₄。[떵여#쭈#웨#] 燈油는 콩으로 믿든 것이오.

香₁油₂是₄芝₁麻₂做₄的₄。[썅##즤마##] 香油는 참싀로 믿든 것이올시다.

鹽₂攔多了₁, 很₁鹹的₁。[옌쎄#둬#셴#] 소금을 과이 쳐셔 미우 짜오.

現₄在₄你₃快₄去₄弄₄菜₄罷₄。[쎈엇#쾌#눙에바] 직금 네 가셔 菜를 만들어라.

吃₂完了₁, 就₄撤了₁去₄。[억완#쥐처라취] 다 먹엇스니 치워 가거라.

你₃快₄快₄兒₂去₄吃₁飯₄就₄來罷₄。[늬####앤쥐릭#] 너는 어셔어셔 가 밥 먹고 곳 오나라.

你₄愛₄喝₄湯₄呢₁? [#이허탕늬] 노형은 국을 잡수심잇가?

弄₃₄火₃就₄是₄燒₁火₃。[#훠쥭#쏘#] 弄火라는 것은 불 씩는 것이 올시다.

散₄語₃第₄十₂八₁章₄ [싼위듸웨쎄장]

直₂走₃ [즤쭤] 繞₄着₂走₃ [샾쥐#] 算₄計₄ [쏸지] 道₄路₄ [쯔루] 遠₃近₄ [웬진] 南₂邊₁ [난볜] 北₃邊₁ [쩨#] 一₄隻₁船₂ [#즤촨] 坐₄車₁ [쭤처] 走₃海₃ [쭤히] 客₄店₄ [커뎬] 掌₃櫃₄的₁ [쟝꿰듸] 辛₁苦₃ [신쿠] 乏了₁ [왜#] 歇₁着₂ [쎄#]

我₃有₃事₁情₃₄要₄進京₁去₄, 直₂走₃近₄, 繞₄着₂走₃遠₃。[#워읙칭얃진징춰#쭈진샾##웬] 늬가 일이 잇셔 京城을 가고즈 ㅎ는듸 바루 가면 갓갑고 도라가면 멀깃지오.

算₄計₄盤₂費₄有₃多少₃? [쏸지판폐 여둬쏘] 路資를 合計ㅎ면 얼마나 되는지오?

這₄道₄路₄不₄熟₂, 不₄知₁道₄遠₃近₄。 [#쯔루부우###웬진] 이 道路가 닉숙지 못ㅎ야 遠近을 아지 못ㅎ옵니다.

我₃的₁家₁就₄是₄這₄個₁衚₃衚₂南₂邊₁兒₂。[##쟈쥬###후퉁난볜얼] 늬의 집은 이 골목 남족이올시다.

他₁住₄的₄地方₁不₄是₄北₃邊兒₁了₁麼₁? [#주듸빵###쎄####] 그의 스는 地方은 北邊 아님닛가?

我₃要₄住₃上₄海做買₄賣₄去₄, 給₃我₃雇₄一₄隻₁船₂罷₃。[##왕양히웨미미#쎄#수#즤촨바] 늬가 上海로 쟝수ㅎ러 갈 터이니 一隻船을 셰너 쥬시오.

要₄騎₂馬₃₄, 不₄愛₄坐₄車₁。[야치마#이워처] 馬을 타고즈 ㅎ고 車는 타기 조와 안슴니다.

走₂海₃路₄比₃走₃旱₄路₄受₄累₄得₂多₁。[쭤##쎄#한루쭤레더둬] 海路로 가는 게 陸路로 가는 것 보담 累가 만슴니다.

我₃聽₁見₄説₁, 城₂外₄頭₂客₄店₄有₃不很₃好₃住₄的₁。[#팅졔⑴워청왜투

⑴ 발음 오기.

커뎬유#헌환주#] 나는 들은즉 城 밧 客店에는 留ᄒ기가 죠치 아니ᄒ다 홉듸다.

掌$_3$櫃$_4$的近$_4$來$_4$你$_3$的$_1$鋪$_4$子買$_3$賣$_4$怎$_3$麽$_1$樣? [쟝쒜#진리##푸###젼마양] 掌櫃[櫃]之, 近來 老兄 가가[①]에 흥정이 엇더ᄒ오?

我$_3$們$_2$那些$_1$人$_2$辛$_1$苦得$_2$了$_3$不$_4$得$_2$。[워먼#쎄신신쿠더랴부#] 우리 여러 사람이 辛苦를 믜우 힛슴니다.

人$_2$乏$_2$了$_1$那$_3$個$_4$都$_4$好$_2$, 到$_4$店$_4$裏$_4$不$_4$過$_4$歇$_4$着$_4$罷$_3$了$_1$。 [#애###쭈환쨔뎬리부꿔쎼줘바#] 人이 피곤ᄒ면 어듸라도 모다 죳치오. 쥬막에셔는 不過는 쉬일 ᄲᅮᆫ이올시다.

散$_4$語$_3$第$_4$十$_2$九$_3$章$_1$ [싼워듸읙쟈장]

行李$_3$ [싱리] 箱$_1$子$_3$ [썅#] 包$_1$兒$_2$ [바#] 口$_1$袋$_4$ [커듸] 布$_4$ [부] 牲$_1$口$_3$ [엉커] 駱駝$_3$ [뤄퉈] 馱$_3$子$_2$ [둬#] 跟$_1$班$_1$ [껀#] 追$_1$趕$_3$ [쮀깐] 利$_4$害$_4$ [리히] 裝得$_2$ [쟝더]

行$_2$李$_3$是$_4$走$_3$路的$_1$客$_4$人$_3$帶$_4$的$_1$東$_1$西$_1$。[싱리쓰쪄우루#커신쩍#둥시] 行李는 길 가는 사람이 가지는 물건이올시다.

箱$_1$子$_3$有皮$_2$子$_3$做$_4$的$_1$, 有$_3$木$_4$頭$_4$做$_4$的。[썅#여피#웨##무투##] 箱子는 가죽으로 만든 것도 잇고 나무로 만든 것도 잇슴니다.

包$_1$兒$_2$是$_4$把$_3$東$_1$西$_1$包$_1$起$_3$來$_2$的$_1$。[바##싸##바치리#] 보자기는 믈건을 싸는 것이올시다.

口$_3$袋$_4$是$_4$布$_3$做$_4$的$_1$, 可$_3$以$_4$裝$_1$零$_2$碎$_1$東$_1$西$_1$。[커듸###커이쟝링쒜##] 젼듸는 布로 만든 것인 듸 可以 細碎ᄒᆞᆫ 물건을 담슴니다.

我$_4$要$_4$買$_3$一$_4$疋$_3$布$_4$、三$_4$疋$_3$庫$_4$緞$_4$。[워야미#피###쿠돤] 난 一疋 綿布와 三疋 庫緞을 사고자 ᄒᆞ오.

人$_4$若$_4$是$_4$不$_4$懂〔懂〕$_4$好$_3$歹$_3$, 比$_3$牲$_1$口$_3$都$_1$不$_1$如$_3$。[신웨[웨]##둥화썩쎼엉커쭈부수] 사람이 만일 조코 낫븐 것을 물으면 김싱만도 못ᄒ지오.

駱$_4$駝$_2$都$_1$是$_4$口$_3$外$_1$來$_3$的$_1$。[뤄퉈쭈읙커왜리#] 駱駝는 모다 張家口外에셔 오는 것이올시다.

牲$_1$口$_3$身$_1$上$_4$駝〔馱〕$_3$着東$_1$西$_1$都$_1$叫$_4$馱$_3$子$_2$。[##언#둬줘###쟌둬쯔] 김싱의 背上에 실은 물건은 모도 바리라 홉니다.

他$_4$好$_3$像$_4$跟$_1$班$_1$的$_1$一$_4$樣$_4$。[타#쌍쩐쌘##양] 그는 驅從과 흔모양이올시다.

---

① 가가: 鋪子. 가게.

好₃半₂天₁追₁赶₂也₃赶₃不₂上₄他₁。[#싼텬줴얀예####] 반나잘이나 좃차도 짜라가지 못호엿습니다.
暑₃氣₁很₄利₄害₄, 不₂好₃出₁門₂。[유치헌리히##추먼] 더위가 되단호야 츌입호기가 좃지 못호오.
把₃好₃些₁個₄東₄西₁裝₁在₂車₁上₄罷₄。[####둥시쟝역처#바] 여러 물건을 車 우에 실러라.

散₄語₃第₄二₄十₂章 [싼위디얼쒸쟝]

腦₃袋₄ [난디] 耳₃朵₃ [얼둬] 眼₃睛₄ [얀징] 鼻₃子 [세#] 嘴₃ [줴] 嘴₃唇₂子₃ [#츈#] 鬍₂子 [후#] 胳₂臂₄ [쩌베] 指₃頭₂ [쯰투] 腰₁腿₃ [얀퉤] 辮₄子₃ [쌘쯔] 壯₄健₄ [좡졘] 軟₃弱₄ [완쉬] 有病 [열찡] 很₃疼₂ [헌텅] 奇₂怪₄ [치괘] 抓₁破₄ [좌퍼] 拉₁拽₄ [라줴]

人₂的₁頭₂裏₃頭₂有₃腦₃子₃₄, 就₃₄叫₄腦₃袋。[신#투리##난#쥬쟈난디] 人의 머리 속에 골이 잇스니 腦袋라 호오.

你₃没₂有₃耳₃朵₃麽₁? 爲₂甚₂麼₂聽₁得₂不₁清₁楚₃呢₁? [###얼둬#웨연#팅더#청 [칭] 추늬] 너는 귀가 업나냐? 엇지호야 明白히 듯지 못호나냐?

人₂老了₁, 眼₃睛₄看₄不₄真₃了。[#랄#얀징칸#쩐#] 스람이 늘그면 눈에 뵈는 게 진적지 못홉니다.

那₄個₁人₃的₁鼻₂子₃、眼₃睛₁長₃得₂奇₂怪₄。[####쎄###쟝더치괘] 져 스람의 코와 눈이 奇恠호게 싱겻소.

嘴₃裏₃₄說₁話₄, 還是₄吃₁東₁西₁。[줴리줘화히#츽##] 입으로 말도 호고 또혼 물건도 먹습니다.

連₁嘴₃唇₂子₃都破了₁。[렌#춘#쯔퍼#] 입설①ㅅ지 모도 희겨습니다.

他₁的₁鬍₂₄子₄都₁白了₂ 一₂半₃兒₃了₄。[##후##쎈##싼##] 그의 슈염이 半白이나 되엿습니다.

把₃他₁的₁胳₁₃臂₁攥₃住了₁勁₃₄兒₄。[싸##쩌쎄완주#진얼] 그의 팔을 심써 쥐엿습니다.

我₃的₁指₃頭₂疼₂得₂利₄害₄。[##즥#텅더리히] 나의 손가락이 독호게 압푸오.

他₁的₁腰₁腿₁₃有₃病₄, 躺₃₄在₄炕₄上₄直₃不₁起₂來₂。[##얀퉤얼찡탕재캉쌍긔#치리] 그의 허리에 病이 有호야 구들 우에 누어서 펴지럴 못호오.

男₂人₂們₂打辮₄子₃, 女₃人₂們₂梳₁篦

---
① 입설: 嘴唇子. 입술.

〔纂〕₃兒₂。[난#먼자쩬#뉘##쀼좐#] 男子는 머리를 쌋고 女子는 머리을 [를] 쪽 짐니다.

這₄個₄人₂很₃壯₄健₄, 那₃₄個₄人₂軟₃弱得₂很₃。[###헌쨩젼###완쒀더#] 이 스람은 미우 健壯하고 져 스람은 미우 연약하오.

你這₄幾₃天₁有₃病₄麼? 臉₃上₄怎₃麽₂這₄麼₁刷₁白₂? [####역쩡#롄#쩐###솨쎄] 老兄은 幾日이나 病이 有하엿기로 엇지 얼골이 이러케 힛슥하엿소?

我₃的₁牙₂很₃疼₂了₁。[##야헌텅#] 늬의 니가 미우 압픔니다.

實₃在₄是₄奇₂怪₁的₁事₄情₂。[의엇#치괘###] 참 奇恠한 일이올시다.

那₃₄個₄孩₂子₃没₂出₁息₂, 把₃他₁的₁胳臂₄抓 [抓]₁破₄了₁。[##히###시###쩌쨰좌퍼#] 져 아히가 지각이 업서셔 져의 팔을 할귀여 터쳣소.

他₄做₁甚₃麽₂拉₁拽₄着₁我₃? [풔 [타] 쭤##라쥐저#] 그가 무엇하랴고 나를 왈컥 자바쓰는지오?

散₄語₃第₄二₄十₂一₄章₁ [싼위듸얼위이장]

眉₂毛₂ [메맙] 鬢₄角₂兒₂ [쩬좐 [쟌] #] 腮₁頰₄ [쎄쟈] 下₄巴₁頦兒 [#바커#] 脖子₃ [새#] 嗓子₃ [쌍#] 肩₁膀₃兒₂ [쩬쌍#] 脊₂梁₂ [지량] 胸₁前₂ [쓩쳰] 肚子₄ [쭈#] 波₁棱₂盖₄兒 [쌔렁싀#] 踝₂子₃骨₃ [홰쯔구#] 刮₁臉₃ [솨롄] 剃₂₄頭₂ [틔투] 斬₂賊₂ [얀얘] 體₃面₄ [틔몐]

他₁的₁眉₂毛₂長得₂不錯₄。[##메맙장더#붜] 그의 眉毛 싱긴 것이 무던함니다.

鬢₄角₃兒₂是₄腦₃門₂子₃雨 [兩]₃邊₁兒₂的₁頭₂髮₃。[쩬쟌##남##량쩬##투애] 鬢毛는 腦門 兩邊의 頭髮이올시다.

腮₁頰₄是₄嘴₃兩₁邊₁兒₂的₁肉₄。[쎄쟈#줴량볜##럭] 쎔은 口 兩邊에 살이올시다.

嘴₂₄下₁頭的₁骨₃頭₃₄是₄下₁巴₁頦兒₂。[#쌰##쿠###바커#] 입 아릭 쎼는 아릭턱이올시다.

腦₄袋₄下₄頭₂₄就₄叫₄脖子₃, 前₂頭₂叫₄嗓₃₄子₃。[낟듸####쌔###쟌쌍#] 腦 아릭를 목덜미라 하고 압흘 목이라 함니다.

肩₁膀₃兒₃是₄胳₁₃臂₄的₁上₁頭₂。[쩬쌍##쩌쩨###] 억기는 팔의 위올시다.

兩₃個₄肩₁膀₃兒₂後₄頭₂的₁地₄方₁叫₄脊₂梁₂。[####휙##듸앵#지량] 두억기 뒤는 갈비쎠라 하오.

胸₁前₂是₄嗓₃子以₃下₄, 肚子₃以₃上₄。[쓩쳰#쌍#이쌰쭈###] 胷이라 하는 것은 목 아릭 비 위올시다.

波₁棱₂盖₄兒₂是₄腿₂中₁間₁兒₂的₁骨₃節₂兒₂。[새렁식##퉤즁젼##꾸졔#] 무릅은 다리 즁간에 쎠올시다.

脚₃上頭₃的₄骨₂頭₂就₄叫₃₄踝₃子骨₃。[쟈#######해##] 발 위에 닉민 쎠는 복스쎠라 ᄒᆞᆷ니다.

拿₂刀₁子₃來₂刮₃刮₃臉₂罷₁。[나쌴#틔 좌#렌#] 칼을 가지고 와셔 面刀ᄒᆞ여라.

外₃國₁₂人₄都₁是₄剃₄頭₂的₁。[왜귀###틔##] 外國人은 모도 머리를 싹갓소.

把₃那₄一₄股₃賊₃就₄斬₃下₄來₂。[###꾸예#짠쌰릭]] 져 一輩賊을 곳 베여라.

他₁原₃來₂是₄有₃體₃面₄的₁人₂。[#웬릭###몐##] 그난 原來 體面이 잇ᄂᆞᆫ 스람이올시다.

散₄語₃第₄二₄十₃二₄章₁ [싼워듸얼쒸얼장]

皇₂上₄ [황썅] 百₃姓₄ [쌔싱] 主₃人₂ [주신] 底₃下₂人₂ [듸쌰#] 爵位₄ [줴웨] 尊₂貴₄ [쭌웨] 官₁民₂ [꽌민] 兵₁丁 [삥띵] 開₁缺₁ [캐췌] 額₃數₄ [어쒸] 謀₂算₃ [먹쒼] 姓名₃ [싱밍] 全₂是₄ [챤의] 苦〔苦〕₃力₃₄ [쿠리] 找₂人₂ [쟈#]

皇₂上₄是₄百₃官₁、萬₄民₃的₄主子₃。[황##쎡꽌완민#주#] 皇上은 百官과 萬民의 主宰올시다.

官₁民₂就₃是₄官₁長₃、下₁民₃, 小₃民₂也₃叫₄百₃姓₄。[#####장##쌰#예쟌쌔#] 官民은 長官과 下民이니 小民도 百姓이라 ᄒᆞᆷ니다.

你₃₄們₂的₁主人₂現₄在₄往₃那₃兒₂去₄呢₂? [#####션#왕##취늬] 老兄의 主人이 지금 어듸를 □<가>시오?

這₄學₂堂₂的₁底₃下₄人₂實₄在₄没₂禮₃貌₄。[#줴탕####의##리만] 이 학교에 下人이 참 禮貌가 업슴니다.

他₁的₄爵₂位原₂來₂大₄有₃點₃兒₃傲₄慢。[##줴웨웬릭쟈워뎬#앗만] 그의 爵位가 原來 커셔 조금 거만ᄒᆞᆷ이 잇슴니다.

無₂論₄甚₂麽₂人₂, 學₂問₄大₄, 一₄定₄是₂爵₂位₄尊₁貴₄。[우른[룬]언##쒜원##쎵#줴웨쭌웨] 無論 何人ᄒᆞ고 學問이 셥부ᄒᆞ면 一定코 爵位가 尊貴ᄒᆞ지오.

貴₄國₂的₁兵₁丁₁有₃多₁少₁₃? [#귀#씽띵여둬쌰] 貴國에 兵丁이 얼마나 잇슴닛가?

敝₄國₂的₁兵₁丁₁有₃一₂定₃₄的₁額₂數₄, 一₄個₂没₂開₁缺₁的₁了₁。[쎼######씽#어쒸##메킈췌##] 敝國의 兵丁이 一定ᄒᆞᆫ 額數가 有ᄒᆞ야 ᄒᆞ나도 궐이 업슴니다.

帶₄兵₁的₁官₁謀₂筭₄不₄好₃麽, 連₁姓₄名₂也難₂保₂。[젹쎵#꽌무

쫜###렌싱밍예난반] 領兵ᄒᆞᆫ 長官이 謀筭이 不好ᄒᆞ면 姓名도 保存ᄒᆞ기가 어렵습니다.

他$_1$的$_1$脾$_3$氣$_4$不$_4$好$_3$, 全$_2$是$_4$説$_1$人$_2$短$_3$處$_4$。[##피치##퇀#웩#딴추] 그의 성정이 不好ᄒᆞ야 남의 短處를 잘 말ᄒᆞᆸ니다.

叫$_3$苦$_3$力$_4$抬$_2$着$_2$這$_3$個$_4$東$_1$西$_1$, 跟$_3$我$_3$去$_4$罷$_4$。[쟈쿠리티####쩐###] 삭군을 불너서 이 물건을 메고 나를 짜라가게 ᄒᆞ시오.

巡$_2$捕$_3$的$_1$額$_2$數$_4$還没$_{12}$充$_1$數兒$_2$, 得$_2$找$_2$人$_4$充$_4$補$_2$。[쉰부#어우히#충##데좌#충부] 巡查의 額數가 아즉 充數치 못ᄒᆞ얏스니 스람을 쏘바 補充ᄒᆞ여야 ᄒᆞ깃소.

散$_4$語$_3$第$_4$二$_1$十$_2$三$_1$章$_1$ [싼위듸얼쒸싼쟝]

章$_1$程$_2$ [쟝쳥] 搜$_2$察$_2$ [쓔야] 法$_2$律$_4$ [애뤼] 治$_4$亂$_4$ [즤롼] 治理$_2$ [#리] 道$_4$理$_2$ [쏘#] 理$_2$會$_4$ [#회] 暴$_1$虐$_4$ [반눼] 大$_4$亂$_4$ [싸롼] 太$_4$謬$_4$ [틔무] 一$_4$群$_2$ [#췬] 耕$_1$田$_2$ [졍텐] 囊$_2$中$_1$ [낭쭝] 名$_2$目$_4$ [밍무]

官$_1$兵$_1$和$_4$巡$_2$捕$_3$們$_2$有$_4$一$_4$定$_4$的$_1$章$_1$程$_2$。[꽌빙히쉰부#여#띵#쟝쳥] 官兵과 巡查들은 一定ᄒᆞᆫ 章程이 잇슴니다.

海$_3$關$_1$上$_4$有$_3$定$_4$章$_1$, 得$_2$把$_4$出$_1$入$_4$的$_1$東$_1$西$_1$搜$_1$察$_2$。[희꽌####데#추수###쏵야] 海關에서 一定ᄒᆞᆫ 章程이 有ᄒᆞ야 出入物貨를 搜索ᄒᆞᆷ니다.

國$_2$家$_4$有$_2$一$_4$定$_4$的$_1$法$_1$律$_4$叫$_4$百$_4$姓$_{34}$們$_{24}$都$_1$知$_{24}$道$_4$。[궈쟈####애뤼쟈쎄싱#쭈즤#] 國家에 一定ᄒᆞᆫ 法律이 有ᄒᆞ야 百姓덜로 모도 알게 ᄒᆞᆷ니다.

無$_2$論$_4$那$_3$一$_4$國$_2$, 有$_2$一$_4$治$_4$一$_4$亂$_4$的$_4$。[우룬####긔#롼#] 無論 何國ᄒᆞ고 一治와 一亂이 有ᄒᆞᆷ니다.

官$_1$長$_3$治$_3$理$_3$得$_2$不$_4$好$_3$, 所$_3$以$_3$人$_2$民$_2$鬧$_4$起$_2$來$_2$了$_1$。[##즤리더##쉭이신민나오치리#] 官長이 政治를 잘못ᄒᆞᆫ 고로 人民덜이 써드러 냄니다.

你$_3$有$_3$甚$_2$麽$_2$道$_2$理$_{34}$辦$_3$這$_4$件$_4$事$_4$情$_2$呢$_1$? [####단리쌘#졘의칭늬] 老兄은 무슨 道理가 잇셔 이 일을 판단ᄒᆞ깃슴닛가?

我$_3$勸$_1$他$_1$好$_3$幾$_3$回$_2$, 他$_1$總$_3$不$_4$理$_3$會$_4$。[#촨#하지회#쫑##회] 닉가 그의게 열 번 권ᄒᆞ되 그가 도모지 理會치 못ᄒᆞᆸ니다.

做$_4$官$_1$的$_1$不$_2$要$_4$暴$_4$虐$_1$, 爲$_2$民$_2$者$_3$豈$_3$能$_4$抱$_4$冤$_4$呢$_1$? [웍###야반눼웨민져치녕반웬늬] 官人이 暴虐을 아니ᄒᆞ면 人民 된者 엇지 抱冤ᄒᆞ겟슴닛가?

這$_4$幾$_3$年$_2$天$_1$下$_4$大$_4$亂$_3$, 可$_3$怎$_3$麽$_1$好$_3$

呢$_1$? [#지넨##짜롼커####] 이 몟 히에 天下가 大亂ᄒᆞ니 엇더케 ᄒᆞ면 좃슴닛가?

那$_4$個$_4$人$_2$太$_4$謬$_4$, 不$_4$肯$_3$聽$_1$人$_2$家$_1$的$_1$好$_3$話$_4$。[###티무부컨팅#쟈##화] 져 사람이 너무 미련ᄒᆞ야 남의 조흔 말을 질겨 듯지 아니ᄒᆞᆷ니다.

好$_些_1$個$_4$牲$_1$口$_3$在$_4$一$_4$塊$_2$兒$_2$, 就$_4$叫$_4$一$_4$群$_2$. [#쎄#엉컥##콰#쥬쟈#ᄎᆔ] 미우 여러 기 김싱이 ᄒᆞ듸 몰케 잇ᄂᆞᆫ 것을 一羣이라 ᄒᆞᆷ니다.

耕$_1$田$_2$是$_4$民$_2$人$_2$的$_1$本$_3$分$_4$。[셩뎬####쎤앤] 밧 가난 것은 人民의 本分이올시다.

你$_3$的$_1$囊$_2$中$_1$有$_2$錢$_2$麼$_1$? 借$_4$給$_3$我$_3$三$_1$吊$_4$錢$_2$. [##낭중#쳰#졔쎄##댜#] 老兄의 囊中에 錢이 有ᄒᆞ거든 三十錢만 借給ᄒᆞ시오.

那$_4$個$_4$叫$_4$甚$_2$麼$_2$名$_2$目$_4$? 我$_3$不$_4$曉$_3$得$_2$了$_1$. [#####무##쫘##] 져거슨 무어시라고 名目ᄒᆞ오? 나는 알 수 업슴니다.

散$_4$語$_3$第$_4$二$_4$十四章$_1$ [싼위디얼쓰장]

搶$_3$奪$_2$ [창둬] 逃$_2$竄$_4$ [탇찬 [찬]] 混$_4$跑$_3$ [훈퍄오] 懶惰$_4$ [란둬] 棍$_4$子$_3$ [ᄊᆞᆫ#] 一$_4$杆$_3$槍$_1$ [#쨘챵] 裝槍$_2$ [쟝#] 扔$_1$ [엉] 東$_1$西 [둥시] 恰$_4$巧$_2$ [쟈[챠] 쵸] 特$_4$意$_4$ [터이] 偶$_3$然$_2$ [우산] 自$_4$然$_2$ [쯔#] 按$_4$着$_2$ [안저] 成$_2$人$_2$ [쳥신]

不$_4$分$_1$白$_2$晝$_4$夜$_3$裏$_3$, 把$_3$人$_2$家$_1$的$_1$東$_1$西$_1$硬$_4$拿$_2$了$_4$去$_4$, 就$_4$是$_4$搶$_3$奪$_2$. [#앤쎄쮀예리######영나###창둬] 不分晝夜ᄒᆞ고 남의 물건을 억지로 쎄셔 가는 걸 搶奪이라 ᄒᆞ오.

那$_4$一$_4$股$_2$賊$_2$逃$_2$竄$_4$在$_4$那$_3$兒$_2$呢$_1$? [##쭈예탇찬 [찬] ####] 져 한 무리 도젹이 도망ᄒᆞ야 어디로 가셔 잇슴닛가?

他$_1$們$_2$有$_2$甚$_2$麼$_2$事$_4$情$_2$四$_4$下$_4$裏$_3$都$_1$混$_4$跑$_3$? [#########훈퍄] 그의들은 무슨 일이 잇셔셔 四面으로 모다 쮜여 다라나오?

人$_2$不$_2$愛$_4$用$_4$工$_1$, 那謂$_4$之$_1$懶$_1$惰$_4$。[##이융궁#웨즤란둬] 사람이 工夫ᄒᆞ기를 조와 아니ᄒᆞ면 그것을 懶惰ᄒᆞ다 ᄒᆞ오.

拿$_2$着$_2$一$_4$根$_3$大$_4$棍$_4$子$_3$混$_4$打$_3$. [나##쩐#ᄊᆞᆫ#훈자] 一個 큰 몽동이를 가지고 짓쑤들기오.

忽$_1$然$_2$有$_2$人$_2$拿$_2$着$_2$一$_{34}$杆$_3$槍$_1$來$_2$了$_1$. [후산####쨘창리#] 忽然이 사람이 一個 총을 가지고 왓소.

趕$_3$緊$_3$的$_{13}$裝$_1$上$_4$槍$_1$就$_{34}$打$_3$那$_4$個$_4$

賊$_2$。[쟌진#쟝######]
급히 총에 약을 재여서 그 盜盜[賊]을 노왓슴니다.

那$_4$個$_4$賊手$_3$裏$_3$拿$_2$着$_1$的$_1$東$_1$西$_1$就$_4$扔下$_4$去$_4$了$_1$。[###여######셩쌰##] 그 盜賊이 手中에 가진 물건을 곳 닉버리고 갓슴니다.

恰$_4$巧$_3$有$_3$一$_4$個$_4$人$_2$來$_2$, 幫$_1$我$_3$辦$_4$好$_3$了$_4$。[챠챨####썅#쌘##] 공교이 훈 스람이 와셔 나를 도와 잘 판단ᄒ엿슴니다.

他是$_4$特$_4$意$_1$兒$_4$來$_2$的$_1$麽$_3$?[##터이####] 그난 特別히 온 스람이오닛가?

不$_2$是$_4$, 偶$_3$然$_2$來$_2$的$_1$了$_1$。안이오, 偶然히 온 스람을이올시다.

人$_2$按$_4$着$_2$道$_4$理$_{34}$辦$_4$事$_4$, 自然$_2$而$_2$然$_2$的$_1$就$_4$好$_3$上$_4$來$_2$了$_1$。[신####쌘의쯔#얼######] 스람이 道理上으로 일을 ᄒ면 自然히 제절로 잘 되야 감니다.

他$_1$那$_4$個$_4$人$_2$很$_3$懶$_3$惰$_4$, 怕$_4$不$_4$能$_2$成$_2$人的$_1$。[######파#녕청##] 그 져 스람은 미우 懶惰ᄒ야 아마 스람되지 못ᄒ겟슴니다.

散$_4$語第$_4$二$_4$十$_2$五$_3$章$_1$ [쌘위디얼의우쟝]

凡$_2$事$_4$ [앤의] 大$_4$約$_1$ [쨔워] 揣$_3$摩$_1$ [췌머] 准$_3$否$_3$ [웬푸 [뿌]] 更$_4$改$_3$ [껑씨] 妥$_3$當$_1$ [퉈쌍] 專心$_1$ [쟌신] 太$_4$忙$_1$ [틔망] 參$_1$差$_1$ [찬치] 定$_4$向$_4$ [띵썅] 定$_4$規$_1$ [#웨] 辦事$_4$ [쌘의] 法$_2$子$_3$ [애#] 胡$_1$鬧$_4$ [후놔] 催$_1$人$_2$ [췌#] 幹$_4$事$_4$ [깐#]

凡$_2$事$_4$總$_2$得$_3$有$_3$定$_4$向$_4$纔$_2$可$_3$以$_3$成$_2$了$_1$。[앤의쭝데#띵썅엿커이청#] 凡事가 도모지 一定한 方向이 엇[잇]셔야 可以成功이 되오.

我$_3$揣$_3$摩$_1$着$_2$是$_4$姓$_4$張$_1$的$_1$大$_4$約$_1$是$_4$他$_1$。[#췌머##싱쟝#####]
나는 어림컨듸 張哥 그 스람인 듯ᄒ오.

這$_4$件$_4$事$_4$這$_4$麽$_2$樣$_4$辦好$_3$, 也$_3$不$_4$知$_1$道$_4$他$_1$的$_1$准$_3$否$_3$。[#젠###양쌘####단##웬푸 [뿌]] 이 일을 이럿케 ᄒ엿스면 조흐나 그의 許可를 아지 못ᄒ깃슴니다.

大$_4$約$_1$没$_2$甚$_2$麽$_2$更$_4$改$_3$了$_1$。[#####껑쌔#] 大概 무슨 곳칠 거슨 업소.

過$_4$了$_1$好$_4$幾$_3$天$_1$也$_2$没$_2$辦[辦]$_4$妥$_3$當$_1$。[###지####퉈쌍] 미우 여러 날이 지니도 妥辦이 되지 못ᄒ얏슴니다.

念書$_1$、寫$_3$字$_4$都得$_1$專心$_1$, 也$_3$不$_4$可$_3$太$_4$忙$_2$。[녠우쎄#쯔#쟌신###

틩망] 글 읽고 글시 쓴 [쓰]기를 모도 專心ᄒ여야 되고 너무 밧부게 홀 것이 아니오.

辨₄[辦]事₄太₄忙₂, 就₃有₃參₄差₁了₁. [######찬치#] 執務에 너무 밧부게 ᄒ면 곳 誤錯ᄒᆷ이 잇슴니다.

要₄幹₂甚₂麽₂事₄, 先₁得₃有₃定₄向₄. [#싼###쎈데유띵썅] 무슨 일을 ᄒ던지 먼져 方向이 잇셔야 ᄒ난게오.

我₃昨₂天₄和₄他₁定₄規₄今₁兒₂見₄. [#워#히##쪠진#젼] 닉가 어제 그와 약조ᄒ기를 오날 보기로 ᄒ얏슴니다.

我₃有₃一₄件₄難₂辦₄的₁事₄, 你₃給₃我₃辦一₄辦₄罷₄. [####난쌘###쎄#####] 닉가 ᄒᆫ 가지 판단ᄒ기 어려운 일이 잇스니 老兄 나를 爲ᄒ야 妥辦ᄒ여 쥬시오.

没₂法₂子₃, 就₄回₂家₁去₄了₁. [#애###회쟈#] 엇잘 슈 업시 곳 집으로 도라갓슴니다.

拿₂着₂棍₄子₄混₄掄₁, 真₁是₄胡₁鬧₄. [##싼#훈룬쪈#후난] 몽둥이를 가지고 막 두루난 것을 막 쩌든다 ᄒ오.

他₁在₄前₂頭₂走₃, 一₄點₃兒₂不₄忙₂, 所₃以₃催₁他₁快₄着₁些₁兒₂. [##쳰투쭁#덴###쉐이웨#쾌줘쎼#] 그가 압헤셔 가면셔 죠금도 밧부게 안키로 조금 속히 가쟈고 직촉ᄒ엿슴니다.

他₁那₄個₂人₂辦的₁事₄情₂不₄妥₃當₁. [########튕쌍] 그 져 사람에 ᄒ는 일이 온당치 아니ᄒᆷ니다.

散₄語第₄二₄十₂六₄章 [싼위듸얼쎠루쟝]

言₂語₃ [옌위] 一₄句₄話₄ [#쥐화] 吵₁鬧₄ [쟢난] 哼 [哼] 阿₁哼₁的₁ [헝 안①〔아〕#듸] 哈₁哈₁的₁笑₄ [하##쌷] 訛₂錯₄ [어워] 氣₄血₁衰₁ [치쎼쉐] 困₄極₂了₁ [쿤지#] 做夢₄ [쭤멍] 貌₄美₃ [마메] 貌₄陋₄ [#루] 掉₁下₄來₂ [댠쌰릭] 獨₁了₁ [줘#] 攥住₄ [쫜주] 很₃窄₃ [#쩍] 一₄則₂ [#쩌] 二₄則₂ [얼#] 況₄且₃ [쾅체]

他₁的₁言₂語₃, 你₂懂ₔ[懂]₃得₂不₄懂〔懂〕₃? [##옌위#둥더##] 그의 言語를 老兄이 알아듯소 알어듯지 못ᄒ시오?

他₁這₄麽₂哼 [哼] 阿₁哼₁的₁, 我₃一₄句₄話₄都₄聽₁不₄出₁來₂. [###헝아###쥐화#팅#추릭] 그가 이러ᄒ게 흥얼흥얼ᄒ는 말을 닉가 한 귀졀도 도모지 드러닐 슈 업슴니다.

跟₁班₁兒₂的₁, 拉₁車₁的₁, 他₄們₃吵₄

---

① 발음 오기.

鬧₂₄。[쩐싼##라처###얀난] 驅從과 人力車군 그의들이 써듭니다.

有₃甚₂麽₄樂₄的₁事₄, 就₄哈₁哈₁的笑₄呢₁? 人₂家₁都₁嘎₁嘎₁的₁笑₄他₁。[#언마러##쭤하##쌷늬##쭈쌰####] 무슨 질거운 일이 잇셔서 하하 거리고 웃소? 남들이 모도 그를 쌀쌀 웃소그려.

他₁說₁的₁話也₄訛₂錯₄的₁多₁。[####예어쒀#둬] 그의 ᄒᆞᆫ 말이 ᄯᅩᄒᆞ 차작이 만습니다.

人₃老₂了₁, 就₁氣₄血₃衰₁了₁。[#꽌##치셴쒀#] 人이 老ᄒᆞ면 血氣가 衰ᄒᆞᆷ니다.

我₃整₄天₁家₁在₄街₁上₄跑₃來₂跑₃去₄, 身₁子₃困₄極₂了₁。[#셩텬쟈얼##꽌###언#쿤지#] 니가 왼終日 거리에서 來徃ᄒᆞ엿더니 몸이 딕단 곤ᄒᆞ오.

你₃說₁的₁話, 就₄做₁夢₁的₄一₁樣₄。[#워#화쭤워###양] 너의 ᄒᆞ난 말이 쑴 꾸난 것과 ᄒᆞᆫ모양일다.

一₄個₄是₄貌美₃, 一₄個₄是₄貌₄陋₄的₁。[###맫메####루#] 一人은 貌가 美ᄒᆞ고 一人은 貌가 陋ᄒᆞ오.

把₃茶₃碗₃掉₁下₄來₂。[#차완댜쌰#] 茶죵을 니릿ᄃᆡ렷소.

把₃胳₁臂₄擱₁了₁。[#써쎄춰#] 팔을 졉질엿슴니다.

攥₄住₄他₁的₁瓣₄子₃, 要₄拉₁了₄他₁去₄。[쫜###쪤#야라#타#] 그의 머리쇼리를 자바 쥐고 그를 쓸고 가고ᄌᆞ ᄒᆞᆷ니다.

這₄個₄地₄方₁很₃窄₃, 請₂您₄躱開一点。[####지칭닌둬키##] 此處가 미우 좁으니 쳥컨듸 당신은 좀 비켜 주시오.

一₄則₂是₄這₄麽₂樣₄, 二₃₄則₂是₄那₄麽₂樣₄。[#여#########] 첫ᄌᆡ난 이러ᄒᆞ고 둘ᄌᆡ난 져러ᄒᆞ오.

況₄且₃他₁說₁的₁話₄, 也₃沒₂有₃准₃兒₂。[쾅체#####준#] 況且 그의 ᄒᆞ는 말이 ᄯᅩᄒᆞ 准的이 업슴니다.

散₄語₃第₄二十七₁章₁ [싼위듸얼쒸치장]

先₁兆₄ [쎈쟌] 吉₂兆₄ [지쟌] 安寧₂ [안닝] 順₄當₁ [윤당] 寬₁綽₄ [콴춰] 貧₂窮₂ [핀츙] 恒₂産 [헝짠] 朋₂友 [펑엿] 賞₂錢₂ [양쳰] 留₂下₄ [류쌰] 不₄能₂ [부넝] 丟₁了₁ [듀#] 底₃根₁兒₂ [듸껀#] 現₄在₄ [쎈짯] 現₄今₁ [#진]

事₁情₂不₂論₄吉₂凶₄, 都₁有₃個₁先₁兆₄兒₂。[###룬지슝###쎈쟌#] 일에 吉凶을 勿論ᄒᆞ고 모도 먼져 죠딤이 잇슴니다.

地₁方₁₂兒₂鬧₄得₂大₄亂₄, 那₄就₄是₄不₄

安₁寧₂。[###난더#롼####안녕] 地方이 써드러 大亂흔 것을 安寧치 못한다 홉니다.

没₂有₃恒₂産₄家₁事₄就₄不₄順₄當₁。[##헝얜쟈의##순#] 恒産이 업스면 家事가 順當치 못한오.

家₁裏₃用₄的₁錢₂足₄轂₄是₄寬₄綽₄。[#리융#쳰쭈쭈#콴챠[취]] 家內에 쓰난 돈이 족족한 것은 넉넉한다 홉니다.

没₂有₃錢₂不₄能₂過₄日₄子₃, 那₄謂₄之₁貧₂窮₂。[####닝궈시으#웨쥐핀츙] 돈이 업셔셔 每日 이과한지① 못한는 걸 貧窮이라 홉니다.

你₃們₂學₃堂₂裏₃頭₂同₂窓₁朋₂友₃有₃多₁少₃? [##쉐탕#투틍창펑역역뒈쏴] 老兄 學校에 동창 친구가 얼마나 잇슴잇가?

他₁給的₁賞₃錢₂有₃多₁少₃? [타쎄#앙쳰###] 그가 주난 賞錢이 얼마나 되오?

他₁走₄的₁時₂候₂留下₄話₄了₄。[#쪼#의훠루쌰화#] 그가 갈 쩌에 일너둔 말이 잇슴되다.

日₄後₄怕₄不₄能₂安₁寧₂了₁。[##파##안녕#] 日後에 아마 安寧치 못한깃소.

民₂人₂甚₂麼₂都₁丟₁了₁。[민#엄마쭈뿌#] 人民덜이 무어시던지 모도 일어버렷소.

我₃們₂底₃根₁兒₂有₃那₄些₁錢₂, 現₄在₄都₄花₄完₁了₁。[##듸쩐###쎼#쎤얶#화완#] 닉가 이죠에 눈 돈이 좀 잇더니 지금은 모도 다 써 발엿습니다.

現₄今₂、現₄在、目₄下₄、脚₃下₄、馬₃上₄、都是₄現₄時₂的₁話₄。[#진##무쌰쟈#마#쯔##의화] 現今이라 現在라 目下라 脚下라 馬上이라 한난 것은 모도 現時라 한난 말이올시다.

散₄語₃第₄二₄十₂八₂章₁ [싼위듸얼의쌔장]

您₂ [닌] 尊₁重₄ [쭌쭝] 旁₂人₂ [팡신] 祖₃宗₁ [쭈쭝] 老₃翁₁ [롼웡] 家₁兄₁ [쟈쓩] 舍₄弟₄ [여듸] 兒₂子₃ 孫₁子₃ [쑨#] 奴₂才₂ [누쩍] 喳₁ [자] 迎₃接₁ [영졔] 下₄葬₄ [쌰짱] 絲₁ [쓰] 絨₂ [융] 土₃貨₄ [투훠] 替我₃ [틔워] 太₄貴₄ [틔궤] 粗₁ [쭈] 細₄ [의]

您₂貴₄姓₄, 您₂好₃, 是₄尊₁稱₁的₁話₄頭₂兒₂。[닌쒜싱####청####] 당신 귀흔 셩이 무어심닛가, 당신 안녕한심닛가 한난

---

① 이과한지: 過日子. 애과(捱過)하지. 간신히 지냄.

것은 尊稱ᄒ난 말이올시다.

他₁原₂來₂是₄尊₁重₁的₁, 你₃怎₃麼₂能₂看₄不₄起₃他₁呢₁? [#웬티의윤쭝##연#녕칸#치##] 그난 原來로 尊重ᄒᆞᆫ인데, 老兄은 엇지 깔보심닛가?

傍₂人₂的₁父₁親₁可₃以稱₁老₂翁₁. [팡##얀친커이청란웡] 他人의 父親을 老翁이라 홈이다.

那₄個₄人₂的₁祖₃宗₁都₁是₄有₃名₂的₁. [####쭈웡쭝##밍#] 져 ᄉᆞ람의 祖上은 모도 有名ᄒᆞᆫ 이덜이울[올]시다.

我₃的₁家₁兄₁現₄在₄在₄外₄部當₄差₄. [##쟈엉###왜부쨩치] 닉의 家兄은 지금 外部 베살①을 단임니다.

他₁就₄是₄我₃的₁舍₁弟, 從₂去₁年₂到₄學₂堂₂去₄用₄工₁. [타쥐###어디웅#녠####융궁] 그는 곳 닉의 아오②인디 昨年브터 學校에 가서 工夫홈니다.

您₂的₁福₁氣₄很₃好₃, 孫₁子₃、孫₁女₃兒₂很₃多₁. [닌#약치#한쑨쓰#뉴##둬] 당신은 민우 유복함니다. 孫子와 孫女가 민우 만슴니다.

我₃有₃三₁個₄兒₂子₂, 在₄家₁裏₃都₄念₄書₄了₁. [워여#써##엿쟈리쭈녠쑤라] 나는 아들 三兄弟가 잇난디

집에셔 모도 글 읽슴니다.

奴才₂就₄是₄使₃唤₄的₁人₂₄, 也₃叫₄底₃下₄人₂. [누엮##의환##예쟈디쌰#] 奴才는 부리는 ᄉᆞ롬이니 쏘ᄒᆞᆫ 下人이라도 ᄒᆞ오.

家₄主₁₂兒₁叫₄奴才₂, 喳₄得₃一₄聲₄. [#주#쟌누엮자더#엉] 집 主人이 불으면 奴才가 "녜" ᄒᆞᆫ 소리 함니다.

我的₁家₃祖₃從₂外₄國₂今₁兒₂回₄來₂, 我₃去₄迎₄接₁. [###쭈웡왜궈진#회###영졔] 닉의 祖父게셔 外國으로브터 今日 도라오시니 닉가 가서 영졉ᄒᆞ깃쇼.

至₄好₃的朋₂友₃的₁老₃翁₁下₄葬₄, 我₃₄得幫₂他去₄. [즤##펑여#란웡#쨩워뎨썅타#] 지극히 죠화ᄒᆞ난 친구의 父親을 葬ᄉᆞ훈다 ᄒᆞ니 닉가 호쟝하러 가야 ᄒᆞ깃소.

懇₃求₂你₃給₃買₁一₄團₃絲₁、兩₃疋₃絨₂. [컨쳐##민#퇀쓰량피숭] 老兄의게 請ᄒᆞ오. 一朶絲와 二疋絨을 사다 쥬시오.

這₄個₄東₁西₁不₂是₄我₃們這₄兒₂的₁土₃貨₄. [##########투휘] 이 물건은 우리 여기 土産이 아니올시다.

你₃替₄我₃挑₁一₄挑₃, 挑₁₃出₁好₃的₁

---

① 베살: 差. 벼슬.
② 아오: 舍弟. 아우.

罷₄。[#틔#탄###추한#바] 老兄은 나를 뒤신ᄒᆞ야 골노고 골나셔 죠흔 걸노 골나 닉시오.

這₄個₄價₄錢₄太₄貴₄, 我₃不₄能₂買₃了₁。[##쟈쳰틔쉐#부넝미라] 이것이 갑시 너무 빗싸셔 늬가 사지 못ᄒᆞ깃소

這₄夏₄布₄一₄定₃是₄很₃粗₁, 一₄定₃是₄很₃細₄。我₃要₄中₁等₃的₁。[져쌰부#피##우####외#야즁썽#] 이 夏布가 一定은 미우 굵고 一定은 미우 가느니 나는 즁등을 요구 ᄒᆞ니다.

散₄語₃第₄二₄十₂九₃章 [싼워듸얼쮸쟝]

想₃着₂ [썅쥐] 怎₂麽₂ [쩐마] 睡₄覺₄ [쉬쟈오] 對₄賽₄ [되씨] 吞₁了₁ [툰#] 疊₂次₄ [데쯔] 葱₄ [옹] 草₃木₄ [짜오무] 苗₂兒₂ [먀#] 老₃[롼] 嫩₄ [넌] 林₂子₃ [린#] 森₁森₁ [썬#] 濕₁了₁ [외#] 晒乾 [잇칸] 嗇刻₁ [써커] 向來₂ [썅릐] 越多₁ [웨둬] 對₄着₂ [되쥐]

你₁想₁着₄, 這₄個₄錢₂₄不₄是₄他₁吞₁了₁却₄是₄誰₂? [늬썅쥐##쳰###툰#춰의위] 老兄은 싱각ᄒᆞ여 보시오. 이 돈을 그가 먹지 아니ᄒᆞ엿스면 문득 누구란 말이오?

怎₃麽₂呢₁? 大₄家₁都₁念₄書₁, 你₃就₄睡₄覺₄麽₂? [쩐#늬자쟈쑨녑우#쥐워쟈#] 엇지 여럿이 모도 글을 익난듸 너는 잠만 자느냐?

不₁是₄, 他₁先₁頭₂念₄完₁了₁就₄睡₄覺₄了₁。[부외#쳰투녠완####] 아니오. 그가 먼져 다 익고 잠니다.

他₁那₄個₄人₂對₄賽₄着₂甚₂麽₂? 就₄是₄對₄賽₄着₂寫₃字₄。[####되씨저######쎼쯔] 그 져 사ᄅᆞᆷ이 무슨 늬기를 ᄒᆞ오? 글ᄌᆞ 쓰기를 늬기 ᄒᆞ니다.

他₁家₁裏₃₄有₃的₁錢₂彀₄用₄的₁, 疊₂次₄把₃人₂家₁的₁錢₂吞₁了₁呢₁。[타쟈리워#쳰꾸융#데쯔빠신쟈##툰#늬] 그의 집에 잇는 돈이 넉넉히 쓰깃는듸 屢次 남의 돈을 먹는단 말이오.

那₄個₄葱₁二₄百₃錢₂一₄斤₁不₃是₄貴₄麽₂? [##옹#비##진##쉐#] 져 파를 二兩에 一斤이라 ᄒᆞ니 빗싸지 아니ᄒᆞ잇가?

他₁的₁後₄院₄子₃裏₃花₁草₃很₃多₄。[##훠웬#리화짜오헌둬] 그의 뒤 마당에 花草가 미우 만슴니다.

苗₂兒₂是₄草₃木₄剛₁出₁土〔土〕₃兒₂的₁, 苗₂子₄又₂說₁四₄川₁東₁南₂的₁人₂。[먀##짜오무깡츄투##먀#역#쓰촨둥난듸신] 싹이라는 것은 草木이 막 짜에셔 나온 것이고 또 苗子

는 四川東南人을 두고 한 말이올시다.

菜₄有₃老₃的₁, 有₃嫩₁的₁, 肉₄也₃有₃老₃嫩₄之₂₁説₁。[ᄎᆡ역롼#연넌#쉬예###ᄌᆡ워] 菜는 질긴 것도 잇고 연한 것도 잇고 肉에도 질기고 연ᄒᆞ다난 말이 잇슴니다.

今₁兒₂頂₄熱₄, 找₃樹₄林₄子₂去₄涼₄快₄罷₀。[진#ᅀᅳᆼ 서쟌우린#취량쾌바] 今日은 미우 더우니 樹林을 ᄎᆞ자가서 納涼ᄒᆞᆸ시다.

那₄座₄山₁上₄的₁樹₄木₄緑₄森₁森₁的₁, 把₃衣₁裳₁都₁濕₁了₁。[#워안###무뤼썬##ᄊᆡ이양쑤읠라] 져 山上에 樹木이 森森ᄒᆞ게 풀루오. 衣服을 모도 적셔슴니다.

你₂拿₂着₂那₄濕₁衣₁裳₁鋪₁在₄太₂陽₂地₄裏₃晒₁乾₁罷₄。[#나#####푸읙팅양듸리읰ᄯᅡᆫ바] 너는 져진 衣服을 갓다가 ᄒᆡ 빗치는 ᄯᅡ에 페 말니여라.

他₁爲₂人₁很₄齒₄刻₁, 你₃不要₄和₄他₁來₂往₃。[#웨#헌써커#부야허#ᄅᆡ왕] 그의 爲人이 미우 인싁ᄒᆞ니 老兄은 그와 來往을 마시오.

我₁們向₄來₂没₂賽₁過₄, 那₄能₂知₁道₄他₄好₃不₄好₃? [##쌍ᄅᆡ#씨궈##ᄌᆡ##한##] 우리가 原來 닉기히 본 적이 업스니 엇지 그가 잘ᄒᆞ고 못ᄒᆞ는 걸 엇지 알것슴 잇가?

依₁我₃₄想₄這₄個₁東₁西₁越₄多₁越₄好₃。[이#쌍####웨둬#한] 닉 싱각에는 이 물건이 더욱 만할소록 더욱 죳슴니다.

你₃對₄着₂他₁有₄甚₂麼₄話₄呢₁? [#되####화늬] 老兄은 그를 對ᄒᆞ야 무슨 말이 잇섯슴닛가?

散₄語₃第₃三₁十₂二₁章₁ [싼위듸싼읰쟝]

某₃人₂ [먹신] 起₃初₂ [치추] 原₂是₄ [웬의] 平₂素₄ [핑쑤] 和₄我₃ [히워] 待₄人 [ᄯᆡ#] 親₁熱₄ [친셔] 厚₄薄₂ [훅바] 敦₁厚₄ [쭌훅] 刻₄薄₂ [커쌔] 傲₄慢₄ [오만] 慙₄愧₄ [ᅶᅢᆫ퀘] 嫉₄妒₄ [즤투] 實₂在₄ [읠ᄍᆡ] 可₃憑₂ [커핑] 賓₁客₄ [셴커] 陪₁着₂ [페쥐]

某₃人₂是₄不₄説出₁姓₁名₃來₂的₁人₂。[먹#읰부웨#싱밍ᄅᆡ##] 某人이라는 것은 姓名을 들어닉지 아니ᄒᆞ는 사름이올시다.

我₃和₄他₁起₃初₄相₄好₃, 近₄來₂₄絶₂了₃交₁了₁。[####쌍#진ᄅᆡᆨ쉐라쟌#] 닉가 그와 이쵸에 셔루 죠와ᄒᆞ더니 近來에 絶交를 ᄒᆞ얏슴니다.

那₄件₄事₁情₂原₂是₄那₄麽₂樣₄辦₄

就₄好₃了₁。[#젠의칭웬###양쌴쟈핟#] 져 일은 原來 그럿케 판단ᄒᆞ는게 죳습니다.

平₃素₄没₂見₄過₄的₁人₂, 初₁次₄見₄他₁了₁。[핑쑤#젠궈###쓰젠##] 平居에 보지 못ᄒᆞᆫ 人인 딕 그를 처음 보앗습니다.

他₁和₄我₃不₄和₄, 和₄別人₂也₃不₄對₄, 那₄是₄甚₂麽₂緣₂故₁呢₁? [#히##허히쎄#예#듸####웬구늬] 그가 나와 화목지 못ᄒᆞ고 다른 이와도 相對치 못ᄒᆞ니 그게 무슨 연고온닛가?

我₃和₄他₁很₃親₁熱₄, 無₂論₁甚₃麽₂事都₁和₁他₁商₁量₂。[####친서우룬####히타양량] 닉가 그와 ᄆᆡ우 親熟[熱]ᄒᆞ야 無論 무슨 일이던지 그와 商議ᄒᆞᆷ니다.

他₁不₄分₁厚₃薄₂, 待₁人₃都₁是₄刻₁薄₂。[##ᄲᅳᆫ훠반쎠###커쎄] 그가 厚薄을 不分ᄒᆞ고 待人ᄒᆞ기를 모도 刻薄ᄒᆞ게 ᄒᆞᆷ니다.

敦₄厚₄是₄刻₁薄₂的₁對₄面₄兒₂。[뚠훠#커쎄#듸몐얼] 敦厚난 刻薄의 對面①이오.

傲₄慢₄是₄恭₁敬₄的₁對₄面₄兒₂。[앋만#꿍징####] 傲慢은 恭敬의 對面이올시다.

我₃學₂漢₄語₃過₄了₁一₄年₂的₁光₁景₃,

不₄會₄説₁話₄, 實₂在₄慚₂愧₄的₁。[워쑤한위귀##넨#ᄶᅡᆼ징부회워화의#꽨퀘#] 닉가 漢語 빅온 지가 一年 동안이 지나되 말ᄒᆞᆯ 줄 모루니 참 붓그럽슴니다.

他₁的₁脾₂氣₄很₃奇₂怪₄, 嫉₁妒₄人₂家的₁好₃處₄。[##피치헌치쾌듸투신쟈듸ᄒᆞ주] 그의 셩미가 믜우괴이ᄒᆞ야 남의 조흔 곳을 투긔ᄒᆞᆷ니다.

這₄個₄孩₂子₃實₃在₄没₂出₁息₂, 竟₄貪₁頑₂兒₂啊₁。[##히쯔의엳메추의징탄완#아] 이 아히가 참 지각이 업셔셔 맛참닉 작난만 탐ᄒᆞᆷ니다.

他₁説₁的₁話₄也₃没₂有₃一₄句₄可₂憑₃的₁。[#워#화예###줘커핑#] 그의 ᄒᆞ는 말이 ᄒᆞᆫ 귀졀도 빙거② 가 업슴니다.

那₄一₄天₄有₃賓₁客₄來₂要₄見₄他₁, 他₁₃却₄不₄見₄了₁。[###유쎈커릭ᅣ오젠##췌#젠#] 그 어늬 날 손이 와서 그를 보고져 ᄒᆞ되 그가 문득 보지 아니ᄒᆞ엿슴니다.

您₂要₄出₁城₂去₄, 我₃陪₂着₂您₂去₄, 好₃不₄好₃? [닌야추쳥##페###핟##] 당신게셔 城外를 나가시랴 ᄒᆞ시니 닉가 당신을 뫼시고 가는 것이 죳슴잇가 죳치 안

---

① 對面: 對面兒. 반대.
② 빙거(憑據): 憑的. 근거.

습잇가?

散₄語₃第₄三₁十₂一₄章₁ [싼워디싼웨이장]

裱₃糊₂[뱌후] 匠₄人₂[쟝#] 一₄疋₃紗₁[#피야] 一₄疋₃布₄[##부] 新₁的₁[신#] 舊₄的₁[죡#] 光潤₄[꽝순] 太₄淡₄[틱짠] 染₃紅₁的₁[산훙디] 染₃藍₂的₁[#란#] 玻₁璃₂[쎄리] 料₄貨₁[랼훠] 必₄須₁[삐쉬] 擦₁一₄擦₁[야##] 碰₄着₂[펑#] 壞₄了₁[홰#] 破₄了₁[퍼#] 裂₄了₁[레#]

這₄屋₁裏₃墻₄上₄很₁腌₁臟₁, 叫₄裱₃糊₂匠₄來₂裱₃糊₂罷₄。[저우#챵#헌앙짱쟈뱌후쟝리##바] 이 방 속 벽이 미우 더러우니 塗褙匠을 불너셔 도비ᄒ시오.

木₄匠₄、瓦₃匠₄、鐵₃匠₄都₁是₄叫₄匠₄人₂。[무#와#톄#뚜#쟈##] 木匠, 瓦匠, 鐵匠을 모도 匠人이라 ᄒ오.

你₃給₃我₃買₃一₄疋₃紗₄、兩₃疋₃布₄。[#쎄워미#피야랑#부] 老兄은 나를 위ᄒ야 紗一疋과 布二疋을 ᄉ 쥬시오.

新₄的₁顔₂色₃兒₁光₁潤₄, 舊₄的₁顔₂色₃兒₂太₄淡₄。[신#엔읙#꽝순#죡###틱짠] 시것은 빗치 潤澤ᄒ고 묵은 것은 빗치 너무 담흠니다.

你₃要₄的₁是₄染₃紅₁的₁, 染₃藍₂的₁? [#야##산훙##란#] 老兄 要求ᄒ는 것은 紅色이오닛가 藍色이오닛[가]?

叫₄底₃下₄人₂把₃窗戶₄的₁玻₄璃₃₄擦₄一₄擦₁。[#디쌰#쌰챵후#쎄리야##] 下人을 불너셔 窓戶에 류리를 닥게 ᄒ시오.

料₄貨₄是₄玻₁璃₂東₁西₁的₁總₃名₂兒₂。[랼훠####둥시쫑밍#] 料貨는 류리로 만든 물건에 總名이올시다.

這₄件₄事₁情₂₄要₄壞₁的₁, 必₁須₁用₄心₁的₁辦₁就₄好₃了₁。[저젠의칭#홰#쎄쉬융신#빤쟈할라] 이 죠건 일이 틀니랴 ᄒ니 반듯시 用心ᄒ야 결쳐①ᄒᄂ게 곳 죳슴니다.

這₄漆₁板₃上₄誰₁這₄麽₁樣₄寫₃呢₁₂? 你₃拿₂刷₁子₃來₂擦₁一₄擦₁₂。[#치싼썅워#마양셰늬#나쏴쓰리야##] 이 漆板上에 누가 이러케 썻느냐? 너는 刷子를 갓다가 지워라.

有₁兩₃隻₁船₂碰₄着₄, 這₄一₄雙〔隻〕₁壞₄了₁。[#량즥촨펑####홰#] 二隻 ᄇ가 마주쳐셔 이 한 쳑이 씨졋소.

---

① 결쳐(決處): 辦. 결정하여 조처함.

把₃茶₂盅₁要₄擦₁, 碰₄在₄卓〔桌〕₁子₂上₄破₄了₁. [쌔차쭁얀#펑얶줘##퍼#] 茶盅을 닥고즈 ᄒ다가 四仙床에 다질녀① 씨엿슴니다.

這₄一₄張₃紙₃裂了₁, 不₂中₄用₄了₁. [##쟝즤례#부쭁융#] 이 한 쟝 죵의②가 씨여져셔③ 쓰지 못ᄒ깃슴니다.

散₄語₃第₄三十二₄章₁ [싼워듸싼즹얼쟝]

剛₁纔₂ [깡얶] 等₃着₂ [졍#] 從₂來₂ [옹#] 再₄三₁ [억#] 再₄四₄ [#쓰] 永遠₂ [융원] 末₄末₄了₂兒₂ [머#롼얼] 取₃東₁西₁ [취둥시] 送₂東₁西₁ [쑹##] 落₃下₄來₂ [롼쌰#] 挪₂開₂ [눠키] 湊₃到₁一₄塊₂兒₂ [추단#쾌#] 拴₂牲₁口₃ [쏸엉쿠] 套₄車₁ [탄처] 糧₂米₃ [량미] 不穀₄ [부쒸] 一₄石₄ [#쓴] 商₁量₂ [썅량] 疑₂惑₄ [이훠] 喊₃叫₄[한쟈오] 答₁應₁ [따영]

剛₁纔₂我₃們₂在₄這₄兒₂, 論₄起₃這₄件₄事₄還₂没₂辦₄完₄了₁. [깡얶워먼##룬치#쳔얼히#쌘완#] 앗가 우리가 여기셔 이 ᄉ건을 의론ᄒ다가 아직도 판단ᄒ야 낫이 못 낫슴니다.

我₃在₄這₄兒₂等₃着₂他₁回₂來₂. [####졍##회리#] 닉가 여기셔 그가 도라오기를 기듸림니다.

我₃是₄從₃來₂没₂有₃本₃錢₂, 所₃以₃不₄能₂做₄買₃賣. [##쭁리메여쌘#쒀이#넝웨미-미] 나는 原來 本錢이 업는 고로 쟝사를 못ᄒ슴니다.

再₄三₁再₄四₄的₂請₃他₁過₄來₂, 他₂都₁不₄肯₃, 未[末]₄末₄了₃兒₂我₃到₁他₃那₂邊₁兒₂說₁過₄了₁. [억####칭#귀##쭈#컨머#롼####벤#워귀#] 再三再四히 그를 청ᄒ야 오라 ᄒ여도 그가 도모지 오기를 질겨 아니ᄒ기로 굿굿닉④ 닉가 그의게로 가셔 말ᄒ엿슴니다.

咱₃們₂今₁兒₂商₁量₂半₄天₁纔₂定₄規₁, 以後₄永₃遠₃不₄改₃了₁. [쟈먼진#썅량쌘텬얶썽쉐이후융원#씨#] 우리가 今日에 반나잘이나 의론ᄒ야 게우 規則을 定ᄒ엿스니 以後에는 永久히 곳치지 안캣슴니다.

你₃往₄那₄邊₁兒₂取₃甚₂麽₂東₁西₁去₄呢₁? [#왕###취언####늬] 너 거긔로 무슨 물건을 가질너

---

① 다질녀: 碰. 부딪쳐.
② 죵의: 紙. 죵이.
③ 씨여져셔: 裂. 찢어져서.
④ 굿굿닉: 末末了兒. 끝내.

가녀냐?

明₂天₁是₃好₃, 他₁的₁父₄親₁的₁壽₄旦, 送₄甚₂麽₃東₁西₂可₃以₃好₃呢₁? [밍####얘친#엳단쏭####커이핟#] 明日은 그의 父親의 生日이니 무슨 물건을 보뉘야 조켓소?

我₁們幾₃個₄人₂定₄得₃凑₄錢₂做₄買₂賣₄, 後₄來落₄下₄了₁兩₃個₄人₂。 [#먼지쎠#씽더쥐#줘####란싸#량##] 우리 幾個人이 돈을 모와 쟝슈ᄒᆞ기로 定ᄒᆞ얏더니 뒤에 二人이 쎠러져 갓슴니다.

把₃那₄桌₁子₂挪₂開₂一₄點₃兒₂就₄好₃。 [쌔#줘#눠캐#뎬###] 져 四仙床을 죠금 빗켜 놋는 것이 곳 죳슴니.

他₁們₂好₃些₄個₄人₄凑到₄一₄塊₄兒₂做₄甚₂麽₂? [###쎼###단#쾌#줘##] 그의들 여러 사ᄅᆞᆷ이 한군듸 몰켜셔 무엇을 ᄒᆞ오?

把₃那₄牲₂口₃拴₁在₄那₄棵₁樹₂底₃下₄罷₄。 [#나엉쿠쏸얶#커우듸#바] 져 김싱을 져 나무 밋헤다가 미여라.

這₄是₄單₄套₄車₁, 是₄二₄套₄車₁? [##쯘탄처####] 이것은 單頭馬車인가 雙頭馬車인가?

一₄個₄月₄的₁糧₂米₃有₃幾₃石₄可₃以₃殼₄呢₁? [##웨디량미역지쑨커#쑤늬] 一個月糧米가 幾石이나 有ᄒᆞ면 可以 넉넉ᄒᆞ깃소?

我₃的₁家₁口₃實₂在₄不₄少₃, 一₄石₄米₃也₃是₄不₂殼₄的₁。 [##쟈쿠의##쏴##미예####] 늬의 집 人口가 졍말 젹지 아니ᄒᆞ야 一石米라도 넉넉지 못ᄒᆞ니다.

他₁比₃我₄力₄量₄大₄, 我₃有₃事₁情₂常₂請₃他₁商₁量₂。 [타쎄워리량쟈#역의칭창칭#썅량] 그를 늬게 비ᄒᆞ면 度量이 커셔 늬가 일이 잇스면 항샹 그를 쳥ᄒᆞ야 상의ᄒᆞ니다.

我疑₃惑₄他₁不₂₄是₄不₄能₄的₁, 就₄是₄假₃裝₁那₂麽₂樣₄。 [워이휘####녕#쥑#쟈쟝##양] 늬가 의혹ᄒᆞ건듸 그가 能치 못ᄒᆞ게 아니라 곳 거짓 그 모양을 ᄒᆞ는 것이올시다.

我₂疑₃惑₄他₁没₂聽₁見₄, 所₃以₃喊₃叫₁他₁過₄來₂, 他₁都₁不₄答₄應₁。 [#이휘##팅젼쟌이한쟈오#궈릐#쑤부따영] 늬가 의혹컨듸 그가 듯지 못ᄒᆞ얏나 ᄒᆞ야 그려ᄒᆞ으로 소리 질너 그를 불너도 그가 도모지 듸답을 아니 흠니다.

散₄語₃第₄三₂十三章 [싼위듸싼의싼쟝]

北₃京₁ [쩨징] 江₁河₂ [쟝허] 湖₂海₃ [후ᄒᆡ] 長₂江₄ [창쟝] 順₄流₁ [얀

루] 寬₁闊₄ [콴쿼] 浮₂橋₂ [얖챠오] 井₃水₃ [징쉬] 一₄個₄坑₄ [이꺼컹] 尖₁兒₂ [젠#] 一₄條₂衚₄衚₄ [이탸오후퉁] 大₄街₁ [쟈졔] 野₃地₄ [예듸] 屯₂裏₃ [퉌리] 山₁峰₁ [솬펑] 小₃巷₄ [쌰썅]

北₃京₁就₄是₄中₁國₂的₁皇₂都₁。[쩨징쥬띄중궈듸황두] 北京은 곳 中國의 皇城이올시다.

江₁、河₂、湖₂、海₃是₄天₁下₄大₄水₃的₁總₃名₂兒₂。[쟝허후힁#텬싸짜쉬#쭝밍얼] 江과 河와 湖와 海는 天下大水의 總名이올시다.

那₄長₂江₁之₁流₂打西₁到₁東₁一₄路₄都₁是₄順₄流₂。[나챵즤류쟈시쌷둥이루쭈#쓘류] 져 長江之流가 西으로부터 東으로 흐르니 一路가 모도 順流올시다.

那₄江₁面₄有₃地₂方₁兒₂寬₁闊₄, 和₂湖₂相₁同₂。[##몐여듸양#콴쿼히후썅퉁] 져 江面이 寬闊호 듸가 잇셔 湖水와 셔루 갓슴니다.

咱₂們₂這₄兒₂的₁小₃河₂兒₂很₃窄₃, 有₃浮₂橋₂就₄可₃以₃過₄去₄。[쟈먼져얼#쌰허#헌자여얖챠오쥬커이귀취] 우리 여기 小河는 미오 좁아셔 浮橋가 有호야 곳 가이 건너감니다.

京₁城₁裏₃沒₂有₃河₂水₂, 喝₁的₁都₁是₄井₃水₃。[징쳥리메#허위허#쭈#징#] 京城에는 河水가 업셔셔 먹는 것은 모도 우물물이올시다.

他₁在₄院₄子₃裏₃挖₄了₁一₄個₄坑₁做₄甚₂麽₂? [타쩍웬쯔리와라#거컹쮀언마] 그가 마당에셔 한 웅덩이를 파니 무엇을 ᄒᆞ랴난지오?

尖₁兒₂那₄個₄字₄眼₃兒₂甚₂麽₂? 刀₁尖₁兒₂、筆₃尖₁兒₁都₁説₁得₂。[젠#나#쯔옌얼##쌴##쎄###웨더] 샢족ᄒᆞ다는 그글ᄌᆞ는 무엇이오, 칼이 샢족ᄒᆞ다 붓이 샢족ᄒᆞ다 모도 말홉니다.

那₁一₄條₂衚₂衚₄裏₃頭₂, 坐₄西₁朝₂東₁的₁房₁子₃就₄是₄我₃的₁家。[##탸오후퉁리텨웨시챠둥#양#쥬띄워#쟈] 져 한 골목에 東向 집이 곳 늬의 집이올시다.

買₃賣₄人₂大₄半₄在₄大₄街₁上₄開₄鋪₄子₃。[미-미#쟈쌘썅쟈졔#캐푸쯔] 쟝ᄉᆞᄒᆞ는 사롬은 太半이나 큰거리에셔 가긔를 홉니다.

城₂外₄頭₂没₂甚₂麽₂住₄家₁兒₂的₁就₁叫₄野₃地₁。[쳥왜투메##주쟈##쥬쟌예듸] 城外에 아무 人家도 업는 곳을 곳 野地라 ᄒᆞ오.

民₂人₂湊₄到₁一₄塊₄兒₂住₄的₁就₄叫₄屯₂裏₃₄, 就₄是₄鄉₁下₄。[민신쳑단# 쾌###쥬쟌퉌리## 썅쌰] 人民이 한듸 몰녀 스는 곳을 곳 村이라 ᄒᆞ고 곳 시골이올시다.

那₁山₁峰₁的₁尖₁兒₂是₄個₄個₄不₄同₂。[나솬펑#젠#의쩌#부퉁] 져 山

峯의 샢족홈이 個個히 갓지 안소.
衚₂衕₄、小₃卷〔巷〕₄都₁是₄住₄家₁兒₂

的₁多₁。[후퉁샨샹쭈#주쟈##뒈] 골목과 僻處에셔 모다 려염집이 만습니다.

散₄語₃第₄三₁十₂四₄章₁ [싼위듸싼쒸쓰쟝]

男₂女₃ [난뉘] 爺₂們₂ [예먼] 娘₂兒₂們₂ [냥##] 老₃爺₂ [란#] 老₃少₄ [#쌰우] 長₃輩₄ [쟝쎄] 晚₃輩₄ [완#] 頑₃耍₃ [완솨] 頑₂意₄兒₂ [#이#] 呆₁子₃ [씨] 蠢₃笨₄ [츈쩬] 冒失₁ [만쒸] 爽₃快₄ [쌍콰] 安₃静₄ [안징] 熱₄鬧₄ [서낟] 舒₁服₂ [수푸] 欠₂安₂ [쳰안] 耐₁着₂ [니줘] 受₁辱₄ [쏘수] 討₃人₂嫌₂ [탄#쎈]

男₂女₃就₄是₄爺₂們、娘₂兒₂們₂。[난뉘쥐#예#냥##] 男女는 곳 사닉들과 녀편네들이올시다.

請老₃爺₂寬₁恕₄。小₃的₁有₃甚₂麽₂得₂罪₄的₁呢₁? [칭란#콴쑤#####더웨디늬] 請컨딕 영감게셔 용셔ᄒᆞ시오. 小人이 무슨 罪를 졋슴닛가?

他₁一₄家₁子₃不₄分₁老少₄都₁有₃病₁。[타#쟈#부앤란솨쭈역씽] 그의 왼 집에 老少를 勿論ᄒᆞ고 모도 病이 잇슴니다.

和₄祖₃父₄一₄輩₄兒₂的₁是₄長₃輩₄, 和兒₂孫₁一₄輩₄兒₂的₁是₄晩₃輩₄。 [히쭈

약#쎄###쟝##얼운#####완#] 祖父와 ᄒᆞᆫ 同類는 존쟝 어룬①이오, 孫子와 ᄒᆞᆫ 同類는 시싱②이라홉니다.

頑₂耍₃是₄小₃人₂兒₂們₂弄₄甚₂麽₂頑₂意₄兒₂。 [완솨#샨신##눙섬#완이#] 頑耍는 兒孩들이 무슨 작란을 ᄒᆞ는 것이올시다.

呆₁子₃是₄外₄面₄不₄明₂白₂的₁樣₄子₃, 也₃可₃以₃説₁蠢₃笨。 [씨##왜면부밍비#양#예커이웨츈쩬] 獃子난 外面이 分明치 못ᄒᆞᆫ 모양이니 또한 어리셕다고도 홉니다.

不₄該₁説₁的₁話₄説₁, 不₄該₁做₄的₁事₄做₄了₁, 就₄是₄冒₄失₁。[부씨##화###웨#의##쥐#만쒸] 맛당히 허지 아니할 말을 ᄒᆞ고 맛당히 허지 아니할 일을 ᄒᆞ는 걸 곳 冒失③이라 홉니다.

説₁話、做₄事₄不₄會₄拉₁絲₁, 就₄是₄爽₁快₄。 [웨화#의#회라쓰##쌍콰] 말ᄒᆞ고 일ᄒᆞ는딕 꼼질거리

---

① 어룬: 長輩. 어른.
② 시싱(侍生): 晚輩. 어른 앞에서 자기를 낮추어 이르는 일인칭 대명사.
③ 冒失: 冒失. 경솔하고 조심성이 없다.

지 아니ᄒ난 걸 곳 爽快라 ᄒᆞ니
다.
他$_1$原來$_2$是$_4$安$_1$静$_4$人$_2$, 不$_2$愛$_4$熱$_1$鬧$_4$。
[#웬릭#안징##이서낟] 그난
原來 安靜ᄒᆞᆫ 스람이라 ᄯᅥ드난 걸
죠와 아니ᄒᆞᆷ니다.
心$_1$裏$_3$没$_2$累$_4$是$_4$舒$_1$服$_2$, 身$_1$上$_4$欠$_4$安$_1$
謂$_3$之$_1$不$_4$舒$_1$服$_2$。[신리#레#
우ᄲᅯ썬양쳰안웨윅부우약] 마음
에 累가 업스면 편ᄒᆞ다 ᄒᆞ고,
몸이 不安ᄒᆞ면 편치 못ᄒᆞ다 ᄒᆞᆷ
니다.

他$_1$的$_1$家$_1$很$_3$窮$_2$, 過$_4$日$_4$子$_3$很$_3$難$_2$,
總$_3$得$_3$耐$_4$着$_2$。[타#쟈헌츙궈서
ᄯᅳ헌난ᄋᆞᆼ데닉줘] 그의 집이 미
우 궁ᄒᆞ야 지닉기가 미우 얼엽지
만은 도모지 견듸여 지나오.
他$_1$自$_4$己$_3$不$_4$體$_3$面$_4$, 常$_2$常$_2$討$_3$人$_2$
嫌$_2$, 受$_4$了$_1$人$_2$家$_1$的$_1$羞$_4$辱$_4$。[#
ᄯᅳ지부틱멘창#탄#션ᄯᅯ라###
시수] 그 自己가 體面업시 항상
남의 欠處를 評論ᄒᆞ다가 남에게
슈욕을 당ᄒᆞᆷ니다.

散$_4$語$_3$第$_4$三$_1$十$_2$五$_3$章$_1$ [싼위듸싼의우장]

皇$_2$上$_4$ [황샹] 朝$_2$廷$_2$ [챠팅] 建$_4$立$_4$
[졘리] 皇$_2$宮$_4$ [황ᄭᅯᆼ] 臨$_2$走$_3$ [린
ᄶᅯ] 鼓$_3$舞$_3$ [꾸우] 良$_2$民$_2$ [량민]
强$_2$暴$_4$ [챵ᄲᅡᆫ] 禁$_4$止$_3$ [진직] 禁$_4$
地$_4$ [#듸] 反$_3$了$_1$ [앤#] 賊$_2$匪$_3$ [ᄶᅦ
에] 争$_1$鬥$_4$ [쩡ᄯᅮ] 號$_4$令$_4$ [하링]
犯$_4$罪$_4$ [앤ᄶᅰ] 恩$_1$典$_3$ [언덴] 赦$_4$
罪$_4$ [어ᄶᅰ] 寬$_1$免$_3$ [콴몐] 難$_2$免$_3$
[난#]

皇$_2$上$_4$朝$_2$廷$_2$都$_1$説$_1$是$_4$主$_3$子$_1$家$_1$。
[황#챠팅ᄲᅮᄯᅯ#주#쟈] 황샹과
朝廷은 모도 帝王을 말ᄒᆞᆯ 것이오.
朝$_2$廷$_2$隨$_2$地$_4$酌$_3$情$_2$, 建$_4$立$_4$地$_4$方$_1$官$_1$
爲$_2$臨$_2$民$_2$的$_1$官$_1$。[##쮀듸줘칭
졘리###웨린민##] 朝廷에서
地方과 事情을 침작ᄒᆞ야 地方官을
建立ᄒᆞ는 것은 治民官이라 ᄒᆞᆷ니다.
皇$_2$宮$_2$裏$_2$頭$_1$都$_1$第$_4$禁$_4$地$_4$, 禁$_4$止$_3$
民$_2$人$_2$的$_1$出$_1$入$_4$。[#궁리투#싼
진##릭민#듸추수] 皇宮은 모도 禁
地가 되니 民人의 出入을 禁止ᄒᆞᆷ니다.
他$_1$在$_4$此$_3$地$_4$有$_3$好$_3$些$_1$年$_2$, 臨$_2$走$_3$的$_1$
時$_2$侯〔候〕$_4$實$_2$在$_4$是$_4$捨$_3$不$_4$得$_2$
的$_1$。[타ᄲᅳ듸여한써녠린ᄶᅯ##
의휘씌의어 부더#] 그가 이곳에
미우 여러 ᄒᆡ를 잇셔셔 갈 ᄯᅥ에 참
셥ᄒᆞ오.
有$_3$事$_4$情$_2$民$_2$人$_2$出$_1$了$_1$力$_4$, 地$_4$方$_1$官$_1$
賞$_3$給$_3$銀錢$_2$, 那$_4$是$_4$鼓$_3$舞$_3$的$_1$。
[역의 칭민###리 듸ᄲᅡᆼ관양ᄉᆈ인
쳰나#꾸우#] 일이 잇셔셔 百姓이 힘
을 닉난듸 地方官이 銀錢으로 賞 쥬

는 것은 鼓舞식히난 것이오.

鄕₁下₄的₁地₄方₁大₄爲₂不₄静, 每₃有₃强₂暴混₁亂₄, 良₂民₂也活₁不₄了₃. [썅싸###짜웨#징메#창반훈롼량민예휘부랸] 시골 地方이 大不安静ㅎ야 미양 강포흔 즈이 잇셔 作亂ㅎ미 良民도 살 슈 업소.

地₄方₁官₁都₁不₄管₃₄, 不₄會₄定₁計₄策₄, 把₃良₄民₂都₁反₃了₁. [듸얘꽌 쭈#꽌##회씽 지여 쌰량민쭈앤#] 地方官이 도모지 相關치 아니ㅎ고 計策을 定할 쥴 몰나셔 良民을 모도 反ㅎ게 ㅎ엿소.

賊₂匪₃湊₄得₂多₁, 爲₂黨₃爲₂股₃. [제 에추더 뒤웨썅#꾸] 匪徒가 몰키기를 만이 ㅎ야 作黨이 되고 成羣이 되얏 습니다.

兩下₄裏₃争₁鬪₄没₂有₃平₃定₄的₁日₄子₃. [량싸리 쩡 쭈메 여 평쩡#쓰으] 량편이 셔로 争鬪ㅎ야 平定할 날이 업슴니다.

號₄令₄是₄帶₄兵₁的₁官₄口₃出₁的₁號₄法₂令₄. [하링#찌셩#꽌쿠추##애 링] 號令은 군亽 거느린 관원이 입으로 닉난 法令이오.

兵₁丁₁們₂不₄聽₁将₄軍₄的₁號₄令₄就₄是₄犯₄罪₄. [찡쩡#부팅쟝쥔#하링 쥬#얜웨] 兵士가 長官의 號令을 듯지 아니ㅎ면곳 犯罪라 홈니다.

民₁₂人₁犯₁了₁大₄罪₄, 皇₂上₁隨₂時₂酌₂情₁寬₁免₁了₁, 那₄是₄恩₄典₃. [민신 앤#짜웨황앙쒜의쥐칭콴몐#나#언 뎬] 人民이 大罪에 犯흔 것을 皇上게셔 시셰를 짜루고 亽졍을 침쟉ㅎ샤 免罪ㅎ는 것은 恩典이올시다.

受₄恩₁赦₄罪之₁後₃₄, 再₄爲₂犯₄罪₄, 實₂在₄難₃免₃死₃罪₁. [얜언어웨의 훅어웨앤웨의 억난몐쓰#] 恩典을 바다 赦罪흔 後에 다시 犯罪ㅎ면 참 死罪에 免키 얼렵소.

散₄語₃第₄三₁十₂六₄章₁ [싼 워듸싼의 륙쟝]

古₃來₂ [쑤리] 往古₃ [왕쑤] 後世₄ [훅 의] 孔₃子₃ [쿵쯔] 聖人₄₂ [셩#] 儒₂教₄ [수쟈] 佛₂教₄ [애쟈] 老₂子₃ [랃#] 道₄教₄ [쏘#] 廟₄ [먀] 僧₁家₁ [셩쟈] 念₄經₁ [녠징] 俗₂說₁ [쑤 웨] 和₂尚₄ [허앙] 告₄示₄ [쏘의] 楷書₁ [키우] 行₂書₁ [싱#] 草₃字₄ [쏘쯔] 墨₂濃₂ [머눙] 畫₄兒₂ [화#] 抽₄空₁兒₂ [추쿵#] 唱₄曲₃兒₂ [창취#]

早₃已〔已〕₄過₄的₁時候₄兒₂₄是₄往₃古₃. [쌰이궈#의훅##왕쑤] 발셔 지나간 째는 往古라 홈니다.

古₃來₂有₃一₁位₄聖人₄₂姓孔₃, 爲₂萬₄世₄之₁師₁表₃. [#리여이웨셩신 싱쿵웨완의즈의뱌] 녯젹에 한

분 聖人이 게시니 姓은 孔氏라, 萬世의 師表가 되시니이다.

孔子₃之₃教₄後₃世謂₄之₁儒₂教₄, 也謂₄之₄聖₄道₄。[쿵쯔#쟈훠외웨#수#예##엥닫] 孔子의 敎를 後世에셔 일으되 儒敎라도 ᄒᆞ고 ᄯᅩ한 聖道라 ᄒᆞᆷ니다.

佛敎₄是₄西₁方₃僧₁家₁傳₃來₂的₁, 都₁尊₁重₄佛₁爺₂。[ᅋᅢ##시ᅇᅣᆼ엥쟈찬리##윤중ᅋᅢ예] 佛敎 西方僧家에셔 傳來ᄒᆞᆫ 것이니 모도 부쳐님을 尊重히 녁이오.

和₄孔₃子₃同₃時₂₄還₂有₃老₄子₃的₁教₄, 那₃謂₄之₄道₄教₄。[히쿵#퉁싀히#쟌####웨외ᄯᅡ#] 孔子와 同時에 ᄯᅩ 老子의 敎가 잇스니 그것은 道敎라 ᄒᆞᆷ니다.

京₁城₂的₁廟₄多₁, 幾₂座₄是₄和₄尚₄廟₄, 幾₂座₄是₄道₄士₄廟₄。[징쳥#먀둬지쟈#허양####단외#] 京城에 졀이 만흐니 幾處는 즁의 졀이오, 幾處는 道士의 졀이올시다.

尊₁佛₂爺₂出₁家₁的₁是₄ 俗₂説₁叫₄僧₁家₁。[운ᅋᅢ예추쟈##우쉭쟈엥쟈] 부쳐님을 존즁ᄒᆞ야 出家ᄒᆞᆫ 것을 俗家에서 僧家라 ᄒᆞᆷ니다.

在₄那₄兒₂念₄經₄的₁聲₁兒₂是₄和₄人₂唱₄曲₁兒₂一₄個₄樣₄。[ᅋᅢ나얼녠징#영#싀히신창춰###양] 져 거셔 念佛ᄒᆞᄂᆞᆫ 소리가 스름의 唱歌와 ᄒᆞᆫ모양이올시다.

有₃事₄情官₁人₂寫₃着₂告₂₄示₄貼₄在₄牆₂上₄, 叫₄民₂人₂都₁知₁道₄。[ᅋᅡ#칭꽌#셰줘ᄉᆞ외테의챵#쟌민###단] 일이 잇스면 官人이 告示를 써셔 담벼락에 붓쳐 人民이 다 알게 ᄒᆞᆷ니다.

那₄個₄告₄示₄寫₃着₂楷₃書₁₃好₃, 寫₃着₂行₂書好₃? [나거꼬외셰#캐유ᄒᆞ##싱##] 져 告示를 히즈로 쓴 것이 죳소, 반힝으로 쓴 것이 죳슴닛가?

一₄定₄是₄楷₃書₁好₃, 那₄行₂書₁就₄是₄草₃率₄, 更₄使₄不₄得₄的₁是₄那₄草₃字₄。[#띵#캐유#나##쟌외ᄯᅥᆼ싀쑤셩외부더##나ᄯᅩ쯔] 一定코 히즈로 쓴 것이 죳소. 그 반힝으로 쓴 것은 草率ᄒᆞ고 더욱 쓰지 못할 것은 草書올시다.

那₄牆₂上₄挂₄的₁一₄幅₄畵₄兒₂是₁誰₂畵₄的₁? [#챵#꽈##ᅋᅣᆨ화##워화듸] 져 벽 우에 건 一幅畵는 누가 그린 것이온닛가?

我₃過₄幾₂天₂抽₃空₃兒₂找₂您₃府₃上₄請₄安₁去₄。[워궈지텬추쿵#쟈넌얙#칭안춰] 닉가 몟칠 지닌셔 틈을 타ᄃᆡ에 추겨가問安ᄒᆞᆯ삼니다.

他₄在₄屋₁裏〔裏〕₃念₄書₄的₁聲₄兒₃和₄唱₄歌₃兒₃一₄個₄樣₄。[타ᅋᅢ우리녠우#엉#히창쎠##거양] 그 가 방에서 글 익는 소리가 唱歌와 ᄒᆞᆫ모양이올시다.

散₄語₃第₄三₁十₂七₁章₁ [싼위디싼의치쟝]

倉₄庫₄ [챵쿠] 米₃倉₄ [미챵] 銀₃庫₄ [인쿠] 雜₃亂₄ [여란] 另₃₄派 [派]₄[링푀] 盼望₄ [판왕] 考₃察₄ [캬오챠] 重₄辦₄ [쭝빤] 列₄位₄ [례웨] 散₃了₁ [싼랴] 海角₃ [히죠] 天涯₂ [텬이] 依₁戀₄ [이롄] 捨₃不₄得₂ [셔부더] 跨₄着₂ [콰져] 恭₁敬₄ [꿍징] 白₃米₃ [볘미] 銀₂錢₂ [인첸] 大宗₁兒₂ [따쭝얼] 尊₁重₁ [윤쭝]

倉₁庫₄是₄米₃倉₁銀₂庫₄的₁總₃名₂。 [챵쿠의미#인쿠#쭝밍] 倉과 庫는 米倉과 銀庫總名이올시다.

這₄一₄件₄事₄辦₃₄得₂雜₄亂₄無₂章₁。 [져이젠의싼더여란우쟝] 이 흔 事件이 판단ᄒ기를 雜亂케 ᄒ야 규모가 업슴니다.

聽₁見₁說₁, 你₂要₄另₄派 [派]₄別₂人₂是₁真₁的₁麼₁? 不₃是₄, 早₁已₃派 [派]₄過₄了₁。 [팅졘숴늬야링푀뼤신#젼##부#쟈이푀귀#] 들으니 老兄이 별다른 스름을 派 [派]送ᄒ다 ᄒ니 졍말슴이오닛가? 아니요, 벌셔 派 [派]送ᄒ엿슴니다.

他₁因₂爲₄甚₂麼₁事₁情₁還₂没₂來呢₁? [타인웨연마의칭ᄒᆡ매린늬] 그가 무슨 일노 아직도 오지 못ᄒ얏난지?

我₃盼₄望₄他₁快₄來₂, 好₃好₃兒₁的₁辦₄這₄件₄事₄情₂。 [#판왕#콰리화

###싼져젠의칭] 나는 그가 속히 와셔 잘 이 ᄉ건 판단ᄒ기를 발아오.

那₄大₄人₂考₃察₂小₃官₁兒₂辦₄的₁事₄, 若₂是₄辦₄得₂不₃好₂, 那₄小₃官₁兒₂難₂免₄重₄辦₄。 [#쟈#캬오야썇콴#싼#의숴##더#####난몐쭝#] 져 大官이 下官의 판단ᄒ는 일을 考察ᄒ야 만일 판단ᄒ기를 잘못ᄒ면 져 下官은 重罪에 면키 얼엽소.

現₄在₄是₄快₄到₄四₄點₂鍾〔鐘〕₁了₁, 衙₂門₁的₁列₄位₄都₁散₃了₁。 [션쩍##단#뎬쭝#야먼#례웨쭈싼#] 지금은 곳 四點鍾이니 衙門에 열어분이 모도 仕退ᄒ엿슴니다.

海₃角₃、天₁₃涯₂是₄說₁彼₃此₃相離₂的₁過₄遠₃的₁話₄頭₁兒₂。 [히쟈텬이#워쎄쯔쌍리#궈웬#화투#] 海角과 天涯는 彼此에 相距가 과히 멀다 ᄒ난 말이올시다.

出₁門₂往₃遠₃處₄去₄, 臨₂走₃的₁時₂候〔候〕₂兒₂難₄免₄依₁戀₄。 [추먼왕#추#린쩌#의후#난몐이롄] 出門ᄒ야 遠處에 가는듸 쩌날 쩍에 依戀함을 면키 얼엽슴니다.

那₄依₁戀₄是₄捨₃不₄得₂的₁意₄思₄, 或₄親戚₄, 或₄朋₂友₃, 或₄本₁家₁, 都₁說₁得₃。 [나이롄#셔부더#이쓰훠 친치#펑역#샌쟈#워더] 져 依戀

이라 ᄒᆞᄂᆞᆫ 것은 차마 놋치 못ᄒᆞ
난 의ᄉᆞ니 혹 친쳑과 혹 朋友와
혹 일가에 모도 말ᄒᆞᆷ니다.

他₁跨₂在₂床₂上₄那₂邊₂兒₁有₃傲₄
慢₄的₁模₂樣₄, 實₂在₄是₄不₂恭₄敬₄
得₂很₃。[타콰쥐 챵##변#유안
만#머양의###슝징더헌] 그가
평샹 졋족에 거러안져 그만ᄒᆞᆫ 모
양이 잇스니 참 恭順치 못ᄒᆞ오.

白₂米₃和₄銀₂錢₂是₄國₂家₁民生₁的₁
大₄宗₁兒₂。若₄是₄不₂彀₄麽₁, 實₂
在₄礙₄於₂國₂計₄民₂生₁。[ᄉᆡ미히
인쳰#궈쟈민영#쟈옹#쉬#부꼬우
#읶어이위궈지민영] 白米와 金
錢은 國家民生에 重要ᄒᆞᆫ 것이니
만일 녁녁지 못ᄒᆞ면 참 國計와
民生에 거리끼미 되오.

那₄一₂位₄爵₂位₄大₃些₁兒₂, 人₂家₁都₂尊₁
重₄他₁。[나#웨쥐웨ᄯᅡ셰#신쟈ᄯᅮ
운즁타] 져 ᄒᆞᆫ 분은 爵位가 놉파셔
남더리 모도 그를 존즁히 녁임니다.

散₄語₃₄第₃三₃十₂八₁章₁ [싼위디싼의ᄶᆡ쟝]

拿₂着₂[나저] 捏₄做₄[녜줘] 行₂
李₂[싱리] 灑₃了₁[씨#] 條₂₄
尋₁[탸오쑤] 打夯₁[쟈항] 害₄怕₁[히
파] 欸₁一₂聲₁[후#엉] 迸₁下₄來₂
[ᄬᅢᆼ쌰리] 時₂辰₂表₃[읶천뱌] 西₁
爪 [瓜]₁[시과] 冤₃枉₃[원왕] 分₁
剖₃[펀푸] 能₂磕₁[넝커] 劈₁開₁[피
키]

他₁手₃裏₃拿₂着₂一₁管₂筆₃, 彷₃彿₄
[仿佛] 要₄寫₃甚₂麽₂? [타쎠리
나쥐#ᄭᅪᆫᄱᅦᆼ야오샤쎠언마] 그가
손에 ᄒᆞᆫ 기 붓을 가지고 彷佛히
무엇을 쓰난 듯ᄒᆞ오?

那₄瓦₃盆₂兒₂是₄盆₂兒₂匠₄捏₄做₄
的₁。[나와펀얼#펀#쟝녜줘디]
져 질동의①는 동의쟝이가 쥬물너
만든 것이올시다.

他₁帶₄的₁貨₄物₄捏₄報₄是₄行₂李₃, 叫
巡₂捕₃察₂出₁, 全₂收₁入₄官₁。[타
ᄯᅢ#훠우녜뱌#싱리쟈오쉰부얘추
촨쎠우솬] 그가 가진 物貨를 거
짓 行李라 ᄒᆞ다가 巡査의게 들키
여 젼슈를 屬公ᄒᆞ엿슴니다.

水₃在₄地₄下₄散₄開₁了₁, 是₄水₃灑₃
了₁。[쉬ᄯᅢ디쌰싼키###씨#]
물이 ᄯᅡ에 허터진 짓은 물을 ᄲᅳ
린 것이올시다.

你₃拿₂着₂一₁把₂條尋₃來₂, 把₂地₄掃₃
乾₄净₄罷₄。[늬나쥐##탸오릐ᄊᆡ
디싼ᄭᅡᆫ징바] 너는 비를 가지고
와셔 ᄯᅡ을 ᄭᆡᆺ긋이 쓸어라.

要₄砌₄牆₂, 先₁得₃打₃夯₁。[야오치챵

---

① 질동의: 瓦盆兒. 항아리.

쏀데쟈항] 담을 싸랴면 먼져 달구질을 허오.

那₄一₄條₂狗₃很₃利害₄, 欸₁一₄聲₃見₄了₁他₁的₁主₃人₂, 滿₃地₃跳₄进₀。[나₄탄쑥헌리히후#엉젼#타듸주신만듸탇쌩] 져 한 머리 기가 미우 사나온데 씽 한 소리를 질으고 그 主人을 보고 싸에 쒸놉니다.

有₃一₄天₁夜₄裏₃, 忽₁然₂有₃一₃個₄賊₂打₃牆₂上₁进₃下₄來₂。[여##예리후산###예쟈챵앙쌩쌰리] 하루밤에는 忽然히 혼 도적이 담으로 쒸여 나려왓습니다.

我₃這₄個₄時₂辰₂表₃₄有₃點₂兒₂毛₂病₃₄, 得₃找₃個₃表₃匠₄修₁理₃。[###의천쌘역뎬#맏쎙데쟈##쟝싀리] 닉의 이 時表가 조곰 병이 잇스니 時表修理匠을 불너셔 곳치여라.

那₄西₁瓜₁是₄圓₂的₁, 那₄一₂本₃書₁是扁₃的₁, 那₄個₄錢₃是₄又₄圓₂又₄扁₃的₁。[#시과#웬###쎈우#쟨###쳰#역####] 져 西瓜는 둥굴고 져 한권 칙은 납작ᄒᆞ고 져 돈은 둥굴기도 ᄒᆞ고 납작ᄒᆞ기도 홉니다.

我₃没₂犯₄法₂, 人₂说₁我₃是₄賊₂。那₄不₂是₄冤₁柱₃麽₁? [워#앤왜쉬###예나부#웬왕마] 닉가 犯法ᄒᆞ미 업는듸 남이 날더러 도적이라 ᄒᆞ니 그게 抑冤치 아니홉잇가?

傍₂邊₁兒₂有₃一₂個₄人₄替₄我₃说₁明₂白₂, 就₄給₃我₃分₁剖₃了₁。[팡볜####틔#워밍빅죽쎄#앤푸라] 겻히 혼 스롬이 잇셔 나를 딕신ᄒᆞ여 明白히 辯明ᄒᆞ야 곳 分析ᄒᆞ야 쥬엇슴니다.

劈₁開₁是₄無₂論₄甚₂麽₂東₁西₁, 用₄刀₁子₃和₄斧₃子₃破₄開₁的₁。[피캐#우룬##둥시용쫘##얙#퍼키듸] 쪽앤다난 것은 無論 엇더헌 물건이던지 칼이나 독기로 쏘기난 것이올시다.

我₃的₁牙₂比₃你₃的₁强₂, 連₁瓜₁子₃兒₂還₂能₂磕₁哪₁。[##야쎄늬#챵렌과쯔#히넝커나] 나의니가 老兄의게 비ᄒᆞ면 단단ᄒᆞ여셔 슈박씨도 能히 깝니다.

散₄語₃第₄三₁十₂九₃章₁ [싼위듸싼의쥭쟝]

年₂輕₁ [넨칭] 鬍₃子₃ [후#] 高₁壽₄ [쏘얙] 耽誤₄ [쟌우] 話₄長₂ [화챵] 費事₄ [예의] 耽₁擱₃了₁ [쟌쎄#] 便₄宜₂ [펜이] 對₄到₁ [듸진]₄ 欺₁哄₃ [치훙] 幫₁助₄ [쌩주] 皮₂袴₃子₃ [피쾌#] 屈₄子₃ [틔#]

我₃是₄年₂輕₁的₁, 他₁是₄有₃年₂紀₃的₁。[워#넨칭#타#옉#지#] 나난 나히①

---
① 나히: 나이.

졈고 그난 年紀가 만습니다.

他₁多₂大₄歲₄數₄兒₂? 鬍₂子₃都₁白₁了₁一半₄兒₁₂。[#뒤짜쒜우#후#쭈비##썬얼] 그의 年歲가 얼마기에? 슈염이 모도 半白이나 되얏습닛가.

您₂高₁壽₄? 我₃今₁年₂四₄十₂多₁歲₄了₁。[닌꼬쎠우#진####쒜#] 당신에 春秋가 얼마나 되심잇가? 나는 今年에 四十餘歲올시다.

那₄一₂件₄事₄耽₄誤₁了₁好₃幾₃天₁, 是₄因₂爲₄甚₂麼₂緣₄故₄呢₁? [##젠의짠우#호지텐#인웨##원꾸니] 져 한 가지 일을 미우 열어 날 지쳬ᄒᆞ니 무슨 연고를 因ᄒᆞᆷ이온닛가?

那₄個₄緣₄故₄説₄起₂來₄話₄長₂, 一₄時₂不₄能₂説₁過₁的₁。[####워치리화창#의#넝#궈#] 그 연고를 말ᄒᆞ랴면 말이 길어셔 一時에 能히 다 말 못ᄒᆞ겟습니다.

這₄件₄事₄辦₄的₁法₂子₁很₃容₂易₄, 那₄件₄事₄費₄事₄得₁很₃。[#젠의싼#얘#헌용이###예###] 이 ᄉᆞ건은 판단헐 方法이 미우 容易ᄒᆞ고 져 ᄉᆞ건은 힘이 미우 듭니다.

那₄個₄人₂過₄於₂糊₁塗₄, 説₁不₄明₂白₂, 耽₁擱₁了₁我₃半₄天₁的₁工₁夫₁, 實₂在₄不₄方₁便₄。[###궈위후두워부##싼쩌#워싼##궁왁의억#앵벤] 져 ᄉᆞ람이 넘우 모호ᄒᆞ야 말을 明白히 못ᄒᆞ고 닉의 반나잘 동안을 지체ᄒᆞ니 참 便치 못ᄒᆞ오.

鄉₁下₄有₃好₃些₁個₄不₄便₂宜₄, 我₃喜₃歡₁在₄京₁裏₃住₄。[썅싸##쎼거부펜이#시환#징리쥬] 鄉谷은 여러 가지 편치 못ᄒᆞᆷ이 잇스니 나는 京城에 住居ᄒᆞ기를 조와ᄒᆞ오.

我₃和₄他₁很₃對₄勁₄, 真₁是₄個₁穿₁房₂入₄屋₁的₁朋₂友₄。[#히타헌듸진쩐##촨양수####] 닉가 그와 정분이 조와셔 참 通家의 벗이라 ᄒᆞ오.

他₄的₄兄₁弟₄很₃會₄欺₁哄₃人₂, 去₄年₂還₂騙₄去₄了₁我₃幾₃兩₃銀₂子₃。[##쓩듸헌회치훙#춰넨히펜###지량인#] 져이에 아우는 미우 남을 속일 줄 알아서 去年에 닉의 몃 냥 銀子를 속여 갓습니다.

我₃和₄他₁父₄親₁有₃交₁情₂, 無₂論₄甚₂麼₂事₄情₂, 彼₃此₃都₁幫₁助₁。[워히#얃친역쟈칭우룬썬#의칭쎼ᄯᅳ쭈쌩쥬] 닉가 그의 父親과 交情이 잇서서 無論 무슨 일이든지 彼此에 방조ᄒᆞ니다.

有₃一₂個₄朋₂友₄借₄我₃的₁皮₂掛〔褂〕₄子₃去₄, 後₄來₂他₄給₂賣₄了₁。[###펑여졔##피콰##훠리#쎄미#] 한 친구가 잇서서 닉의 털 마과즈를 빌어 가더니 그 後에 그가 팔아 벌엿습니다.

他₁把₃櫃₄子₁裏₃屉₄子₃使₃勁₄兒₂拉₁出₁來₂, 要₄找₂甚₂麼₂東₂西₁。[타

쌔웨#리틔#의진#랴#릭얀좌연 마둥시] 그가 궤의 셜합을 심써서 쌔 내고 무슨 물건을 찻는 듯ᄒᆞ오.

散₄語₃第₄四₄十₂章₁ [싼워듸쓰의장]

常₂見₄ [창젼] 公事₁ [꿍의] 私事₄ [쓰#] 公道₄辦₄ [꿍단쌴] 悶得₂ 慌₃ [먼더황] 討₃厭₄ [탼옌] 累得₂ 慌₃ [레더황] 奉₄求₂ [ᄫᅟᅧᆼ춰] 煩₂悶₄ [앤먼] 大夫₁ [쩌얃] 苦力₄ [쿠리] 雇錢₂ [꾸쳰] 賺錢₂ [쟌#] 貨₄物₄ [훠우] 賠₂錢₂ [페#]

那₄件₄事情₂₄是₄常₂有₃的₁, 我₃常₂ 見₄過了₁。[나젼의칭#창여우#워# 젼꿔#] 져 ᄉᆞ건은 항상 잇셔서 내가 항상 보아 지닛슴니다.

公₁事₄原₂是₁官₁事₄, 大₄眾₄的₁事₄也₃ 謂₄之₁公₁事₄。[꿍의웬의꽌#쌰중 듸#예웨즤##] 公事는 原來에 官事니 公眾의 일도 公事라 일음니다.

說₁自₄己₃家₄裏₂的₁事情₂就₄是₄私₁ 事₄。[쒀쯔지쟈리##쭈#쓰#] 自己 집일을 말ᄒᆞ랴면 곳 私事라 홈니다.

事₄情₂不₁分₄公₁私₁, 總₄得₂按着₂公₁ 道₄辦₄就₄好₃了₁。[##부앤꿍쓰쭝 데안줘#단쌴줘핟#] 事件에 對ᄒᆞ 야 公私를 勿論ᄒᆞ고 도모지 公道로 판단ᄒᆞ는게 곳 좃슴니다.

這₄幾₃天₁因₁爲₄下₄雨₃, 竟₄在₄家₁ 裏₃閑₂坐₄, 實₂在₄是₄悶得₂慌₃。

[#지#인웨샤워징옌쟈리쏀쫘의 ##먼더황] 이 몃칠에 降雨ᄒᆞᆷ을 因 ᄒᆞ야 집에서만 한가이 안젓스니 참 답ᄒᆞᆸᄒᆞᆷ니다.

您₂辦₄的₁那₄件₄公₁事₄, 雖₁有₃一₄點₃ 兒₁討₃厭₄, 心₁裏₃還₂可₃以₃有₂ 樂₄的₄。[닌쌴##젼꿍의쒜여# 덴#탼옌신리히커이여러#] 당 신에 판단ᄒᆞ는 져 公事가 비록 조금 셩가시기는 ᄒᆞ나 마음에는 도로혀 즐거우미 잇깃슴니다.

我₃有₃一₂件₄難₄辦₄的₁事₄情₃, 真₄是₄個₄ 累₄得₂慌₃。[####난####쩐 의#레더황] 닉가 한 가지 판단 키 얼여운 일이 잇셔서 참 괴럽 기가 듸단홈니다.

奉₄求₂您₁, 替₄我打₃筭₄怎₃麼₂樣₄? [ᄫᅟᅧᆼ춰닌티#타쏸쩐#양] 당신게 간 졀이 구ᄒᆞ노니 나를 듸신ᄒᆞ여 쥬 션ᄒᆞ는게 엇더ᄒᆞ오닛가?

我₃的₁街₁坊那₁相₁好₃的₁, 因₁爲₁ 孩₃子₂病₄, 心₁裏₃很₃煩₂悶₄的₁樣₄ 子₃, 所₃以₃我₃給₁他₁請₃大₄夫₁去₄。 [##졔ᄫᅟᅡᆼ#쌍##인웨히#찡신 리#앤먼#양#쒀이#쎄타칭쩌얃 #] 닉의 이웃에 져 친구가 아들

의 病을 因ᄒᆞ야 마음에 매우 煩悶한 모양이기로 늬가 그를 위ᄒᆞ야 醫士를 請ᄒᆞ려 갓셧습니다.

我₃自₄己₃不₄能₂去₄, 雇₄一₂個₄苦₃力₁送₄信去₄, 到₄後半₄天₄他₁回來₂說₁, 不₄能₂找₃着₃大₄夫₁家₁. 我₃當₃是₄謊₁說₁, 所以₂不₂給₄他₁雇₄錢₂了₁. [#쯔지부넝#수##쿠리쑹신#단화쌴##회리쮀#넝쟏져셕야쟈#쌍#황웨쒸이#쎄#수쳰#] 늬가 몸소 가지 못ᄒᆞ고 삭군을 ᄉᆞ셔 書札을 ᄒᆞ여 보닛더니 한나잘 후에 그 자가 와셔 말ᄒᆞ되 醫士의 집을 찻지 못ᄒᆞ얏다 ᄒᆞ기로 늬가 쏙 거즛말노 알고 그자의 삭젼을 쥬지 안니 ᄒᆞ엿습니다.

小₃價₄錢₂買₃來₂的₁大₄價₄錢₂賣₄, 那₄不₂是₄賺₄錢₂麽₂? [쏼쟈#미리#자##미나부#촨##] 헐한 갑으로 사다가 빗산 갑으로 팔아 쓰니 그것이 돈 남은 게 아니오닛가?

那₄個₄貨₄物₄是₄十₂兩₃銀₂子₃買₃來₂, 八₂兩₃銀₃子₃賣₄去₄, 這₄不₂是₄賠₂錢₂麽₂? [##훠우##량인#미리####미춰져#여페##] 져 物貨를 十兩銀子에 ᄉᆞ다가 八兩銀子에 파라쓰니 이게 돈 밋진게 아니오닛가?

散₄語₃第₄四₄十一章₃ [싼위듸쓰여이쟝]

差₁使₃ [치여] 署₄理₃ [우리] 署₄任₄ [#신] 學₃習₃ [쒜시] 公₁文₂ [쭁원] 禀₃帖₃ [찡톄] 知會₄ [즤회] 書₁吏₄ [우리] 陳₂案₄ [천안] 衙₁役₄ [야이] 皂₄隷 [쨘리]

官₁場₃中無₂論₂大₄小₃官₁人₂都₁叫₄差₁使₃. [꽌챵중우룬ᄃᆞ쌰오##쭈쟌치여] 政府에 無論大小官人ᄒᆞ고 모도 差使라 ᄒᆞ오.

本₃任₄的₁官₁, 或₄是₄公₁出₁, 或₄是₄撤₄任₄, 有₃官₁替₄他₁辦₄事₄, 那₄就₄是₄署〔署〕任₄. [쎈신#꽌휘#쭁추##처신여#틔타쌘#나##우신] 原任官이 或因公ᄒᆞ야 어듸를 가던지 或 遞任이 되던지 ᄒᆞ면 다른 관원이 그를 듸신ᄒᆞ야 視務ᄒᆞᄂᆞᆫ 것을 곳 署〔署〕理라 홉니다.

那₄一₂個₄衙₂門₂裏₃頭₂所₃出₁的₁缺₁不₂大₄, 上₄司₁每₃派〔派〕₄委員₂署〔署〕₄理₃. [###야먼리투쒀추#췌부자앙쓰메픠웨웬우리] 언의 衙門이던지 궐ᄂᆞᆫ① 자리가 크지 아니ᄒᆞ면 上官이 매양 委員을 派送ᄒᆞ야 署理를 봅니다.

六₄部₄的₁上₄司₁都₁稱₁堂₁官₁, 堂₂官₁之₁下₄就₄是₄司₁官₁, 新₁到₄衙₂門₂

---

① 궐(闕)ᄂᆞᆫ: 缺. 결원이 생기는.

候₄補₃的₁ 司₁官₂ 爲₂學₂習₂行₂走₃。[루부###쭉샹탕꽌##직샤줘###신쌴야#후부#쓰꽌웨쒜시싱쩌우] 六部에 長官을 모도 堂上官이라 ᄒᆞ니, 堂官의 아래는 곳 司官이니 새로 衙門에 와셔 候補ᄒᆞ는 司官은 學習ᄒᆞ러 단이는 것이 올시다.

公₁文₂所₃論₄的₁是₄公₁事₄, 家₁裏₃辨〔辦〕的₄事₄是₄私₁事₄, 從₂下₄往₃上₄告₄報₁事₄件₄當₁用₁禀₃帖₃。[꿍원쒀룬####쟈#쌴####쭝샤왕#꺄오바오쯘쟝융삥테] 公文으로 의론ᄒᆞ는 것은 公事오, 家中에셔 판단ᄒᆞ는 일은 私事오, 아리에셔 우으로 報告할 일은 맛당히 禀帖를 홈니다.

這₄一₄國₂和₄那₄一₄國₂有₂事₄情₂得₃知₁會₄。[##궈히###여외칭데즤회] 이 나라에셔 져 나라와 일이 잇스면 知會를 홈니다.

京₁城₂的₁衙₂門₃辨₄稿底₃子₃不₂是₄司₁官₁辨₄, 是₄書₁班₁辨₄。這₄宗₄官₁人 也₃叫₄書₁吏₄。[징청#야먼싼꺄오디#부얼쓰꽌싼#우싼##쭝##예쟈오#리] 京城衙門에셔 書類處理ᄒᆞ는 것은 司官이 ᄒᆞ는게 아니오, 書記들이 ᄒᆞ는 것이니 이러ᄒᆞᆫ 官人을 書吏라 홈니다.

文₂書₁發₄了把₃存₂稿₃存₂着₂, 那₄叫₄陳₂案₄。[원수야#싸운꺄오#줘나쟈천안] 公文을 發送ᄒᆞ고 副本을 두나니 그것은 陳案이라 홈니다.

衙₂門₂裏₃使₃喚₄的₁、承₂辨₄伺₁候₄零₂碎₄的₁人₂總₃名₂叫₄衙₂役、皂₄隷₄。[야먼리의환#청싼쯔허링쒜#신웅밍쟈야이짜오리] 衙門에셔 使喚ᄒᆞ는 者와 여러가지 承候ᄒᆞ는 사람을 衙役이라 皂隷라 홈니다.

散₄語₃第₄四₄十₂二₄章₁ [싼위디쓰외얼쟝]

脾₂氣₄ [피치] 性₄急₂ [싱지] 性₄情₂ [싱칭] 奇₂怪₄ [치쾌] 抱₄怨₄ [바웬] 後₄悔₃ [후회] 命₄運₄ [밍윈] 志₁氣₄ [즤치] 好₃處₄ [화추] 善₄人₂ [싼#] 好₃歹₃ [#디] 長₁短₃ [챵돤] 天₁命₄ [텬밍] 辜₁負₄ [쑤야오] 吃₁虧₁ [츼퀘] 寒₂心₁ [한신] 幫₁助₄ [빵주] 全₃是₄ [챤#] 聰₁明₂ [쭝밍] 靈₂動₁ [링둥] 蠢₃笨₄ [춘쀤] 死₃樣₄ [쓰양]

他₁的₁脾₂氣₄不₂但₄不₄好₃, 也₃是₄性₄急₂得₁很。無₂論₄甚₂麼₂事₄情₂, 辨〔辦〕₄得₂錯₄了₁。[타듸피치부싼#한예#싱지더헌우룬썬마외칭싼더춰#] 그의 셩졍이 다만 죳치 안홀 쑨 아니라 ᄯᅩ흔 셩품이 매우

급ᄒᆞ여 無論 무슨 일이던지 판단
ᄒᆞ기를 글읏홉니다.

你₃的₁性₄情₂實₂在₄是₄奇怪₄, 當₁事₄
不₄管₃怎₄麼₂樣₄, 竟₄愛₄抱₁怨₄, 日₄
後₄難₄免₃後₄悔₃。 [늬#싱칭의엑#
치쾌당의#관연#양징이반웬시훅
난몐훅회] 老兄의 性情이 참 奇怪
ᄒᆞ오. 일을 當ᄒᆞ야 엇지되던지 不
管ᄒᆞ고 抱怨만 ᄒᆞ니 日後에 後悔
를 免치 못ᄒᆞ리다.

你₃辦₄的₁事₄情₂現₄在₄快₄成₂了₁, 這₄
不₂是₄命₄運₄好₃的₁緣₂故₄麼₂?
[#싼###쎈억쾌청####밍원
홛#웬숙#] 老兄의 일이 지금 곳
되니 이것이 運數 됴흔 연고가
아니오닛가?

依₁我₃說₄那₄運₄氣₄的₁話₄, 誰₂能₂預₄
先₁知₁道₄呢₁? 無₂論₄是₄誰₂立₄
定₄了₁志₄氣₄肯₃用₄工₂之₁後₄, 纔₃
算₄是₄到₁了₁好₃處₄兒₂。 [이#워#
원치#화워닝위쎈긔단늬우룬#위
리씽 #긔치컨융쭝의훅역쏸# 닫
주얼] 나는 말ᄒᆞ랴면 그 運數라
ᄒᆞ는 것을 누가 능히 몬져 알겟소.
無論 누구던지 志氣를 一定히 셰워
셔 工夫ᄒᆞ기를 질겨흔 後에야 게우
됴흔 곳에 일은 다 ᄒᆞ깃소.

善₄人₂, 惡₄人₂處₄處₄都₁有₃₄。 人₂家₁
的₁好₃處₄, 壞₄處₄, 各₄有₄不₁等₃。
各₄人₂的₁禍₄福₂是₄天₁按₄着善₄
惡₄的₁好₃歹₄就₄所₃定₄的₁。 [싼#
어###쑤역#쟈#홛#홰추쎠역#
청###휘약#톈안쟤완어#핟디쥑
쒀딩#] 善人과 惡人은 곳곳에 모도
잇고 사람의 조흔 곳과 낫븐 곳이 각
각 갓지 아니ᄒᆞ니 各人의 禍와 福은
하ᄂᆞ님게셔 善惡의 좃코 낫문 [분]
것을 안험ᄒᆞ사 곳 뎡흔 바올시다.

人₂活₂的₁壽₄數₂長₃短₃也₃是₄天₁命₄
所₃定₄的₁罷₄。 [신휘#약우창돤
예##밍#딩#바] 사람의 壽夭長短
도 하나님이 명ᄒᆞᄉᆞ 定흔 바이깃지
오.

那₄個₄人₂實₂在₄辜₁負₄他₁的₁好₃
處₄, 還₂是₁騙₄他₁的₁銀錢₄, 叫₄
他₁很₂吃₂虧₁, 叫₄他₁那₁麼₂寒₂
心₁的₁了₁不₁得₃。 [나쩌#의싁수
약###추희#펜##인쳰좌#헌치
퀘좌###한신#랸부더] 져 사람이
참 그의 잘ᄒᆞ는 곳을 져바리고 또흔
그의 金錢을 속이여 먹어셔 그로 ᄒᆞ
야금 미우 손히를 보게 ᄒᆞ야 그로
져러케 寒心케 ᄒᆞ니다.

如₂今₁那₄個₄人₂後₄了₁悔₃再₄不₂
要那₄麼₂樣₄。 雖₁然₂倒₄願₄意₄
幇₁助₄他₁, 他₁₃怎₃麼₂能₂信₄服₂
那₄個₄人₂呢₁? [수진###훅
#희억###양쉐산쏘웬 이 쌩
주####신약####] 如今
에는 져 ᄉᆞ람도 後悔ᄒᆞ여셔 다시
는 그 모양을 아니ᄒᆞ고 비록 도로
혀 그를 방조코자 ᄒᆞ나 그가 엇지

져 ᄉᆞ름을 밋겟소?

有₃好些₁個人₂在那兒, 那₄裏₃頭₄分₁其₂好₃歹₃的₁, 三₁個₄是₄好₃人₂, 其₂餘₃都₁是₄歹₃人₂。 [여환쎄거#쩌나얼##부얜치#듸######위쭈#듸신] 여러 ᄉᆞ름이 져긔 잇ᄂᆞᆫ듸 其中에 죠흔 ᄉᆞ름과 낫분 ᄉᆞ름을 分別ᄒᆞ면 三人은 好人이오, 其餘ᄂᆞᆫ 모도 낫분 ᄉᆞ름이올

시다.

聰₁明₂是₄心₃₄裏₂有₄靈₃動₄, 是₄蠢₃笨₄的₁對₄面₄兒₂, 活₂動₄是₄死₃樣₄的₁對₄面₄兒₂。 [쫑밍#신리역링둥#춘쌘#되몐얼휘둥#쓰양###] 聰明이라ᄂᆞᆫ 것은 마음에 신령흠이 잇ᄂᆞᆫ 것이니 蠢笨의 相對요, 活動은 死樣의 相對올시다.

散₄語₃第₄四₂十₃三章₁ [싼위듸쓰의싼장]

要₄緊₃ [야진] 預₄備₄ [위쎄] 通₁共₄ [퉁궁] 緊₃急₂ [진지] 合₃式₄ [허의] 式₄樣₄ [#양] 茅₃房 [만앵] 馬棚₂ [마펑] 除₄了₁ [추#] 合₃筭₄ [허쏸] 下₄剩₄ [쌰엉] 着₂急₂ [쟈지] 打₂圍₂ [따웨] 野₃牲口₃ [예엉커] 說₁竪₄ [쉬우] 說₁橫₂ [#헝]

你₂天₁天₁來₂不₃來₂都₁不₂要緊₃, 隨₂你₃的₁便₄就₄好了₁。 [늬##리부#쭈#야진쒜##볜죠한#] 老兄이 날마다 오시던지 아니 오시던지 관게치 아니ᄒᆞ오. 老兄의 편흔 ᄃᆡ로 ᄒᆞᄂᆞᆫ게 곳 돗습니다.

明₂天₁有₃一₂位₄外客₄來₂₄, 你₄到₃同春₂樓₂那₄個₄館₂子₃裏去₄, 叫他₁們₂預₄備一₄點₃兒₂好₄菜₂₄罷₄。 [밍텐유#웨왜커리늬돤퉁춘루##꽌##취죠타먼위쎄###하위#] 明日에 혼 분 外國 손님이 오실 터이

니 너ᄂᆞᆫ 同春樓 그 요리집에 가셔 그의덜노 죠금 죠흔 料理를 準備ᄒᆞ라 ᄒᆞ여라.

你₃預₄備₄的₁銀₂錢₂通共₄有₃多₁少₃塊₄呢₁₃? 我₃有₃緊₂急₂的₁事₄情₂要₄借₄用₄, 你₃肯₃不₃肯₃? [#위쎄#인쳰퉁궁여둬쏴쾌늬#야진지#의칭야졔융#컨부#] 老兄의 準備흔 金錢이 도합 얼마나 잇소? 내가 緊急흔 일이 잇셔셔 취히 쓰고쟈 ᄒᆞ니 老兄은 질겨ᄒᆞ시겟쇼?

你₃盖₄的₁那₄個₄房₁子₃不₂像₄外₄國₂的₁樣₄子₃, 實₂在₄不₃合₄式₄。你₃₄可₃以₃照₄著₂洋₂房₁的₁式₄樣₄另₄盖₄就₄得₂了₁。 [#씨###앵##쌍왜귀#양#의얀#허의#커이쟈쥐양앵##링씨쥬더#] 老兄의 建築흔 져 家舍가 外國의 모양 ᄀᆞᆺ지 아니ᄒᆞ야 참 법의 맛지 못ᄒᆞ니, 老兄은 가이 洋屋 제도ᄅᆞᆯ 모방

ᄒᆞ야 다시 建築ᄒᆞᄂᆞᆫ게 올슴니다.

這₄個₄地₄方₁你₃要₄做₃甚₂麽₂呢₁？那₄是₄不₄能₂預定₄了₁，回₂頭₂看₄情₂形₂盖₄得₂茅₂房₁，盖₂得₂馬₃棚₂都₁可₃以₃。[##듸앵늬얀쒀 언#늬나##녕위씽#회투칸칭싱#더맏앵##마펑쭈커이] 이 地方을 老兄이 무엇을 ᄒᆞ시랴오? 그것은 預定치 못ᄒᆞ깃쇼. 다음에 情形을 보아셔 厠舍를 짓던지 馬廐를 짓던지 모도 카ᄒᆞ지오.

你₃住₄的₁那₄個₄房₁子₃通₁共₄有₃幾₃十₃間₁，除₂了人住₄的₁，下₄餘₂還₂有₃二₄十₂多₁間₁了₁。[늬주####퉁궁 역지#젠쭈##주#쌰워히###뒤##] 老兄의 居住ᄒᆞ시ᄂᆞᆫ 家舍가 모도 몃 간이나 됨잇가 ᄉᆞ람 住接ᄒᆞᄂᆞᆫ 除ᄒᆞ고도 남겨지^①가 二十間이 잇슴니다.

他₁欠₄人₂的₁賬₄目₄合₂筭₄起₃來₂是₄一₂萬₄多₃兩₃銀₂子₃的₁，除₂了₁還₁償₁下₄剩₄的₁不₂過₄一₁千₁多₃兩₃銀₂子₃。[타쳰##장무허쏸치리##완뒤량###우#환창쌰엉##쒀#쳰#량인#] 그가 남에게 빗진 것이 都合一萬餘兩銀子이더니 償還ᄒᆞᆫ 것을 除ᄒᆞ니 남어지가 不過一千餘兩銀子올시다.

我₃月₄兒₂花₄的₁錢₂很₂多₁，没₂有₃一₂點₃兒₂的₁盈₂餘₂，所₃以₃人₂家₁的₁些₁個₂賬₄目₄還₂不₂能₂還₁。[워웨##화##헌둬메####영위쒸이###써거장무허#녕환] 니가 每月 쓰는 돈이 미우 만어 죠금도 盈餘가 업셔셔 그런 바로 남에 여러 빗을 아즉도 能히 갑지 못ᄒᆞ얏슴니다.

因₁爲₄這₄上₂頭₂過₄日₄子₃很₃難₂，雖₁是₄很₄着₂急₂，没₂法₃子₃了₁。[인웨#앙투궈시#헌난쒜##쟈지메애##] 以上을 因ᄒᆞ야 지나가기가 미우 얼여워셔 비록 미우 조급ᄒᆞ나 엇잘 슈 업슴니다.

有₃個₄人₂扛₂着₂槍₄上₄東₃山₁打₃圍₂去₄，打₃的₃野₃牲₁口₃很₃多₁。[역거신캉쥐앙#둥ᅟᅡᆫ자웨###예엉쿼헌뒤] ᄒᆞᆫ ᄉᆞ롬이 銃을 메고 東山에 산양하러 가더니 山즘싱^② 잡은 것이 미우 만슴다.

門₂傍₂邊₂兒₂的₁木₄頭₂是₄竪₄的₁，門₂上₁下₁的₁木₄頭₂是₄横₂的₁，説₁₃話₄是₄竟₄愛₁東₁拉₁西₁扯₃的₁，也₃叫₄説₁横₂説₁竪₄。[먼팡ᅟᅨᆫ##무투#우########형#웨화의징이#라#처#예쟈####] 門 겻혜^③ 나무ᄂᆞᆫ 세운 것이오, 門上下에 나무ᄂᆞᆫ 걸친 것이니 말ᄒᆞᄂᆞᆫᄃᆡ 東을

---

① 남겨지: 下餘. 나머지.
② 山즘싱: 野牲口. 산짐승.
③ 겻ᄒ: 傍邊兒. 곁.

쓸고 西를 쓰는 것도 橫說竪說이   라 홉니다.

散₄語₃第₄四十四₄章₁ [싼워듸쓰의쓰#]

雨₃衣₁裳₁ [위이양] 磕₁頭₂ [커투] 鉛₁筆₃ [쳰세] 要₄穿₁ [야챤] 受₄使₃ [쎠의] 兜₁兒₂ [쭈#] 借₄光₁₃ [제꽝] 剩₃了₁ [엉#] 太₄晚₃ [틔완] 火₃車₁ [휘처] 恐₃怕₁₄ [쿵파] 左₄近₁地₂方₁ [워진듸양] 飯₄館₄子₃ [완관#] 冒₄雨₃ [마워] 很難₂ [#난] 當₁得₂起₃ [땅더치]

天₁氣₄不₄妥₃當₁, 你₃可₃以₄拿₄傘去₄麼₁, 還₂是₄穿₁雨₃衣₁去₁呢₁? [텬치부퉈쌍늬커이나싼#마희의챤위이취늬] 日氣가 엇덜지 모르니 老兄은 우산을 가지고 가실 터이오, 雨衣를 입고 가실 터이오잇가?

磕₁頭₂磕₁頭₂, 我₃要₄抽₁烟₂. 那₄兒₂有₄洋₂火₃麼₁? [커투###추옌##양양훠#] 곰압쇼. 늬가 담비를 먹고즈 ᄒ니 거긔 셕양①이 잇슴잇가?

我₃要₄買₃一₄管₃鉛₁筆₃, 你₃們₄那₄兒₂₄有₃₄幾₃₄樣₄兒₁? [####관쳰세##나##지양#] 늬가 一個鉛筆을 스고져 ᄒ니 老兄 거긔 몃 가지나 잇슴닛가?

你₃不₄要₄穿₁新₁衣₁裳去₄? 我₃就要₄這₄個₄衣₁裳去₄了₁. [#부야챤신이양##죠야저#이###] 老兄은 싀옷을 입고 가지 아니ᄒ시랴오? 나는 이 옷으로 그져 가깃슴니다.

哎₁, 這₄洋₂筆₂實₂在₄不₂受₄, 使₃₄一₂下₄筆₃₄就₄印₄看₄不₁出₁是₄甚₂麼₂字₄來₂. [이#양세의엇#쪽의#쌰세#인칸#추###쯔릭] 아, 이 鐵筆이 참 씨여지를 아니ᄒ야 ᄒ번 붓을 늘니면 곳 번져셔 무슨 글 즈인지 보아 닐 슈 업슴니다.

你₃兜₁兒₂裏₃裝₁的₄是₄甚₄麼書₁呢₁? 這₄是₄漢₄語₃指₃南₁了₁. [#쭈얼리쟝####우듸##한위긔난라] 老兄 걸랑②에 너은 것이 무슨 칙이오? 이것은 漢語指南이올시다.

借₄光₁借₄光₁, 你₃有₃小₃刀₁子₂没₂有₃? 我₃要₄修₁鉛₁筆₃. [제꽝##늬##쏘###워야싀쳰세] 고맙쇼. 老兄 囊刀가 잇슴닛가? 늬가 鉛筆을 싹고즈 ᄒ니다.

這₄等₃了₁一₄刻₂的₁工₁夫₁就₄要₄開₁船₂了₁. 你₃把₃行₂李₂都₁拾₂掇₄好₃罷₄. [#쩡##커#꿍우죠야키챤#늬쌔싱리쭈의둬화바] 一刻 동안을 기듸리면 곳 비가 ᄯ늘 터이니 너는 行裝을 모도 잘 슈

---

① 셕양: 洋火. 성냥.

② 걸랑: 兜兒. 주머니.

습ᄒ여라.

早₃車₁太₄早₃, 晚₃車₁太₄晚₃, 我₃要₄坐₄午₃車₁去₄。[쫘처티#완#티#워#쮜우처춰] 아참車는 너머 일으고 젼역車는 너머 느즈니 나는 午車를 타깃쇼.

啊₄, 下₄一₂趙₄的₁火₃車₁是₄甚₂麽₂時₂候₄兒₂開₁呢₁? 那₄是₄末₄末₄了₃兒₂的₁火₃車₁, 再₁没₃有₃了₁。[아쌰#탕#훠##언마쇠훠#캐느나#머#솬##훠#엿메유#] 아, 요다음 車는 언의 째에 써나오? 그것은 막車이니 다시난 업지오.

没₃甚₂麽₂不₃可₃以₃的₁。恐₃怕₄耽₁誤₄工₁夫₁趕₃不₂上₄開₁車₁的₁時₂刻₁哪。[메##부커이#쿵파짠우숭왕짠#앙####커나] 무엇이 不可ᄒ게 업지만은 아마 동안이 지체되면 車時間을 밋치지 못ᄒᆯ가보이다.

借光₁, 這₄左₄近₄地₄方₁有₃姓₄柳₃的₁家₂没₂有₃? 我₃要₄找₃他₁去₄了₁。[제꽝져왼진듸얭역싱루#쟈메연##쟈타춰#] 고맙소. 이 近處에 柳氏의 집이 잇슴닛가? 닉가 그를 ᄎᆽ가고즈 홈이다.

那₄個₄飯₄館₃子₁裏₃做₃的₁菜₄都₁不₄乾₁净₄。雖₁是₃那₄麽₃着₃我₃肚₃子₃餓₁了₁, 所₃以₃將₁就₄着₁在₃那₃兒₁吃₁了₁一₂頓₄飯₄了₁。[##앤꽌쯔리워#역쭈부깐징쒜의##줘#쑤으어###쟝쥑#엇나얼칙##쭌앤#] 져 料理집에서 料理 만드는게 모도 씨끗지 못ᄒ나 그러ᄒ나 닉가 비가 곱파셔 그런듸로 거기셔 ᄒᆫ 씨 밥을 먹엇습니다.

昨₂兒₂下₄學₂的₁時₂候₄兒₂雨₃下₄得₁很₃大₄, 不₄能₂₄回₂家₁去₄。直₃等₃到₄晚₃上₁下₄得₁還₂不₂住₄呢₁, 末₄末₄了₃兒₂就₄冒₄雨₃回₂去₄了₁。[워#쌰쒜의훠#워쌰더#쨔#녕회쟈#즤쩡쏘완##히부주늬머#솬#즉맏워회춰라] 昨日 下學ᄒᆯ 씩에 비가 미우 만이 와셔 能히 집에를 가지 못ᄒ고 곳 져녁싯지 기듸려도 굿치지 아니ᄒ여셔 쏫쏫닉는 비를 맛고 도라갓습니다.

可₃知₁道₄學₂漢₄語₃實₂在₄是₄很₃難₁, 怎₃麽₂呢₁? 他₁原₂來₂很₃有₃學問₄, 也₃有₃聰₁明₂的₁, 還₂是學₂了₁三₄年₃的₁工₁夫₁, 也₃不₄能₂簡₂簡₂決₂決₂的₁說₁出₁來₂哪₁。[커#단솬# 워 의엿###연#늬#웬릭##쒜원예#쭁밍#히#쏸##녠#숭얃###졘#줴##워#ᄅᆞ나] 참 漢語 빅우기가 미우 얼연 줄 알겟소. 엇지 글어냐 ᄒ면 그가 原來 學問이 미우 잇고 ᄯᅩ 聰明이 잇는듸 三年 동안를 빅와셔도 아직도 能히 쥭쥭① 말ᄒ닉지 못합듸다그려.

---

① 쥭쥭: 簡決. 쭉쭉.

我$_3$原$_2$是$_4$天$_1$生$_1$得$_3$很$_3$笨$_4$了$_1$,一$_4$點$_3$兒$_2$的$_1$本$_2$事$_4$也$_3$没$_4$有$_3$,怎$_4$麼$_2$能$_2$當$_1$得$_3$起$_3$這$_4$麼$_2$個$_4$重$_4$任$_1$來$_2$呢$_1$?
[워웬##엉더#쎈####쎈의 #####넝쨩더치###쭁신리늬] 늬가 原릭 天生이 미우 둔ᄒᆞ야 조고마흔 지쥬도 또흔 업ᄂᆞᆫ딕 엇지 能히 일어흔 重任을 當ᄒᆞ오릿가?

散$_4$語$_3$第$_4$四$_4$十$_2$五$_3$章$_1$ [싼위듸쓰의우쟝]

啊$_1$,原$_2$來$_2$是$_1$咱$_3$們$_2$同$_2$鄉$_1$。[아웬릭#짜먼퉁썅] 아, 原來 우리가 同鄉이료그려.

他$_1$那$_4$一$_2$位$_4$是$_4$那$_1$一$_2$省$_3$的$_1$人$_2$? [타나#웨#나#엉듸신] 그 저 흔 분은 언의 省 사람이오닛가?

他$_1$到$_4$這$_4$兒$_2$來$_2$做$_4$甚$_2$麼$_2$? [#쫘##릭웨언마] 그가 여긔 와셔 무엇을 ᄒᆞ닛가?

我$_3$不$_4$知$_1$道$_4$,你$_3$問$_4$他$_1$罷$_4$。[워부#단#원#바] 늬가 아지 못ᄒᆞ니 老兄이 그더러 무러보시오.

你$_2$帶$_4$了$_1$來$_2$的$_1$都$_1$是$_4$甚$_2$麼$_2$貨$_4$物$_4$? [늬싸라릭#뿌#언#훠우] 당신이 가지고 오신 것이 모도 무슨 물건이오닛가?

都$_1$是$_4$洋$_4$廣$_3$雜$_2$貨$_4$。[뚜의양광야훠] 모도 洋廣雜貨올시다. (洋廣) 西洋과 廣東

爲$_4$甚$_2$麼$_2$? 没有$_3$本$_3$錢$_2$麼$_2$? [웨###역쎈첸#] 왜요? 資本이 업슴닛가?

那$_4$個$_4$錢$_4$大$_4$概$_4$不$_4$很$_3$多$_1$罷$_4$。[###따기부#뒤#] 그 돈이 뒤

您$_2$納$_4$騎$_2$的$_1$不$_3$是$_4$我$_3$們$_2$這$_4$兒$_2$的$_1$馬$_3$麼$_1$? [닌나치#부의####마#] 당신 탄 말이 우리 여긔의 말이 아니오닛가?

原$_2$來$_4$在$_4$貴$_4$處$_4$買$_3$的$_1$。[웬#ᄍᆡ궤추믹#] 原來 貴處에셔 산 것이올시다.

哎$_1$呀$_1$,令$_4$導〔尊〕$_4$病$_4$的$_1$日$_4$子$_3$久$_3$麼$_1$? [이야링윤쌩#싀ᄯᅳ쥭#] 아, 春府丈이 病 드신 日子가 오릭되셧슴닛가?

阿〔啊〕$_1$,病$_4$了$_1$有$_3$十$_2$來$_2$年$_2$呢$_1$。[아쎙#역#릭늬] 아, 病患 드신지가 十餘年이나 되엿슴니다.

那$_4$王$_2$大$_4$人$_2$不$_2$是$_4$你$_3$的$_1$親$_1$戚$_1$麼$_1$? [#왕ᄯᅡ####친치#] 저 王大人은 老兄의 新〔親〕戚이 아니오닛가?

不$_2$是$_4$,他$_4$是$_3$我$_1$的$_1$至$_4$好$_3$的$_1$朋$_3$友$_3$。[######즤환#펑역] 아니오. 그는 늬의 지극히 조와 ᄒᆞᄂᆞᆫ 朋友올시다.

令$_4$尊$_4$留$_4$下$_4$的$_1$家$_4$産$_4$專$_1$歸$_4$你$_2$一$_2$個$_4$人$_2$兒$_2$麼$_1$? [링운루쌰#쟈얜꽌궤######] 春府丈게셔

깃처둔 家産을 젼슈히① 老兄 흔 스름에게 도려보닉엿슴닛가?
不₂是₄還₂有₃家₁兄₁舍₄弟₄一₂個₄人₂兒₂₄分₁了₁一₄分₁兒₂了。[부웨히 여쟈숑여디#거##앤###얼#] 아니오. 또 흔 家兄과 舍弟가 잇셔셔 一個人에 흔 목식 나넛습니다.
這₄鋪₄子₃在₄南₁邊₁兒₂,北₁邊₁兒₂, 還₂不₂知₁道₄麽₁? [저푸#엇난얜#쎄##히부#단마] 이 가기가 南편에 잇눈지, 北편에 잇눈지도 또 아지 못ᄒ나냐?

我₃是₄城₂外₄頭₂的₁, 道兒₂不₂很₃熟₂。[워읭청왜투#단#부#쑤] 나는 城外에라 길이 미우 익지 못ᄒ이다.
趕₂我₃回₂來₂, 他₁們₂先₁跑₃了₁。[깐 워회릭##쎈판라] 닉가 도라올 찍에 그가 먼져 달아낫습니다.
不₂但₄車₁錢₂, 連₁館₃子₃裏₃的₁飯₄錢₂ 都₁沒₂給₂了。[부딴처쳰렌꽌#리#앤#쭈메쎄#] 다만 차삭쏀 아니라 료리집에 료리갑②도 도모지 쥬지 안이ᄒ엿습니다.

散₄語₃第₄四₄十₂六₄章 [싼워듸쓰윅뤼장]

你₃實₂在₄是₄忠₁厚₄人₂哪₁。[늬웨 씩#쭁휘#나] 老兄은 참 忠厚흔 스름이올시다.
這₄宗₁樣₄兒₂的₁人₂, 我₃决₂不₂要₄他₄了₁。[#쭁####워줴부야타#] 이러헌 죵유③의 스름은 늬가 결단코 그을 요구치 아니ᄒ니다.
你₃們₂倆₃是₄在₄那₃兒₂遇₄見₄的₁? [#먼랴웨엇##워젼듸] 老兄 두 분이 어듸셔 만나 보셧소?
他₁那₄父₄親₁是₄做₄甚₂麽₂呢₁? [##야친웨워언마늬] 그의 져 父親은 무엇을 ᄒ는 이오닛가?

從前₂是₄做買賣₄, 現在₄是₄閑₁住₄。[쭁쳰#워미미쎈엇#쎈주] 그젼에난 장수를 ᄒ더니 지금은 놈니다.
我₃糢₂糢₁〔模模〕糊₂糊₂記₄得₂₄他₁眼₃睛₁不₂大₄好₃, 如₂今₁是₄好₃了₁麽₁? [워머#후#지더#옌징#짜한쉬진####] 늬가 어렴푸시 긔록ᄒ는데④ 그가 눈이 딕단이 좃치 못ᄒ더니 지금은 나은가요?
那₄是₄求₂之₁不₂得₂的₁。[#웨추직 부더듸] 그것은 구ᄒ여도 엇지 못홀 것임이다.

---

① 젼슈히: 專. 젼수이.
② 료리갑: 飯錢. 밥갑.
③ 죵유: 宗. 죵류.
④ '긔억ᄒ다'의 오역으로 보임.

比₃丟₁了₁還₂可₃惡₄。[쎄뷔라히커우] 일어바린 것보담도 더 흉흉니다.

家₁裏₃人₂口₂多₁, 沒₂力₄量₃養₃活₂, 那₄不₃免₃着₂急₂。[쟈리신쿼둬메리량양훠나#멘쟈지] 집에 人口는 만코 먹여 살일 흠①은 업스니 조급ᄒ기를 면치 못ᄒᆷ니다.

一₂個₄帶₄着₂三₁個₄孩₂子₃, 一₂個₄帶₄着₂四₄個₄孩₂子₃。[##쩌줘##히쓰#####쩌##] ᄒ나는 三子를 듸리고 ᄒ나는 四子를 듸렷슴니다.

不₄能₂栽₁培₂他₁們₂念₄書₁。[부넝지폐타먼녠쭈] 능히 그의들을 栽培ᄒ야 글 일키지 못ᄒ엿슴니다.

說₁來說₁去₄, 你₃的₁意₄思₃不₂是₄要₄我₃給₃你₃找₃個₄事₄情₂麼₁? [쒀리#취#듸이쓰#뾔###늬쟈##칭마] 說往說來에 老兄의 意事가 나더러 무슨 일을 求ᄒ야 달나는 것이 아니오닛가?

我₃實₂在₄不₄敢₃開₁口₃。[#워엇부ᄭᅡᆫ키쿠] 늬가 참 감히 開口를 못ᄒᆷ니다.

賠本₃是₄賠本₃, 不₃像₄他₁說₁的₁那₄麼₂賠₂本₃。[페썐####썅#워

###페썬] 밋지기는 밋졋지만은 그의 말과 갓치 글엇케 밋지ᄂᆞᆫ 아니ᄒ얏슴니다.

不₃但₄三₄四₄年₂, 有₃十₂多₁年₂的₁光₁景₃沒₃見₄他₁了₁。[부쫜싼쓰녠얶#둬##쫭징#젠타#] 다만 三四年 뿐 아니라 十餘年 동안 그를 보지 못ᄒ엿슴니다.

他₁說₁人₂托₁他₁辦₄土₃貨₄出₁洋₂。[###퉈#쌘투훠추양] 그의 말이 남이 그의게 부탁ᄒ야 土産物를 가지고 西洋을 간다 합듸다.

有₃茶〔茶〕₂葉₄, 有₃湖₂絲₁, 有₃藥₄材₂。[역차예#후쓰#얏엑] 茶葉도 잇고 綢絲도 잇고 藥材도 잇슴니다.

他₁們₂沒₂說₂數₄兒₂, 竟₄是₄叫₄他₁從₂豐₁。[###워우#징#쟈#웅영] 그의들이 슈효는 말를 아니ᄒ고 厚ᄒ게만 ᄒ라 합듸다.

還₂是半₄夜₄的₁時候₄兒₂。[히#썬예#의훠#] 또 밤중이나 되엿슴니[다].

他₁們₂在₄船上₄樂₄呀₁, 唱₄啊₁的₁鬧呢。[##엇촨#러야창아#난늬] 그의들이 船上에서 창가ᄒ고② 질거히③ 쩌듭듸다.

---

① 흠: 力量. 힘.
② 창가ᄒ고: 唱. 노래하고.
③ 질거히: 樂. 즐거이.

散₄語₃第₄四₄十₂七₁章₁ [싼위듸쓰왜치장]

一₄則₂是₄寡₃不₄敵₄衆₄, 二₃則₂是₄他₁心₁裏₃膽₃虛₁。[#여#솨부듸쭝#여##신리싼쉬] 첫지는 寡不敵衆이오, 둘지는 그의 마음이 膽少홈니다.

那₄旁₂岔₄兒₂的₁話₄筭₄結₂了₁。[#팡차##화쏸졔라] 그러헌 것가닥 말은 다 된 셰음이오.

他₁原₂來₂是₄有₃個₄功₁名₂麽? [타웬리#역거꿍밍#] 그가 原來에 무슨 官職이 잇습듸가?

莫₄不₂是₄他₁們₂和₄那₄個₄賊₂通₁了₁麽₁? [머부씌##히##쩨퉁##] 아마 그의들이 그 도격과 相通이 되지 아니ᄒ엿나요?

是₄叫₁官₁場₃中₂察₂着₂了₁。[씌쟌꽌창중야줘라] 官員에게 査出이 되얏슴니다.

遮₁掩₃是₄應₁該₁遮₁掩₃₄, 誰₂叫₄他₁張₁揚₂來₂着₂? [저옌#영ᄀᆡ##위쟌타장양릭줘] 엄격ᄒ기는① 응당 음젹헐 것이지만은 누가 저더러 들어 닉릿소?

没₂有₂甚₂麽₂好₃話₄。[메부언마화화] 무슨 조흔 말이 업슴니다.

那₄騾₂子₁十₂分₁膘₁壯₄。[뭐###뱌쟝] 저 노새가 十分이나 살젓슴니다.

叫₄我₃保₄他₁做₄甚₂麽₂, 我₃萬₄不₄能₂做₄保₃₄。[##바타웨###완부넝웨바] 나더러 그의 무슨 보증을 서라 ᄒ나 나는 결단코 보증을 아니 셜 터이오.

你₃可₃以₃把₃我₂說₁的₁那₄話₄告₄訴₄他₁罷₄。[#커이쌔워웨#나화쏘우타바] 老兄은 늬가 ᄒ던 말을 그의게 젼ᄒ여 쥬시오.

憑₂他₁來₂多₄少₂回₂總₃不₄許₄叫₄他₁進₄來₂。[핑#틱둬쏴회쭝#쉬쟌#진릭] 그가 몃 번를 오던지 도모지 그를 허락ᄒ야 듸리지 마시오.

我₃想₃不₂如₂簡₃直₂的₁告₄訴₄他₁能〔罷〕。[워썅# 수젼즤#쏘우타#] 늬 싱각에는 바루 그더러 말ᄒ는이만 갓지 못함니다.

若₄是₄他₁來₂, 你₃用₄甚₂麽₂話₄推₁辭₂罷₄。我₃決₂不₂見₄他₁了₁。[쉬#타릭#융언마화튁쓰바#졔부졘##] 만일 그가 오거든 무슨 말을 ᄒ던지 辭却ᄒ오. 나는 결단코 보지 아니홀 터이오.

是₄誰₂呀₁? 是₄你₃麽₄? 你₂剛₁纔₂叫₄門₂麽₁? [#쒀야####깡ᄋᆡ쟌먼마] 누구냐? 너냐? 네가 앗가 문 열나 ᄒ얏너냐?

---
① 엄젹(掩迹)ᄒ기는: 遮掩. 잘못된 형적을 가려 덮음.

包$_1$着$_2$是$_3$幾$_2$張$_1$畫$_1$兒$_2$? [반쥐#지장화#] 싼 것은 몃 장 그림이오?

不$_2$是$_4$他$_1$, 提$_2$他$_1$做$_4$甚麼$_2$? [####틔####] 그가 아니면 그를 提出ᄒᆞ여 무엇ᄒᆞ오?

提$_2$起$_3$來$_2$話$_4$還$_3$長$_2$。 [틔치릐화히창] 쓰러니면 말이 깁니다.

噯$_1$, 別$_2$忙$_2$別$_2$忙$_2$, 還$_2$有$_3$話$_2$說$_1$。 [이쎄망##히#화워] 이, 밧부고 밧부게 마시오. 또 말이 잇슴니다.

他$_1$昨$_2$兒$_2$晚$_3$上$_4$在$_4$我$_3$這兒$_2$來$_2$着$_2$。 [#워얼완양######] 그가 어제 전역에 닉게 왓슴듸다.

還$_2$摸$_1$不$_4$着$_2$一$_4$點$_3$兒$_2$頭$_2$緒$_4$呢$_1$。 [히머부좌####쉬#] 아직도 조금 頭緒를 차릴 슈 업슴니다.

一$_4$則$_2$是$_4$來$_2$瞧$_4$哥$_2$哥$_2$, 二則$_2$是$_4$有$_3$求$_2$的$_1$事$_4$情$_2$。 [#여#릐챠거####역취#의칭] 一則 와셔 兄님을 뵙고 二則 求情ᄒᆞᆯ 일이 잇슴니다.

散$_4$語$_3$第$_1$四$_1$十$_2$八$_1$章$_1$ [싼위듸쓰의쌰장]

時$_2$時$_2$刻$_1$刻$_1$的$_1$說$_1$舌$_2$頭$_2$就$_4$活$_2$了$_1$, 又$_4$愁$_2$甚麼$_2$不$_4$能$_2$呢$_1$? [의#커##워여투좨화#역쳑##부녕늬] 時時刻刻으로 말ᄒᆞ 버릇ᄒᆞ면 헤①가 부드러셔 또ᄒᆞᆫ 무엇이 능치 못ᄒᆞᆷ을 근심ᄒᆞ리오?

不$_2$住$_3$嘴$_3$兒$_2$的$_1$念$_4$, 不$_2$離$_3$手$_3$兒$_2$的$_1$看$_4$呢$_1$。 [#주웨얼#녠#리얶##칸늬] 입을 쉬지 아니ᄒᆞ고 읽고 손에 놋치 아니ᄒᆞ고 봄니다.

他$_1$們$_2$也$_3$是$_4$學$_2$會$_4$得$_2$罷$_2$咧$_1$, 并$_4$不$_2$是$_4$生$_1$出$_1$來$_2$就$_4$知$_1$道$_4$的$_1$。 [타먼예의쌰회더#레썅찡부#영추릐####] 그의덜도 빅와셔 안 것이오. 生而知之ᄒᆞᆫ 것은 아니올시다.

老$_3$弟$_4$, 你$_2$天$_1$天$_1$兒$_2$從$_1$這$_1$兒$_2$過$_2$都$_1$是$_4$往$_3$那$_3$兒$_2$去$_1$呢$_1$? [랃듸늬텬##쭁저#귀쒀#왕나얼취늬] 자닉가 날마다 이리 지닉가니 도모지 어듸를 가나?

都$_4$是$_4$眼$_4$面$_4$前$_4$兒$_2$的$_1$零$_2$碎$_4$話$_4$。 [##엔몐쳰##링쒀화] 모도 눈 압헤 항용ᄒᆞᄂᆞᆫ 말이올시다.

多$_1$咱$_1$是$_4$個$_4$了$_3$手$_3$啊$_1$? [뒤짠##랸악아] 언졔나 굿흘 맛치깃슴닛가?

這$_4$是$_4$你$_3$們$_2$自$_4$己$_3$誤$_4$了$_1$自$_4$己$_3$。 [저의##쓰지우라##] 이것은 너의들이 自己가 自身을 그릇ᄒᆞᄂᆞᆫ 것이올시다.

若$_4$是$_4$三$_1$天$_1$打$_3$魚$_2$兩$_3$天$_1$曬$_4$網$_3$的$_1$, 就$_4$念$_4$到$_4$多$_3$少$_3$年$_2$也$_3$没$_2$用$_4$處$_4$。 [워###쟈워량텬쎄왕#쥬녠#뒤쌰녠##융추] 만일 三日 고기 잡고 兩日 그불[물] 말니듯 ᄒᆞ면 몃 ᄒᆡ를 닑거도 쓸듸업소.

你$_2$說$_1$的$_1$話$_1$句$_4$句$_2$兒$_2$順當$_1$, 没$_2$一$_4$

---

① 헤: 舌頭. 혀.

點₃兒₂含₂糊₂。[늬워#화쥐##won
#####한후] 老兄의 ᄒᆞ는 말솜이 귀졀귀졀이 得當ᄒᆞ야 조금도 모호홈이 업슴니다.

實₂在₄是₄没₂影₃兒₂的₁瞎₁話₄。[의얶##영##쌰화] 참 그림즈도 업는 거짓말이올시다.

他₁在₄城₂外₄頭₁西₁河₂沿₂三₁和₂店₁了₁。[타얶쳥왜투시허옌#허뎬라] 그는 城外 西河邊 三和店에 잇슴니다.

您₃到₄京₁來₂有₃何₃貴₄幹₄? [닌쌴징리역허쒜깐] 당신은 京城에 오셔셔 무슨 일이 잇슴닛가?

您₂是₄多₁咱₁到₄的₁京₁? [#의뒤 짠쌰#징] 당신은 언제 京城을 오셧슴닛가?

您₃打₃箅₄用₄甚₂麼₁東₁西₁? [닌쟈쌴 융연마둥시] 당신의 요량은 엇던 물건을 쓰실 터이오닛가?

可₂不₄知₁道₄中₃₄您₂的₁意₄不₂中₄? [커부#단쭝닌#이부#] 당신의 쯧에 맛고 아니 맛는 것을 참 알지 못ᄒᆞ게슴니다.

你₃們₂這₄兒₂₄有₃好₃墨₄鏡₄没₂有₃? [##저#얼#머징메유] 老兄, 여기 조흔 烟鏡①이 닛소 업소?

有₃, 您₃看₃這₄個₃墨₃鏡₃怎₁麼₃様₄? [##칸##머징쩐#양] 잇슴니다. 당신은 보시오. 이 연경이 엇더험닛가?

失₁陪₂了₁衆₄位₄。[의페#쭝웨] 여러분게 告別홈니다.

您₃寶₃號₄在₃₄那₃兒₂啊₃? [#반핟얼나#아] 당신의 寶號가 어듸 잇슴닛가?

我₂是₃在₃城₂裏₃頭₂成₃興₄齋₁古₃玩₂鋪₄裏₃的₁。[위#얶쳥리투쳥싱여구완푸리#] 나는 城內 興齋古物商店에 잇는 者올시다.

我₃還₂有₃一₂件₄事₄情₂, 請₃教₄您₂納₄。[위히역#젠의칭칭쟈닌나] 닉가 ᄒᆞᆫ 수건 일이 잇는듸 당신게 갈아치시기를 請홈니다.

豈₂敢₃, 你₃有₃甚₂麼₁事₄情₂? [치깐 #역##의칭] 천만의 말슴이오. 老兄은 무삼 일이 잇슴닛가?

散₄語₃第四₄十₂九章 [싼위디쓰의쥬장]

這₄麼₂些₁個₃東₁西₁, 怎₃麼₃能₃一₄只₁船₂裝₁得₃下₄呢₁? [저마쎼거둥시 쩐#넝#즤좐쌍더쌰#] 이러케 만헌 물건을 엇지 ᄒᆞᆫ 쳑 빅에 다

실깃슴닛가?

等₃他₁們₂搭₃好₂₃了₁跳₄板₂來₂告₄訴₄我₃罷₄。[덩#먼자핟#땯쌴릭쏘 우#바] 그의들이 발판을 잘 놋

---

① 烟鏡: 墨鏡. 연경. 알의 빗깔이 검거나 누런색으로 된 색안경.

커던 늬게 와셔 말ᄒ여라.

回₂稟₃老₃爺₂跳₄板₁₃搭₃好了₁, 請₃您₂下₄船₂。[회찡란예톤싼자한#칭닌쌰촨] 영감게 엿줍니다. 발판을 잘 노왓스니 쳥컨듸 비에 나리십시오.

那₄上₄水₃的₄小₂船₂兒₂都₃是₄頂₃水₃拉₁着₂。[나썅웨듸#챤#쑤#띵웨라져] 져 逆水ᄒ야 가는 비는 모도 물에서 씀니다.

把₃那₄疋馬₃從₂馬₁₃圈₃裏₃拉了₁來₂。[빠나피마총#챤리라#릭] 져 말을 馬廐에셔 쓰러늬여라.

是₄由₄水₃路₃走₃₄是₄由₂旱₄路₄走₃? 他₁是₄搭₁輪₂船₂從₂大₄江₁走了₂。[의여위루쩌##한루###짜룬챤총자쟝쩌#] 水路로 감닛가, 陸路로 감닛가? 그는 輪船를 타고 大江으로 감니다.

雖₁然₁下₃狠₃大₄的₁雨₃, 他₁也₃上₄衙₂門₂去₄。[쉐산쌰###위###야먼#] 비록 大雨가 와도 그는 衙門에 감니다.

今₁年₁冬₁天₁也₃不₂大₃冷〔冷〕₃, 也₃不₂大₃潮₂。[진#둥텬예부자렁###챤] 今年 겨울은 미오 칩지도 아니ᄒ고 ᄯᅩᄒᆞ 미우 음닝치도 아니ᄒᆷ니다.

街₁上₄那₁兒₃怎₃麼₂這₄麼₂₄熱₁鬧₄? 不₂但₄小₃童₂出₁來₂看₄, 連₁小₃妞₁兒₂都出₁來₂看₄。[졔#나얼쩐###서난부딴샾퉁추릭#롄#누얼###칸] 거리 우 져긔셔 엇지 일어ᄒ게 써드노? 다만 小孩만 나와 볼 쑨 아니라 계집아히덜도 나와셔 봄니다.

連₁他₄帶₄我₃都₁是₄受₄傷₁。[롄타띄워##쑈얗] 그와 나와섯지 모도 受傷ᄒ얏슴니다.

噯₁, 你₃學₄話₁不₂過₄幾₃個₂月₄, 說₁的₁那₄麽₂順₁當₁麽₁? [이니쌰화부궈지거웨워###쑨당마] 이, 老兄이 學語ᄒᆞᆫ 지 不過幾月에 말ᄒᆞ는계 겨럿케 順탄ᄒ심잇가?

哎₁呀₁, 你₃受₄了₁這₄些₁年₂的₁辛₄苦₂, 還₁不₄知₂道₄憐₂恤₁別₁人₂麽₄? [이야#쩌##쎄##신쿠히부#댤린쉬쎄##] 아, 老兄이 여러히 辛苦를 격구도 남을 불샹히 여길 줄을 몰으시오?

可₃惡₄, 那₄個₁人₂不₂但₄白₂耽₄誤₄工₁夫₁, 還₁鬧₄了₁許₃多₁的₁錯₄兒₂。[커우나거#부딴쎅짠우꿍얚히난#쉬둬#웤] 可惡ᄒᆞ오. 져 스름이 공연히 時間만 허비홀 쑨 아니라 許多한 錯悞를 늬오.

很₃好₃, 現₁今₁₃外₃國₂的₁機器₁真₄是₄巧₃妙₄的₂很₃。[#한쎤진왜귀#지치쎤#챦먚##] 매우 죳소. 現今外國의 機械가 참 奇妙ᄒᆷ니다.

那₄位₄先₁生₄看₄你₃做₄的₁詩₁, 不₂但₄一₄次₄讚₄妙₄, 連₁呼₄妙₄妙₄。[나웨

쎈엉칸늬웤#읙#쨘#으얀먄렌후먄#] 져분 先生게셔 老兄의 지은 글을 보고 다망은① 흔 번만 찬양홀 쑨 아니라 연호야 妙호다 홈니다.

老$_{12}$爺$_4$要$_4$的$_1$是$_4$凉$_2$水$_3$, 是$_4$開$_1$水$_3$? [랴예얃##량쉬#캐#] 영감게셔 요구호시는 것은 冷水온닛가 湯水온닛가?

那$_4$胰$_4$子$_3$, 那$_4$手$_3$巾$_1$, 都$_1$擱$_4$在$_4$那$_1$兒$_3$呢$_1$? 胰$_2$子$_3$擱$_1$在$_4$屜板$_3$上$_4$, 手$_3$巾$_1$擱$_1$在$_4$架$_4$子$_3$上$_4$了$_1$。[#이#나워진#쩌엇##늬이#쩌#틔쌘양워진#엇쟈쓰#라] 져 비누와 手巾은 모도 엇다두엇느냐? 비누는 셜합② 에잇고 手巾은 탁즈우에두엇슴니다.

還$_2$有$_3$甚$_2$麽$_2$難$_2$處$_4$呢$_1$? 你説$_1$一$_4$説$_1$。 [히여#마난주늬#워##]

무슨 얼여운 곳이 잇나냐? 너는 말호여라.]

如$_2$今$_1$天$_4$快$_4$冷$_3$了$_1$, 屋$_1$裏$_3$地$_4$下$_4$要$_4$鋪$_1$毡$_1$子$_3$不$_4$鋪$_1$? [수진렌쾌렁#우리듸쌰얃푸쀤###] 如今에 日氣가 極冷호니 방에다 담요를 페릿가 말닛가?

後$_4$頭$_2$那$_4$窓$_1$戶$_4$透$_4$風$_1$得$_2$利$_1$害$_4$, 没$_2$有$_3$擋$_3$住$_4$的$_1$好$_3$法$_2$子$_3$麽$_1$? [휘투#챵후투앵더리히메여쨩주#핞애쓰마] 뒤 窓戶에 바름이 디단히 들어오니 막을 도리가 업깃나냐?

這$_4$些$_1$個$_4$不$_4$是$_4$我$_2$買$_3$來$_2$的$_1$, 都$_1$是$_4$借$_4$來$_2$的$_1$。[저쎄거부#워미릭#쒺#제릭#] 이 여러 가지는 늬가 수온 것이 아니오. 모도 비러 온 것이올시다.

散$_4$語$_3$第$_4$五$_3$十$_2$章$_1$ [쌴위듸우웍쟝]

那$_1$書$_1$架$_4$子$_3$、臉$_3$盆$_2$架$_4$都$_2$没$_2$現$_4$成$_3$的$_1$, 得$_2$叫$_{24}$木$_4$匠$_4$定$_4$做$_4$罷$_4$。[나쓔쟈#렌펀#쒺메쎤쳥#데쟏무쟝씽워바] 져 칙거리③와 셰슈탁자는 모도 만드러 노흔게 업스니 木匠을 불너셔 맛치여라.

請$_2$老$_3$爺$_2$出$_1$去$_4$看$_4$看$_4$, 那$_{34}$一$_4$個$_4$是$_4$老$_3$爺$_2$的$_1$。[칭 랴예추춰칸####랴예] 쳥컨듸 영감은 나가 보십시오. 엇던 것이 영감 것이온잇가?

前$_2$後$_4$有$_3$兩$_3$個$_4$門$_3$, 一$_2$個$_4$門$_2$是$_4$進路$_4$, 一$_2$個$_4$門$_2$是$_4$出$_1$路$_4$。[쳰후역량거먼###웍진루###웍#

---

① 다망은: 不但.
② 셜합: 屜板. 서랍.
③ 칙거리: 書架子. 책꽂이.

루] 前後에 두 문이 잇스니 한 문은 들어가는 딕오. 한 문은 나아가는 딕올시다.

買₃東₁西₁的₁都₁是₄從₂前₂門兒進₄去₄, 從₄後₄門兒₂出₁來₂. [믜둥시###웡쳰##진#웡훠##추리] 물건 스는 이가 모도 前門으로 드러가셔 後門으로 나옵니다.

從₂這₄個₃衚₂衕₄去₁, 到₄了₄儘〔盡〕₃裏₃頭₂嘎₂拉兒₁, 坐₄北₃朝南的₁房₁子就₄是₄他的₁家₁了₁。[###후퉁#쌰#진리투짜라#쬐쩨챠난#쨩#쥬#####] 이 골목으로붓터 가셔 민 구석에 南向집이 곳 그의 집이올시다.

賣₄的₁東₁西₁也₂不₄少₃了₄。銅₄鐵、木₄器、磁器₄、衣₁₃服₂、綢₂緞₄、鋪₁蓋₄、鍾〔鐘〕₁表₂、玉₄器、紙₃張₁、字₄畫₄、照像₄片兒₂甚₂麼₂的₁都有₃。[믜###예부쏸라퉁톄무치쓰치이얍쳐돤푸씨쭝븨워치걸쟝쓰화쟈쌍펜얼#마듸#여] 파는 물건이 적지 안습니다. 銅, 鐵과 木器와 砂器와 衣服과 紬緞과 이부자리와 鍾과 時表와 玉器와 紙物과 글씨와 그림과 寫眞과 무엇이던지 모도 잇습니다.

還₁有₃小₃孩₂子₂頑兒₂的₁東₁西₁没₃有₂? [희#쌰히#완얼듸둥시메유] 쏘한

아히들 작는가음①도 잇소 업소?

那₄都₁是₄言₁無₂二₄價₄, 不₁能₂打₃價₄兒₂的₁。[나쩍의옌우#쟈부녕쨔쟈얼#] 그것은 言不二價오니 能히 싹지 못홀 것[것]이올시다.

我₃聽₁說₁貴₄國₂南₂洋₂地₄方₁有幾₃家₁商₁賈₃, 他們₂招₁股₃份₂要₄設₁立₄銀₂行₂是₄真₃的₁麼₂? [워팅웨귀난양듸앵유지쟈양꾸##쟈쑤엔얀어리인항#션##] 나난 말을 드르니 貴國南方에서 몃 집 商賈 그의더리 股本을 모와 銀行를 設立흔다 하니 졍말이오닛가?

他們₁₂本₃國₂裏₃近₂來₃鐵₃軌₃造₄的₁是₁極₁精, 那₄墊〔墊〕₄木₄的₁材₂料₄又極₂多, 而且₃鐵₁路₁工₁師₁人₂很₃多₄。[타먼쩐#리진릐톄웨쬐##지징나뎬무#엿랼여지둬얼톄테루쑹얶신#둬] 그의들 本國에셔 近來에 鐵軌 만드는 것도 극히 졍묘흐고, 그 墊木에 材料도 극히 만흐고 쏘한 鐵路에 工匠과 技師도 만습니다.

不₄敢₃說₃會₁說₁, 大₄槪₄可₃以₃說₁得₂上₄來₂就₄是₄了₁。[부깐웨회#짜기커이#더썅릭쥬의라] 감히 말 홀 줄 안다 할 슈 업고 大槪 말 좀 통흔다 흐는 것이 올습니다.

這₄是₁洋₃藥₄、洋₂布₃₄、海₃帶₄菜₄、

---

① 작는가음: 頑兒的東西. 장난감.

洋$_2$鐵$_3$、洋$_2$火$_3$、洋$_{12}$傘$_4$、藥$_4$材$_2$、茶$_2$葉$_4$這$_4$些$_1$個$_4$貨$_2$物$_4$。[저#양얀#부희디뎍양톄###싼 안엑차예###훠우] 이것은 洋藥과 唐木과 다시마와 洋鐵과 셩냥과 洋傘과 藥材와 茶葉이 여러 물건이올시다.

不$_2$用$_4$先$_1$定$_4$規$_1$，來$_2$過$_1$一$_3$個$_4$月$_4$您$_2$看$_4$看$_4$之$_4$後$_4$，再$_4$定$_4$規$_1$工$_4$錢$_2$好$_3$不$_4$好$_3$? [부융션씽웨리궈#거웨닌칸#즤후예씽웨숭첸한부#] 먼져 뎡ᄒᆞ지 마시고 와서 달포 지나거던 당신은 보셔서 다시 工錢을 뎡ᄒᆞ는 게 좃치 안슴니다?

像$_4$那$_4$打$_4$造$_4$首$_3$飾$_1$和$_4$金$_1$銀$_2$的$_1$器$_4$皿$_3$，點$_4$翠$_4$、鏨$_4$活$_2$，拔$_4$絲$_1$，焊$_4$活$_2$，這$_4$好$_3$幾$_3$樣$_4$兒$_1$手$_3$藝$_4$得$_3$多$_1$少$_4$年$_{24}$纔$_3$能$_2$學$_4$會$_4$哪$_1$? [썅나자쌰약의히진인#치민뎬혹쌴훠쌔쓰한훠저#지양얼열이데둬쌴녠녕쌰회나] 져 首飾과 金銀의 器皿 만드는듸 파란 놋난 것과 조이놋는 것과 絲 ᄲᅩᆸ는 것과 ᄶᅵ음ᄒᆞ는 여러 가지 손ᄌᆡ죠난 몃 히면 能히 다 ᄇᆡ와 압잇가?

你$_3$的$_1$那$_4$個$_4$鋪$_4$子$_1$倒$_4$過$_4$來$_2$，怎$_1$麼$_2$不$_2$換$_4$字$_4$號$_4$呢$_1$? [늬#나거푸쯔딴궈리옌마부환쯔한늬] 老兄의 그 가기를 넘겨 왓스면 엇지 字號를 곳치지 아니ᄒᆞ시오?

他$_4$那$_4$個$_4$字$_4$號$_4$是$_4$外$_4$頭$_1$很$_3$有$_3$名$_2$

聲$_1$，各$_4$處$_4$有$_{13}$一$_4$定$_4$的$_1$主$_3$顧$_4$。[타나#쯔환#왜투#혁밍엉쎠추역#씽#주꾸] 그 가기 字號는 外方에 미우 聲名이 잇셔셔 各處에 一定ᄒᆞᆫ 단골이 잇슴니다.

他$_1$是$_4$一$_4$口$_3$的$_{12}$好$_3$北$_1$京$_1$話$_4$，在$_4$此$_3$地$_4$說$_4$他$_1$就$_4$是$_4$數$_4$一$_2$數$_4$二$_4$的$_1$了$_1$。[###쿠##쎄징화역쯔듸워#쭈#유###되라] 그난 滿口에 조흔 北京官話올시다. 此地에셔 말ᄒᆞ랴면 그가 첫지 아니면 곳 둘지올시다.

您$_2$沒$_2$事$_4$的$_1$時$_4$候$_2$可$_3$以$_3$到$_4$店$_4$裏$_3$去$_4$，咱$_2$們$_2$談$_{24}$一$_4$談$_3$。[닌메워디역후커이쌴뎬리취야먼탄##] 당신은 일 업는 ᄶᅢ에 우리 가기에 오셔ᄉᆞ 우리 이약이나 ᄒᆞᆸ시다.

我$_3$從$_4$先$_1$來$_2$過$_4$一$_2$盪$_4$住$_4$了$_1$幾$_3$天$_1$就$_4$回去$_4$，這$_4$是$_4$第$_4$二$_4$盪$_3$來$_2$的$_1$。[워총쎈리##탕주#지텬쥬회춰저#듸얼탕리#] 나는 요젼에 흔 번 와셔 몃칠을 留ᄒᆞ고 곳 도라갓다가 이번에 두 번지 옴니다.

那$_4$也$_3$倒$_4$不$_4$一$_2$定$_4$，誰$_1$家$_1$的$_1$貨$_4$合$_2$式$_3$我$_3$就$_4$買$_3$誰$_2$家$_1$的$_1$。[나예단부#씽워쟈듸훠허의워쭈미워쟈#] 그것은 一定치 못ᄒᆞ오. 뉘 집 물건이 맛당ᄒᆞ면 곳 그 집 물건을 사 감니다.

我$_3$也$_3$願意$_4$再$_4$來$_2$，可$_3$不$_2$定$_4$由$_4$得$_2$我$_3$，由$_2$不$_2$得$_2$我$_3$? [워예원이옌리커부씽

역더워역부더워] 나도 다시 오기를 願ᄒᆞ지마ᄂᆞᆫ 가히 니 自由로 할는지 니 自由로 못 ᄒᆞᆯ는지 定치 못ᄒᆞᆷ니다?
我₃要₄買₃幾₃本₃話₄條₂子₃, 可₃不₄知₁道₄是₄天₁津₄有還₂是₄上₄海₃有₃。

[#야미지쌘화탼#커##단#톈진ᄋᆔ휘#썅히약] 늬가 몃 권 語學冊을 사고ᄌᆞ ᄒᆞᄂᆞᆫ듸 天津에 잇ᄂᆞᆫ지 上海에 잇ᄂᆞᆫ지 아지 못함니다.

第三編　會話

第一課　學房　[듸이커쉐얘]

我們從今天到學堂去上學了。[원먼쭝진톈짠쉐탕취앙쉐라] 우리덜은 今日브터 學校에 가셔 上學ᄒᆞ엿슴니다.

我們在學堂裏念書、寫字、又學筆筭了。[##옊##리녠우쎄쯔역쫜셰쫜#] 우리덜은 學校에셔 글 읽고 글씨 쓰고 ᄯᅩᄒᆞᆫ 筭術도 비옴니다.

學房裏頭有敎堂和運動場了。[쉐##퉈역죤#히원둥창#] 學校 內에ᄂᆞᆫ 敎室과 運動場이 잇슴니다.

敎堂是用工的地方, 運動場是做運動, 還是頑意兒的地方。[##의융쭝듸듸얭####웍##히#완이얼###] 敎室은 工夫ᄒᆞᄂᆞᆫ 곳이오, 運動場은 運動도 ᄒᆞ고 ᄯᅩᄒᆞᆫ 遊戱도 ᄒᆞᄂᆞᆫ 곳이올시다.

在敎堂裏用心用意的用工, 在運動場歡樂運動, 那是很好的了。[#####신#이#######환러##나##핟##] 敎室에셔ᄂᆞᆫ 誠心으로 工夫ᄒᆞ고 運動場에셔난 질거이 運動ᄒᆞᄂᆞᆫ 것이 ᄆᆡ우 죳슴니다.

第二課　莊稼人的兒子　[듸얼커쟝쟈신듸얼쯔]

莊稼人和他兒子一塊兒耕田了。[###히타##이쾌#겅톈라] 農夫가 그 아달아희와 갓치 밧을 감니다.

那孩子的歲數兒, 今年有十二歲的樣子。[나희##쉐우#진녠역읫###양#] 져 아희의 나희ᄂᆞᆫ 今年에 十二歲쯤 되얏슴니다.

那個孩子從前三年就到學堂去上學了。[#거##웅첸싼#쥬짠쉐탕취앙쉐#] 져 아희는 三年前브터 學校에 가셔 上學ᄒᆞ엿슴니다.

那個孩子每天早起起來, 没到學堂以前, 把院子都掃乾净, 從學堂回來喂牲口, 又下地幫助他父視〔親〕耕種了。[####메톈짜오치#릴메###이#쌰웬쯔쏙싼

징###회릭웨엉퀀역쌰듸쌩주타얀친썽쭝#] 져 아히는 每日 일즉 일어나셔 學校에 가기 젼에는 庭院을 모도 깃긋이 쓸고 學校에서 도라와셔는 김생도 먹이고 쏘 흔들에 가셔 그의 父親을 幇助ᄒ야

갈고 싱음니다.
學堂的人都說他很勤謹的學生了。[#####웍#헌친진##엉#] 學校의 스람더리 모도 그를 말ᄒ되 미우 근간흔 學生이라 ᄒᆷ니다.

第三課 春景天 [듸싼커춘징톈]

如今是春天了, 一年裏頭最喜歡的時侯〔候〕兒。[수진읰##라이#리투쒜시환듸읰휠얼] 지금은 春日이라 一年中에 가쟝 죠흔 씩올시다.

草木都發生了, 百花開得很好看。[쫘무쭤얘엉라쎄화캐더헌환칸] 草木이 모도 發生ᄒ고 百花가 만발ᄒ야 미우 보기가 좃소.

蜂兒和蝴蝶在花裏頭飛來飛去, 各鳥兒在樹梢兒上叫喚的聲兒和唱歌一樣了。[엥#히후데억#리투얘리#취쪄냐얼읰우쌰#앙쟈환#엉#히창쪄이양#] 벌과 나뷔는 꼿 속에셔 飛去飛來 ᄒ고 衆鳥는 나무 끗에셔 불으지지는 소리가 唱歌와 흔 모양이올시다.

暖風是把草木的香味兒吹了來了。[난앵읰쌔얗무#쌍웨#쵝###] 따쯧흔 바름은 草木의 香氣를 부러옴니다.

你看罷, 兩個孩子把花枝兒撅來, 頑兒的很有趣兒啊。[늬칸바량거히쯔##즤#줴#완##역취#아] 老兄은 보시오. 두 아히가 꼿가지를 꺽거 가지고 와셔 작란을 미우 흥취잇게 ᄒᆷ니다.

這個孩子爲甚麼不到學堂去呢?[####웨언마부쌴쒜탕취늬] 져 아히는 엇지 學校를 가지 안슴닛가?

今天是禮拜, 所以學堂都放學了。[진톈읰리비쒀이##쒀앵##] 今日은 공일인 고로 學校에셔 모도 下學ᄒ얏슴니다.

第四課 蜂蝶 [듸쓰커엥뎨]

蜂兒和蝴蝶從花裏頭來往不斷, 他們也是頑兒的意思麼?[#얼

히후#옹화리투릭왕부돤타먼예#완얼듸이쓰마] 벌과 나

뷔①가 꼿 속에셔 往來不絕ᄒ니 그것덜도 ᄯᅩᄒᆫ 작란ᄒᄂᆞᆫ 뜻임이다?

他們不是頑兒的呀, 花蕊兒裏有甜味兒, 把這個甜味當做了粮食, 所以因爲得了那個粮食, 整天家來來往往真是離不開那個花林子。 [######야#쒜#리 욧텐웨#쌔저거## 쌍 워라량의 쒀이인#더#나거##셩텐쟈리#왕#쩐#리#키###린쯔] 그것들이 작란ᄒᄂᆞᆫ게 아니라 꼿송이 속에 닷 [단] 맛이 잇셔셔 이 단 맛으로 粮食을 만 드 ᄂᆞᆫ고 로그粮食 엇기를 爲ᄒ야 終日토록 來往ᄒ야 춤 그 花林을 ᄯᅥ나지 아니 홉니다.

第五課 方向 [듸우커얭쌍]

太陽冒嘴兒遍照着草木上的露水, 有個孩子不知道甚麽意思, 對着草木站着了。 [틔양만웨얼쩬죠줘 얏무앙듸루워여거히쯔부#단언마 이쓰듸줘##ᅇᅣᆫ#라] 히쏠이 막 버러지며 두루 草木 우의 이슬에 빗치니 져 아히ᄂᆞᆫ 무삼 意思인지 아지 못ᄒ고 草木을 對ᄒ야 셧습니다.

太陽是從東邊兒出來往西邊兒落了。 [###웅둥볜얼추리왕시## ᄡᅪᆫ#] 히ᄂᆞᆫ 東으로 나와셔 西으로 가짐니다.

那個孩子的前面兒就是東邊兒, 後面兒就是西邊兒, 右邊是南方, 左邊是北方, 所以東西南北就叫四方。 [나####쳰몐얼쥭####훅######역볜#난얭워## 쎄#쒀이####쟈쓰#] 져 아히의 前面은 東方이오, 後面은 西方이오, 右便은 南方이오, 左便은 北方이니, 그럼으로 東西南北을 四方이라 홉니다.

把那個孩子若是轉過身來站着麽, 右邊叫甚麽方向呢? [쌔######완궈언리얀줘마역## 얀마앵#너] 져 아히를 만일 몸을 도루켜 셰우면 右邊은 무슨 方向이라 하깃슴닛가?

第六課 晚晌 [듸루커완얭]

太陽落了天快黑了, 百鳥都各自各兒歸了窩兒了。 [틔양괃라텐쾌

---
① 나뷔: 蝴蝶. 나비.

헤＃쌔냐쒀쩌쓰＃얼쒜＃워＃＃]
히가 져셔 날이 將且 어두니 百鳥
가 모도 각각 졔 집으로 도라감니
다.

山林和曠野都是冷冷淸淸了。[싼
린히쾅예＃＃렁＃칭＃＃] 山林과
原野가 모도 쓸〻 홉니다.

莊稼人也牽着牛回家去了。[쟝쟈
신예쳰줘누회쟈취＃] 農夫도 쏘
흔 牛를 쓸고 집으로 도라감니
다.

孩子們在門口兒站着等他父親回來
呢。[히쓰먼왜먼쿠＃짠＃쩡타얘
친＃릭늬] 아히들은 문에 셔셔 그
의 父親 돌아오시기를 기다림니
다.

莊稼人淸早出去, 整天家在野地辛
苦到晩晌纔回來, 歇乏兒的工夫
很少。[＃＃＃칭쫘추취셩톈쟈＃
예듸신쿠딴＃＃엮＃릭셰애＃＃셩
얖헌쐋] 農夫난 早朝에 나가 終日
들에셔 辛苦ᄒᆞ고 늣게야 도라오
니 쉴 동안이 믹우 젹슴니다.

第七課 田家 [듸치커톈쟈]

這是鄕下村裏的景致了, 房子後頭
有樹木綠森森, 前頭有流水, 那水
聲兒眞叫人萬慮皆空。[져＃쌍
쌰쭌리듸징즤랴얭쓰훠투여우무
뤼썬＃쳰투여루워나＃엥얼썬쟈
신완뤼졔쿵] 이것은 시골 村의
景致올시다. 집 後面에는 樹木
이 잇셔 森森히 푸르고 前面에
는 流水가 잇셔 져 물소리가 참
으로 萬念이 空虛케 홉니
다.

莊稼人的娘兒們在水邊兒上洗衣裳
了。[쟝쟈＃＃냥얼먼왝＃볜＃＃
시이쌍라] 農夫의 녀인들은 물
ᄭᅡ에셔 쌀늬를 홉니다.

稻田壟頭小孩兒哄着雀從小路跑,
那個孩子後頭有一條狗跟他跑
了。[딴톈룽투샨히얼훙줘챠옹
＃루퐈＃거히쓰＃＃＃이탸쭈썬타
퐈라] 稻田 언덕에 아히가 식를
좃노라고 小路로 쒸여가니 그 아
히 뒤에 흔 마리 기가 잇셔 그를
ᄯᅡ라 쒸여감니다.

鷄在籬笆障根兒找着虫子, 牛在水
邊兒放着吃草。[지＃리쌔쟝쩐＃
쟈＃옹＃누＃＃＃＃앵＃츼쏴] 닭
은 울타리 밋헤서 버러지를 찻고
소난 물가에 노아 풀을 먹임니
다.

第八課 孩子 一 [디쌔커히쯔이]

你看罷, 那個孩子牽着馬走道兒的時候還是念書了。[니칸바나거##쳰쥬마쭈단얼디읙후히#녠쑤라] 老兄은 보시오. 져 아히가 말을 끌고 길을 갈 씩에도 쏘흔 글을 닑슴니다.

那孩子名兒叫開明, 年紀纔十一歲了。[나##밍#쟌캐밍녠지엑읰이쒜#] 져 아히의 名字는 開明이라 ᄒᆞ니 年紀는 十一歲올시다.

開明是雖然很愛用工, 因爲家裏很窮, 不能到學堂去上學了。[###쒜산#읶융궁인웨쟈리#츙부넝딴쒜탕취양##] 開明은 비록 工夫ᄒᆞ기를 됴와ᄒᆞᄂᆞ 집이 미우 가란ᄒᆞ야 能히 學校에 가셔 上學을 못ᄒᆞᆷ니다.

那個孩子每天馱着柴火賣養活, 他父親, 因爲這個事整天家很忙, 讀書的空兒一点兒也沒有, 故此牽着馬在道兒上念書了。[####메텬튀쥬엑훠미양훠타얖친인웨져거읰셩#쟈#망쭈얖디쿵#이##예메유구쯔쳰#마엑단#양녠쑤#] 져 아히는 每日 ᄂᆞ무 쟝사를 ᄒᆞ여 그 父親을 봉양ᄒᆞ니 이 일을 因ᄒᆞ야 終日토록 미우 밧버셔 글 닑을 틈이 죠곰도 업는 고로 말을 쓸고 길 우에셔도 글을 닑슴니다.

第九課 孩子 二 [디쥬커히쯔얼]

開明的街坊有一個孩子, 名叫愛國, 就是和他開明同庚的。[캐밍디졔앵유이거##밍쟌이궈쥬#####퉁껑디] 開明의 이웃에 ᄒᆞᆫ 아ᄒᆞ가 잇스니 名字는 愛國이니 곳 開[開]明과 동갑이올시다.

愛國的父親是那個村裏頭一個財主, 地土、園子很多了。[###얖친읰나거윤리투##엑주디투웬쯔#둬라] 愛國의 父親은 그 村裏에셔 첫직가는 부자니 土地와 園林이 미우 만슴니다.

愛國是每天往學堂去用工, 他是看見開明那們樣的專心用工, 所以每夜裏教給他念書了。[###메텬왕쒜탕취융궁타읰칸졘##나먼양#쟌신##쒝이메예리쟌께##쑤#] 愛國은 每日 學校에 가 工夫ᄒᆞᄂᆞᄃᆡ 그가 開明의 그 모양으로 專心用工ᄒᆞᆷ을 본 고로 每夜에 그를 가라쳐 글을 읽게 ᄒᆞ엿슴니다.

開明帶有的書都是愛國給他的了。
[##쪄역##쐭#######] 開明의 가진 칙도 모도 愛國이가 준 것이올시다.
那村裏人們把這兩個孩子, 又疼愛又恭敬了。[나왼리신먼쌔#량거###텅#약숭징#] 져 村人더리 이 두 아히를 미우 사랑ㅎ고 쏘 恭敬홈니다.

第十課 四季 [듸쒹커쓰지]

一年裏頭有春夏秋冬, 那叫四季。[이녠리터우춘쌰취둥나쟌#지] 一年 동안에 春夏秋冬이 잇스니 그것을 四時라 ᄒᆞᆷ니다.

春天是暖和, 草木都發芽兒了, 花開的笑啊似的, 鳥叫的唱啊似的, 一年裏頭筭是頂喜歡的時候兒。[텐쒹#난허얘무쐭애야얼라화캐듸쏜아쓰#뇨##창######쏸#띵시환#의훠#] 春日은 따듯ㅎ야 草木이 모도 發芽ㅎ고 꼿이 피여 웃난 것 갓고 鳥啼의 聲이 唱歌와 갓트니 一年中에 미우 죠흔 時節이올시다.

夏天是很熱, 草木都長起來了, 成了陰涼兒。樹林子裏聽那伏蝶兒叫的聲兒, 也是很喜歡的。[####서###장치릭#청#인량#우린쯔리텽나왜데###엉#예#####] 夏日은 미우 더워 草木이 모도 ᄌᆞ라셔 濃陰을 일우고 樹林 속에 져 미얌①의 우는 소리를 드러도 쏘흔 미우 깃붐니다.

秋天是天氣凉, 莊稼都熟了, 果木都結果了熟透了, 莊稼人很忙的時候兒。[####치#쟝쟈쑤쑤#궈무쑉제#쓰#터#쟝쟈신헌망####] 秋日은 日氣가 서늘ㅎ야 곡식이 모도 닉고 果木이 모도 結實ㅎ야 닉엇스니 農夫가 미우 밧쑨② 찌올시다.

冬天是冷了, 還是下雪, 山林曠野一望都成了白顏色兒, 所以看那個景致很有高興的趣兒。[####히#쌰쒜얀린쾅예이왕###쎼옌색#쒀이칸#거징즤#약꺄싱#취#] 冬日은 차고 쏘흔 눈이 와셔 山林과 原野가 一齊히 白色을 일우는 고로 져 景致를 보면 미우 高興의 趣味가 잇슴니다.

---

① 미얌: 伏蝶. 매미.
② 밧쑨: 忙. 바쁜.

第十一課 鷄 [듸씌이커지]

這兒有兩隻鷄了, 一隻是公的, 一隻是母的。公鷄是格兒大, 尾巴長, 頭上頭有冠子, 又大又好看, 還可以打鳴兒, 母鷄能下蛋。[저얼역양즤#라#즤#꿍듸###무####쩌#짜이바창투앙#역꽌쯔역##한칸히커이짜밍###녕싸짠] 여긔 두 머리 닭이 잇스니 한 머리는 수놈이오, 한 머리는 암놈이라. 숫닭은 體格이 크고 쏘리가 길고 頭上에 冠子가 잇셔셔 크고 쏘흔 보기 됴코 쏘흔 가이 우룸 울고 암닭은 能히 알을 낫슴니다.

他們吃的是粮食和菜尖兒和虫兒。[타먼츼듸#량씌히얼쩐##웡#] 그의들 먹는 것은 곡식과 生菜의 슌과 다못① 버러지올시다.

這個孩子很愛那個鷄, 天天兒給他吃的東西。[#거히쯔#인나#지톈##쩨###둥시] 이 아히는 져 닭을 미우 사랑하야 날마다 먹을 물건을 줍니다.

所以那個鷄見了這個孩子, 一齊都來咕咕的叫, 喜歡的了不得。[쒀이###쩬#####치쑥릭쒀##쨔시환#랗부더] 그런고로 져 닭더리 이 아히를 보면 一齊히 모도 와셔 쇠ㅅㅅ하며 즐거워하기를 마지 아니함니다.

第十二課 馬牛 [듸씌얼커마누]

愛國的家裏養着牛馬了。[이궈듸쟈리양줘##라] 愛國의 집에셔 牛馬을 먹임니다.

那個牛馬的貌樣各各不同了。[나거###맣양쩌#부퉁#] 져 牛馬의 貌樣이 各各 갓치 안슴니다.

牛的身子大, 馬的身子小。[###쯔짜##연#쑈] 소의 몸은 크고 말의 몸은 적슴니다.

牛的腿短一點兒, 馬的腿長一點兒。[##퉤돤이#####창###] 소의 다리는 좀 쌀으고 말의 다리는 좀 김니다.

牛是有角, 馬是有鬃。[#씌역쟈###쫑] 소는 角이 有하고 말은 갈기가 有함니다.

牛的尾巴尖兒, 毛是短的; 馬的尾巴尖兒, 毛是長的。[##이쌔젼#

---

① 다못: 다만.

馬是馱人, 還是馱東西, 牛是拉車, 還是耕田。那兩個都是要緊的牲口了。[##퉈신히##둥시##라처##셩톈###쑉#얀진#엉쿠#] 馬는 人을 乘케 ᄒ고 물건도 실으며 牛는 車도 쓸고 쏘흔 田도 耕ᄒ니 져 두 가지는 모도 요긴흔 김싱이올시다.

맛###########] 牛는 꼬리가 尖ᄒᄂ 毛는 短ᄒ고 馬도 꼬리가 尖ᄒ나 毛는 長홉니다.

牛的蹄子是兩瓣兒的, 馬的蹄子是整個兒的。[##틔##량싼#######셩###] 牛의 발굽은 두 죠각이오, 馬의 발굽은 통발[1]이올시다.

第十三課 懶惰的 一 [듸의싼커란둬듸이]

這兒有兩條道兒, 一條是上學堂去的, 一條是往郊外去的道路。[저얼역량탸단###의썅쉐탕취듸###왕쟈왜###루] 여긔 두 가닥 길이 잇스니 ᄒᆫ 가닥은 學校로 가는 길이오, ᄒᆫ 가닥은 들로 가는 길이올시다.

這個道兒上有兩個孩子, 一個是姓李的, 一個是姓金的。那姓李的和姓金的説一説了。[#거###역량#히으###싱리####진#나###히###웨##라] 이 길 우에 두 아ᄒᆡ가 잇스니, ᄒ나는 姓李이오, ᄒ나는 金姓이라. 져 姓李가 姓金과 말을 ᄒᆷ니다.

我不要上學堂去, 你和我一塊兒往郊外去, 在草地裏掐花頑兒怎麽樣呢? [워부야###늬###쾌####억왔듸리챠화완#옌마양늬] 나는 學校에 가고ᄌ 아니ᄒ니 너도 나와 갓치 들에 가서 풀우에셔 꼿을 썩고 노는 것이 엇더ᄒᆫ가 홉니다?

你怎麽不到學堂去用工呢? 天天兒上學堂去學新學問不是很好的事情麽? [####쫀쉐##융쑹#톈######신쉐원########] 너는 엇지ᄒ야 學校에 가서 工夫를 아니 ᄒ느냐? 날마다 學校에 가서 新學問 비오는 것이 미우 죠흔 일이 아니냐 홉니다?

你雖然説念書寫字, 還是學新學問, 有甚麽用處呢? 我是要自各兒往野外去頑兒, 很有趣兒了。[#쒜

---
[1] 통발: 整個兒的. 통발.

산워##쎄쯔히#쌴######
추###얃쯔쩌#왕예왜취완###
취##] 너는 비록 말ᄒ기를 글 읽
고 글씨 쓰고 또 新學問을 비온다
ᄒ나 무슨 쓸 곳이 잇늬? 나는 혼
자 野外에 가셔 노는 것이 미우 滋
味잇다 ᄒ얏슴니다.

這麼着, 姓李的往郊外游頑兒去, 姓
金的往學堂去用工了。[#####
##쟌#역######쮀###
##] 이리셔 李童은 野外에 가셔 놀
고, 金童은 學校로 가셔 工夫를 홈
니다.

第十四課 懶惰的 二 [듸의쓰커란둬듸얼]

過了二十年的光景, 有一天最冷的
時候, 有個人穿的衣服很襤褸,
在大宅門口兒站着要飯了。[귀
라얼의녠#쌍징역이톈쮀렁#의
훠#거신촨#이약#란뤼역쨔역
먼춰#쩐줘야앤#] 二十年 동안
을 지나셔 ᄒ로①는 미우 찬 째
에 ᄒ 스름이 衣服을 룸루ᄒ게②
입고 大家門前에서 밥을 달나
홈니다.

過了很大的工夫兒, 有一個穿好衣
裳的主人聽那討飯的聲兒開了
門, 一看見那個人驚怪的了不
得。[귀####끙약#####
환###주#팅#탄##엉#캐#
먼#칸졘##징쐐#럊부더] 미
우 오린동안을 지나셔 죠흔 衣服
입은 主人이 져 밥 달나 ᄒ는 소

리를 듯고 門을 열어 ᄒ 번 그 스
름을 보고 놀나기를 마지 아니햇
슴니다.

那個要飯的很有慚愧的樣子, 竟是
低着頭兒站着。[#####역
얜퀘#양쯔징의듸#퉈#쩐#] 져
밥 달나 ᄒ든 者가 미우 慚愧ᄒ
모양이 잇셔셔 머리를 숙이고 셧
슴니다.

你們看罷, 這兩個人都是誰呢? 這
主人是姓金的, 那花子是姓李的
罷。[늬먼칸바져량##쑥의워
늬#주#####화#####]
老兄들은 보시오. 이 두 스름은
모도 누구라 ᄒ깃슴잇가? 져 主
人은 金姓이오, 져 비렁이③는 李
姓이깃지오.

---

① ᄒ로: 一天. 하루.
② 룸루ᄒ게: 襤褸. 남루하게.
③ 비렁이: 花子. 거지.

第十五課　房子　[듸의우커앵쯔]

飛禽打窩巢; 走獸攢〔鑽〕着窟窿; 人是盖房子住, 避風雨寒暑了。[예친짜워챠쭤옊찬줘쿠룽신의씨앵#주쎄앵위한쑤라] 飛禽은 보굼쟈리①를 치고 走獸는 궁긔②를 쭈르고③ 스룸은 집을 지여셔 風雨와 寒署[暑]를 피홈니다.

房子有大小不同。[##역자쑨부퉁] 家屋은 大小不同홈이 잇슴니다.

那兒有一百多間的房子, 這兒有十六間房子。[나얼#이빈둬젼듸##져얼#의루###] 져긔는 百餘間 집이 잇고, 여긔는 十六間 집이 잇슴니다.

或有瓦蓋的房子, 或有草蓋的房子。[훠#와싀#####얐####] 或盖瓦흔 집도 잇고 或盖草흔 집도 잇슴니다.

那個屋子若要是四面兒都是墻麽? 屋裏很黑, 所以安上門窗, 爲得是出入方便, 還可以有太陽照着, 又明又亮了。[#거우#쉬야#쓰몐#쑉#챵마#리#헤쒸이안썅먼촹웨더의추수앵쩬히커이욗티양쟈줘역밍#량#] 져 방을 만일 四面에 모도 벽을 ᄒᆞ면 방 속이 미우 어둔 고로 窓戶를 닉임은 出入에 方便과 쏘한 太陽이 빗추여 明朗함을 위함이올시다.

第十六課　園子　[듸의루커웬쯔]

園子裏頭種了好幾樣兒的草木實在是很好的事情。[웬#리터쑹랴화지양얼듸쑈무의쒸의헌##의징] 동산에 미우 여러 가지 草木을 심는 것은 참 죠흔 일이올시다.

四時都看花、草根兒、木葉兒, 或有吃的可以吃, 還有移種的可以移種。看那發芽兒生長的時候, 眞是個好造化了。[쓰싀쭈칸화얐쎤#무예#휘역의듸커이#히#이######나애야#엥쟝#의훠쎤#거화얐화라] 四時로 모도 꽃을 보고 草根과 木葉에 먹을 만흔 것은 먹고 쏘한 移種홀 것은 移種ᄒᆞ야 그 싹이 나셔 자라는 쩍를 보면 참 造化올시다.

當了春天暖和的時候, 草木都生芽兒,

---

① 보굼쟈리: 窩巢. 보금자리.

② 궁긔: 窟窿. 동굴.

③ 쭈르고: 鑽. 뚫고.

漸漸兒長起來成了枝幹〔幹〕兒。[쨩#춘톈난허########젼##창치릭청#즈깐#] 春暖日和훈 쩍를 當ᄒᆞ야 草木이모도 싹이 나셔 漸漸 자라셔 가지와 줄기를 이룹니다.

那個枝兒上頭結了花咕〔骨〕朵兒, 那個花咕〔骨〕朵兒開了就成了又香又好看的花了。[나거###투제#화꾸둬######캐#쥬##역양#한칸###] 져 가지 우에 꼿봉오리가 미져셔 그 꼿봉오리가 피미, 곳 향긔 잇고 보기 죠흔 꼿이 됩니다.

那花兒謝了就結果子了。[###쎼#쥬#궈쯔#] 져 꼿이 쩌러지면 곳 열미가 미침니다.

每天早起起來看了那園子的光景, 真是叫人喜歡了。[메#쫘치#리###웬##쨩징쩐#쟌#시환#] 每日 일즉히 일어나셔 져 동산에 風光을 보니 참 스룸으로 깃부게 홉니다.

第十七課 家裏 一 [듸씌치커쟈리이]

我的家裏父母都在堂, 還有兩個妹妹、兩個兄弟, 家口一共七個。[워듸쟈리얖무쭈엇탕히#량거메###쓩듸#컴#쭁##] 닉의 집에 父母가 모도 게시고 또 흔 두 누의와 두 아오가 잇셔셔 식구가 도합 일곱이올시다.

家人以外没有甚麽別的, 但有一隻牛、兩條狗了。[##이왜메약엔마쎄듸쯴##즈누#탸쏙라] 家人外에는 아모 별것이 업고 다만 一隻牛와 두 머리 기쏜이올시다.

家嚴是天天兒早起起來到園子裏看了一遍, 把這個事情習以爲常, 當做了很有高興的事了。[#옌#톈##쫘치#릭쏜원쯔리칸##쎈쌔저#의칭시이웨챵쌍쮜###깐싱#얼#] 父親은 날마다 일직히 일어나셔셔 밧테 가셔 遍覽ᄒᆞ시는 일노 常事를 숨아 미우 滋味 잇는 일을 삼으심니다.

母親是做早飯, 妹妹是把屋裏都掃乾净了。[무친##쫘얜###쎄우리쭈쏘깐징#] 母親은 앗참밥①을 지으시고 누의는 방 속을 모도 씨굿이 씁니다.

我是拿稻秸②喂牛, 吃早飯之後, 就

---

① 앗참밥: 早飯. 아침밥.
② '藁'의 이체자.

往學堂去上學了。[워#나쭈졔 웨누예#앤의허쥬왕쉐탕취앙##] 나는 베집을 갓다가 소를 먹이고, 아참밥 먹은 후에 곳 學校에 가셔 上學을 훔니다.

家嚴和家母帶着妹妹都下地, 兩個兄弟在家裏頑兒了。[##히 ##쎠###쭈쌰듸###엑##완##] 父親과 母親은 누의를 다리고 들에 가시고 두 아오는 집에서 놉니다.

第十八課 家裏 二 [듸외쌔커쟈리얼]

我的街坊有一個大夫, 和我的父親很親熱, 不分夜裏白晝常來往。雖是那麽着, 我的家裏一個病人幷沒有, 那個大夫不是因爲看病來了, 就是閑談來的。[워듸졔앵여이거쎠얜히#듸얚친##셔부앤예리빚쥬창릥왕쉐 의나마줘#####찡신찡메역 ######인웨칸#릥쥬#쎈탄##] 나의 이웃에 흔 醫士가 잇스니 우리 父親과 미우 親熱하야 晝夜不分하고 항상 來往하나, 그러하나 우리 집에는 한낫 병든 사름이 업스니 醫士 그는 병보러 오는 것이 아니라 곳 閑談하러 오는 이올시다.

父母和我們一塊兒吃飯, 把這個當做了樂的事情了。[#무#워먼#쾌얼츼앤쌔##쟝웨#리#의칭#] 父母게셔는 우리와 흔데셔 밥 자시는 것으로 즐거운 일을 삼으심니다.

父母常對我們說: "我們家裏雖是貧窮, 我們很勤儉哪。穿的吃的都可以, 還沒有一個人有病的, 這不是喜歡的事情麽?" [###되##워######핀츙##워######핀츙###친젼나 촨###쭈커이히메역###역##져부의시환#의칭마] 父母게셔 항상 우리들을 對하야 말삼하시되, "우리 집이 비록 貧寒하느 우리가 미우 勤儉하면 입는 것과 먹는 것이 다 될 것이오. 쏘흔 흔 사름도 병든 者가 업스니 이것이 깃분 일이 아니냐?" 하심니다.

第十九課 馬 [듸외쥬커마]

有一匹馬馱着<u>壚</u>[<u>鹽</u>]過河滑倒了, 躺在水裏頭把<u>壚</u>[<u>鹽</u>]都化了, 那鹽馱子輕一點兒, 那匹馬就起來撒歡的了不得。趕到第二天那

匹馬馱着稻草又過河, 那馬想着昨天的事情, 假粧〔裝〕躺在河裏把稻草都濕了。那個馱子忽然重了眞是個不能起來, 受人家的格外鞭打, 末末了兒辛辛苦苦的纔回家去了。[역이피#튀쥐엔귀허화싼#탕엑웨리투쌔#쭈화#나#뒤쯔칭#뎬###쥑치릐싸환#럀부더쟌쌴#얼톈###튀#쟌좌역귀###쌍#웨##의칭쟈쟝탕엑#리###의###뒤#후산쭝#쩐##부넝##약###쩌왜쩬쟈머#럀#신#쿠##

역회쟈취#] 一匹馬가 有ㅎ야 소금을 실고 河水를 건너다가 미끄러져 물 가온듸 잣바져서 소금을 모도 풀어바린지라. 져 소금 바리①가 조금 가븨업거늘 져 말이 곳 이러나서 깃버하기를 마지 아니하더니, 그 잇튼날 져 말이 베집을 실고 쏘 河水를 것널식 져 말이 昨日의 일을 생각ㅎ고 거짓 물 속에 잡바져서 베집을 모도 젹신지라. 져 짐이 忽然히 무거워서 참 능히 일어나지 못ㅎ야 남의게 格外의 쩌림을 밧고 릐죵②은 辛苦ㅎ고 게우③ 집에 도라갓슴니다.

第二十課 麥子 [듸얼억커미쯔]

有一個人和他兒子在莊稼地裏一塊兒站着看那麥子的情形了。[역이거신히타얼#억쟝쟈듸리#쾌#짠쥐칸나미###싱#] 흔 스름이 그 아달과 밧헤 갓치 셔서 져 보리의 情形을 봄니다.

那個麥子快熟了, 滿野地都是黃金的顏色兒了。[나###쾌쑦#만예듸쭈의황진#옌씨##] 져 보리가 곳 익어서 왼들이 모도 黃金의 빗이올시다.

麥子有大麥, 有小麥。大麥是早一點兒熟黃; 小麥是晚一點兒熟黃了。[믜##쟈##쌴####좌#뎬#####완######] 麥子는 大麥도 有ㅎ고 小麥도 有ㅎ니, 大麥은 조금 일즉이 익고 小麥은 죠금 늣게 익음니다.

我們常吃的不是大麥麼? [워먼창억#부####] 우리들 항상 먹는 것은 大麥이 아님잇가?

大麥可以做飯吃; 小麥磨了粉可以做麵, 做好些個點心吃的。[##커이워앤억##머#앤###몐#핟쎄#뎬신##] 大麥은 밥을 지어 먹고, 小麥은 가루를 만들어

---
① 바리: 馱子. 마소의 등에 잔뜩 실은 짐.
② 릐죵: 末末了兒. 나중.
③ 게우: 纔. 겨우.

국수도 만들고 여러 가지 과자를 만드러 먹습니다.

麥子的名兒，不但大麥、小麥，另有好幾樣的名兒。[###밍##샨####링##지양###]麥子의 일홈은 大麥과 小麥섇어니라밋우여러가지일홈이잇슴니다.

第二十一課 信局 [듸얼싀이커신쥐]

信局在那個地方？城裏有郵政局，外省各處兒都有分局子。無論甚麽人來往，帶的信件都是很方便了。[##엇나거듸앵청리여우쩡쥐왜셩써추얼쑤여앤#쯔우룬썬마신링왕쩌듸#졘#싀#앵볜라]

郵便局이 언의 地方에 잇슴닛가？城內에는 郵便局이 잇고 外道各處에는 모도 支局이 잇셔셔 勿論 엇더한 스룸이든지 來往間 편지가 모도 方便함니다.

第二十二課 孝子 [듸얼싀얼커쌰쯔]

古時候，有一個人年記〔紀〕纔十四歲了，他的父親上山打圍去，叫老虎害了。[꾸싀훠여이거신녠지얼싀쓰웨라타듸뿌친쌍싼쟈웨취쟈랎후히라] 古時에 一個人이 有흔듸 年紀가 十四歲라. 그와 父親이 山으로 산양흐러 갓다가 범의게 害흔 바 되엿슴니다.

他知道這個事就氣的了不得，要打死那個老虎，拿着大斧子就上山去找一找。[타쯰단져거싀쭈치듸랖부더야짜쓰나##나줘쟈야쯔####쟈##] 그가 이러흔 일을 알고 氣가 차셔 그것을 쳐려잡고즈 흐야 큰 독긔①를 가지고 곳 山으로 가셔 찻고 차짐니다.

果然那個老虎把他的父親剛吃完了，卧在樹林子底下了。他就大聲兒喊："你爲甚麽吃我的父親哪？我要吃你的肉，報我的冤讎了。"[궈샨#########쌍츼완라이씌우린#듸쌰##쟈#엉#한늬웨언마####나#야###쑤바##웬춰] 果然 져 호랑이가 그의 父親을 막 다 먹고 樹林下에 누은지라. 그가 곳 크게 소리 질으되 너가 엇지 나의 父親을 먹엇느냐？ 느는 네의 고기를 먹어 느의 원슈를 갑겟노라 흐엿슴

---

① 독긔: 斧子. 도끼.

那個老虎就耷了着尾巴低着頭兒有慚愧的樣子。那個人拿着大斧子把虎頭就砍下來, 把肚子就劐開了, 把他父親的骨頭拿出來就葬埋了。[####쥬짜##이쌔듸#틔#옐얜퀘#양##########틔쥬칸쌰리#쑤##훠키#쌔타##구#나추릐쥬앵미#] 져 호랑이가 곳 쇠리를 쳣트리고 머리를 숙이고 慚愧한 모양이 잇ᄂᆞᆫ지라. 져 스룸이 큰 독긔를 가지고 호랑의 머리를 찍어 늬리고 빅를 갈나 그의 父親의 쌔①를 쓰늬여 곳 安葬ᄒᆞ엿슴니다.

俗語兒說的, 孝心所至, 雖虎不怕的話頭兒, 實在是不錯的呀。[쑤위웍#쌴신쒹즤줴#부파#화튀#윅엿의#웍#야] 俗談에 말ᄒᆞ기를 孝心所至에 비록 호랑이라도 不怕라ᄒᆞᄂᆞᆫ 말이 참 글으지 안슴니다.

第二十三課 學生 [듸얼읙싼커줴엥]

快到了夏天哪! 不久的工夫兒就放學了。[쾌짠라쌰텐나부쥬#쏭왝얼쥬앵줴#] 발셔 夏日이 당도ᄒᆞ니 오릐지 아니홀 동안에 곳 放學 되깃슴니다.

當着夏天頂熱的時候, 好些個學生們湊在一塊兒用工麽, 於身體最不相宜。[쨩줘##띵셔#읙훠환쎄거##먼쳑얼#쾌#융쑹마위언틔줴부쌍이] 夏日이 極熱홀 젹를 當ᄒᆞ야 미우 여러 學生더리 몰켜 ᄒᆞᆫ듸셔 공부ᄒᆞ면 身體에 가쟝 부젹당힘니다.

學問雖是要緊, 還不如那個身體最貴重了。所以這時候放我們歇伏了。[쒜원쒜읙얀진희부수나거###줴쭝#쒹이져읙훠앵워먼쎄우#] 問도 비록 요긴ᄒᆞ지마ᄂᆞᆫ 도로여 져 身體에 貴重홈만 갓지 아니홀 고로 이쌔에 우리덜의게 伏中休暇을 줍니다.

夏天是常常下雨很大, 無論甚麽東西都受濕氣。故此到了七八月的光景, 有病的人很多了。[###창#쌰위헌쟈우룬언마둥시쎠얼읙치수쯔닫#치쌔웨#쨩징부쩡#신헌둬#] 夏日은 항상 비가 만이 와셔 勿論 엇더흔 물건이든지 모도 濕氣를 밧ᄂᆞᆫ 고로 七八月이 되면 病 잇ᄂᆞᆫ 스룸이 만슴

---

① 쌔: 骨頭. 뼈.

第三編　會話

니다.
夏天的時候, 最小心的是吃的東西, 或是未熟的果子, 或是喝了生冷的水是不好的了。
[######쌴신#읙읙###휙#웨약#궈쯔##허#엉렁#워#부핟##] 夏節에 가쟝 죠심홀 것은 먹는 물건이니 或未熟혼 果子라든지 或生冷혼 물을 먹는 것은 좃치 안습니다.

第二十四課　自鳴鍾〔鐘〕　[듸얼읙쓰커쯔밍쭝]

有兩個孩子一塊兒頑兒, 聽見那個掛鍾噹噹的響兒, 這個和那個說:"現在幾點鍾〔鐘〕, 你數過了麽?"[유엘[랑]거희쯔이괘얼완#팅젠나#콰#쨩##쨩###희##워션얼지뎐#늬우궈#마] 두 아희가 잇셔 혼듸셔 노다가 져 掛鍾의 쨩쨩ᄒᆞ는 소리를 듯고 이 아희가 져 아희다려 말ᄒᆞ되, "지금 멋 시나 되얏는지 너는 셰여 보앗나냐?" ᄒᆞᆸ니다.

我沒數過的, 等回頭再打的時候可以數一數罷。[워메###졍회투얶자#얶후커이###바] 나는 셰여 보지 못ᄒᆞ얏스니 다음 다시 칠 ᄯᅢ를 기달녀 可히 셰여 보깃다 ᄒᆞᆸ니다.

不久的工夫兒那架坐鍾〔鐘〕又打了。那個孩子就掐着指頭說:"一下兒, 兩下兒, 三下兒, 四下兒, 五下兒, 六下兒, 七下兒, 八下兒, 九下兒, 十下兒, 十一點鍾〔鐘〕, 十二點鍾〔鐘〕了, 回頭麽一定打了十三點了。"[부쥬#쭝얖#나쟈쭤#얖#####쥭챠#즤###쌰#량################회투##띵###뎐#] 오리지 아니ᄒᆞ야 져 죵이 쪼흔 치는지라. 져 아희가 손가락을 곱으며 말ᄒᆞ되, "흔뎜, 두뎜, 셕뎜, 넉뎜, 다섯뎜, 녀섯뎜, 일곱뎜, 여덜뎜, 아홉뎜, 열뎜, 열흔뎜, 열두뎜, 을쳣스니 다음에는 꼭 열셕뎜을 치깃다." ᄒᆞᆸ니다.

不是, 沒有那樣的。過了十二點鍾〔鐘〕麽, 還打了一點鍾〔鐘〕, 又過了一點鍾, 又打了兩點鍾〔鐘〕, 這麽樣打到十二點, 常常這麽樣罷了。[#####양#궈######히##################창####죠바#] 아니다. 그런 것이 아니라 十二點이 지나면 도루 한뎜올 치고, 한뎜이 지나면 쏘 두뎜을 치고 이 모양으로 열두뎜ᄭᅵ지 쳐셔 항

상 이러홀 뿐이라 흡니다.

第二十五課　晝夜　[듸얼의우커쥬예]

太陽是出在東邊兒, 落在西邊兒。
[틔양#추의둥볜#랃#시##]
태양은 東에서 나셔 西에 가 짐
니다.

太陽出來的時候叫早起; 太陽落的
時候叫晚上。[###틔#의휘쟈
똬치######완썅] 히 뜰 씨
를 아춤이라 ᄒᆞ고 히 질 씨를 젼
녁이라 흡니다.

有太陽的工夫是白晝; 没有太陽的
工夫是夜裏。[역###숭얙#빅
쥬#######예리] 히 잇ᄂᆞᆫ
동안은 낫이요, 히 업ᄂᆞᆫ 동안은
밤이올시다.

太陽正到天中的時候就是晌午。晌
午以前叫上半天; 晌午以後叫下
半天。[##졍#텬쭝#의휘#의
양우##이쳰쟈양쌴###휘#

싸##] 히가 中天에 일은 씨를
뎜심 씨라 ᄒᆞ니, 뎜심 씨 젼은 아
참 나졀이라 ᄒᆞ고 뎜심 씨 후ᄂᆞᆫ
젼역 나잘이라 흡니다.

上半天、下半天, 各有十二點鍾
〔鐘〕的工夫, 所以晝夜一共
筭得是二十四點鍾〔鐘〕了。
[#####쩌얍###중#숭얙
워이쥬예#숭쏸더의#####]
아춤 나잘과 젼역 나잘에 各各
열두뎜 동안이 잇ᄂᆞᆫ 고로 晝夜를
合ᄒᆞ야 二十四時가 됩니다.

我們是上半天上學堂, 下半天回家
去了。[워먼####쒜탕###
회쟈취라] 우리들은 아춤 나잘
學校에 가고 젼역 나잘 집에 도
라갑니다.

第二十六課　孤〔狐〕假虎威　[듸얼의루커후쟈후웨]

有一個老虎要吃那個狐狸, 那個狐
狸瞪着眼睛和老虎説:"我是性
〔牲〕口裏頭的王啊! 你若害
我立刻就遭天報了。若不信我
的話, 隨着我後頭來罷。好些
個牲口見了我一定是很害怕都
逃跑了。"[역#거롼후야츠나#

후리###쩡줘옌징히##왂
워#엉컨#퉉#왕아늬쉬히#리
커쥬쫘텬뱌##부신##화웨#
워휘퉈릭바화쎄쩌엉컨졘###
씽##히파쌰토퐈#] ᄒᆞᆫ 호랑
이가 여호①를 먹고자 ᄒᆞ거늘
여호가 눈을 부릅쓰고 호랑이

더러 말ᄒᆞ되, "나는 김싱 즁에 王이라 네가 만일 나를 害ᄒᆞ면 即刻에 天罰을 바드리라. 만일 나의 말을 밋지 안커든 나의 뒤를 ᄯᆞ르라. 여러 짐싱이 나를 보면 一定코 두려워서 모도 도망ᄒᆞ리라." ᄒᆞ니다.

老虎雖然笑他說話大, 就勉强跟他去了。[랗후쉐샨쏴타왹화자쥐몐챵쳔타취#] 호랑이가 비록 그의 말이 갓지아니ᄒᆞᆷ을 우스나 강잉ᄒᆞ야 그를 ᄯᆞ라갓슴니다.

果然有好些個牲口見那個狐狸都逃跑了。[궈산약#쎼거엉콰젼나#후리쌰탈파#] 果然 여러 짐싱이 져 여호를 보고 모도 도망ᄒᆞ얏슴니다.

你們想罷, 那群獸真是怕那個狐狸麽? [늬먼썅바나췬왁썬#파####] 老兄들은 싱각ᄒᆞ야 보시오. 여러 짐싱드리 춤 여호를 무셔워힛슴닛가?

不是, 群獸見了後頭有老虎跟着, 所以嚇的了不得。[부싀##젼라훠투약랗후쩐쥐쒺이쌰#랻부더] 아니오. 여러 짐싱이 뒤에 호랑이가 ᄯᆞ라옴을 본 고로 놀닉기를 마지 아니힛슴니다.

狐狸本來是奸詐的, 爲得是假那個老虎的威了。[##썐릭#젼쟈#웨더#쟈####웨#] 여호는 本來奸詐한 쇠가 만아셔 져 호랑의 위엄을 빈 것이올시다.

第二十七課 火輪車 一 [듸얼씩치커훠룬쳐이]

火輪車從遠處兒來了。有兩個孩子, 一個是哥哥, 一個是兄弟, 一塊兒站着看那光景了。[###옹웬추얼뤽라약량쩌히쓰##의쎠####쑴듸#쾌#쨘쥐#나쾅징라] 汽車가 먼 곳으로브터 오는듸 두 아히가 잇스니 하나는 兄이오, 하나는 아오라. ᄒᆞᆫ듸 서셔 져것을 구경ᄒᆞ니다.

兄弟和哥哥說, 您看這個罷。火輪車冒着烟一溜兒走得很快, 實在是很多的快車了。[##희##왹넌###바###맏#옌#류#쩍##쾌억억##뒤#쾌##] 아오가 兄에게 말ᄒᆞ되 兄님 이것 보시오. 汽車가 烟氣를 토ᄒᆞ며 ᄒᆞᆫ갈갓치② 가기를 속ᄒᆞ게 ᄒᆞ니 춤 미우 만흔 急行車올시도[다].

---

① 여호: 狐狸. 여우.
② ᄒᆞᆫ갈갓치: 一溜兒. 한결같이.

在這兒看麼, 好像一個車一樣的。
敢情是接連挂着好些個車了。
[####마한쌍####양#잔
칭#제렌콰##쎄###] 여긔셔
본닛가 車가 호 기 모양 굿더니,
맛참니⁽¹⁾ 여러 車를 接連호 것이
올시다그려。

頭一個冒烟的車就叫火車頭, 客
人坐的車就叫客車, 客車不
但有一個, 有好些個呢。[터
########쟈###커신워
########부쨘역###한
###] 첫지 연긔 토흐는 車는 곳
機關車오, 客더리 타는 車는 곳
客車라 흐니, 客車는 다만 흐나쑨
아니라 미우 열엇이 잇슴니다。

火車頭的後頭、客車的前頭有三
個車, 就是貨車。[####휘
##########휘#] 機
關車 뒤와 車 압헤 三個車가 잇
스니 곳 貨車올시다。

那個貨車裏頭竟是裝着貨物, 不裝
別的。[####리#징#징##
우##쎄#]져 貨車는 맛참니 貨
物만 싯고 別다른 것은 싯지 안
슴니다。

那個火車頭有機器可以拉着好些
個車走。[#####지치커이
라####워] 져 機關車에는
機械가 잇셔셔 여러 車를 달고
감니다。

那個火車頭怎麼能這麼樣很有力
呢? [####투연#녕####여
리늬] 져 機關車는 엇지 일엇케
미우 힘이 잇슴닛가?

那個事情不能容易知道的呀。到
學堂去專心用工, 過了三四年的
光景, 先生一定教給你們的。
[##의칭#녕융이긔단#야쨘웨
탕#콴신융궁궈#쌴쓰##쨩징#
쨩징#영#찍쟈쎄#먼#] 그것
은 能히 容易히 아지 못홀 것이
니, 學校에 가셔 專心用工호야
三四年 동안을 지나면 先生이
一定코 너의게 가라쳐 쥬시리라
홈니다。

第二十八課 火輪車 二 [듸얼씌쌔커훠룬쳐얼]

火輪車站着的地方就叫車站。
[####짠##듸앵####] 火車
가 서난 곳을 停車場이라 홈니
다。

車站的地方有賣票的, 没有票不能
上車。[#####미퍄오#메유
#부녕쌍#] 停車호는 디셔 票를
賣호는 데가 잇스니 票가 업스면

⸻
① 맛참니: 敢情。알고 보니。원래。

車를 타지 못홉니다.

火車裏頭分三等, 頭一等車票價錢貴, 第三等車票價錢很賤。[##리투앤#졍####쟈쳰퀘########젼] 汽車에 三等이 잇스니 一等의 票 갑슨 빗싸고 三等의 票 갑슨 미우 쌈니다.

車票有白綠紅三樣的顔色兒。頭等是白色兒的; 二等是綠色兒的; 三等是紅色兒的。這都是照着日本火車說的。[##여 쎄 류 홍 # 양 # 옌 익 # 투 졍 ################쟌#시쌘##궈#] 車票에 白綠紅 셰 가지 빗이 잇스니, 一等은 白色이오, 二等은 綠色이오, 三等은 紅色이니, 이것은 모도 日本 滊車를 두고 훈 말이올시다.

火車在車站上來往的時刻有一定的。[##엿##앙리왕#의커##찡듸] 滊車가 停車場에셔 來往호는 時間이 一定홈이 잇슴니다.

車站的傍邊兒有候車房, 那個屋子裏頭等車的客人所滿了。[### 꽝볜##훠처앵##우###### 커#쮜만#] 停車場 겻희 待合室이 잇스니 그 방 속에는 乘客이 찻슴니다.

墻上貼着好幾張的告示, 寫着車價和開車的時刻了。[챵#톄#핫지장#쌴외쎄##쟈히캐####] 벽 우에 미우 여러 장 告示를 붓쳐는딕 車 셰와 車 써나는 時間을 셧슴니다.

雖然是那麼着, 不識字的不能明白那個告示了。[쒸산###부억쯔##넝밍빅#거#외#] 비록 그러호나 識字 업는 사름은 能히 그 告示를 明白지 못홉니다.

自己不憧〔懂〕文字也不向別人打聽麼? 這眞是糊塗的人了。[쯔지#둥##예#썅쎄#쟈팅##쪈#후두###] 自己가 文字를 몰으고도 남의게 向호야 아라보지 아니호면 참 모호훈 사람이올시다.

第二十九課 火輪車 三 [듸얼씨쥬커훠룬처쌴]

放滊的聲兒聽見從遠處兒來了, 那火輪車打東邊兒就到車站一住下, 許多的客人各各兒拿着行李下來。那貨車裏堆着很多的東西也搬下來了。那候車房裏好些個等車的人忙忙叨叨的上車, 趕那坐車的客人都上去了, 戴着紅帽的就搖了鈴鐺向着機關頭車擧手, 把哨子一吹, 那個車就又開了。先是慢慢兒的走, 漸漸

兒的就快走了。有倆莊稼的跑一跑, 趕到車站兒一看, 那個車已經開遠了, 就嘆了一口氣回去了。[얭치#엉#팅졘옹웬추#릴#나###짜둥볜#주쨘처짠#주쌰쉬둬#커신쩌##나#싱리#####되##둬###예쌘###훠#얭#하셰####망#단##########쒀취#씨#훙맘#주야#링쌍쌍#지꽌##쥐옌쌰악##워###주여캐#쎈의만###쭤젠####쾌##역랴쟝쟈#파##쨘쨘########이징#웬##탄##큐치회취#] 汽笛 소래가 먼 듸로부터 들니더니 져 汽車

가 東便으로브터 停車場에 일으러 停車호며 許多호 客人이 各各 行李를 가지고 닉리고 그 貨車에 積載호얏든 許多호 물건도 運下호고, 져 待合室에 여러 待車호는 사름들이 奔走히 上車호니 그 乘客더리 다 올으기에 밋처서 紅帽 쓴 者가 搖鈴호며 機關車를 向호야 손을 들고 호각을 한 번 부니, 져 車가 곳 떠나셔 먼져는 쳔쳔히 가다가 졈졈 속히 감니다. 두 시골 사름이 뛰고 뛰여 停車場에 이르러 보니 져 車가 발셔 떠나 멀니 간지라 곳 탄식만 하고 갓슴니다.

第三十課 火輪車 四 [듸싼의커휘룬처쓰]

今兒我有事情要上北京去。[진얼 워여의#야앙쩨징취] 今日에 닉가 일이 잇셔 北京을 가고져 홉니다.

不是坐火車去麽? [부##휘처#마] 汽車로 가시지 안슴닛가?

是要坐火車去, 所以竟在這候車房等着哪。[#야워###쒀이징웨#훠#얭팡#나] 예서 車를 타고 가고자 하야 이 待合室에서 기다립니다.

我也要往北京去, 我們一塊兒搭伴 去好不好? [#예야왕####먼#쾌#짜싼#하##] 나도 北京을 가고자 호니 우리는 갓치 作伴호야 가는 것이 좃치 안슴잇가?

很好, 你的行李都在那兒? [##늬#싱리쑤의나얼] 미우 됴슴니다. 老兄의 行李가 모도 어듸 잇슴닛가?

早已〔已〕在車站存着了, 回頭得裝在車上。[짜이##짠윤##회투데쟝##샹] 벌셔 停車場에 두엇는

딕 다음에는 車에다 심을 터이지오.

你要坐幾等車?[#야풔지썽#] 老兄은 몃 등 車를 타실 터이오닛가?

上等的價錢很貴, 所以要坐下等車。[###쟈쳰#웨쒹이##샤##] 上等車는 갑시 만은 고로 下等車를 타고자 홉니다.

下等是人很多, 不是混雜麼?[##의##둬부#훈와마] 下等車는 사롬이 미우 만하야셔 混雜지 아니홉닛가?

那麼買中等的票罷。[##미중##퍈바] 그러호면 中等票를 買합시다.

火車來了, 我們買車票去。[##릭#######] 濡車가 옵니다. 우리는 車票 사러 갑시다.

你看罷, 那從車上下來的人很多了。[#칸##옹#앙#####둬#] 老兄은 보시오. 져 車 위로브터 닉려오는 사롬이 미우 만습니다.

戴紅帽子來來往往的是幹甚麼的?[쩌훙만#릭#왕##의쫜언마듸] 紅帽子를 쓰고 來往하는 者들은 무엇을 호는 것들이오닛가?

給客人運行李的。[쩨커#원싱리#] 乘客을 爲호야 行李를 運搬호는 者올시다.

那些個人都是甚麼人?[#쎄##쑤####] 져 여러 사롬은 모두 엇더호 사롬이오닛가?

或有迎接的, 或有送行的。[휘유잉졔###쏭##] 或迎接호는 이도 잇고 或送別호는 이도 잇슴니다.

現在搖鈴了, 不是要開車麼?[쎈얶얀링#부#얀키##] 지금 搖鈴을 치니 車가 써나지 안슴닛가?

可不, 我們快上車罷。[커#워먼쾌앙#바] 왜 아니깃슴닛가? 우리는 속히 車를 탑시다.

你今天去幾時可以回來呢?[늬진톈#지의커이회릭늬] 老兄은 오늘 가시면 언졔나 도라오시겟슴닛가?

到明兒第二盪車就回來了。[싿밍얼##탕쳐쥬#릭#] 明日第二回 車에 곳 도라오깃슴니다.

第三十一課 火輪車 五 [듸싼의이커휘룬쳐우]

你坐火車去, 是坐船去?[늬워##취의#촨#] 老兄은 濡車를 타고 가시랴오, 濡船을 타고 가시랴오?

我常愛暈船, 所以要坐火車去。[워창이원#쒹이얀####] 나는 비멀미를 잘호는 고로 濡車를타고자 흄니다.

是早車, 是晚車? [#쫘##완#] 아참 車오닛가 역젼[전역] 車오닛가?

早車太早, 晚車太晚, 我要坐午車去。[##틔#######우##] 아참 車는 너머^① 일으고 견역 車는 넘어 느져셔 나는 午車를 타고자 흄니다.

行李多不多? [싱리둬부#] 行李가 만치 안슴닛가?

不多, 就有一個皮箱, 沒有甚麼別的。[###역#거피썅메#썬#쎄듸] 만치 아니후고 一個皮箱 쑨이오. 무슨 별다른 것은 읍슴니다.

那麼叫苦力送去麼? [##쟌쿠리###] 그러후면 삭군을 불너 보낼 터이오닛가?

不, 我自己帶去。[##쯔지쩐#] 아니오. 닉 가지고 가깃슴니다.

這條鐵路是往新義州去的麼? [저탸테루##신이쥬###] 이 鐵路는 新義州로 가는 鐵路오닛가?

這是往仁川去的, 你要往新義州去麼? [##왕신찬###얀왕#이##] 이것은 仁川으로 가는 것이올시다. 老兄은 新義州로 가시랴오?

是, 要往安東縣去。예, 安東縣으로 가랴 흄니다.

那麼你在候車房等着就是了。[###역후#앵셩####] 그러후면 老兄은 待合室에서 기다리는 것이 곳 올슴니다.

往新義州去的火車開了沒有? [##이#####키#메유] 新義州로 가는 滊車가 써느지 아니후엿슴닛가?

纔開了不大的工夫兒。[여##부쨔듸쑹얄#] 막 써는 지 얼마 아니되엿슴니다.

哎呀, 下一盪的火車是甚麼時候兒開呢? [아야싸#탕####썬#의후#키#] 아, 다음 滊車는 언의 씨에 써남닛가?

那是末末了兒的火車, 再沒有了。[##머#랍####역#역#] 져것은 막챠니 다시는 업슴니다.

啊, 沒法子, 等明天再走罷。[아#얘쯔#밍톈#쬬바] 아, 엇잘 수 업지. 기딕려 來日 가깃구.

第三十二課 火輪車 六 [듸싼의얼커훠룬쳐루]

這噹噹的是甚麼響的聲兒? 車要開了, 那是搖鈴的聲兒。[져쌍##

---

① 너머: 太. 너무.

욋쩐마썅#영얼#야캐#나#야링###] 이 쨩쨩하는 것이 무슨 소래온잇가? 車가 써나랴고 져요령치는 소릭올시다.

這有甚麼意思呢？ [#얶##이쓰늬] 이것은 무슴 意思가 잇슴닛가?

火車快要開的時候兒, 叫客人們快快上車的意思了。 [##쾌야캐#욋훠#죠커신먼쾌#쌍##이쓰라] 車가 곳 써늘 쩌에 乘客으로 속히 上車하라는 意思올시다.

啊, 那麼咱們快走罷。巧了, 再晚一點兒, 就趕不上了罷。 [아나마야#쾌쭈바챠#엿완####깐부썅##] 아 그러하면 우리는 속히 갑시다. 아마 죠곰만 느졋드면 곳 밋처 디지 못할 번하엿슴니다.

別忙別忙。這是往別處去的了, 咱們要坐的是第二盪開的呢。 [쌔망#####추취####야웨####탕##늬] 밧버 마시오. 이것은 다른 듸로 가는 것이오. 우리들 탈 것은 둘지 번에 써남니다.

是啊？那麼還剩了一點多鍾〔鐘〕的工夫了。 [#아##히영##덴둬쭝#꿍왂#] 글엇슴닛가? 그러하면 아즉도 한덤 동안이나 남앗소그려.

可不是麼？請你抽烟罷。我要買票去了。 [커부##칭늬처옌###미팢취#] 왜 아니깃슴닛가？ 청컨듸 당신은 담비 잡수시오. 나는 票 사러 가깃슴니다.

這是給您的票。 [##쩨넌##] 이것은 당신에게 드리는 票올시다.

費心費心。 [예신##]수고하엿슴니다.

好說好說。 [한워##]천만의 말슴이올시다.

這個好像打雷似的, 這不是車來的聲兒麼？ [###쌍짜레쓰####릭#엉##] 이 우레갓튼 소래가 車 오는 소래가 아님닛가？

是了, 咱們這就上車罷。 [##야먼#쬭썅처#] 올슴니다. 우리는 곳 車에 오릅시다.

造化造化了, 跟飛似的, 這麼快呢! 遙遠瞧見的山峰兒眼錯不見的就沒有了。 [쫘화###쩐예쓰###쾌#야웬챠졘#얀앵#옌워부##쬭#엿#] 죠화올시다. 나는 것갓치 일엇케 속홉니다. 멀니 보이든 山 봉오리가 눈 깜쟉할 동안에 곳 업슴니다.

第三十三課 貪心狗 [듸싼씌싼커탄신꺅]

有一條狗叨〔叼〕着一塊肉從河橋過, 看見橋底下也有一個狗叨

〔叨〕着肉。[여#탄쯔돤줘#쾌쓰웅허챠쉭칸쎈#듸쌰예####줘#] 한 마리 개가 잇셔서 흔 덩어리 고기를 물고 河橋로 건너가다 다리 아래를 보니 쪼 흔 마리 긔가 고기를 물엇슴니다.

那個橋上的狗貪心不足, 又要吃那個肉, 就叫了一聲, 把自己嘴裏的肉鬆了掉下去了。[나거#썅듸#탄신부우역야역####쟈##엉쌰쯔지웨리##쏭#돤쌰취#] 져 다리 우에 긔가 貪心이 無限호야 쪼흔 져 고기를 먹고즈 호야 흔 소릭를 짓다가 自己 입에 고기를 싸져 써러젓슴니다.

再看橋底下, 那塊肉也没有了。[엇칸챤듸####예메유#] 다시 다리 아릭를 보니 져 고기도 업셔젓슴니다.

這個話不但爲牲口説的, 就是人若有過度的貪心, 一定有這樣的事情了。[##화부쨘웨잉쿠워###신쉬#궈두###씽##양#의칭#] 일어흔 말이 다만 짐생만 두고 홀 말이 아니라. 곳 사름이라도 過度흔 貪心이 잇스면 일뎡코 이러흔 일이 잇슴니다.

第三十四課 太陽的力 [듸싼의쓰커틱양듸리]

太陽出來照着四方, 各樣兒的東西都看得清楚。太陽落了, 天地都黑暗了, 無論甚麼都看不出來。白晝光明是太陽照的緣故, 夜裏黑暗是太陽没有的緣故, 太陽把光華給我們全世界上照得明明白白。若是太陽没有麼, 這世界上都是黑暗, 晝夜没有分別了。[틱양추릭쟈줘#앵쎠양얼#둥시쭉칸더칭추##롸라텐듸쭉헤안#우룬언마#칸부추릭쎄쟉쾅밍의##쟈#웬쑤예리헤안###메유듸####쌰쾅화쎄워먼챤의쳬양쟈더밍#쎄#쉬의########쭉###쟉예##앤쎄#] 히가 나셔 四方에 빗치면 각 항 물건을 모도 分明히 보고, 히가 지면 天地가 모도 어두어서 勿論 무엇이던지 도모지 보아 닐 슈 업스니 白晝가 光明흔 것은 히가 빗치는 緣故오, 밤이 어두운 것은 히가 업는 緣故이니, 히가 光華를 우리 全世界에 明白히 빗쳐 주다가 만일 히가 업스면 이 世界는 모도 어두어셔 晝夜의 分別이 업슬 터이올시다.

太陽照的地方很暖和, 太陽背的地

方就很冷, 白天暖和夜裏冷清的是日頭有沒有的緣故。[####듸앵#난허##쎄###쥬헌렁#롄##예리#칭##싀퉉역###웬쑤] 히가 빗치는 곳은 짜뜻ᄒ고 히가 동진 곳은 미우 치우니 낫은 짜뜻ᄒ면 밤은 치운 것은 히가 잇고 업ᄂᆞᆫ 緣故올시다.

春天的時候草木漸漸兒生長, 是因爲太陽的暖氣漸漸兒高; 秋天的時候草木都黃落, 是因爲太陽的熱氣漸漸兒落的緣故了。[춘##의훠똬무젼##엉쟝#인웨###난 치###썃#######쑥황뤄######서###란####] 春節에 草木이 漸漸生長홈은 太陽의 짜듯ᄒᆞᆫ 긔운이 졈졈 놉푼 것을 인홈이오, 秋節에 草木이 모도 黃落홈은 太陽의 熱氣가 졈;減히 가ᄂᆞᆫ 연고를 因홈이올시다.

第三十五課 虹霓絳 [듸싼의우커쌍이쟝]

絳是下雨的時候出來的, 下雨以前、下雨以後都有。上半天出在西邊兒, 下半天出在東邊兒, 無論甚麼時候都是對着太陽出來了。[쟝의쌰워듸의훠추리###이쳰##이훠쑥역앙쌴톈추억시볜얼####둥##우룬쎤마###되쥐틱양#리라] 무지 기는 雨下時에 나오ᄂᆞᆫ 것이니 비오기 전에나 비 온 후에 모도 잇스니, 아참 나잘은 西方에서 나 고 젼역 나잘은 東方에서 나니 無論 언의 ᄯᅢ던지 모도 太陽을 對照ᄒᆞ야 나옵니다.

那個樣子好像一張弓似的, 顏色兒是至好, 細細兒看麼, 有好幾樣的顏色兒了。[나거양쯔ᄒᆞ쌍#쟝궁쓰듸옌쎄#의즤환의##칸마역#지양#옌#얼#] 져 모양은 張弓ᄒᆞᆫ 모양 갓고, 빗은 지극히 죠와셔 仔細히 보면 미우 여러 가지 빗이 잇슴니다.

第三十六課 葡匋〔萄〕 [듸싼의뤽커푸탈]

這兒頂好的葡萄很多了, 有白色兒的, 有紫色兒的。[저얼띵환듸 푸탈#둬라역쎄역###쯔###] 여긔 훌륭이① 조흔 葡萄가 미우

---

① 훌륭이: 頂好. 훌륭히..

만흐니 白色도 잇고 紫色도 잇슴니다.

這葡萄誰種的呀? 是我的街坊, 有一個人他少[小]的時候種上的呀。[###워쭝#야시워#제앵#####똬####앙##] 이 葡萄를 누가 심엇나냐 흐면 우리 이웃에 한 사람이 잇는데 그가 절머슬 쌔에 심은 것이올시다.

第三十七課 秋景 [듸싼쒸치커추징]

暑氣剛過去, 早晚兒都是凉爽。夏天碧綠的草木慢慢兒的都挂了黃色兒了, 樹葉兒漸漸兒凋落了。[우치깡쒀#똬완얼쑤듸량쌍싸텐셰뤄#똬무만###쑤콰#황씌##우예#젠##댜뤄#] 더위가 막 지나미 아참 젼역이 모도 셔늘흐야 여름 푸루던 풀은 졈々 黃色이 되야 가고 나무 입시는 漸々 黃落흡니다.

菊花和蘆花都開了, 秋花雖然沒有春花那麼樣的華麗, 還是有淸淡的雅趣, 更有加倍的好看了。[쥐화히루#쑤##춰#쒠산메유준###양#화리히씌역칭쨘#야취썽여쟈쎄#핟칸#] 菊花와 蘆花가 모도 피엿는듸 秋花가 비록 春花와 갓치 그럿케 華麗흠은 업스나 또흔 淸淡흔 趣味가 잇셔셔 더욱 빈나 됴와 보임니다.

處處的稻子都熟了, 遍野都是黃色, 莊稼人高高興興的歌唱着割稻子。[추##땊쯔쑤옏#쎈예##황읫쟝쟈신싼#싱##쩌창#쩌##] 處處에 베는 모도 익어셔 遍野가 모도 黃色인듸, 農夫덜은 興이 高흐야 唱歌를 흐며 베를 비임니다.

有意思的老蚰蟟好像頑耍似的, 在農夫腦袋上頭飛舞了。[여이쓰#랴루리환썅완쏴쓰듸엊눙웍낟듸앙퉈예우#] 잠자리(蜻蜓[蜓])는 쯧이 잇는 드시 작란흐는 것 갓치 農夫 머리 우에셔 飛舞흐야 잇슴니다.

夏天每日叫的伏天兒不知道那兒去了, 現在不能聽見這個聲兒。[쌰텐메시쟌듸왹##부즤닫나#취#쎈얶부넝팅젠저거엉#] 夏日에 날마다 울든 미암이는(蟬) 어듸로 갓는지 지금은 소릭를 들을 수 업슴니다.

蛤蟆有困頓的模樣, 趴在溝沿兒上聽見路上行人走道兒的脚聲兒, 嚇的跳進溝裏去。雖是那麼着, 他的勁兒比不了夏天的

時候,大槪說秋天的景致實在是冷淸的呀。[하머 욘쿤둔#머양파엌쭈옌#앙##루#싱신쮜단##쟌##샤#톈진쯕리#쉐####진#쎄부랃샤텐#의휘자씨워칭##징즤의익#렁칭#야] 키고리①는(蛙) 피곤호

모양이 잇셔 기천 언덕에 업듸리엿다가 路上行人의 길 가는 발즈최 소리를 듯고 놀닉여 기쳔으로 쒸여 들어가나 그러호나 져의 힘이 여름과 갓지 아니호니 大槪 말호쟈면 秋天의 景致가 참 쓸쓸홉니다.

第三十八課 稻子(水粳子) [듸싼의쌔커싼쯔(쉬징쯔)]

有個孩子禮拜那天,跟着他的父親往郊外逛去了,看見莊稼人們作活,就跟他父親說:"前一個月到這兒來的時候農夫割稻子,至今還是割稻子。稻子有早熟的和晚熟的分別麼?"[역거히#리빈나텐쩐줘타#약친왕쟈왜꽝취#칸젠쟝샤신면워휘쥭쩐###워첸##웨싼##리#의휘눙얖쎠싼쯔즤진히#####쌰약#히완##앤쎄#] 훈 아희가 잇눈듸 공일에 그의 父親을 짜라 野外에 가셔 구경홀시 農夫의 일호는 것을 보고 곳 그의 父親게 말호되, 一個月前에 여긔를 왓슬 째에 農夫더리 벼를 비더니 지금도 베②를 버이니③, 베가 早熟호고 晚熟호는 分別이 잇슴니가?

他父親說: "不錯,稻子有早的,有晚的。早熟的就叫早稻子,晚熟的就叫晚稻子。你初次來的時候割的就是早稻子,現在割的就是晚稻子。"[###워부워싼##########쟌###########추쯔리#의휘쎠#####쎈엌######] 그의 父親이 말호되, 올타. 베는 早稻도 잇고 晚稻도 잇스니, 早熟호는 것은 早稻라 호고 晚熟호는 것은 晚稻라 호니, 네가 처음 와슬 쩌에 비든 것은 곳 早稻오, 지금 비는 것은 곳 晚稻니라.

那麼,早稻子、晚稻子種的時候也是分早晚麼? [나마#####쫑###예####] 그러호면

---

① 키고리: 蛤蟆. 개구리.
② 베: 稻子. 벼.
③ 버이니: 割. 베니.

早稻와 晚稻의 심는 쩍도 早晚에 分別이 잇슴잇가?

不是，種的時候一樣都是四月初撒種子，五月底、六月初就插秧了。(此是種水粳子地方說的)[#######양쑥#쓰웨#싸##우#듸루###차양# (쓰쩍쭝쒸징으듸앵쒸#)] 아니다. 슴으기는① 갓치 ᄒᆞ니라. 四月初에 種子를 쑤리고 五月 금음 六月 쵸싱에 곳 모를 닉느니라.

第三十九課　上山逛逛　[듸싼의쥬커앙싼쫭#]

我們是今天初次到這山上來了，在山頂兒上望着遠處兒河水和村莊和樹林子都看見了。最近的地方看見的是每天我們游頑的樹林子，那一字樣兒長接連不斷的是往村裏〔裏〕去的道傍邊長的樹木了。那邊兒看見的一面草房是我們住的房子了。早已熟的黃稻子和没熱〔熟〕的青稻子和路邊兒上長的草木茂盛相交的就像鋪開布帳似的，人馬來往的是好像螞蟻趕集的一樣了。[워먼의진텐추쯔싼#싼앙리#엇#씽##왕#웬##허쒸히욘쫭#우린쯔쑥칸졘#줴진#듸앵####메텐워먼역완######쯔양#창졘렌부돤##완쫀리취#단팡볜쟝######칸졘##멘쏴앵의 워먼####쏴이쪽##싼#히###칭###루##앙쟝###만엉쌍쟢#쥭쌍푸캐 부쟝쓰듸신마릭왕####마이싼지##양#] 우리들은 오날 처음으로 이 山上에 왓슴니다. 山봉오리 우에셔 遠處를 바라보니 河水와 村落과 樹林이 모도 보임니다. 가장 갓가온 地方의 뵈는 것은 每日 우리가 노든 樹林이오, 져 一字로 길게 接連不斷ᄒᆞᆫ 것은 村落으로 가는 길 겻히 자란 樹木이오, 져편의 보이는 一面草屋은 우리 居住ᄒᆞᄂᆞᆫ 집이오, 일즉히 닉은 黃稻와 아즉 익지 아니ᄒᆞᆫ 靑稻와 路邊에 자란 草木이 茂盛ᄒᆞ야 얼킨 것은 곳 布帳을 편 것 싯고 人馬來往ᄒᆞᄂᆞᆫ 것은 기얌이 댱 서는 것과 갓슴니다.

村莊前邊兒的流水繞着村子，從岸底下暗暗的流出來，穿過樹林子去曲曲灣灣〔彎彎〕的流，末末了歸到大海裏去了。[쫀쟝

---

① 슴으기는: 種. 심기는.

第三編　會話

쳰볜##류워샨###웡안듸쌰
안##추리촨쉬우린##취#
완###머#럊쉐쌴쟈히리취#]
村前에 흐르는 물은 村을 둘너
언덕 밋흐로 暗ː히 흘너 樹林
속으로 지나 구븨구븨 흘너셔 씃
ː닉 大海로 드러감니다.

海面是遥遠, 波浪也看不見, 波浪
的聲兒也聽不見, 但是鳥似的
一片兒一片兒的白色兒在海上

飄飄飄飄的, 就是漁船的布帆
了。[#몐#얀 웬 쌔랑 예칸 부
졘###엉#예팅 부졘 쟌#냐쓰
듸#펜####빗씩#얏##퍈#
얀##쟈왹위완#부앤] 海面은
머러셔 파도도 볼 수 업고 파도
의 소리도 들을 수 업스되 다만
시와 ヌ치 호 조각 호 조각식 흰
빗이 海上셔에 飄飄호는 것은 곳
漁船의 布帆이올시다.

第四十課　松竹間　[듸쓰의커쑹주졘]

有一天松樹看不起那個竹子就設
〔說〕:"你雖然是身子長得長,
中間兒都是空虛的呀, 若是當着
颶風的時候一定壓倒了。"[여
이#쏭##부치나거주쯔쥑늬
쉐산#옌#창더창즁졘#쯔ㅜ쿵
쉬#야워창쌍#돠엥#의훅#띵얀
쨘#] 하로는 솔나무가 져 딕나
무를 멸시호야 말호되 너는 비록
몸이 길기는 기나 中間이 모도 空
虛호야 만일 바롬 불 써를 當호면
一定코 부러질 것이라 호얏슴니
다.

我的身子又長又大, 還是堅固, 雖然
颶大風也不怕他搖動。[워###
얃##쟈히#졘꾸 쉐산##앵##
파#얀둥] 늬의 몸은 길고 또호
크고 또호 堅固호야 비록 大風이

불드라도 그것이 搖動홀가 무셔
워 아니혼다.

竹子聽他誇口的那個話就冷笑他
罷咧, 不久的工夫兒颳得風很大,
竹子是柔軟的, 就隨着風搖撬。
[##팅#콰커###화직렁쌴##
레#직#숭얀##더#####쉭
쏸##쉐##얀샨] 딕나무가 그
의 자랑호는 져 말을 듯고 곳 그
를 冷笑홀 쑨이더니 오릭지 아
니호야 바롬이 매우 크게 부는
지라. 딕나무는 부드럽게 바롬을
짜라 흔들흔들 호얏슴니다.

松樹就凌風站着, 靠着自己的强硬
有傲慢的氣像〔象〕, 那個大風
就生氣越颳越大, 末末了兒把松
樹颳折了。俗語兒說的"柔能克
强"的話眞是不錯了。[쑹우직링

앵쨘#칸#쓰지#챵영역완만#치
쌰##짜#쥬엉#웨###머#럇
#쌔###역#우위#웍#쉭녕커
챵#화쎤##웍#] 솔나무는 곳
바름을 능멸이 ᄒ고 셔셔 自己의
强硬ᄒ 것을 밋고 거만ᄒ 氣象이

잇난지라 져 大風이 氣가 나셔
더욱 크게 부러 솟ᅟᅵᆫ니 솔나무를
자바 썩거 바리니 俗談에 말ᄒ기
를 柔能克剛이라는 말이 참 그르
지 안슴니다.

第四十一課 米麵 [듸쓰씌이커미면]

大米和白麵都是我們最要緊吃的
東西了, 大米是水粳子碾的, 白
麵是小麥磨的。水粳子是自春
至夏溫暖的時候種的, 到秋冬天
涼的時候就收成; 小麥是打秋
到冬耕種的, 到了春夏溫暖的時
候收的。[짜미ᄒᆡ쎼몐쭈의워먼
줴야진직#둥시###위징#
뎬###샨미머#####쯔
춘즤쌰원난#씌#쭁#쌴ᄎᆔ둥#

량###역워청###자춰##셩
###########듸] 大米
와 白麵은 모도 우리가 가장 요
긴히 먹는 물건이니 大米는 베
로 찐 것이오, 白麵은 밀로 간 것
인듸 베는 自春至夏溫煖ᄒ 쩍에
심어셔 秋冬 셔늘ᄒ 쩍에 거두고
밀은 秋와 冬에 심어셔 春夏溫煖
ᄒ 쩍에 거듭니다.

第四十二課 烏蛤 [듸쓰씌얼커우쩌]

有一個老鴰在海邊兒上看見一個蛤
蠣, 想要吃這個拿嘴叼〔叼〕一
叼〔叼〕, 因爲他堅硬不能剖開
吃了, 所以没法子擱下就飛了去
了。然後又來了一個老鴰把蛤蠣
細細兒一看, 把那個蛤蠣叼〔叼〕
在嘴裏, 飛過高處兒找了一塊石
頭地方就仍〔扔〕下來了, 那個
蛤礪〔蠣〕就摔碎了。[역#거
롼쩌역히 벤얼양칸젼##쌰리썅

야최져#나룬단##인웨타젼영
부녕푸캐치#쉭이메앤쯔쩌쌰쥐
예#취#샨휘역릭####쩌쌰까
리의##칸##쌰리딴역웨리
예귀쌴추얼쟈##쾌의투디앵쥐
셩쌰릭###쌰리즥쫴쒜#] 한
가마귀가 海邊에셔 ᄒ 기 죠기를
보고 이것을 먹고자 ᄒ야 주둥
이로 찍고 찍되 단ᅟᅵᆫ흠을 因ᄒ야
능히 쪼기 먹지 못ᄒ고 엇잘 슈

업시 닉 버리고 날녀 감니다. 그 후에 쏘 흔 마리 가마귀가 와셔 죠기를 자셔히 보고 보다가 져 죠기를 입에다 물고 날라셔 놉흔 곳 한 덩어리 돌 잇는 듸로 가셔 곳 나려틔리니① 져 조기가 곳 씨 졋소.

若是人見了爲難的事, 就懈志不用心, 多咱是個成了呢? 古語兒説的, "可以人而不如鳥乎" 啊。 [야 의신젠#웨난#의직쎄의부용신 둬얀의쳥##닉쑤워#워#커이신 얼부수냐후아] 만일 스름이 어려온 일을 보고 곳 히틔②ᄒ야 힘을 쓰지 아니ᄒ면 언제나 成事가 되리오? 녯말에 일으기를 가히 스름이 되야 시만 긋지 못ᄒ랴 ᄒ얏슴니다.

第四十三課 母親的心 [듸쓰의싼커무친듸신]

太陽往西山落了, 月亮還没上來, 正是黃昏的時候, 還是有一點兒涼風, 光景正冷清了。大兒子和小兒子兩個孩子早出了門, 這早晚還没回來。他們的媽心裏很着急, 好像呆子似的, 在大街門口兒站着心裏暗想: 莫不是走岔了道兒了, 或者是掉在溝裏頭, 或者是跟孩子們打架挨了打, 莫不成餓的了不得在道兒上哭麽? 左思右想竟是發愁等着了。[틱샹왕시싼란라웨량히메썅릭셩의황훈듸의##의유#뎐#량앵꽝징셩렁칭#짜얼으히쌴##량거히#왜추#먼저쏴완히메#릭###마신리헌죠지핳쌍째#쓰#읙짜졔먼쿠#딴##안쌍머부의쪽차#단##휘저#단의쑥#투###쩐히쓰먼짜쟈이##어부칭어#퍈부더의단#앙쿠#워쓰역썅징#애쳑셩##] 히가 西山에 지고 달이 아즉 돗지 아니ᄒ야 졍히 어둑어둑흔 쩍오, 쏘 흔 涼風이 조금 잇셔셔 光景이 쓸쓸흔지라. 큰 아들과 젹은 아들 두 아히가 일즉히 문에 나가셔 엇지 일엇케 늦도록 도라오지를 아니ᄒ노. 그의 어마니 마음이 매우 조급ᄒ야 넉일은 스툼 긋치 大門에 셔셔 心中에 暗想ᄒ되 길이나 어거찌지③ 아니ᄒ얏나, 或 기쳔에 싸자지나 아니ᄒ얏나 或 아히덜과 싸오다가 맛지

---

① 나려틔리니: 仍下來. 내려트리니.
② 히틔(懈怠): 懈志. 게으름.
③ 어거찌지: 走岔. 어그러지지.

나 아니ᄒᆞ엿나, 비가 곱하 길 우에셔 울지나 아니ᄒᆞ나, 이리 싱각ᄒᆞ고 져리 싱각ᄒᆞ며 근심을 ᄒᆞ고 기ᄃᆞ립니다.

那兩個孩子不知道他母親這麽樣憂愁, 竟是貪頑兒直到了黑下纔忙忙叨叨〔叨叨〕的回來了。[나량거히#부쥑#타무친저마양역춰칭#탄완#즉싼#헤쌰여망#단##회릭#] 져 두 아히는 그의 어마니가 이럿케 근심홈을 아지 못ᄒᆞ고 놀기만 탐ᄒᆞ다가 캄캄ᄒᆞ기에 일으러 게우 밧부게 도라옴니다.

他那母親見他們倆回來纔放心, 領着他們進屋裏去了。 無論甚麽人叫他父母常常擔憂麽, 那是没有孝心的了。 所以孔子說 "父母在不遠游, 游必有方" 了。 [타나무친젠##랴#릭#앵신링###진우리춰#우룬언마신쟌#얍무창#짠역#######쒀이쿵쯔워##역부웬약#셰여앵#] 그의 져 어머니가 그 두 아히 도라옴을 보고 게우 放心ᄒᆞ야 그의들을 다리고 방으로 드럿갓슴니다. 無論 엇더ᄒᆞ 스름이던지 그의 부모로 항상 근심케 ᄒᆞ면 그것은 孝心이 업다 ᄒᆞ오. 그런 바로 孔子게셔 말슴ᄒᆞ시되 父母가 게시거든 遠遊를 아니ᄒᆞ며 놀면 반다 [시] 방소가 잇다 ᄒᆞ셧슴니다.

第四十四課　公鷄争鬥　[듸쓰읙쓰커숭지쩡쭈]

有兩隻公鷄在院子裏争鬥, 這隻鷄鬥不過那隻鷄, 這隻鷄就敗跑了。 那隻得勝的鷄很有得意的樣子, 飛到房上去搧着翅兒(古歸哈)叫了一聲, 真是傲慢。 誰知道忽〔忽〕然來了一個頂利害的老鷂鷹, 把那隻鷄抓了去了。 [역량역숭지역웬쓰리쩡쭈저역지#부쉭나####쥑쎄퍈###더엥##헌#더이듸양#예싼앵앙춰완#역#(#웨하)쟌##영썬#앗만 위역#후산릭###찡리히#랃얃영쌰#즥지좌#춰#] 두 머리 슛ᄃᆞᆰ이 뜰에셔 争鬥ᄒᆞᆯ시 이 ᄃᆞᆰ이 져 ᄃᆞᆰ을 당치 못ᄒᆞ야 곳 픠ᄒᆞ야 다라나는지라. 져 得勝ᄒᆞᆫ ᄃᆞᆰ이 미우 得意ᄒᆞᆫ 모양으로 집 우으로 날너 가셔 죽지를 펴고 (꼭귀야) ᄒᆞᆫ 소리를 부르니 참 거만홈니다. 누가 알엇슴닛가? 忽 [忽] 然히 ᄒᆞᆫ 긔 사우나온 독슈리가 와셔 그 ᄃᆞᆰ을 홈켜 갓슴니다.

第四十五課 縣城裏 [듸쓰씌아커쎈청리]

我們的縣城裏頭人口有一千五百戶,一半兒是瓦房,一半兒是草房。那裏頭頂大的房子就是知縣住的和我們天天兒去的那個學堂了。[워먼##청리툐신쿼우#쳰우비후#쌴#씌와앵###왔#나##띵쨔###쥭#긔#주#히##########쒜탕#] 우리 고을 城內에는 人口가 一千五百 戶인듸 半은 瓦家오, 半은 草家이니, 그중에 미우 큰 집은 郡守 잇는 곳과 우리들 날마다 가는 學校올시다.

雖是那麼着, 知縣的衙門是舊日的樣子, 學堂的房子是仿照外國的樣子建造的了。[쒜#나마#긔##야면#쥭시#양###앵쓰#앵쟈왜귀###젼왔##] 비록 그러하나 郡守의 官舍는 舊式이오, 學校의 校舍는 外國式 樣을 본바다 建築흔 것이올시다.

知縣是忠厚愛民如子, 民人們都佩服他了。[긔쎈씌쭝허이민수####쑤페약##] 郡守는 忠厚하야 愛民如子하니 百姓들이 모도 그를 心腹홈니다.

知縣到任過了有五年的工夫, 縣內的事情漸漸兒望好, 百姓們都安樂過日子了。[###신쿼#여우넨#쟝약#네#씌칭젼##왕한쌔싱먼쭈안러#씌쓰#] 郡守가 到任흔 지 五年 동안에 郡內事가 漸漸 잘 되고 百姓들이 모도 安樂하야 지닙니다.

學堂是很大的, 還有很大的運動場, 好些個新樣子與前不同了。[쒜탕씌헌쟈#히여우##윈둥창한쎼거신양#위쳰부퉁#] 學校는 미우 크고 또 미우 큰 運動場이 잇고 미우 여러 가지 新式이 젼과 ᄀᆞ지 안슴니다.

教習有六位, 教我們不差甚麼, 跟親子弟一樣。[쟈시여류웨#워먼#차연#쩐친#듸#양] 教師는 여섯 분이 게신듸 우리를 가라치기를 親子弟와 한모양에 틀니지 안슴니다.

我們是早起起來就上學堂, 把這個事情當作了頭一宗的樂事了。[###왔치###앙쒜탕쌔##씌칭쌍웨#투#쭝#러씌#] 우리는 일직히 일러나셔 곳 學敎[校]에 가는 일노 우두머리 樂事를 삼음니다.

第四十六課 打圍的 [듸쓰읙루커쟈웨듸]

有一個打圍的損着槍上山去遇見三個猴兒, 一個是母猴兒領着倆小猴兒。打圍的趕緊的放槍, 那個母猴不顧自己的性命, 就要把那倆小猴兒給逃躲了, 到底自己叫他打死了。打圍的抬着那個猴兒回家去攔在院子裏。這天夜裏, 那倆小猴兒來到門外頭哭的很疼。打圍的開開了門拿槍要打, 那倆小猴兒一點兒不怕, 還是不跑。竟是在門口兒看看那個死猴兒哭。打圍的看那個光景心裏就感動了, 把那個死猴兒給了他們了, 那倆猴兒就背着回去了。[역##쟈웨#캉#챵양얀췩워졘##훡###무##링#랴쏸훡###쟌진#앵챵###훡부쭈 쯔지 # 싱밍 쥬얀 쌔 # 랴###쎄탄둬#쟌듸쯔지쟌#쟈쓰####틘####회쟈췩쎠억웬#리#톈예리####틕단먼왜퉈쿠#헌텅쟈웨#캐###나챵얀쟈나라####부파히의#팡징#억#쿼#칸###쓰훡#쿠######쌍징신

리 쥭 쟌 둥 ####### 쎄 ########쥑쎄줴회##] 한 산양군이 잇셔 銃을 메고 山에 가서 셰 머리 원숭이를 만낫는 듸 한 머리 어미 원숭이가 두 식기 원숭이를 다린지라. (산양군이) 급히 총을 노흐니 져 어미 원숭이가 自己의 性命을 不顧하고 곳 져 식기 두 마리 원숭이를 爲하야 避케 하다가 맛참니 自己는 마자 죽은지라. 산양군이 그 원숭이를 메고 집에 도라와 뜰에 두엇더니 그날 밤에 그 두 식기 원숭이가 문 밧게 와셔 울기를 미우 셜게 하는지라. 산양군이 문을 열고 총으로 놋코자 하되 져 식기 원숭이기 [가] 죠금도 두려워하지 아흐니 [니하]며 또 다라나지를 아니하고 門前에셔 져 죽은 원숭이를 보고 울기만 하는지라. 산양군이 져 光景을 보고 마음이 곳 감동하야서 죽은 원숭이를 그의들에게 더 [던]져 주니 그 두 원숭이가 곳 업고 갓슴니다.

第四十七課 猴兒 [듸쓰읙치커훡얼]

猴兒是好像跟人似的, 一個走獸, 手脚都是五個指頭, 脚也能拿東西。[훡얼#한썅껀신쓰###쭈쏴쏴쟈쑤의우#즤##예넝나둥

시] 원숭이는 사름과 갓튼 한낫 走獸라 手足이 모도 五指오, 발로도 能히 물건을 가집니다.

人但是能走罷例〔咧〕, 這個猴兒不但能走, 還是能爬着走。耳朶、眼睛、鼻子、嘴這些個長的也彷彿人一個樣, 就是比人差的嘴大, 鼻子小了。[#쨘##쮜쎄레##훠#####히##파##얼뒈옌징셰쓰웨###쟝#예앵야####양쥐#쎄#챠##쟈쎄#쌰#] 사름은 能히 行步만 할 쑨이로듸 이 원숭이는 다만 能步홀 쑨 아니라 能히 긔여서 行하기도 하고 耳와 目과 鼻와 口의 열어 가지 싱긴 것도 彷彿히 사름과 흔모양이로듸, 사름에 比하야 다른 것은 口가 大하고 鼻가 젹은 것으[이] 올시다.

雖是那麼樣, 人裏頭也有嘴大, 鼻子小, 跟猴兒一樣的了。[쉐#나마##리투예약####쩐훠#####] 비록 그러하나 사름에도 口가 大하고 鼻가 小하야 원숭이와 갓튼 이도 잇슴니다.

猴兒吃東西的時候兒, 也是用手拿着吃, 又可以抱着小猴兒給他吃奶, 還是背着回來回去的。這些個事情也跟人絲毫不錯。[#얼의둥시듸의훠###응야나##야커 이반###쩨타#니히#쎄#회릐######쩐#쓰한부웨] 원숭이가 물건 먹을 쩨에도 손으로 가지고 먹고, 또한 색기를 안고 젓을 먹이며 또한 업고 往來하는 여러 가지 일도 사름과 豪釐不差합니다.

就跟人不一樣的是渾身上生出了很多的毛兒。[쥬##부####훈션썅엉추##뒈#맢#] 곳 사름과 갓지 아니한 것은 온몸에 믜우 털이 만이 낫슴니다.

還是人該哭的時候兒哭, 該笑的時候兒笑, 也可以和別人談一談, 或彼此商量事情, 寫一個字兒彼此就知道那個意思。這猴兒是話也不能說, 字也不能寫, 所以爲人者不能通文寫字麽, 和猴兒差不多一個樣了。[히##싀쿠#의훠###쌰#####예커이#볘#탄##훠쎄쓰앙량의칭쎄##쓰#쎄쓰쥐의###이쓰저훠#의화예부넝워쓰###쎄쑤이웨신저##퉁원###히##챠#뒈#거양#] 또한 사름은 울 쩨에 울고 우슬 쩨에 웃고 또한 他人과 셔로 이야기도 하고 或彼此에 일도 상의하고 一個 글자를 써도 彼此에 곳 그 意思를 아는데, 이 원숭이는 말도 못하고 글자도 쓰지 못하니, 그런바로 爲

人者가 不能通文ᄒ고 不能寫字
ᄒ면 원슝이와 거의 ᄒ모양이라
홈니다.

第四十八課 雪景 [듸쓰ᄋᆈᄲᅢ커쉐징]

今天是很冷的天哪, 大雪下得滿地,
房子上、道兒上都是白的。眼前
都是雪景兒, 樹枝兒上挂的雪好
像春花開的一個樣了。[진톈의
헌렁##나싸쒜샤더만듸앵#앙댜
##쑥##쎄#옌쳰####우즈
얼#콰##한썅춘화캐####]
今日은 미우 찬날이올시다. 大雪
이 그득히 와셔 집웅 위던지 길
위가 모도 희여셔 眼界가 모도
雪景이올시다. 枝上에 걸인 눈은
春花滿發ᄒ 것과 ᄒ모양이올시
다.

狗是很喜歡雪景兒, 在街上混跑, 這
狗的性子是最愛活動的了。頂
冷、下雪的時候也不在家裏, 竟
出去到外邊兒, 高興的東跑西跑
的了。[쑥#헌시환##ᄋᆈ졔양
훈괄##싱##웨이휘둥##찡
렁싸####부얼쟈리징추##
왜볜#ᄭᅡᆫ싱##괄####] 긔는

미우 雪景을 죠와ᄒ야 거리 우에
셔 막 쒸놉니다. 이 긔의 셩졍은
가쟝 活動홈을 죠와ᄒ야 몹시 차
고 눈 오ᄂᆞ 쌔에도 집에 잇지 아
니ᄒ고 밧게 나가셔 興이 잇게
東奔走西ᄒ니다.

信局子的脚力, 雖然下的雪很大都不
管, 還是來來往往的送信。這信件
是公衆要緊的信件了, 所以下雪
不下雪, 總得那麼樣辛苦的了。
[신쥐##쟈리쒜산싸###싸쑥
#콴히#릭#왕##쑹####
쑹즁얀진#신##쒺이####
ᄋᆃ데###신쿠##] 郵便局遞夫
ᄂᆞ 비록 눈이 만히 왓스나 도모
지 상관치 아니ᄒ고 오히려 來
徃ᄒ며 편지를 傳ᄒ니 이 편지ᄂᆞ
公衆의 要緊ᄒ 편지라. 그런고로
눈이 오든지 아니 오든지 도모지
그 모양으로 辛苦홈니다.

第四十九課 洋火 [듸쓰ᄋᆈ쥬커양훠]

那一天, 有兩個孩子拿着洋火在院
子裏陶〔淘〕氣。那院子裏樹葉
所滿了, 那孩子們把洋火一滑, 就

掉在樹葉裏頭都着了火, 火氣很
大, 孩兒們很吃怕, 要撲滅也不
能, 越燒越大, 所以大聲兒叫走

了水了。隔坊的人聽見了這喊叫的聲兒都會齊了, 辛辛苦苦的纔滅了那個火了。無論甚麼人拿洋火做頑意兒是頂危險的, 因爲洋火要了命的和燒房子的事情, 實在不少了, 這可不是小心的東西麼? [나이텬열량거희쯔나쥐양휘엇웬#리탄치####쑤예쥐만####먼쌔양휘#화쥭단씩####쟈#휘##헌자히##역파얀푸메예#넝웨쌰#####엉#쟈쭉#쒀#졔앵##팅젼##한쟈#엉##회치#신#쿠##엇메####우룬언마신나##쒀완이##띵웨쎤#인웨##얀#밍#히쌰앵##의칭의엇부쌰##커##쌴신#둥#시] 언의 날은 두 아히가 당셩양①을 가지고 마당의셔 작란ᄒᆞᄂᆞᆫ듸 뎌 마당에ᄂᆞᆫ 나무 입시가 만슴니다. 뎌 아ᄒᆞ더리 셩양을 그어셔 나무 닙ᄉᆞ에 쩌리터리여② 모도 불이 붓터 미우 큰지라, 아히들이 미우 겁을 닉여 撲滅코자 ᄒᆞ되 撲滅치 못ᄒᆞ고 불은 더욱이 커지난 고로 크게 소래 질으되, "불이야!" ᄒᆞ니 이웃집 사ᄅᆞᆷ더리 고함ᄒᆞᄂᆞᆫ 소ᄅᆡ를 듯고 모도 모여셔 辛苦히 그 불을 잡엇슴니다. 毋論 엇더ᄒᆞᆫ 사ᄅᆞᆷ이던지 셩냥을 가지고 작란ᄒᆞᄂᆞᆫ 것은 미우 危險ᄒᆞ오. 셩냥으로 因ᄒᆞ야 誤命ᄒᆞᄂᆞᆫ 이와 집을 불 살으ᄂᆞᆫ 일이 참셕지 아니ᄒᆞ니 이것이 죠심홀 물건이 안임닛가?

第五十課 伶俐奴才 [듸우쒸커링리누쎅]

宅門子裏有一個奴才, 他很聰明的。有一天這位老爺和他頑説: "你原來是伶俐的, 我很疼愛的呀。我有幾句話問一問, 你可以答應罷?"他説: "小的原來没有本事, 承你納過獎, 實在當不起。雖是那麼着, 老爺可以吩咐。"[지먼쯔리야#거누엑타#옹밍####웨란예히타완쒀니웬리의링리#워#텅이#야워우지쥐화원##커이자영바#쒀쌴#웬리에얀쎤의쳥넌나궈쟝의엇쌍부처쒀####란예커이앤뿌] 宰相家에 한 牀奴가 잇ᄂᆞᆫ듸 미우 聰明ᄒᆞᆫ지라. 하로ᄂᆞᆫ 이 宰相이 그와 실업시 말ᄒᆞ되, "네가 原

---

① 당셩양: 洋火. 셩냥.
② 쩌리터리여: 掉. 떨어트리어.

來 령리ᄒ기로 너가 미우 ᄉ랑ᄒᆫ다. 너가 몃 마듸 말을 물을 터이니 너는 듸답ᄒ깃느냐?" 그가 말ᄒ되, "小人이 原來 지죠가 업는듸 大監게셔 과도히 칭찬ᄒ시니 참 당치 못ᄒ깃슴니다. 그러나 大監게오셔 分付ᄒ십시오."

這老爺說: "滿天上的星星有多少數兒, 你可以數麽?" 他説: "那個是很容易數的了, 那星星的數兒就跟老爺頭髮的根兒一樣, 請你先數一數罷。" 老爺聽這話就喝呼他罷了, 再問一問: "我前幾年到外國去的時候, 過了一個大海。那海水頂深哪, 不知道那水的斗量多少, 你可斗量麽?" 他説: "這也是容易的。還有一層請老爺先把那海水的上流杜〔堵〕住, 小的可以去斗量了。" 老爺越想越氣, 再問一問: "這墻上畫的老虎, 你可以抓〔抓〕他去麽?" 他一直的說: "那也是更容易了。請老爺哄那個老虎往外出去罷。" 這老爺就嘎嘎的笑罷了。[###워만텐양#싱#연듸쏘워##커이#########융이우되##싱####쥭쩐##투애#쩐##양칭넌쎈###바##팅#화쥬허후#바타엇원###쳔지녠쌰왜귀취#억휘귀###히히#워씽언나부즥단###쓔량듸

쏘늬커####워#예#융이#히역#쳥칭롼예쎈쌰나###양루쑤주##커이####웨쌍#치엇원###챵#화#후####좌####즉####엉융이#칭##훙####왕왜추#바####까##쌴##] 이 宰相이 말ᄒ되, "天上에 가득ᄒᆫ 별이 몃 기인지 너는 셰깃느냐?" 그가 말ᄒ되, "그것은 미우 容易히 셰깃슴니다. 져 별의 數爻가 大監의 頭髮數와 갓트니 大監게셔 먼져 셰여 보십시오." 宰相이 이 말을 듯고 곳 그를 號令홀 ᄯᅡ름이오, 또 뭇되, "너가 年前에 外國을 갓슬 찍에 ᄒᆞᆫ 大海를 지나는듸 그 海水가 미우 깁허셔 그 물의 容積이 얼아나 되는지 아지 못ᄒ엿스니, 너는 斗量ᄒ여 보깃느냐?" 그가 말ᄒ되, "이것도 容易ᄒᆫ 것이올시다마는 쏘한 한 죠건이 잇스니 大監게셔는 먼져 그 海水의 上流를 막어 주시면 小人이 가셔 斗量ᄒ깃슴니다." 宰相이 싱각홀사록 긔가 나셔 또 뭇되, "이 벽 우에 그리여 붓친 호랑이를 너는 잡아가깃느냐?" 그가 즉시 말ᄒ되, "그것도 容易ᄒᆷ니다. 쳥컨듸 大監은 져 호랑이를 모라 밧그로 늬쬬치십시오." 이 宰相이 곳 깔깔 웃고 마라슴니다.

第五十一課 海魚開會 [듸우쒸이궈히워캐회]

海裏頭有好些個魚, 那一天, 他們都聚在一塊兒, 說一說談一談, 自各兒誇張自己的本事。那裏頭有傲慢的螺螄, 他說:"你們雖能快走快跑, 比不了我這樣的穿甲的了。可巧鯨魚、鱷魚沒在這兒了, 若是他們來了, 你們一定是活不了。我是藏在甲裏頭, 甚麼也不怕了。"[히리투역한쎄거워나이뎬타몐쭈쥐이#쾌#워##탄##쯔거#콰장###쌘의#리투역안만#뤄쓰###쒜넝쾌쭨#퍈쎄###저양#콴쟈#롿커챤칭위어워메의##쒀###릭###찡#훠#롼위#양의쟈###예부파#] 海中에 미우 여러 魚族이 잇는듸 어느 날 그것들이 한 곳에 모혀 談話ᄒᆞᄂᆞᆫ듸 제각기 自己 지죠를 자랑ᄒᆞᆷ니다. 그중에 거만ᄒᆞᆫ 소리가 잇서 그가 말ᄒᆞ되, "老兄들은 비록 能步能走ᄒᆞ나 나의 이 모양으로 갑옷 입은 것만 갓지 못ᄒᆞ리라. 공교히 鯨魚와 鱷魚가 여긔 업슴니다. 만일 그것드리 오면 老兄들은 一定코 살지 못ᄒᆞ리다. 나는 갑옷 속에 숨어셔 무엇이던지 무셔워 아니ᄒᆞᆷ니다."

那些個魚聽着這話就冷笑他罷了。這時候海水忽然沸騰起來, 許多的魚都四下裏混跑。這螺螄竟藏在甲裏頭自笑說:"這好些個魚辛辛苦苦的跑到那兒去呀, 像我這樣的實在是好造化了。"等了半天海水都平靜了, 螺螄想着沒有事了, 出頭看自己的身上沒有一點兒的水, 心裏驚訝, 就顯出頭來一看, 有一條紙貼在甲背上。那條紙上頭就寫着是三個銅子兒了, 哎呀。[#쎄거워팅쥐#화쥐렁싿#바##의훠히워후산예텅치리쉬뒤#쉬쭈쓰쌰#훈퍈#뤄쓰징양의쟈리투쓰##한##위신#쿠##퍈###야쌍###의의##좌화#졍#쌘###핑징#뤄쓰쌍####추투칸쓰지#연앙##뎬####징야쥬쎈##릭#칸여#탾역톄##쎄#####쥐쎄#역##퉁##아야] 져 여러 魚族이 이 말을 듯고 곳 冷笑ᄒᆞᆯ 뿐이더니, 이ᄶᅢ에 海水가 忽然 沸騰ᄒᆞ야 許多ᄒᆞᆫ 魚族이 보다 四方으로 도망ᄒᆞᄂᆞᆫ지라. 이 소라는 갑옷 속에 숨어셔 웃고 말ᄒᆞ되 이 여러 魚族들은 辛

苦히 어듸로 다라낫노. 나 갓튼 이는 참 죠흔 운슈로다. 반나잘 뒤에 海水가 모도 平靜흔지라, 소라가 일이 업는 줄로 알고 머리를 들어 보니 自己 몸 우에 흔 덤 물도 업는지라. 마음에 미우 驚訝ᄒ야 곳 머리를 顯出 ᄒ야 흔번 보니 흔 오락지① 죠희를 등 우에 붓쳣는듸 그 죠희 우에 쓰기를 三錢이라 ᄒ얏슴니다. 익구.

第五十二課 窓友問病 [듸우ᄋᆔ얼커챵연윈찡]

禮拜那一天你不到學堂去, 不知道甚麽緣故? 我今兒早起聽見説, 你有感冒病不能去, 是真的麽? [리빙##텐늬부#쒜탕취#ᄲᅮ#언다웬쑤웨진#ᄮᅪ치팅쳰워#연짠만##넝취#쩐##] 月曜日에 老兄이 學校에 오시지 아니ᄒ셧기 무슴 緣故인지 아지 못ᄒ얏더니, 오날 일직이 드르닛가 老兄이 感氣로 오시지 못ᄒ셧다니, 정말이오닛가?

謝謝你特來問病, 實在當不起。我昨天出城去, 因爲天氣很冷, 還是冒着雨, 回家去, 吃也不能吃就睡覺了, 忽然着了凉了。到了今兒好是好一點兒, 没甚麽大好, 所以明天還要調養, 趕後天可以上學堂去罷。[쎄#늬터릭원찡ᄋᆔ엑쨩#치워뭐#추쳥#인웨#치헌렁히#하이쒸#마줘위회쟈취척예부녕#쥭줘쟌#후얀쟈#량#ᄯᅡ#진얼화###뎐#메언마쟈#쒀이밍#히야탼양깐후#커이양쒜탕취#] 고맙슴니다. 老兄이 特別히 와셔 問病ᄒ시니 참 당치 못ᄒ깃슴니다. 늬가 어제 城外에 갓다가 日氣가 미우 차고 ᄯᅩ흔 비를노 맛고 집에 도라와셔 먹지도 못ᄒ고 곳 잣더니 忽然히 感氣가 들어셔 오날은 좀 낫기는 ᄒ나 아즉 쾌히 낫지를 못흔 고로 明日도 調理ᄒ고 後明日쯤이나 學校에 가깃슴니다.

第五十三課 我們的學生 [듸우ᄋᆔ싼커워먼듸쒜엉]

你們學堂是那一個學堂呢? [늬먼쒜탕#####늬] 老兄의 學校는 언의 學校오닛가? 是外國語學堂。[ᄋᆔ왜귀워##] 예,

---
① 오락지: 條. 오라기.

外國語學校올시다.

你在那個學堂學那一國的話呢？[######쏸####화#] 老兄은 그 學校에서 언의 나라말을 비우심닛가?

我是在漢語部學中國話了。[###한위부쏘중###] 나는 漢語部에서 中國 말을 비옴니다.

那就是了, 學過幾年呢？[나쥬웍#쏸귀지넌#] 그러시오? 幾年이나 비왓슴니가?

已經學了兩年的工夫。[이징쏸#량넌#쏭왁] 벌셔 兩年 동안이나 비왓슴니다.

你原來是天分高, 又很用心。我想, 和中國人說就可以簡簡兒說出來。[#웬릭#텐앤꼬웍#융신워썅히즁귀신웍쥬커이젼#얼###] 老兄은 原來 지분이 놉흐시고 또흔 미우 注意ᄒ시니 닉 싱각에는 中國사룸과 말ᄒ더릭도 곳 줄ᄼ 通話ᄒ시리다.

怎麽能呢？這中國話本難學, 各處有各處的鄉談, 就是官話通行, 所以和北京人說麽, 還可以說幾句話, 別處不甚懂。[연#넝닉####쩐난쒸쩌추웍###썅탄#읙콴화퉁싱웍이히쎼징###히##지줘#쎼추#언둥] 엇지 能ᄒ다 ᄒ깃슴닛가? 中國말이 本來 비우기 얼여운 것이 各處에 方言이 잇고, 곳 官話는 通行ᄒ기로 北京人과 말ᄒ면 몃 마듸 通話ᄒ깃지마는 다른 곳은 미우 通홀 슈 업슴니다.

過謙過謙, 過了幾年纔可以畢業呢？[궈쳰###지넌옉커이쎼예늬] 너무 겸사올시다. 몃 히를 지나면 卒業을 하심닛가?

原定的期限是三年。[원띵#치쏀###] 原定限은 三年이올시다.

那個話全是漢字編成的, 所以你可以一面兒學話, 一面兒學漢文, 這就是一舉兩得的了。[나#화촨#한쯔쎈청######몐#쒸한###쒸한원#쥬웍#쥐량더듸라] 그 말은 젼슈이 漢文으로 編成흔 것이니 老兄은 一변으로 學話ᄒ고 一변으로 漢文을 비우시니 곳 一擧兩得이올시다.

第五十四課 狼心 [듸우웍쓰커랑신]

有個狼, 嗓子叫骨頭噎住了, 他辛苦得了不得, 要求鳥兒給他叨〔叨〕出來了。各鳥兒因爲狼是最愛撲生的, 都不肯向前。狼很着急, 就起誓說: "你們肯給我出力, 我後來一定有重報。"傍邊兒有一

個鶴聽他這麽說, 實在不忍的, 給他叨〔呌〕出來了。這鶴叨〔呌〕完了和狼要馬錢, 狼說:"我不害你, 那還不是重報的麽?"這是勸人不要給歹人出了死力的意思。[여거랑썅쯔쟌꾸투예주라 타신쿠더럊부더야춰냘얼쩨#댠###쩌냔#인웨랑#웨이푸썅###컨썅쳔#헌쟢지쥬치시 워##컨쎼#추리워#릭##역쫑 박광볜얼###환팅타###의#부신#쩨#댠###환#완#히 랑야마쳔#워##히##히부의쫑박###챤신#야쎼써###쓰리#이쓰] 一個狼이 잇는데 목구녕에 쎼가 걸녀셔 고싱을 한업시 ᄒᆞ다가 식의게 디ᄒᆞ야 쎄니여 주기를 要求ᄒᆞ니 羣鳥가 이리는 가장 살싱을 잘ᄒᆞ다 ᄒᆞ야 모도 不肯向前ᄒᆞ는지라. 狼이 믜우 죠급ᄒᆞ야 곳 맹셔ᄒᆞ야 말ᄒᆞ되, "老兄드리 나를 爲ᄒᆞ야 用力ᄒᆞ기를 질기여 ᄒᆞ면 늬가 後日에 一定코 重報ᄒᆞ리이다." 겻히 鶴이 잇다가 이 말을 듯고 참 不忍히 역여 그를 爲ᄒᆞ야 쎄니여 주고 쎄니여 준 뒤에 이리의게 卽錢①을 要求ᄒᆞ니, 져 이리가 말ᄒᆞ되, "늬가 老兄을 害치 아니ᄒᆞ는 것이 重報가 아닌가?" ᄒᆞ얏스니, 이것은 사름을 勸ᄒᆞ되 낫분 사름을 爲ᄒᆞ야 用力치 말나는 意思올시다.

第五十五課　飯館子　[듸우씌우커앤꽌쯔]

你愛吃甚麽菜呢?[늬이익 언마옉#] 老兄은 무슨 料理를 잡숫기 죠와ᄒᆞ심닛가?

我愛吃中國菜, 天天兒吃三頓也不膩了。[###중궈#톈#얼#싼쑨예부늬#] 나는 中國料理를 조와ᄒᆞ야 每日 셰 번식 먹어도 油이 ᄒᆞ지 안슴니다.

那麽, 咱們就這麽一塊兒到飯館子去罷。[나마먼쥬저마#쾌#쌍앤꽌쯔춰바] 그러ᄒᆞ면 우리가 곳 일엇케 한가지② 料理집에 갑시다.

那一個飯館子好呢?[######한늬] 언의 料理집이 좃슴닛가?

在此地説麽, 那個二宮街群英樓是頭一個有名的飯館子了。[#쓰듸####얼궁졔췬영뤄#투##역밍####] 此處에셔 말ᄒᆞ즈면 져 二宮 안 羣英樓가 第一 有

---

① 卽錢: 馬錢. 그 자리에서 당장 거래되는 돈.
① 한가지: 一塊兒. 함께.

名흔 料理집이올시다.
哈哈, 走罷。[하#쭤#] 허허, 갑시다.
跑堂兒。[퐈탕얼] 쏘이야오너라.
喳。[자]예!
拿菜單子來。[나옊쭌으릭] 料理單子 가져와.
這是菜單子, 這以外還有別的菜。[######이왜히약쎄#옊] 이것은 料理單子인딕 이 外에도 다른 料理가 잇습니다.
那麼不拘甚麼, 有好吃的可以拿來。[나마부쥐옌###옊 #커이나릭] 그러호면 무엇이던지 먹기 조흔 것으로 가져오너라.
酒麼? [쥬#] 술은?
先拿黃酒, 後拿玫〔玟〕瑰露來就好了。跑堂兒, 你們這兒有現成兒的魚翅菜和燕窩菜麼? [쎈나황쥬##메쉐루릭쥬핱#퐈탕#넌먼저#얖쎈쳥##위옊 #히옌위옊#] 먼져 黃酒 가져오고 뒤에 玫瑰露酒 가져오는 것이 조지[치]. 쏘이야, 너의게 現時 믿드러 노

은 魚翅菜와 燕窩菜가 잇느냐?
没有, 這是當下不能做的。若是要吃這個菜, 耽誤半天的工夫纔可以的。[매역저옊쌍쌰부녕줘#쉬엌얖옊###쫀우쌴텐#쌍약엌커이#] 업습니다. 이것은 當場에 만들지 못ᄒᆞ니, 만일 이 菜를 자시고자 ᄒᆞ면 반나잘 동안을 지체ᄒᆞ여야 됩니다.
那麼拉倒罷, 就筭筭帳。[##라닦바쥑쏸#장] 그러면 고만두고 곳 會計ᄒᆞ여라.
這有八大碗和酒價錢, 筭起來通共十六塊七角了。[##싸자완히쥑쟈쳰쏸치#퉁궁##쾌#쟢#] 이것은 八大碗과 술갑을 치면 모도 十六圓七十錢이올시다.
那麼賞給你三角錢, 合十七塊, 寫我的帳罷。[##쌍쎄늬#쟢쳰 허##쾌쎼워#장바] 그러면 賞錢으로 三十錢을 合ᄒᆞ야 十七圓이니 닉게로 치부ᄒᆞ여라.
謝謝。[쎼#] 감스ㅅㅅ홉니다.

第五十六課 學生省親 [듸우쐬루커쒜엉엉친]

請問, 你趕着歇伏的時候兒, 要下鄕省親去麼? [칭원#깐줘쎼약#얶##얖쌰썅엉친취#] 뭇습니다. 老兄은 夏期放學 ᄯᅢ에 시골로 覲親ᄒᆞ러 가실 터이오닛가?
可不是麼! 我在客店裏好幾年老没回家, 所以今年放學的時候一定要回去一盪了。[커부읶마워쐬커

덴리환진[지]녠롼메회쟈쒀이진
녠앵쒜듸 의훠##얀###탕#]
엇지 아니깃슴잇가. 닉가 客地
에 잇슨 지가 미우 여러 히에 오
릭 집에 가지 못흔 고로 今年 放
學 째에는 一定코 흔 번 가깃슴
니다.

令尊、令堂都在堂麼?[링쭌#탕쭈
###] 兩親侍下오닛가?

托福, 家父、家母都還健壯。[퉈위
#얘#무쭈히졘쟝] 老兄 근렴흐
신 덕분에 兩親이 모다 健强흐심
니다.

貴昆仲幾位?[꿰쿤즁지웨] 몃 兄
弟分이심닛가?

我們弟兄三個, 我是排二。[워먼듸
슝##워의파#] 우리 三兄弟에
닉가 둘직올시다.

令兄令弟現在做甚麼呢?[링##듸
쎈#줘션##] 伯氏와 季氏는 지
금 무엇을 흐심닛가?

我的哥哥前幾年到英國去學新學
問, 快到畢業的期限。舍弟在鄕
下侗〔伺〕候雙親念書了。[##
거#쳰지녠따영궈#쑀신쒜웬 콰#
쎄예#치쎈쎠듸#쌍샤으훠쌍친
녠쑤#] 나의 兄님은 年前英國을
가셔셔 新學問을 비우시듸 卒
業期限이 갓가워 오고 아오는 시
골셔 兩親을 모시고 글을 읽슴니
다.

老大人做過甚麼官呢?[롸쟈신워
궈##꽌#] 春府丈게셔 무슴 벼
살을 지니셧슴잇가?

家父從前是兵部當差, 現在把差使
擱下了, 在家內閑着哪。[쟈위 쭝
쳰#삥부땅치쎈#쌔치의써##의
쟈리쎈줘나] 家親은 요젼에 軍
部 베살을 단이시다가 지금은 베
살을 닉노으시고 집에셔 한가히
게심니다.

第五十七課 春天約逛 [듸우의치커춘텐웨꽝]

您怎麼這麼閑在呀?[닌쩐마저#쎈
짜야] 당신은 엇지 일엇케 흔가
흐심잇가?

今天不是禮拜麼? 所以没上學堂
去, 竟是這麼閑在呀。[진#부의
리비#쒀이메쌍쒜탕#징###
쎈##] 今日은 공일이 아닙닛
가? 그런바로 學校에 가지 아니
흐고 일엇케 흔가이 잇슴니다.

啊, 巧了, 我也今天没有事情。那
麼咱們溜達逛去罷。[아챠#워
예진텐##의칭##쟈먼류쟈꽝
취 바] 아, 공교홈니다. 나도 오
날 일이 업스니, 그러면 우리 散

步나 갑시다.

好的, 您打算要上那兒去呢? [환#넌쌰쫜얀####] 좃슴니다. 당신은 어듸로 가시랴 ᄒᆞ심잇가?

那北門外頭怎麼樣? [#쎼면왜투연##] 져 北門外가 엇더ᄒᆞᆷ잇가?

在那兒有甚麼可看的好景致麼? [엇##얀##커칸#핟징즤#] 거긔 무슴 可觀ᄒᆞᆯ 景致가 잇슴잇가?

那原不是多有果木園子的地方兒了麼? 當了這麼春暖花香的時候一定是更好看了罷。[#웬부의둬여숴무웬쓰#듸양###쌍###춘난화썅#의휘#띵#졍#칸##] 거긔ᄂᆞᆫ 原來果木 밧이 만흔 地方이 안임잇가? 이러헌 春暖花香ᄒᆞᆯ 찍를 當ᄒᆞ야 一定코 더 보기가 좃슴니다.

是了, 那麼咱們這就走罷。[########쭤#] 올슴니다. 그러ᄒᆞ면 우리가 일엇케 곳 갑시다.

您瞧, 這不是北門麼? [넌챠져부#쎼먼#] 당신은 보시오. 이게 北門이 안임잇가?

怎麼是個北門呢? 這門樓上寫的不是彰義門麼? [연##거##늬##루앙셰###장이##] 엇지 이게 北門이라 ᄒᆞᆷ잇가? 門樓上에 쓰기를 彰義門이라 아니ᄒᆞ얏슴잇가?

啊, 您不知道了。這個名字麼, 原是彰義門, 可是在漢城北邊兒了, 所以又叫北門哪。[아#부의####밍쓰#웬#장이#커#엿한 청#볜얼#쒀이야쟈##나] 아, 당신은 아지 못ᄒᆞ심니다. 이 일홈은 彰義門이지마ᄂᆞᆫ 漢城北邊에 잇ᄂᆞᆫ 고로 北門이라 ᄒᆞᆷ니다.

承您□〈指〉教, 謝謝。[청닌즤쟈셰#] 당신게셔 글아쳐 쥬시니 감스ᄒᆞᆷ니다.

您瞧這麼個山淸水秀, 而且那紅紅綠綠〔綠綠〕的花草樹木有多麼好看哪! [#챠###얀칭쉭 식얼체#훙#뤼##화쫘우무역뒤##칸나] 당신은 보시오. 이럿케 山明水麗ᄒᆞ고 ᄯᅩᄒᆞᆫ 져 紅紅綠綠ᄒᆞᆫ 花草와 樹木이 만어서 보기가 좃슴니다.

啊, 很好很好。眞叫人胸襟開豁萬慮皆空了。若不是您帶我來麼, 差不多的叫我負此春光了。[아###쩬쟈신쑴진캐훠완뤄제쿵####넌썩워리#차부뒤#쟈#약쓰츈〔춘〕꽝#] 아 좃고 좃슴니다. 참 사ᄅᆞᆷ으로 胷襟이 開豁ᄒᆞ고 萬念이 皆消ᄒᆞᆷ니다. 만일 당신이 날을 다리고 오시지

아니ᄒᆞ셧더면 이 春光을 거의 져 버릴 번ᄒᆞ셧슴니다.

第五十八課 火輪船 [듸우씌쌔커휘룬촨]

請東家來, 我有話說。[칭둥쟈#워역화쒀] 主人을 請ᄒᆞ여 오라. 늬가 홀 말이 잇소.

東家不在屋裏〔裏〕, 請掌櫃的來, 行不行? [###씌우리#쟝쒜##싱부#] 主人이 방에 업스니 會計라도 請ᄒᆞ야 오는 것이 엇덧슴잇가?

也行。[예#] ᄯᅩᄒᆞ 쓰깃소이다.

您叫我有甚麼話吩咐? [닌쟈워역연마화엔뿌] 당신은 날을 부르시니 무슴 分付홀 말슴이 잇슴잇가?

我這是要到天津去, 不知道有往那麼去的火輪船沒有? [#저씌야#텐진취#의 단#왕##취#휘룬촨##] 늬가 天津을 가고ᄌᆞ ᄒᆞ는듸 그곳으로 가는 灰〔火〕輪船이 잇는지 업는지 아지 못ᄒᆞ오?

這兒灣着有一隻立神船, 明兒早起就開往天津去。[저얼완#역#즤 리연촨밍#ᄶᅡ치쥬캐왕텐진#] 여긔 한 쳑 立神船이 듸엿는데 明日早朝에 곳 天津으로 ᄯᅥ나감니다.

那巧極了, 可是這隻船好不好呢? [#챠지라커씌#즤촨###늬] 그것은 극히 공교홈니다. 이 비가 조흔 비온잇가?

這兒到天津有三隻船來往, 一個是相模船, 一個是高沙船, 再就是這立神船。這隻船船身頂大, 頂乾淨, 船上應酬人也很周到, 您一個人單走麼? [###텐진역#즤촨릭왕##씌쌍머####ᄶᅡ아#역쥬##리연####언씽##쟌징##영츅신예#쥬#닌###쟌쭤#] 여긔셔 天津ᄭᅡ지三雙〔隻〕船來往홈이 잇스니 一雙〔隻〕은 相模船이오, 一雙〔隻〕은 高沙船이오. ᄯᅩ는 곳 立神船이니 이 비는 미우 크고 미우 씌긋ᄒᆞ고 船上에 應接ᄒᆞ는 스름도 미우 쥬밀홈니다. 당신 호 분이 혼자 가심잇가?

就是我和我的底下人。[쥬##히##듸샤#] 곳 나와 늬의 下人이 올시다.

您打筭定幾等艙? [#쟈쏸띵지쩡얭] 당신은 何等을 定ᄒᆞ시랴심잇가?

一個二等艙, 一個三等艙, 船價是多少? [#########촨쟈#

뒈쫘] ᄒᆞ나는 二等이오, ᄒᆞ나는 三等이니, 船價는 얼마요?

二等艙四十五塊錢, 三等艙十八塊錢。若是帶的行李多, 另外得給水脚。[얼쩡#쓰#우쾌첸######쒀의찌#싱리둬링왜데#워 쫘] 二等은 四十五 圓이오, 三等은 十八圓이니, 만일 가진 行李가 만ᄒᆞ면 그 外에 삭젼을 줍니다.

那麼船價我這就開發麼? [나마찬쟈워#쥬캐애#] 그러ᄒᆞ면 船價를 곳 늬가 쥬릿가?

不必, 我們櫃上可以先給您墊上了。[부쎄##쒜앙커이쎈##뎬 앙라] 아니올시다. 우리 會計室에셔 먼져 당신을 위ᄒᆞ야 쥬깃슴니다.

就是就是, 那麼托你代辦罷。[######뒈#ᄯᅥ쌘#] 곳 올소. 그러ᄒᆞ면 老兄의게代辦ᄒᆞ기를 委任ᄒᆞ오.

遵辦遵辦, 請您歇一歇罷。[윤###칭닌쎄###] 命을 좃차홀 터이오니, 쳥컨듸 당신은 쉬십시오.

辛苦你哪。[신쿠늬나] 老兄을 슈고식킴니다그려.

第五十九課 送行去 [듸우쒹쥬커쑹싱취]

少見少見, 好啊您納。[쌰졘###아닌나] 드물게 뵘심다. 당신은 安寧ᄒᆞ시오잇가?

托福托福, 您這麼早早兒的到舍下來, 有何見敎? 請坐請坐。[튀왁#####쫘#얼#ᄯᅡᆫ어쌰릭여허졘좌칭쭤##] 덕분이올시다. 당신은 이럿케 일즉이 늬 집에 오셧스니 무슴 敎導ᄒᆞᆯ 일이 잇슴잇가? 쳥컨듸 안지시오.

您請坐罷。聽說您今兒早起起身要下鄕去, 所以我就給您送行來了。[닌칭쭤바팅워#진####언야쌰쌍취쒀이###닌쑹싱릭#] 쳥컨듸 당신은 안지시오. 드르니 당신이 今日 일즉이 시골을 가신다기로 늬가 당신게 餞別ᄒᆞ러 왓슴니다.

啊, 勞駕勞駕。您實在多禮了。[아롸쟈###쒹엇둬리#] 아, 슈고 ᄒᆞ셧슴니다. 당신은 참 禮가 만슴니다.

該當的, 您這回下鄕去, 有何貴幹? [ᄀᆡ당##처회###역허꿰쨘] 맛당ᄒᆞᆫ 일이지오. 당신은 이번에 시골 가시는 것이 무슴 보실 일 잇슴잇가?

没甚麽要緊的事情, 爲得不過是游

歷去的。[메연마얀진#웨칭웨더부궈웨유리##] 무슴 요긴흔 일은 업고 不過是遊覽ㅎ러 갑니다.

連來帶去, 總得要多少日子呢?[렌릿써취웅데얀둬쏴시쓰늬] 가고 오시기ᄭᅡ지 몃칠이나 되겟슴잇가?

這還不一定, 少也不下倆多月的工夫罷。[저희부#씽쏴예#쌰랴둬웨듸슝약바] 이것은 一定치 못ᄒᆞ오. 젹어도 두어 달 동안은 되깃슴니다.

敢情是那麼些日子呀。要坐車去, 是坐船去呢?[간칭###쎈##야#웨처###챤늬] 그럿케 여러 날이 된다 하깃슴잇가? 車를 타고 가시랴오, ᄇᆡ를 타고 가시랴오?

也不要坐車, 也不要坐船, 竟要步行兒走了。[예부얀#######징#부싱#웍#] 車도 아니 타고 ᄇᆡ도 아니 타고 거러서 가고즈 홈니다.

要走的總有多少里路呀?[###웅역둬쏴리루야] 가시ᄂᆞᆫ 데가 몃 길이나 됨잇가?

通共算起來有五百多里的光景罷。[퉁궁쏸치릭역우빅둬리#꽝징바] 都合五百飯〔餘〕里나 됨니다.

啊, 這麼好遠的道路, 怎麼能步行兒走呢?[아###웬#단루연#넝부싱#쭤늬] 아, 이럿케 미우 먼 길을 엇지 거러서 가심잇가?

也没甚麼爲難的。慢慢兒的一天走個三十里呀, 四十里的道兒麼, 脚也覺不着疼了。[예메연#웨난#만####쭤###리야###단얼#쟈예줴부쟈텅#] 무엇이 어려울 것이 업지오. 쳔ᄎᆞ히 ᄒᆞ로에 三十里나 四十里의 길을 가면 다리도 압푼 줄을 몰음니다.

這話也不錯, 可是還有個伴兒麼, 是您單走呢?[저화예#웤커#히약#쌘###닌짠쭤#] 이 말도 괴이치 안슴니다. 그런듸 ᄯᅩᄒᆞᆫ 同行이나 잇슴잇가? 당신 혼자 가심잇가?

還有打幇走的一位朋友了。[히약쟈썽###웨펑역라] ᄯᅩᄒᆞᆫ 作伴ᄒᆞ야 가ᄂᆞᆫ ᄒᆞᆫ 분 친구가 잇슴니다.

那更好罷。[#겅##] 그 더욱 좃킷슴니다.

我這就要起身了, 可是因爲行期很忙, 不能到府上給令兄辭行去了。求您回去替我説説罷。[워#쟉얀치연#커의인웨싱치#망부넝#약썅께링쓩쓰싱취#추닌회#틔워웍#바] 닉가 곳 ᄯᅥ날 터인데 行期가 미오 밧버셔 딕에

가셔 슈兄과 拜別을 못ᄒᆞ오니, 당신은 가시거든 나를 딕신ᄒᆞ야 말슴ᄒᆞ시오.

您太周到了, 這我回到家裏應該是給您說的. [닌틱쪈##위회#쟈리영씨외쎄넌##] 당신은 너무 쥬밀ᄒᆞ심니다. 닉가 집에 가면 맛당히 당신을 위ᄒᆞ야 말슴ᄒ

리다.

多謝多謝. [뒈쎄##] 감ᄉ감ᄉ흠니다.

別送別送, 請您一路平安. [쎄쑹##칭닌#루핑안] 나오시지 마시오. 쳥컨딕 당신은 一路에 平安히 徃返ᄒᆞ십시오.

第六十課 螃蟹和長蟲 [딕루외커팡쎼히창웅]

螃蟹和長蟲不知道有甚麼事情很有交情了. 雖是那麼着, 螃蟹原來是耿直的, 和那個長蟲說來說去沒有一點兒謊話, 還是叫他不要做壞的事情, 再三再四的勸勸他. 因爲這個, 那長蟲本來不是個好東西了, 總不聽勸他的話. 不關怎麼樣不能改邪歸正, 末末了兒到了危險的地方兒, 那螃蟹沒法子, 和他絶了交了. 有一天螃蟹趁着他睡覺的時候兒, 就拿繩子把他從頭至尾的纒〔纒〕起來個壁直的, 這麼着就死了. [팡쎄히창웅부즤단여연마외칭헌역쟌##쒜외나마###원릭#졍즤#히##창웅워릭##메약#뎬#황화히#쟌타부얃워홰#외칭역####챤##인웨져####쎈릭###한둥시#웅부팅###화#꽌##얍부녕씨쎄쉐셩머#랴얼

쌴#웨쎈#딕앙#나팡쎼메얘#히타줴#쟌#역#뎬팡쎼쳔쥐타워 쟈딕#훠#즤나엉쯔쌔타웅퉈즤웨딕찬치릭거쎄즤###쥬쓰#] 게와 비암이 무슴 일로 미오 交情이 잇는지 아지 못ᄒᆞ나 그러ᄒᆞ나 게는 原來 正直ᄒᆞ야 져 비암과 說徃說徃에 조금도 거즛말이 업고 또흔 비암으로 ᄒᆞ야금 못된 일을 ᄒᆞ지 못ᄒᆞ게 再三 勸勉ᄒᆞ니, 이러흠으로 져 비암은 原來 조흔 물건이 아니라 도모지 권ᄒᆞ는 말을 듯지 아니ᄒᆞ고 엇더턴지 關慮를 아니ᄒᆞ야 능히 改邪歸正치 아니ᄒᆞ다가 ᄎᆞᄎᆞ니 危險흔 地境에 일으는지라. 져 게가 엇졀 슈 업셔 그와 絶交를 ᄒᆞ고 잇다가 ᄒᆞ루는 게가 비암 ᄌᆞ는 때를 타셔 곳 노를 갓다가 그를 從頭至尾로 꼿ᄉᆞ이 감으니 이

리셔 곳 죽난지라.
那個螃蟹拿指頭指着壁直的死長蟲說：＂你若是聽我的勸改過麽, 怎麽有這麽樣的光景呢？＂ [####즤투##셰##쓰창충웨#숴#팅##챤씨귀#연#얼] 져 게가 손가락으로 꼿ㅅ이 죽은 비암을 가라쳐 말ᄒᆞ되, ＂네가 만일 나의 말을 드러 改過ᄒᆞ얏더면 엇지 能히 이 모양이 되리오？＂ ᄒᆞ얏슴니다.

第六十一課 電報局 一 [듸루의이커뎬보쥐이]

偕〔借〕光借光, 電報局在那兒啊？ [졔꽝##뎬보쥐얘나얼아] 용서ᄒᆞ시오. 電報局이 어듸 잇슴잇가？

您要往那兒去麽？ [#얀왕##쥐마] 당신은 어듸로 가시럄잇가？

是, 我要打電報去了。 [#워#따####] 예, 나는 電報 노으려 가고자 흠니다.

這巧極了, 我也正往那麽去呢。請您一塊兒去罷。 [#챠지##예썽####칭##쾌###] 이 참 공교ᄒᆞ오. 나도 그리 갈 터이니 당신은 갓치 갑시다.

很好很好。 [#환##] 미우 좃슴니다. 미우 좃슴니〔다〕.

你們倆位有甚麽貴幹？ [##랴웨유언#웨깐] 老兄 두 분은 무슴 일이 잇슴잇가？

我們是打電報來了。 [워먼#따##릐#] 우리는 電報를 노으려 왓슴니다.

是打到那兒去的呢？ [##쪼#####] 예, 어듸로 노으실 터이온잇가？

是中國上海地方了。 [#중궈썅히듸앙#] 예, 中國上海地方이올시다.

那一位呢？ [##웨의①] 져 흔 분은？

是日本長崎〔崎〕去的, 電報費是要多少呢？ [#ㅅ샌창치####예#얀쒀왜늬] 예, 日本長崎〔崎〕로 노을 터인데, 電報備〔費〕는 얼마나 되옴잇가？

那總得按着字數兒算的, 您先不用着急。這兒有電報紙, 請您各自各兒寫上罷。 [#쫑데안쥐쓰우#쫜##쎈부융쟈지저얼여뎬보역칭넌쯔##쎈②양바] 그것은 도모지 字數디로 바드오니 당신

---

① 발음 오기.
② 발음 오기.

은 조금히 마시고 여긔 電報紙가 잇스니 쳥컨듸 뎡〔당〕신은 졔각금① 쓰시오.
請看, 這麽寫可以使得麽？[칭칸####커이의더마] 쳥컨듸 보시오. 일엇케 쓰면 可以 쓰깃슴닛가？
好, 電報費是三個字一角錢。是上海去的通共九個字, 筭得是三角錢；長崎去的字通共十二個字, 算得是四角錢。請您看一看, 對不對了？[핟##예의##쯔#쟢쳰핟〔쯔〕앙히##퉁궁쟉거#쫜더####창치###퉁####쫜##쟢#칭#칸######] 좃슴니다. 電報費는 三個字에 十錢이니 이 上海로 가는 것은 都合 九字에 合計가 三十錢이오, 長崎〔崎〕로 가는 것은 都合 十二字

에 合計가 十四錢이니, 당신은 보시오. 맛슴닛가 맛지 안슴닛가？
可是回報趕多咱來呢？[커의회밮칸둬쭌##] 맛슴니다. 回報는 언제나 옴닛가？
那是不一定的。從這兒打到那兒去, 在那兒收報的人當下有回報, 過不了一天的光景就到, 立刻送到您府上去的。[##부이띵#쭁##쟈####엌##얼###쨩쌰얶회#쒀#랁###꽝징쥭#리커쏭##얖###] 그것은 一定치 못ᄒᆞ오. 여긔셔 져긔로 電報ᄒᆞ야 져긔셔 收報ᄒᆞᄂᆞᆫ 스람이 즉시 回報ᄒᆞ면 ᄒᆞ로 동안이 못 되야 곳 回報가 오니 즉각에 당신 댁으로 보닉 드림니다.
是了, 我就回去的。[###쥭###] 올슴니다. 나는 곳 감니다.

第六十二課 電報局 二 [듸루의얼커뎬바쮜얼]

您要上那兒去呀？[닌야앙나얼취야] 당신은 어듸로 가심닛가？
我要打一個電報, 上電報局去了。[#야따########] 나는 ᄒᆞᆫ낫 電報를 노으랴고 便報局에 감니다.
是打到甚麽地方？[###언마듸양] 예, 언의 地方으로 노시람닛가？

我有個朋友前年上北京去了, 昨天他給我送信來求我借一百兩銀子。現在我没有錢, 得趕緊的回答, 免得他盼望了。[###펑엊쳰녠앙쎄징취#쒀텐#쎄워쏭신리취워졔#쎄량인쯔쎈엌###쳰데쨘진#회쨔면더#판왕#] 나의 ᄒᆞᆫ 친구가 잇셔셔 再昨年에 北京

---

① 졔각금: 各自各兒. 제각기.

을 갓는데 어제 그가 닉게 편지 ᄒ고 나의게 一百兩銀子를 취ᄒ라 ᄒ엿스나, 자금 닉가 돈이 업슨즉 回答이나 진즉 ᄒ야 그의 바라는 것이나 免케 ᄒ랍니다.

電報局您知道在那兒麼?[####의 단역나얼#] 電報局이 어딕 잇는지 당신은 아심닛가?

不是在西城裏頭麼?[부##시청리투#] 西門에 잇지 아니ᄒᆞᆷ닛가?

那是郵政局。[나의역쩡#] 그것은 郵便局이올시다.

電報局在那兒, 請您細細兒告訴我罷。[######칭#의##쏘우워바] 電報局이 어딕 잇는지 청컨딕 당신은 자세히 말ᄉᆞᆷ ᄒ야 쥬시오.

從這門口兒一直的往南去, 到熱鬧的地方兒有一道河橋, 從那兒往西偏着點兒有很高的三層洋樓, 門口上有執[報]字, 就是那個。[옹#먼쿼##즈#왕난#쏘어난#듸앵####허쟌###왕시펜쥐뎐#역헌쏘##청양루먼쿼#역반쯔쥬#나거] 이 문 압혜셔 곳 남족으로 가셔 熱鬧ᄒᆞᆫ 地方을 가면 ᄒᆞᆫ 河橋가 잇는데 거긔셔 西邊으로 좀 다 거셔 미우 놉흔 三層洋屋이 잇는데 門前에 문픽가 잇스니 곳 거긔올시다.

曉得了, 謝謝。[쌰더#셰#] 아라슴니다. 감사ᄒᆞᆷ니다.

第六十三課 狐求狼 [듸루역싼커후취랑]

有個狐狸天天兒在青山緣[綠]林裏自自由由的游樂呀。有一天忽然間掉在山澗裏了, 就趴着沿邊兒僅露着腦袋正叫喊的時候兒, 哈[恰]巧有一隻狼從上頭往下瞧見了那個狐狸, 就跟他哀求説: "若有一根繩子可就活了。求您哥哥呀, 無論怎麼樣兒的, 想法子給我救命罷。後來一定□〈要〉重報您的。"[역거후리텐##역칭싼뤼린리쯔#역##역러야역##후산졘 단역#졘리라쥬파쥐엔뻔#친루#난듸쎵 쟈한#의휘#챠쟈역이즈랑옹 앙 퉈왕 쌰챠졘###후리쥬쩐타익춰워역#쩐엉쯔커쥬훠#취##거야우룬연#양##쌍얘#쎄워쥬밍바훠리#쯩얀쭝반##] ᄒᆞᆫ 기 여호가 잇는딕 날마다 青山綠林 속에 自由로 遊樂ᄒᆞ다가 ᄒᆞ로는 忽然間 山澗[澗]裏에 써러져셔 沿邊으로 허비여① 겨우 머리를 내놋코 불

---

① 허비여: 趴. 기어서.

우지질 쩍에 공교히 혼 마리 이리가 우에셔 아래로 내려다 보거날 져 여호가 곳 그에게 哀求ᄒ야 말ᄒ되, 만일 혼 바람 줄만 잇스면 곳 살깃스니, 구ᄒ노니 이리 형님아 無論 엿[엇]더케 方法을 생각ᄒ던지 나를 위ᄒ야 救命ᄒ시면 日後에 一定코 당신게 重報ᄒ리다.

那個狼也很憐恤他，就解勸他說：“噯，你這光景實在可了不得，我這是真心憐恤你呀，誰想得到碰着這麽個壞運氣了呢。”[####렌쉬##졔챤타#이늬#쌍징의엑커랸부더워##썬신롄쉬늬야워 썅더 쌴펑####홰원치#늬] 져 이리가 쏘혼 그를 불상히 여겨 위로ᄒ여 말ᄒ되, “아, 老兄의 光景은 참 말이 못되오. 나ᄂᆞᆫ 眞心으로 老兄을 불상이 역이오. 누가 이러혼 못만 운슈

를 만날 쥴 알앗슬잇가.”

那個狐狸說：“噯呀，狼哥哥，您若果然那麽疼愛我麽，不必竟說那麽好話，就趕緊的想法子就救我罷。人家遭這樣水齊下巴頦兒生死不定的難了，聽那宗眼面前兒的冠冕話，更叫我傷心了。”[##후리워이야랑거##쉬궈산##텅이워##셰징워##한화쥬쌴진#쌍애#쥬쥬##신쟈쌰##위 치 쌰쌔커#엉쓰#씽#난#팅#웡엔멘쳰##콴몐화썅쟈#양신#] 져 여호가 말ᄒ되, “아야, 이리 형님아. 당신이 만일 나를 그럿케 사량ᄒ시거던 반다시 그러혼 조흔 말만 마시고 곳 急히 方法을 싱각ᄒ야 나를 救ᄒ야 쥬시오. 남이 ᄉᆞ럿케 물이 턱에 다아셔 生死未定혼 환란을 當ᄒ엿ᄂᆞᆫᄃᆡ 져러혼 日前에 身面 보난 말만 드르니 더구나 날로 傷心이 되오.”

第六十四課 財神廟 [듸루의쓰커얙선묘]

鄕下有一座財神廟裏頭住着倆花子。這倆花子見天討飯回來，把所得的東西就先供奉那個財神，然後纔吃，得了錢就買香來焚燒。所以那個財神奶奶對財神爺說：“您太勢利，若富貴的你偏叫他發財，那貧窮的你偏不管。”

[썅쌰역#워얙선묘리툐주#랴화#####탇앤회릭#쒀더#둥시쥬쎈꿍엉나거얙선산휘역치더#쳰쥬미쌍리영쑈쒀이나거얙언늬#듸##예워#티의리쉬얙#웨늬펜####민츙##펜부꽌] 시골 혼 (財神廟) (션왕)

안에 두 비렁이가 잇는데 이 두 비렁이가 날마다 밥을 비러셔 어든 바, 물건을 곳 먼져 財神을 供奉흔 後에 먹고, 돈이 싱기면 곳 香을 사다가 불사르니 져 財神母ㅣ 射, 財神父를 對ᄒᆞ야 말ᄒᆞ되, "당신은 너무 츄셰①만 ᄒᆞ오. 富貴ᄒᆞ는 者는 너머 편벽되히② 發福케 ᄒᆞ고, 져 貧〔貧〕窮흔 財 난 편벽되히 상관치 아니ᄒᆞ오그려."

財神爺說:"這是甚麼話呢?"財神奶奶說:"即如這倆花子天天要了來的還供奉我們, 爲甚麼不叫他們發點財?"財神爺說:"你是不知道。他們沒有造化, 若是給他們錢, 一定害了他們了。"財神奶奶說:"我不信, 您試一試。"財神爺說:"就是那麼着。"趕到第二天在香爐裏埋上了一個元寶。趕那倆花子回來一燒香, 看那香爐裏很硬, 刨出來一看, 敢請〔情〕有個元寶, 就喜歡的了不得。[########화#####지수#랴화#텐#얏#릭#히쑹영##웨언마부쟈타먼애#엇##예워늬##긔####뫄화####쳰#씽히##########신#의##엇########샨###엇쌍루#미###웬반##랴화ᄯᅳ회릭#뫄######영퐌추릭#샨샨칭영#원반죡시환#랻부더] 財神父가 말ᄒᆞ되, "이게 무슴 말이오?" 財神母가 말ᄒᆞ되, "곳 이와 ᄀᆞᆺ흔 두 비렁이가 날마다 비러오난 것을 우리들게 供奉ᄒᆞ거늘 엇지ᄒᆞ야 그의덜노 조금도 發福을 아니 식키시오?" 財父神〔神父〕가 말ᄒᆞ되, "당신은 아지 못하오. 그의들은 福이 업는 이니 만일 그의들을 돈을 주면 一定코 그의들을 害하는 것이오." 財神母가 말ᄒᆞ되, "닉가 밋지 아니ᄒᆞ니, 당신은 시험ᄒᆞ야 보시오." 財神임이 말ᄒᆞ되, "그리 ᄒᆞ리라" ᄒᆞ고, 그 잇튼날 香爐 속에다 흔 기 元寶를 무덧더니, 져 두 비렁이가 도라와 곳 焚香ᄒᆞ미 져 香爐 속이 미우 단단ᄒᆞ거늘 파고 본즉, 의외에 元寶가 잇는지라. 곳 깃거ᄒᆞ야.

這個和那個說:"咱們打一點兒酒喝罷。"一個花子看家, 一個花子去打酒。那個打酒去的花子想着, 若把酒下上毒藥死他, 那個元寶不是我一個人的了麼?那個看家的花子想着, 找了一根

---

① 츄셰(趨勢): 추세. 勢利.

② 편벽(偏僻)되히: 偏. 편벽되이.

犬〔大〕棍子藏在門後, 等他來了打死他, 那個元寶不是我一個人的了麼? 趕那個打酒的花子回來, 一進門就拿一根棍子就把他打死了, 把酒各自各兒喝了, 不大的工夫兒毒氣一發也死了。這個工夫兒財神爺對財神奶奶說, 您看如何? [##히###아먼쨔###쥭허바####칸쟈##############쌍줘쉬쌰쥭쌰양쭈얀쓰####싼######회릭#진####쩐#######쥭쩌###허#부쨔#숑약#쭈치#얘예쓰######역연예되##니#워#칸수허] 이 비렁이가 져 비렁에게 말하되, 우리가 슐 좀 사다 먹쟈 하고 한 비렁이는 집을 보고 한 비렁이는 슐을 사러 갓쇼. 져 슐 사러 가는 비렁이가 싱각하되, 만일 슐에다 毒藥을 너어서 져 놈을 죽이면 져 元寶는 내 한 사름의게 아니냐 하고, 져 집 보는 비렁이는 생각하되 한 긔 큰 몽동이를 가지고 문 뒤에 숨엇다가 그가 오기를 기다려 그를 따려 죽이면 져 元寶는 내 한 사름의게 아니냐 하얏쇼. 져 슐 사 가지고 오는 비렁이가 도라와 막 문에 드러오는 것을 곳 한 긔 몽동이로 그를 따려 죽이고 슐을 져 혼자 마시더니, 오래지 아니하야 毒氣가 發하야 또한 죽은지라. 이러할 지음에 財神父가 財神母를 對하야 말하되 당신은 보시오. 엇더하오?

第六十五課 小㑃騙鞋 [듸류의우커쌰리펜셰]

有一個小㑃正在街上溜達, 忽然來了一個鄉下老兒穿着一雙湛新的鞋。他要吃他那個鞋, 就心生一計, 在後頭悄不聲兒跟着他。趕到背靜地方, 傍邊有一個小房子, 他就在後頭把那個人的帽子抓下來扔在房上了。那個鄉下人就回頭罵: "你爲甚麼把我的帽子扔在房上昵〔呢〕?" [역##쌰리셩억제양루쨔후산리###쌍쌰란#촨줘#쌍얀신###얀억####쥭신엉#지##투챤부엉#쩐줘#칸 [간] 단쩨징듸양팡벤여###양##쥭######만#좌쌰리셩억####쌍###회투마#웨##쌔########] 한 좀 도적(스리도적)이 거리 우에서 徘徊하더니 忽〔忽〕然히 한 시

골 사름이 흔 켜리 시신을 신은 지라. 그가 져 신을 쎄아셔 곳고 ᄌ 하야 곳 흔 쇠를 닉여 뒤에셔 쇼리 업시 그를 짜라 궁벽흔 짜에 다달어 겻헤 흔 젹은 집이 잇거늘, 그가 곳 뒤에셔 져 사름의 帽子를 벗겨셔 져 집웅 위에다 던지니, 져 시골 사름이 머리를 돌녀 쑤짓되, "너가 엇지하야 帽子를 집웅 위에다 던지ᄂ냐?" 하니.

那個小俚就笑臉迎着説: "敢情您納, 我認錯了人了, 我以爲是個相好的, 我的不是了。求您納寬恕, 我打給您納一個橫梯兒拿下來就是了。"那個鄉下人想了想, 没別的法子, 只好得那麽着。那個小俚就蹲下了, 叫那鄉下人登在他的肩膀兒上, 就慢慢的站起來説: "趴罷。"正到上也上不去, 下也下不來的時侯〔候〕兒, 他就把那兩隻鞋拔下來就跑了。實在是可笑。[###리#쏘렌영##짠칭#나#신워####이웨##썅######척#나

콴우#짜쌔###헝틔#나쌰릭########썅###쎄#애#즤#데########쑨######졍###쪈썅###만##얀치릭워파바셩#썅예##춰쌰#####의########즤쎼쌰쌰##판#의엇#커쏘] 져 좀도젹이 웃는 낫으로 다려들면셔 말하되, "의외에 당신이올시다그려. 니가 그릇 사름을 알앗슴니다. 나는 조와하는 친구로 알앗더니, 니가 잘못하얏슴니다. 당신은 용셔하시오. 니가 당신을 위하야 흔 사다리를 노아셔 닉려드리는 것이 곳 올슴니다." 져 시골 사름이 싱각하고 싱각하니 엇잘 슈 업는지라. 다만 그리하라 하니 져 좀도젹이 쭈구리고 안져셔 져 시골 스름을 졔 억기① 우에 올녀 안치고 차차 일어나며 말히되, "기어올나 가시오." 하야 졍히 올나가랴 오를 슈 업고 닉려오랴 닉릴 슈 업슬 지음에 곳 져 흔 켜리 신을 베겨 가지고 도망하얏스니 참 可笑홉니다.

第六十六課 猫吃虎肉 [ᄃᆡ루의루커만의후쇽]

有個野猫想吃老虎的肉, 有一天找了一個老虎去, 在他跟前磕了頭, 説: "這左近有個頂肥的牛, 我的力量麽, 當不起他了。

---

① 억기: 肩膀. 어깨.

第三編　會話

請先生和我同心合力抓〔抓〕他吃, 怎麽樣哪?"這時候, 老虎也是正在很餓, 一聽這話就喜歡, 點着頭說:"很好很好。你的這話實在有理了, 我也很願意的。"這麽着, 那個野猫就彈着那長的耳朵往前走, 就說:"請先生跟我來罷。"〔여거예만썅읫랸후디숴#이뎬쟈라###춰엑타쩐쳰커#퉈워저워진##띵예#누워#리량마썅부치##칭쎈엉히#퉁신허리좌##연마양나#의###예읫엉#헌어#팅#화쥐시환뎬######니##의엑우리#워예#웬이#########탄##창#얼뒤왕쳰쭤쥐워칭#엉쩐#릭바〕

흔 토씨가 호랑이 고기를 먹즈흐야 하로 흔 호랑이를 차즈 가셔 그의 압해셔 머리를 숩벅흐며 말흐되, "이 근쳐에 미우 살진 소 흔나가 잇는듸 나의 힘으로는 당치 못하니, 先生은 나와 갓치 同心合力흐야 그놈을 즈바 먹는 것이 엇더흠닛가?"이띡에 호랑이도 미우 쥬린지라. 흔 번 이 말을 드르미 곳 깃거흐야 머리를 끗덕거리며 말흐되, "미우 죳쇼죳쇼. 老兄의 말이 참 有理흐오. 나도 願흐는 바라." 흔

니 뎌 토기가 긴 귀를 툭툭 치고 압흐로 가며 말흐되, "先生은 나를 짜라오시오!"흐며.

這麽着就走了兩三里地, 到了個水坑傍邊兒了, 那個野猫說:"請您把尾巴擱在這水裏〔裏〕頭, 合着眼睛坐着罷。我自各兒去先把他勾引到這兒來, 再一塊兒下手罷。"這時候, 正是很冷的冬天了, 那坑子裏的水都凍了, 所以那個老虎就把尾己〔巴〕擱在冰上, 合着眼睛蹲着了。那個野猫就偷偷兒的往後面兒去下了溺, 把他那尾巴凍住了, 還是把柴火擱在他那傍邊兒點着火了。然後望他說:"請你多等一會兒, 那隻牛快來了。"〔####워#량싼리듸쏘##워컹팡볜얼######닌쌔이바쩌억##리툭허#옌징워##쯔거###쩐인쏘##릭억#쾌#싸쭉##읫#쩽##렁#둥톈###쯔리##쏘둥#쓔이#####이바쩌#쎙앙허옌징쭌####예만#투###왕#몐##싸#냔##########치훠######뎬###신〔산〕#왕##칭#뒤썽#회##긱누쾌릭#〕 곳 兩三里쯤 가다가 물웅덩이 겻헤를 일으러 뎌 토기①가 말흐되, "당신은 쇼리를 갓다가 물에다

---

① 토기: 野猫. 토끼.

당그고 눈을 감고 안져 게시오. 닉가 혼ᄌ 가셔 먼져 그를 誘引ᄒ야 이곳으로 듸리고 올 터이니 흠게 下手를 합시다." 잇ᄯᅦ는 정히 치운 겨울이라 뎌 웅덩이 속에 물이 모도 얼은 고로 뎌 호랑이가 쇼리를 갓다 얼음우에 놋코 눈을 감고 쑤구리고 안젓거늘 뎌 토기가 곳 가만가만히 뒤로 가셔 오줌을 누어 호랑의 쇼리를 얼어 붓치고 다시 나무를 갓다 겻다 놋코 불을 붓친 후, 호랑의게 말ᄒ되, "당신은 흔동안만 더 기다리시오. 뎌 쇼가 곳 옵니다." ᄒ니.

這麽着, 那個老虎心裏也暗暗的喜歡, 就緊合着眼睛蹲着了。忽〔忽〕然間毛都着了火了, 覺着燙〔燙〕的了不得。剛要起來, 可是把尾巴已經凍住了, 跑也不能跑, 就燒死了。這麽着, 那個野猫很喜歡, 就跑到左邊一個寡婦家裏去, 借了刀子和案板來宰了吃了。趕到吃完了一想, 説: "怎麽報答那寡婦借給刀子和案板的恩惠呢?" 這麽着, 就把那牙縫兒塞着的點兒肉挖出來, 和那刀子、案板一塊兒給送回去了。[######신리#안##시환진#허#####후산졘만#쟌###쉐#탕#랸부더쌍얀치릳커얼###이징###판예부녕##쌌쓰#########판#워###쟈얃쟈##졔#쏘쯔히안쌘릳엳###쟌##완##썅워쩐#반쟈#쟈얃졔쎄쌋#히안쌘#언희늬#####야영#써###셕와추릳히######쎄쏭#취#] 뎌 호랑이가 마음에 암암이 깃거ᄒ야 눈을 아주 싹 감고 죽구리고 안졋더니 忽然間 털에 불이 붓터 ᄒ량업시 쓰거운치〔지〕라. 이러나고즈 ᄒ나 쇼리가 발셔 싹 얼어붓터셔 다라나랴도 다라나지 못ᄒ고, 곳 타셔 죽으니 뎌 토기가 미우 깃거ᄒ야 곳 近處흔 寡婦 집에 다라가셔 칼과 도마를 비러다가 ᄌ바먹고 먹기를 다ᄒ고 곳 싱각ᄒ야 말ᄒ되, "엇지ᄒ면 져 寡婦의 칼과 도마 벌닌 은혜를 갑흐랴?" ᄒ고 곳 니틈에 ᄭᅵ인 고기를 글거 닉여 져 칼과 도마와 갓치 보닉 쥬엇슴니다.

第六十七課 聾翁取笑 [듸루웡치커룽웡취쌋]

有三個老者都是聾子, 一天聚在一塊兒, 傍邊有好些個年輕的人, 聽

第三編　會話　143

着他們老翁説:"咱們各自各兒説一個笑話罷。"一位就説:"有一個黃鼠狼餓了,他要找一點吃食,就心生一計,自己跳在水裏把身子沾濕了。然後上來在宣土裏〔裡〕滾一滾,身子跟土塊一樣了,就跑到野地去蹲下等着。那飛來飛去的雀兒當是土樁子,就落在上頭了,他就抓〔抓〕着吃了。你説可口〈笑〉不可笑?"[역##랸저쭈의룽쓰##쥐##쾌#팡벤역#쎄#녠칭##팅#타먼랸웡워와먼거쓰##워##샨화바#웨####황우랑어##얀쟈##의#신영#지쓰지탄역위 리#언#딴의#사#양리얻줸투리쥰##언쓰쩐투쾌#양##퐌쭈에디춰쥰샤셩###뤼###촨#쌍#투창##랸억앙투###좌###워커쌴부##] 세 늘근이가 잇는데 모도 귀먹은 者라. 하로는 한듸 모엿는듸 겻희 미운 여러 少年들이 잇셔 듯습니다. 뎌 老翁들이 말ᄒ되, "우리들은 각기 우슨 말 훈 마듸식 합시다." ᄒ고, 훈 분이 곳 말ᄒ되, "훈 마리 족제비가 잇는듸 쥬려셔 먹을 것을 엇고ᄌ ᄒ야 곳 훈 쇠를 닉이고 自己 물로 뛰여 드러가 몸을 적신 후 나와셔 진흙 속에 궁구러셔 몸이 흙덩이와 훈 모양으

로 곳 野外에 가셔 죽구리고 안자셔 기듸리는지라. 뎌 飛來飛去 ᄒ는 시덜이 말둑으로 알고, 그 우에 안거눌 그가 곳 웅케 먹엇스니 老兄은 우숩소 우숩지 아니ᄒ오?"

那些年輕的都哈哈的笑了。那倆老者也笑而不言, 似知道的樣子。一位説:"我也要説一個, 比這個還有趣兒。"衆人都聽着, 也説的是那黃鼠狼的事情。那些年輕的人都嘎嘎的笑起來, 他以爲笑他説的笑話有趣兒, 很有得意的樣子。一位老口〈者〉又説:"你們説的笑話難〔雖〕然有趣兒, 比不了我這個更好。"衆人都用心用意的聽着, 又説的是那個。衆人都笑的了不得, 他以爲更有趣兒了, 更得意的了不得。敢情他們都是死聾子, 無論甚麽人聽這個話, 没有不笑的了。[#쎄녠칭#쭈하####랴랸저예#얼#옌쓰의 단#양##웨###얀###쎄##히역춰#쭝#쭈팅#####황우랑#의칭#쎄녠칭##쭈짜##쳐리#이웨####화#춰##역더이#양###랸저역####쌴화쉐산역춰#쎄부랸워저거셩#쭝신쭈융신#이#팅#역워####쭈##랸부더타이웨셩역춰####

이#롼##짠칭####쓰룽#우룬] 연마#텅##화메약#쌴##] 뎌 여러 少年들이 모도 쌀쌀 우스니 뎌 두 늘근이도 우스며 말을 아니 ᄒ기 알아드른 듯ᄒᆞᆫ 모양이올시다. ᄒᆞᆫ 분이 ᄯᅩ 말ᄒᆞ되, "나도 이버더① 나은 ᄌᆞ미잇는 이야니〔기〕이를 ᄒᆞ오리다." 여러 사ᄅᆞᆷ이 모도 들으니 ᄯᅩᄒᆞᆫ 죡졔비 利於藥② 이를 ᄒᆞ는지라. 뎌 여러 小〔少〕年 들이 모도 쌀쌀 우스니 그가 그의 ᄒᆞ는 利於藥이야 ᄌᆡ미잇서 그리 ᄒᆞ는 줄 알고 미우 得意ᄒᆞᆫ 모양이

올시다. ᄒᆞᆫ 분 늘근이가 ᄯᅩ 말ᄒᆞ되 老兄들 ᄒᆞᆫ 利於藥이가 비록 ᄌᆞ미는 잇스나 나 ᄒᆞ랴는 利於藥브덤③ 더 낫지 못ᄒᆞ리라 ᄒᆞ니 여러 사ᄅᆞᆷ이 모도 注意ᄒᆞ야 드른즉, ᄯᅩᄒᆞᆫ 져 죡져비 利於藥이를 ᄒᆞ거늘 여러 사ᄅᆞᆷ이 모도 웃기를 마〔마〕지 아니 ᄒᆞ니 그가 매우 ᄌᆞ미잇셔 그러ᄒᆞ는 줄 알고 더욱 得意ᄒᆞ니, 그 늘근이 들은 모도 졀벽④ 이올시다. 엇더ᄒᆞᆫ 사ᄅᆞᆷ이던지 이 말을 드르면 웃지 아니ᄒᆞ는 이가 업슴니다.

第六十八課 三子分家 [듸루의쌔커싼ᄯᅳ엔쟈]

有一位老人家裏很富足, 他有三個兒子。有一天把他們叫到跟前把家產分給他們了。那位老人素有心愛的個金剛石戒指兒耍〔要〕給他們, 他一想着要夾開麽, 用不着, 要但給一個人似乎偏向了。這麽着, 想一個法子就吩咐他們人說:"我給了你們三個月之限, 你們各自各兒出外去辦了高尚的事情。若有頂好的麽, 就把戒指兒給了。"這麽着他們都去了。

趕過了三個月之後, 他們都回來了。那個排大兒的就說:"我到了一個鎮店上住下了, 認得一個外卿〔鄉〕人是做買賣的, 把幾十箱子的金銀財寶把〔托〕我給他收着, 就定規了一個月之後就取回去了。這麽着, 我就收起來了, 趕過了期限并沒人取回去的。我很詑〔詫〕異就洑〔派〕人打聽去了, 後來打聽着, 敢情那個人前幾天病死了, 那個家裏的人也

---

① -버더: 比. -보다.
② 利於藥: 事情. 이야기.
③ 브덤: 比. 보다.
④ 졀벽(絶壁): 聾子. 절벽. 귀머거리.

不知道他在外頭存銀寶的事情。按這情形看, 那個財寶真是我的東西了, 纔算得是大財主。雖是那麼著, 我心裏想一想, 這就是非義的財呀, 怎麼能拿過去呢？因爲這個, 就寫了一封信和幾十個箱子送他家裏去了。這不是高尚的事情麼？"[역＃웨란신쟈리＃앧쭈타역＃＃얼＃＃＃＃쌔＃먼쟌쌋쩐쳰쌔＃얀앤쎄＃＃＃＃＃＃쑤＃신이＃＃진짱의졔긔＃야쎄＃먼＃＃쌍＃＃쟈키＃융＃쟌＃쌴＃＃＃＃쓰후펜썅＃＃＃＃＃＃얘＃쥔앤얔＃＃신＃＃＃＃＃＃＃웨긔쎤＃＃쩌쯔＃＃추왜＃＃＃쌋앙＃의칭쒀＃띵핱＃＃＃쌔졔긔＃＃＃＃＃＃＃＃＃쟌쒀＃＃＃웨긔훠＃＃＃＃＃＃핀쟈＃＃＃웨워쌋＃＃＃쩐덴앙쥬쌰＃＃신더＃＃왜썅＃＃워미미＃＃지＃쌍＃＃진인역반퉈＃＃＃옌＃쥑씽웨＃＃거웨긔훠＃취회＃＃져마＃위쥭약치릭＃쌴궈＃치쎤씽메＃＃＃＃＃＃차이쥑피＃쨔텅＃＃＃릭＃＃＃쌴칭＃＃＃쳰지＃씽쓰＃＃＃＃리＃＃예부긔단＃엇왜퉌잔잔반＃의칭안＃칭싱칸＃＃역＃쩐＃＃＃둥시＃역쏸더＃찌역쥬쒜의＃＃쥐＃신리썅＃＃＃＃쥐예이＃＃＃＃녕나궈＃＃인웨＃＃쥑쎄＃＃앤신히

第三編　會話　145

지＃＃썅쯔쌉＃쟈리＃＃＃＃쌋앙＃의칭＃] 혼 분 老人이 有혼 듸 집이 미우 饒富혼지라, 그가 三子를 두엇눈듸 혼루눈 그의들을 [을] 불너 압헤 안치고 家産을 分給홀시 져분 老人이 平日에 특별히 스랑호눈 金剛石 반지가 잇셔셔 그의들을 쥬랴눈듸 그가 싱각호되, 쪼기랴 혼즉 쓰지 못호고 혼 스룸만 주랴 혼즉 편벽된지라. 일어호즉 혼 方法을 싱각호고 곳 그의덜의게 分付호되 닉가 너의들게 三個月限을 쥬니 너의들은 각기 나가셔 高尙혼 일을 호되 만일 미우 죠흔 者가 잇스면 곳 반지를 쥬깃노라 호민, 그의들이 모도 나갓다가 三個月이 지난 後 모도 도라와셔 맛아들이 곳 말호되, "나눈 혼 곳 市場에 가셔 머무눈듸 혼 시골 스룸 쟝亽호눈 이가 數十個箱子의 金銀財寶를 갓다 나의게 맛기고 작정호기를 一個月後에 곳 차즈 가깃다 호기로 닉가 곳 맛헛더니 期限이 지나도 도모지 차즈가 눈 者가 업셔셔 닉가 미우 이상호게 여긔여 곳 스룸을 보닉여 알아본즉 意外에 그 스룸이 數日前에 病으로 죽고, 그 집 스룸들도 쏘혼 他處에다 寶銀 둔 일을 아지 못호눈지라. 일어혼 정형으

로 보면 져 財物은 참 나의 물건이니 인제는 큰 富者라 ㅎ깃스나 그러나 늬 마음에 싱각흔즉 이것은 곳 非義之財라. 엇지 能히 가지리오 ㅎ야 곳 흔 쟝 편지를 쓰고 數十箇箱子와 갓치 그의 집으로 보늬 쥬엿스니 이것이 高尙흔 일이 아님잇가?"

那個老翁説: "你若是昧起那個東西不是跟賊一個樣麼, 那不過是一個正直罷了。" [##롸웡웨늬숴#메치#####쩐제##양#나부궈###졍즤##] 져 老人이 말ㅎ되, "네가 만일 그 물건을 속엿스면 盜賊과 ㄱᆺ지 아니ㅎ냐. 그것은 不過 正直홀 쑨이로구나."

第二個又説: "我出去走路的時候過了一個河, 有一個孩子在河沿兒正頑兒。忽然栽了個筋斗, 就躺下掉在水裏去。我看這個很着急, 跑到那兒去, 不顧自己身上的衣服, 就跳下去救他的性命了。這不是高尙的事情了麼?" [듸##여워워 추춰뽀루#웨#####허여##히#억#얜##완#후산억##싇쭈직탕샤닫억워 리#워칸###좌즤파#나###쑤쯔지쩐얭#이왁직탄샤#직타#싱밍####쌴양#쎡츌[억]①##]

돌[둘]직 아달이 ᄯᅩ 말ᄒᆞ되, "나는 나아가셔 길 갈 쩍에 흔 河水를 건너는듸, 흔 아희가 물가에셔 놀다가 忽然히 곡그러져② 근두박질ᄒᆞ야③ 곳 잡싸져 물에 싸지는지라 늬가 이것을 보고 미우 죠급ㅎ야 급히 쒸여가셔 自己身上에 衣服을 不顧ㅎ고 쒸여 날여가셔 그의 生命을 救ᄒᆞ엿스니, 이것이 高尙흔 일이 아임잇가?"

那個父親又説: "那是人人都可以做的事情了, 何必你一個人做的呢?" [##얔친역웨##싄#커##워####허쎄늬###워##] 그의 父親이 ᄯᅩ 말ㅎ되, "그것은 스룸마다 모도 할 일이라. 何必 너 흐낫 스름만 ᄒᆞ깃느냐?"

末末了兒的就説: "我是騎着馬出門去了。有一天, 因爲多貪走路, 過了客店到了一個地方, 四周圍都是山, 竟是冷冷淸淸的地方。天又黑上來了從一個山嶺兒過去, 正走的時候, 忽然馬一嚇驚了一跳, 幾乎把我掉下去。我趕緊的下着馬一瞧, 有一個人擋着道兒

---

① 발음 오기.
② 곡그러져: 栽. 고꾸라져. 넘어져.
③ 근두박질ㅎ야: 筋斗. 곤두박질하여.

길 만히 가기를 탐ᄒᆞ야 客店을 지나 놋코 흔 군듸를 일으니 四方의 周圍가 모도 山이오. 맛참닉 쓸쓸 흔 地方이오, 날이 쏘 어두엇ᄂᆞᆫ듸 흔 고기로브터 지나굴 쩍에 忽然히 말이 깜짝 놀닉여 펄젹 뛰여셔 거위[3] 써러질 번ᄒᆞ다가 급히 말게 나려 보니 흔 스룸이 길을 막어셔 두러누은지라. 이러케 夜深흔 쌔에 이것이 스룸이냐, 鬼神이냐? 갓가히 가셔 흔 번 ᄌᆞ셰히 본즉 意外에 나의 원슈 잇는 스룸이 슐을 먹고 미우 취ᄒᆞ야 잡바져 ᄌᆞᄂᆞᆫ지라. 닉가 心中에 싱각ᄒᆞ되 그놈을 쥭여셔 원슈를 갑흐랴. 졍히 됴흔 機會라 ᄒᆞ야 졍히 싱각 홀 쌔에 흡ᄉᆞ히 붓쳐님이 몸 우에 강님ᄒᆞᄂᆞᆫ 듯ᄒᆞ야 앗가 싱각ᄒᆞ든 악흔 마음은 모도 九天雲外에 이져 바리고 忽然히 仁心이 發生ᄒᆞ야 그를 흔드러 씨우고 前後에 ᄉᆞ정을 말ᄒᆞ야 푸러 바리고 그들[를] 노와 보닛스니 이것이 高尙흔 일이 안닙닛가?"

那個父親就聽這話, 就哈哈的笑說: "你真是個作高尚的事情了. 再沒有比你強的呀." 說完了就給他戒指兒了. [##ᄨᅡᆯ친쥬##화

躺下了。這麼個夜静的時候, 這是人哪, 鬼呀？走到跟前一細瞧, 敢情是和我有仇的人喝酒很醉, 躺着覺睡了。我心裏想着, 要殺他報仇麽, 正是好機會了。正想着的時候, 好像佛爺降在身上一個樣, 剛纔想着的那個歹心都忘在九霄雲外。忽然間生了惻隱之心, 抱他攬醒, 把前後的事情說合, 就放他走了。這不是高尚的事情麽？"[머#롿##쥬###치#마######인웨둬탄쮸루##커뎬####앵쓰젹워쭈#쌴징#렁#칭##듸앵톈역희#릴링〔라〕[1]웡###링####쮜#의훠후산마#쌰징##탼지###댠쌰##깐진####챠역###쌍#단######예징#의####나웨야쮸#쩐쳰#의챠쌴칭##히#쥑##허쥑#웨######신리쌍#얀아타반쥑#셩##지######의##쌍예예쟝의쩐양##양쌍역쌍####써신쭈왕의직쌷위왜후산졘엉#여인긔신##챤싱#쳰####허쥑앵타쮸####쏘앙#의칭#]

말지아달[2]이 곳 말ᄒᆞ되, "나는 말을 타고 나아가ᄂᆞᆫ듸, 하로는

───────────────
[1] 발음 오기.
[2] 말지아달: 末末了兒的. 막내아들.
[3] 거위: 幾乎. 거의.

쥬하##쌴##쩐##웨쏘앙##
칭#억메#쌔늬챵#아워완##쎄
타졔즤##] 그의 父親이 곳 이
말을 듯더니 곳 하하 우스며 말ᄒ
되, "너는 참 高尙ᄒᆞᆫ 일을 ᄒᆞ얏구
나. 다시는 너보담 나은 者가 업
겟다." ᄒᆞ고 말을 맛친 후 반지를
곳 그의게 주엇슴니다.

第六十九課 戒友酒色 [듸루읜쥬키 [커] 졔유쥬읙]

老弟, 你是個明白的人哪, 怎麼這
麼樣呢? 我告訴你, 古人說的話
是萬不錯的。酒是亂性害命的,
色是迷人傷財的。就以現在你
所好的這兩樣兒說, 在當時的時
候是何等樣的快樂, 過後兒想起
來遭蹋錢, 遭蹋身子, 耽誤了許
多的事情, 得罪了許多的朋友。
這是甚麼樣呢? [롸듸늬읜거밍
비##나쩐#저#양늬워쏘우#
쭈신워#화#완부워#쥬#롼싱
히밍#읙#미#양엑#쥬이쎤##
쒀###량####읜#읜###
쎵양######읜#쏘타###
쩐#짠우#쉬둬#읜칭더웨#쒜
둬#펑유####양늬] 老弟야,
자네는 明白ᄒᆞᆫ 사롬인듸 엇지 이
모양인가? 늬가 자네게 말ᄒᆞᆷ졔.
古人之言이 萬에 一도 글으지 안
이ᄒᆞ니 '술은 亂性害命ᄒᆞ는 것이
오, 色은 迷人傷財ᄒᆞ는 것이라'
ᄒᆞ얏스니, 자네 지금 이 두 가지
죠와ᄒᆞ는 것으로 말ᄒᆞ면 當時에
는 何等에 快樂이라 ᄒᆞ겟지마는
지나고 싱각ᄒᆞ면 돈 업시고 몸
바리고 許多ᄒᆞᆫ 일을 그릇치고 許
多ᄒᆞᆫ 朋友에게 得罪를 ᄒᆞ니 이것
이 무슴 모양인가?
大哥, 您教導我的話真有點兒屈我
的心。這兩件事情, 我固然是有
的, 也不過是逢場做戲的, 應酬朋
友們罷咧。若按您這麼一說, 我
不成了酒鬼、色迷了麼? 我有誤
過甚麼事情, 得罪那個朋友, 不知
道那個嘴大舌長的人給我編造這
些没影兒的瞎話, 特意吹到您的
耳朵裏, 好叫您一件一件的指着
勸勸我。這真是委屈我呀。[따
거넌쟌단##화쩬유뎬#취##
신#량졘읜칭#꾸산#유#예
부##영창워읜#영쳐펑[펑]유#
쌔레쉬안넌####청#쥬웨
읙미###########
펑유부즤###따엥①창##쎄
워쩬쏘#쎄#영##샤화터이얶#
넌#얼둬리#쟌##젼###즤쥐

① 발음 오기.

찬###졍①#웨춰워야] 형님의 敎訓ᄒ시ᄂ 말솜은 참 나의 마음에 조금 억울ᄒ니다. 이 두 가지 일이 果然 잇기는 ᄒ나 不過는 逢場에 作戱ᄒ야 朋友間에 應接홀 ᄯᅮᆫ이오. 만일 형님게셔 일 엇케 ᄒ시ᄂ 말솜 갓타셔ᄂ 닉가 酒鬼나 色迷가 되지 아니ᄒ얏슴 잇가? 무슨 죄를 언의 친구에게 지엿슴잇가? 몰으겟슴니다마ᄂ 엇더훈 쥬둥이 싼 스름이 나의 게 열어 가지 그림쟈도 업ᄂ 거진말을 지여닉여 형님의 귀에 들어가게 ᄒ야 형님으로 낫ᄉ치 집어닉여 나를 권ᄒ시니, 참 닉게 억울케 ᄒ심니다.

老弟, 你不必生氣。我知道你也必不是這樣的人, 但是我既然聽見, 咱們這樣兒的交情, 豈不上緊的勸你麼? 也不過是叫你有則改之, 無則加勉的意思啊! 你筭是年輕的, 應當不知道這兩樣害處的詳細。我告訴你罷, 我筭是過來的人了, 當初我在二十歲的時候兒, 真比你現在鬧的還利害。和朋友們一塊兒喝上酒, 誰肯讓誰呢? 從晌午喝起到半夜還没完, 從喝酒以來甚麼都不吃。你想, 這身子受傷不受傷? 至於和朋友搭〔搭〕伴兒出去打茶圍去, 那些個女們搽胭摸粉兒、首飾打扮、衣服講究的樣子, 一看實在離不開的呀, 這時候把金錢彷彿揚水似的花完了。我如今想起來越想越氣, 你看我, 我現在不過是四十多歲的人, 身子就這麼樣兒, 豈不是年輕的時候兒没出息的緣故麼? 所以我現在聽見人說, 你也要入這個道兒, 不能不着急的勸你。若等到你的身子落了這個坑裏〔裏〕的時候纔勸你, 恐怕再不容易跳出來的呀。[랃듸#부쎄엉치#즤##예##의#양##짠##즤산튕젼〔젼〕###양##쟈칭치#양진#챤##예부###여쎼싀 즤우#쟈멘# 이쓰아# 쌴##칭#영쌍#즤##량양히 추#썅시#ᄭᅩ우#바##귀릐 ##쌍추###쉐#의##션쎄늬쎈#났#히리히히펑여 먼#쾌#허앙쥭숴컨상워 늬웅 앙우#치#쌴예히메완### 이릐##ᄯᅩ부츼#썅#연쯔약 앙###위히#여쟈쌴### 쟈차###쎄거 뉴 먼 차옌 머옌 #약의 쟈 쌴 이 약 쟝쥭# 양 쯔# 칸 의# 리# 키# 야# 의# 쌔 진 쳰영약 양워 쓰#화완##수진

---

① 발음 오기.

쌍치릐웨##치#칸##셴〔셴〕의〔에〕부####둬웨#싄언쓰좌####치###칭#의####의#웬쑤#쒀이#쎄#팅젼#워#예야수##단##넝#죠##챤#숴#####롼###컹####역챤늬쿵파역#융이롼추릐#야] 老弟야, 자네는 노여워홀 것이 아닐식. 나도 자네가 이러호 스름으로 아지는 아니호나 既往 네가 드른지라, 우리 이러호 交情에 엇지 緊緊호게 자네를 권치 아니호겟나. 쏘호 不過是 자네로 호야금 잇시면 고치고 업스면 加勉호라는 意思일세. 자네는 年少호 터이닛가, 응당이 두 가지 害處에 詳細호 것을 몰으리. 내가 자네게 말흠세. 나는 다 지나 본 사름일세. 當初 네가 二十餘歲쯤 된 쩍에는 자네 지금 써드는듸 比호면 더 심호다 호깃네. 친구와 갓치 슐을 먹으면 누가 누구를 스양호깃나? 午時브터 먹기 시작호면 밤즁이 되여도 씃이 아니 나고 슐만 먹기 시작호 후로는 아무 것도 먹지 아니호엿스니, 자네 싱각호야 보게. 이 몸이 傷호엿겟나 傷치 아니호엿깃나? 또 친구와 作伴호야 나아가셔 妓生의 집에 가면 그 여러 계집들, 臙脂 찍고 粉〔粉〕 발은 것과 首飾에 모양닌 것이며, 衣服에 치례호 모양을 호 번 보면 춤 써날 슈 업데그려. 이쩍에는 金錢을 彷彿히 물 쓰듯 호야 다 쓰고, 내가 至今 싱각호즉 싱각홀스록 긔가 나네. 자네는 나를 보게. 내가 不過 四十餘歲에 내 몸이 이 모양 되얏스니, 엇지 年少호 쩍에 지각 업시 호 緣故가 아닌가. 그러호 바로 내가 至今 남의게 들으니 자네도 일어호 誤道에 든다 호기로 不可不急急히 자네를 권호는 것일세. 만일 자네 몸이 이러호 구덩이에 쌔진 뒤에 권호야셔는 두렵건듸 다시 容易호게 쮜여나지 못홀가 호는 것일세.

柳廷烈 著作

修正
獨習
漢蒜指南

朝鮮圖書株式會社 發行

凡例

一、中國言語、有四處方言、一官話、二南方話、三滿洲話、四嶺南話、而此書、特取官話編纂

一、官話中、有四聲分別、上平、下平、上聲去聲也、爲其易曉、每字傍、加圈爲票圈在左下、爲上平、在左上爲下平、在右上爲上聲、在右下爲去聲列如 上聲。下平。長。上平 去聲

二、聲之上而重者、上平也、聲之下而輕者、下平也、聲之上而猛烈者、上聲也、聲之去而哀遠者、去聲也

一、爲其語意之易解以朝鮮語、翻譯其下爲其字音之易曉亦以鮮文註懸字傍

一、鮮文中不隨常例、特用別法、例如낚(나오)合音붜(너우)合音봐(바아)合音붸(버어)合音뿨(버어)合音쒀(싸어)後皆倣此사

(라아)合音捲舌音ᄸ(러어)合音ᄻ(루이)皆倣此와(돠와)合音捲

一、舌音쉬做此쉬(수쉬)合音唇齒聲쉬쉬皆做此或有一字二音、因其活用而變者也、亦隨其應用、註懸字傍一例如(了字)랴 랼(學字)쌀、쒀等也

目次

數目部 一
四季部 二
禮拜部 三
月份部 三
日期部 四
時辰部 四
月期部 六
天文部 八
地理部 一
方向部 三
人事部 一七
工商部 一九
身體部

房屋部 二三
像伙部 二五
衣裳部 三〇
飲食部 三一
菜穀部 三四
走獸部 三六
飛禽部 三七
魚介部 三八
虫子部 三九
草木部 四二
金石部 四四
郵政電報局銀行部 四六
城府部 四八
車船部

會話之部 一至六十九

- 陸軍部 … 五〇
- 海軍部 … 五六
- 散語之部 一至五十
- 散語 … 六〇
- 學房 … 一八三
- 莊稼人的兒子 … 一八四
- 春景天 … 一八五
- 蜂蝶 … 一八七
- 方向 … 一八七
- 晚晴 … 一八九
- 田家 … 一九〇
- 孩子 一至二 … 一九一

- 四季 … 一九三
- 雞 … 一九五
- 牛馬 … 一九六
- 懶惰的 一至二 … 一九八
- 房子 … 二〇一
- 園子 … 二〇二
- 家裏 一至二 … 二〇四
- 馬 … 二〇六
- 麥子 … 二〇八
- 信局 … 二〇九
- 孝子 … 二一〇
- 學生 … 二一一
- 自鳴鐘 … 二一三

晝夜	二一五
狐假虎威	二一六
火輪車一至六	二一八
貪心的	二二一
太陽的力	二二二
虹	二二三
葡萄	二二四
秋景	二二五
水粳子	二二六
上山逛逛	二二八
松竹間	二四〇
米麵	二四二
烏蛤	二四四
母親的心	二四六
公鷄爭鬭	二四八
縣城裏	二四九
打圍的	二五一
猴兒	二五三
雪景	二五六
洋火	二五七
伶俐奴才	二五九
海魚開會	二六二
窓友問病	二六四
我們的學生	二六五
狼心	二六七
飯館子	二六八

學生省親 … 二七一
春天約逛 … 二七三
火輪船 … 二七六
送行的 … 二七九
螃蟹和長蟲 … 二八一
電報局一至二 … 二八四
狐求狼 … 二八九
財神廟 … 二九一
小俚驢鞋 … 二九五
貓吃虎肉 … 二九七
聾翁取笑 … 三〇二
三子分家 … 三〇五
戒友酒色 … 三一二

目次 終

獨習漢語指南

數(쑤)目(무)部(부)

九쥐 八째 七치 六류 五우 四쓰 三싼 二얼 一이

아홉 여덜 닐곱 여섯 다섯 넷 셋 둘 하나

九쥐 八째 七치 六류 五우 四쓰 三싼 兩량 一이 十쎠
個거 個거 個거 啊아 啊아 個거 個거 個거 個거

열
한기 두기 세기 네기 다섯이오 여섯이오 닐곱기 여덜기 아홉기

獨習漢語指南 (2)

十個 쎄거	第一 띄이	第十 띄스	第一百 띄이바	第一號 띄이화	第二號 띄얼화	第三號 띄싼화	幾個 지거	一半 이반	多少 뒤쌰	來幾個 리지거
열개	第一	第十	第一百	一號	二號	三號	몃개	절반	얼마	近十個

好些個 화쎄거	十餘個 스뒤거	很多 헌뒤	許多 쉬뒤	三分之一 싼앤즈이	四分之三 쓰앤즈싼	三萬多 싼완뒤	四季部 쓰지부	春天 춘뗀	夏天 쌰뗀	秋天 츄뗀
미우여러개	十餘個	甚大	許多	三分의一	四分의三	三萬餘		봄	여름	가을

獨習漢語指南　(3)

禮拜部부

冬둥 天롄

禮리拜비 一이
禮리拜비 二얼
禮리拜비 三싼
禮리拜비 四쓰
禮리拜비 五우
禮리拜비 六루

月份部

正月쩡웨 (一이웨)

겨울

日曜 月曜 火曜 水曜 木曜 金曜 土曜 正月

二얼月웨
三싼月웨
四쓰月웨
五우月웨
六루月웨
七치月웨
八새月웨
九쩌月웨
十싀月웨
十一이月웨 (冬둥月웨)
十二얼月웨 (獵라月웨)

二月　三月　四月　五月　六月　七月　八月　九月　十月　十一月　十二月

獨習漢語指南　(4)

日期部

初一(이이)號화
初二(얼이)號화
初三(싼이)號화
十(스)號화
十一(스이)號화
二十(얼이)(스)號화
三十(싼스)號화 (月底웨디)
一秒鍾(이땨오쭝)
一分鍾(이펀쭝)

初一日
初二日
初三日
初十日
十一日
二十日
三十日
一秒鍾
一分鍾

時辰部

一刻(이커)
一点鍾(이뎬쭝)
兩下兒(량쌰얼) 二点鍾(얼뎬쭝)
早起(짜오치)
天亮(톈량)
朦朦亮兒(멍멍량얼)
白晝(비쪄)
晌午(쌍우)
黃昏(황훈)
晚上(완썅)

十五分
六十分
두뎜鍾　十二時
아참
날발거
먼동트기
白晝
낫
黃昏
初夕

習漢語指南 (5)

漢語 (발음)	한국어
黑해下쌰 / 夜예裡리	어두어
夜예半쌘	夜中
上쌍半쌘天텬	午前
下쌰半쌘天텬	午後
前쳰半쌘夜예	子正前
後후半쌘夜예	子正後
今진天텬(今진兒얼)	今日
明밍天텬(明밍兒얼)	明日
後후天텬(後후兒얼)	後明日
大따後후天텬(大따後후兒얼)	後後明日
昨쭤天텬(昨쭤兒얼)	昨日

漢語 (발음)	한국어
前쳰天텬(前쳰兒얼)	再昨日
大따前쳰天텬(大따前쳰兒얼)	再再昨日
半쌘天텬	半日
整쪙天텬家쟈	終日
隔거一이天텬	間一日
每메天텬(每메日)(見天)	每日
天텬々兒얼(쳰텬)	날마다
前쳰一이個거웨月	一個月前
前쳰兩량個거웨月	二個月前
上쌍禮리拜비	前週日
下쌰禮리拜비	다음週日

獨習漢語指南　(6)

| 前쳰年녠 | 去취年녠 | 今진年녠 | 明밍年녠 | 後허年녠 | 現셴在짜이 | 目무下쌰 | 立리刻커 | 馬마上쌍 | 剛깡纔처이(方쌍纔처이) | 上썅回회이 |

| 前回 | 앗가 | 즉금 | 즉각 | 目下 | 現今 | 後年 | 明年 | 今年 | 去年 | 再昨年 |

| 向썅來래 | 將쟝來래 | 這저程청兒얼子쯔 | 工꿍夫우兒얼 | 已이經징 | 多뒤嚕짠 | 回회頭투 | 這저時스候허 | 天뎬 | 天뎬上쌍 |

天뎬文원部부

| 從來 | 將來 | 이동안 | 동안 | 벌서 | 언제 | 잇다가 | 此時 | 天 | 空中 |

獨習漢語指南　(7)

太陽(日頭) 타양(일터우) — 日
晴天 칭톈 — 晴日
陰天 인톈 — 陰日
太陽地裡 타양디리 — 向陽地
日頭地裡 시터우디리 — 向陽地
陰涼兒 인량얼 — 근늘
月亮(太陰) 웨량(타인) — 月
月芽兒 웨야얼 — 初生月
星星兒 싱싱얼 — 星
雲彩 윈처 — 雲
雨 위 — 雨

雪 쉐 — 雪
霜 솽 — 霜
雹子 바쯔 — 우박
霧 우 — 안기
露水 루쉐 — 이슬
風 펑 — 風
順風 쑨펑 — 順風
頂風 딩펑 — 逆風
開天氣 카이톈치 — 요란흔日氣
大風 따펑 — 大風
冰楞 빙렁 — 고도롬

虹 성熟 어 頂 성 閃 앤 雷 레天 伏 액季 節 제 春 춘分 앤 夏 싸至 직 秋 취分 앤 冬 둥至 직 黃 황梅 메節 제

무지기 데일더워 電 雷炎 伏序 節 春分 夏至 秋分 冬至 黃梅節

凍 둥氷 셍 晴 칭 陰 인 化 화了 라 世 셔界 제 旱 한地 듸 旱 한路 루 山 싼 火 회山 얀 礦 쾅鑿 얁

地 듸
理 리
部 부

成氷 晴 陰 녹아다 世界 陸地 陸路 山 火山 礦山

獨習漢語指南 (9)

山嶺兒	산딩이
山峯	산뼁
山腰	산야
山根兒底下	산쎤얼 되쎄
山坡兒	산피얼
山澗兒	산젼얼
土坡子	투피쓰
道兒	딸얼
大道	따딸
小道	쌴딸
岔道	차딸

고기
봉오리
山중칙이
山下
山坂
山谷
언덕
길
大路
小路
갈님길

抄道兒	찬딸얼
抄近的道兒	찬진듸 딸얼
繞道	와딸
窪道兒	와딸얼
街上	졔샹
衚衕	후퉁
道兒上	딸얼샹
路上	루샹
十字路	씌쓰루
丁字路	뎡쓰루
河	허

줄음길
近道
도난길
웅덩이길
힝길
골목
道中
路上
十字路
丁字路
河水

獨習漢語指南　(10)

小쌀河허　橋챠　浮역橋챠　木무頭두橋챠　石씌頭두橋챠　鐵데橋챠　海히　大써洋양　海히面몐上쌍　海히島얻　沙사灘탄

小河　橋　舟橋　木橋　石橋　鐵橋　海水　大洋　海上　海島　沙場

海히邊삐兒얼　海히口커　碼마頭두　棧잔橋챠　海히潮챠　潮챠田뎬　水쉬田뎬　莊장稼자地디　自쓰來티水쉬　池츠子쯔　水쉬

海岸　海口　港口　棧橋　海潮　潮水　畓　農莊　機械水道　묫　水

獨習漢語指南 (11)

湖후 瀑포 泉촨 水쉐 水웨 石쉐 大따 小쌰 泥늬 土투 砂와
。 布부 水쒜 源웬 坑컹 頭투 石여 石여 土(천 子쯔
       (井   子쯔   頭투 頭투 塵
        水웨)   埃)이

湖水 瀑布水 우물물 水源 물웅덩이 돌 大石 小石 泥土 몬지 몰티

明망 暗안 護후 擺세 地듸 海희 東둥 西시 南난 北뻬
溝꺼우 溝꺼우 城청 渡두 動둥 嘯쌰우 方向部부
       河허 口커우   (海
                    笑쌰우)

無蓋溝 隱溝 城壕 渡船口 地震 海嘯 東方 西方 南方 北方

獨習漢語指南 (12)

左^쭤 右^여 前^첸頭^투 後^후頭^투 裡^리頭^투 外^왜頭^투 傍^팡邊^삔 這^저邊^삔兒^얼 那^나邊^삔兒^얼 那^나邊^삔兒^얼

上^쌍中^중下^싸

左側 右側 前 後 上中下 內 外 傍 此邊 彼邊 어듸

隔^께壁^삐兒^얼 橫^형的^듸 堅^수的^듸 拐^꽤灣^완兒^얼 嘎^까拉^라兒^얼 正^정中^중間^젠 正^정對^듸面^멘 斜^쎄對^듸面^멘 男^난人^신(爺^에們^면) 娘^냥兒^얼們^면

人^신事^의部^부

接隣 橫者 直立者 모둥이 구석 正中間 正越便 斜越便 男等 女

人事部

漢語	指南
姑娘(쑤냥)	아가씨
小孩兒(쌰히얼)	어린아히
年輕的(녠칭듸)	少年
父母(뿌무) 媽媽(마마)(雙親)	兩親
祖母(주무) 奶奶(내내)	祖母
婦女(뿌뉘) 女子(뉘쯔)	女
小子(쌰쯔) 小孩子(쌰히쯔)	男孩
妞兒(뉴얼) 女孩兒(뉘히얼)	女孩
丫頭(야퉈)	使喚女孩
老頭兒(란투얼) 老的(란듸)	老人

漢語	指南
父親(뿌친)(爹爹(데데))	父
祖父(주뿌)(爺爺(예예))	祖父
兒子(얼쯔)	子
孫子(순쯔) 孫女兒(순뉘얼)	孫及孫女
弟兄(디슝) 哥兒弟(꺼얼디)	兄弟
姐姐(제제) 姊妹(쯔메) 姐妹(제메)	姊及妹
叔伯(수베) 弟兄(디슝) 叔叔(수수)	從兄弟
大爺(따예) 叔伯(수베) 叔叔(수수)	伯父及叔父
姪兒(즈얼) 姪女(즈뉘)	男姪及女姪
丈夫(쟝부) 男人(난신)	家丈

獨習漢語指南　　（14）

令尊(링쭌)	稱人父
令堂(링탕)(老太太 란타이타)	稱人母
夫人(뿌신)(太太 타이타)	稱人妻
乾爹,乾媽(센데,센마)	收養父及母
乾兒子,乾女兒(센얼쯔,센뉘얼)	收養子及女
家兄,舍弟(쟈싱,셔디)	稱自己兄弟
令兄,令弟(링싱,링디)	稱人兄及弟
如夫人(수부신)	稱人小室
姑姑(구구)(孀子 솽쯔)	伯叔母
姨父,姨媽(이뿌,이마)	姨父母
媳婦兒(시뿌얼)	妻
親戚(친치)	親戚
朋友(펑여우)	朋友
皇帝(황디)(萬歲爺 완쒜예)	皇帝
皇后(황허우)(娘娘)	皇后
皇太后(황타이허우)	皇太后
皇太子(황타이쯔)	皇太子
親王(친왕)(王爺 왕예)	親王
中堂(쭝탕)	大臣
民人(민신)	百姓
文官(원꽌)	文官
念書人(녠슈신)	션비

獨習漢語指南 (15)

牙ᅇᅣ大ᄲᅥ夫ᅋᅮ	齒醫
和ᅘᅥ尙쌍	僧
敎쟌習시做ᄶᅩ官쫜的디(當差使)	敎官人
巡쓘警징	巡查
帶때兵ᄲᅵᆼ官쫜	軍官
大따夫ᅋᅮ(醫生)	醫師
士ᄯᅮ大따夫ᅋᅮ	獸醫
道ᄄᅶ士ᅀᅳ	道士
先셴生성	先生
學셰生성	學生

唱챵戲ᅙᅵ的디	演劇者
經징紀지	仲介人
掌쟝櫃쒜的디	掌財者
夥훠計지	差人
訟숭師스(大律師)	辯護士
店뎬東둥	店主
剃티頭터的디	理髮師
衙ᅀᅣ役ᅵ	衙門使喚人
强챵盜ᄄᅶ	强盜
匠쟝人ᅀᅵᆫ	工匠
買매賣매人ᅀᅵᆫ	營業人

南指語漢習獨 （16）

東家^{동자}（主人^{주신}）	主人	
書辦^{쓔밴}	書記	
徒弟^{투디}	弟子	
房東^{빵둥}	戶主	
厨子^{추쯔}	掌飲食者	
帶道的^{따딴딴}	道路引導者	
賊^제	盜賊	
雇工^{꾸꿍}	雇工	
使喚人^{쓰환신}	使喚人	
車夫^{처푸}（拉車的^{라처디}）	車夫	
底下人^{디씨신}	下人	

奶娘^{나냥}	乳母	
苦力^{쿠리}（挑夫^{탸푸}）	삯군	
小綹^{쌰리}	슬이도젹	
百姓^{재싱}	人民	
管車的^{꽌처디}	車掌	
站夫^{잔푸}	驛夫	
馬夫^{마푸}	牽馬者	
趕車的^{깐처디}	御者	
跟班的^{껀빤디}	駙從	
老婆子^{라파쯔}	老婆	
跑堂兒的^{퐈탕얼디}	料理店下人	

花子 화즈 거지 시골사람
鄉下人 썅하신 驛長 시골사람
站長 잔장 郵便配達人
送信的 쑹신듸

工商部 궁샹부

舖子 푸즈 商店
洋行 양항 西洋物品專門大商店
錢舖 쳰푸 錢交換買賣舖
書舖 슈푸 冊肆
雜貨舖 자훠푸 雜貨商店
綢緞舖 쳐돤푸 紬緞舖

茶舘兒 차괄얼 茶店
戲舘子 시꽌즈 演劇場
木匠 무쟝 木工
洋鐵舖 양톄푸 洋鐵舖
公司 궁쓰 會社
銀行(銀號) 인항(인햐ᅩ) 銀行
當舖 댱푸 典當局
藥舖 야ᅡ푸 藥局
洋貨舖 양훠푸 洋貨店
酒舖 쥬푸 酒店
飯舘子(飯莊子) 판꽌즈(판좡즈) 料理店

獨習漢語指南 (18)

木廠子 무챵쯔 — 材木廠
泥水 늬쉐이 — 濁水
磨坊 머빵 — 造粉所
染坊 산이빵 — 染色所
洗衣舖 시이푸 — 洗濯所
裱糊匠 뱌오후쟝 — 塗褙匠
裁縫 차이뺑 — 裁縫
造坊 짤빵 — 製造所
煤舖 메푸 — 石炭商店
烟舖 옌푸 — 烟草屋
靴子舖 쎼쯔푸 — 洋靴舖

磁器舖 쓰치푸 — 砂器店
水果舖 쉐이꿔푸 — 生果物廛
鍾表舖 쭝뱌오푸 — 時計舖
照像館 쟌샹꽌 — 寫眞館
屠戶 투후 — 賣肉家
賣魚的 마이위디 — 賣魚者
客店 커뎬 — 旅館
擡桶的 타이퉁디 — 둥메장스
洋衣舖 양이푸 — 洋服店
文具舖 원쥐푸 — 文房舖
点心舖 뎬신푸 — 菓子舖

獨習漢語指南

身體部 (신톄부)

心	신	心
臉上 (臉面)	쌍	얼굴
腦子	노쯔	골
腦門子	노먼쯔	額
鼻子眼兒	쎄쯔 안얼	코구멍
眼睛	얀징	눈
眼球兒	얀쳐얼	눈망울
嘴唇兒	쮀춘얼	입살
槽牙	찰야	억음니
身子	션쯔	몸

腦袋	노따	頭骨
頭髮	투야	머리털
鼻子	쎄쯔	코
眉毛	메마	눈섭
眼皮子	얀피쯔	눈가죽
嘴	쮀	입
牙子	야쯔	니
門牙	먼야	압니
垢牙花兒	쿠야화얼	썩니똥
舌頭	셔투	舌

獨習漢語指南　（20）

耳朶 얼도	귀
下巴頦兒 쌰바커얼	아티턱
嗓子 쌍즈	목
肩膀兒 젠방얼	억게
手背 쎼뻬	손등
胳膊 거뻐	팔
指頭 즈터우	손가락
頭泥 터우니	머리씨
牙床兒 야촹얼	니몸
鬍子 후즈	슈염
腮頰 써쟈	쌤

顋幇子 써방즈	볼
脖子 버즈	쪽
手掌 쎼쟝	手
手臂 쎼삐	팔
胳臂肘子 거뻬이쩌우즈	팔북
大拇指頭 따무즈터우	엄지손가락
二拇指頭 얼무즈터우	第二指
中指 쭝즈	第三指
四指 쓰즈	無名指
小拇指 쌰오무즈	第五指
骨節兒 구졔얼	骨節

獨習漢語指南 (21)

大腿 퇴	屁股 피	腰 요	脊梁骨 지	肚臍 뚜	肚子 뚜	心窩 신	奶子 너	腎臟 쓩	拳頭 찬	指甲 지
			背兒 쌔 얼	眼兒 얀 얼			(嬎嬎兒) 와 와 얼	(腎脯子) 쓩 얘 쯔		

| 넙적 | 臀 | 腰 | 膝 | 빅곱 | 腹 | 命門 | 乳房 | 가삼 | 주먹 | 손톱 |
| 다리 | | | | | | | | | | |

脚 잔	波稜蓋兒	脚掌兒	迎面骨	陽物	卵子	皮膚	骨頭	脊梁骨	眼淚	鼻涕
	뽀 렁 세 얼	잔 쟝 얼	영 멘 꾸	양 우	뢴 쯔	피 여	꾸 터	지 량 꾸	얀 뤼	쎄 티

| 足 | 膝 | 脛 | 발싸당 | 陽物 | 囊丸 | 皮膚 | 뼈 | 背骨 | 눈물 | 코물 |

咳커嗽쒸		咳嗽
唾튀沫머		舍
痰탄		痰
大셔(小쐔)便뼨 (추出츄恭쑹下샤溺뇨)		大小便
啞야子쯔		벙어리
聾둥子쯔		귀머거리
瞎쌰子쯔眼얀		장님
一이隻즉眼얀		片眼
殘찬疾지		병신
駝둬背뻬		곱사등
羅뤄鍋꿔		鳩胃

近진視쓰眼얀		近視眼
花화眼얀		眼昏
瘸췌子쯔		절눙바리
獃싸子쯔		멀건이 (無精神氣 굼보)
麻마子쯔		天然痘痕
健젠壯장		健壯
虛쉬弱외		虛弱
病삥		病
肚뚜疼텅		腹痛
頭터疼텅		頭痛
感간冒만(着쟌涼량)		感氣

疙瘩 써써
痢疾 리직
風濕 엥의
膿血 눙세
發燒 빠쌀
出汗 추한
發抖 빠떡
胖 팡
瘦 써
生養 영양

종긔
痢疾
風濕
膿血
發熱
出汗
發戰 (덜々뜬다)
살이나무살갓든것
肥
瘦
養育

打膈兒 써쎄열
房子 빵으
屋子 우으
進路 진루
出路 추루
間數 젠우
屋子 우으
客廳 키팅
書房 수방
飯廳 앤팅

房屋部 빵우부

家屋 국질
方門
入路
出路
間數
방
舍廊
書齋
食堂

獨習漢語指南　（24）

臥房 어빵　厨房 추빵　樓上 루샹　房頂 빵딍／頂兒 딍얼　頂棚 딍펑　地板 듸반　窗戶 창후　隔扇 꺼샨　大門 다먼　後門 훠먼　澡堂 짠탕

寢房　부억　樓上　집련장　반조　마루　들창　판장　大門　後門　沐浴室

馬棚 마펑　毛房 맘빵　院子 왠즈　樓梯 루틔　門扇 먼샨　遊廊 유랑　山墻 싼쟝　籬笆 리새　井 징　花園子 화웬즈　烟筒 연퉁

馬廐　便所　마당　樓梯（層層臺）　門싹　힝랑　墻垣　울　우물　花園　烟筒

傢伙部 자훠부

炕	캉 — 温突 온돌
桌子	쥐즈 — 飯桌子 반쥐즈ㅇ 食桌 식탁
椅子	이즈 — 交椅 교의
橙子	생즈 — 등상
脚踏子	쟈타즈 — 발판
地毯	듸탄 — 담요
席	시 — 자리
鎖頭	쒀두 — 잠을쇠
鑰匙	얕쒸 — 열쇠

團扇 퇀싼	團扇 부채
扇子 싼즈	扇子 부채
眼鏡 얀징	眼鏡 안경
帳子 장즈	帳幕 장막
簾子 롄즈	발
鐘 쭝	掛鍾 괘종
表 뱌ᅌ	時表 시표
表鏈子 뱌ᅌ롄즈	時表줄 시표줄
表鑰匙 뱌ᅌ얕쒸	時表열쇠
定南針 딩난젼	指南針 지남침
寒暑表 한슈뱌ᅌ	寒暖計 한난계

獨習漢語指南 (26)

硯엔臺더
硯엔匣쌔
墨머盒허兒얼
紙지얼兒얼
格서兒얼紙지
筆새
鋼강筆새
石얼盤판
石어筆새
鉛첸筆새
墨머

베루
硯匣
墨盒
紙
印札紙
筆
鋏筆
石盤
石筆
鉛筆
墨

畫화
油여畫화
圖투畫쭈
印인色써
信신紙지
信신套탑
火훠漆치
硯엔水워壺후
水워缸깡
壓야紙지
洋양爐루구쯔

畫
油畫
圖章
印朱
片紙紙
封套紙
封套붓치는洋蠟
硯滴
水瓮
壓紙
煖爐

獨習漢語指南 (27)

| 煤메火훠 | 柴세火훠 | 炭탄 | 火훠油유 | 火훠盆편 | 火훠筷子쾌즈 | 飯앤鍋귀 | 鏟찬子즈 | 飯앤碗완 | 海히碗완 | 盤판子즈 |

| 石灰 | 火木 | 木炭 | 石油 | 火爐 | 火箸 | 釜 | 삽 | 飯碗 | 大碗 | 쟁반 |

| 碟데子즈 | 筷쾌子즈 | 匙최子즈 | 飯앤杓싼子즈 | 錘차子즈 | 刀딴子즈 | 七치星성鑵관兒얼 | 茶차壺후 | 銅퉁吊댜子즈 | 茶차盅융 | 酒쥬瓶핑 |

| 졉시 | 箸 | 匙 | 주걱 | 三叉枝匙 | 刀子 | 약염瓶 | 茶鑵 | 湯水鑵 | 차종 | 酒瓶 |

獨習漢語指南 (28)

水엣盂쎄	酒쥬壺후	碗완	茶차碗완	珈샤琲에	茶차托뒤子	盆핀子쓰	菜쳐刀다	木무桶통	弔댜桶통
비	곱부 酒煎子		茶鍾	砂鉢	茶鍾	盆	茶鍾밧침	珈琲茶碗	식刀	도마	桶	두레박

筈댠篝추	欖돈子쓰	手엣巾진	攄잔布부	灯셩火훠	蠟라燭룡籠룡	蠟라燭셩燈셩	洋양燈셩	自즈來티火훠(洋양火훠)	電덴氣치燈셩
비 몸지쩌리기	手巾	걸네	灯火	초	燈籠	洋燭불	담푸	洋黃	電氣燈

獨習漢語指南　(29)

煤氣燈　메치燈셩
燈罩兒　燈쟢얼
蚊帳　윈장
小刀子　쌰鬥子
剪子　젼즈
剃頭刀　티투鬥
磨刀石　머鬥의
臉盆　롄펀
胰子　이즈
刷牙子　쏴야子
刷牙散　쏴야싼

煤氣燈
燈皮
蚊帳
囊刀
가위
理髮刀
숫놀
티야
비누
니솔
磨齒粉

牙籤兒　야쳰얼
牀布　촹부
台蓋　티가이
鋪蓋　푸가이
褥子　우子
枕頭子　젼투子
毡子　잔子
包袱　빠오푸
口袋　쿠袋
鏡子　징子
攏子(箆子)　룽子

니쑤시기
평상
床袱
너부자리
요
베기
설담
보ㅈ
젼딕
보
거울
眞梳

獨習漢語指南 (30)

木梳무쥬 刷子쌰즈 尺頭최토우 秤子청즈 斗쪽 匣子쌰즈 激筒지통 褂子쐐즈 外褂왜쐐 馬褂마쐐兒얼

衣裳部 이쌍부

얼에빗 솔 尺 져울 斗 무자위 두루마기 外套 마괘조

摺紋쩍원 砍肩兒칸젠얼(背心뻬신) 褲子쿠즈 汗褟兒한타얼 襪子와즈 領子링즈 領帶링때 帽子마즈 靴子쒀즈 鞋쎄 手套쎡탕

쥬룸 쪽기 바지 삼박기 버션 깃 동정 모자 목화 신 掌甲

獨習漢語指南

手帕子 역파즈　鉗子 쳰즈　戒指兒 졔직얼　鐲子 쥐즈　絲線 딴셴　針 션　線 셴　絲線包 쓰셴보　頂針包 딩허보　烟荷包 옌허보　烟捲兒盒子 옌잔얼허즈

女子손手巾　耳環　반지　팔지　실　바늘　면주실　골무　쌈지　捲烟匣

兜兒 부얼　袖子 슈즈　鈕子 누즈　鈕子 누즈　　　早飯 짤엔　响飯 상엔　晚飯 완엔　打尖 따쪤　麵包 몐보　點心 뎬신

眼兒 옌얼

飮食部 부

冊羅　소매　단초　단초구멍　　朝飯　午飯　夕飯　中火참밥　麵包　菓子

獨習漢語指南 (32)

飯	앤	飯
牛肉	뉴	牛肉
羊肉	양	羊肉
鷄肉	지	鷄肉
猪肉	주	猪肉
魚	웨	魚
火腿	훠	鹽猪肉
喝的東西	허듸등시	마시는물건
開水	캐	쓸인물
茶	차	茶
酒	쥬	酒

三便酒	싼펜쥬	三便酒
紅酒	홍	葡萄酒
麥酒	미	麥酒
黃酒	황	약쥬
荷蘭水	허란	나무네
鷄蛋	지	鷄卵
牛奶	뉴너	牛乳
黃油	황여	빠다
淸醬	칭장	淸醬
醋	추	醋
白糖	쎄탕	雪糖

醎鹽옌얼 소금
胡椒麵兒후쨔멘얼 胡椒末
芥末졔머 芥子末
麵멘 국슈
掛麵꽈멘 日本국슈(或 가루)

菜穀部 체우부

米미 米
糯米(江米)누미(쟝미) 찹살
粳米징미 멥살
麥子미쯔 보리
小米쌰미 좁쌀

黍子수쯔 黍
玉米(包米)위미(바미) 갸낭이(或 옥슈슈)
高粱까량 紅粱
豆子떠우쯔 콩
黃豆황떠우 黃豆
紅豆훙떠우 팟
蠶豆짠떠우 蠶豆
豌豆완떠우 동부
蘿蔔뤄버 무
紅蘿蔔훙뤄버 紅무
葱충 파

獨習漢語指南 (34)

茄子 체즈 — 가지
白菜 비채 — 白菜
菠菜 뻐채 — 시금치
笋菜 쑨채 — 竹笋
芹菜 친채 — 미나리
韮菜 쥐채 — 부초
蒜菜 싼채 (蒜頭 싼토우) — 마눌
梓椒 라쟈오 — 고초
青椒 칭쟈오 — 풋고초
薑 쟝 — 薑
蘑菇 머구 — 버섯

芋頭 위토우 — 토란
白薯 비수 (地瓜 디꽈) — 감조
牛旁 뉴팡 — 牛旁
山藥 얀야오 — 마
黃瓜 황꽈 — 외
西瓜 시꽈 — 수박
甜瓜 텐꽈 — 참외
倭瓜 왜꽈 (南瓜) — 호박
芝蔴 지마 — 참세
藕 어우 — 蓮根

走獸部 쩌우서우부

獨習漢語指南 (35)

獅쓰子쯔	象썅	老란虎후	狗꿔	狐후狸리	狸리	牛누	公꿍牛누	母무牛누	小쌴牛누	猪주
獅子	코끼리	범	곰	여호	삵	소	수소	암소	犢	豕

野예猪쥬	馬마	驢뤼子쯔	騾뤼駝춰	駱뤼駝춰	山산羊양	綿몐羊양	羊양羔깐兒얼	猴허兒얼	猫마	野예猫마
山猪	馬	나귀	노시	駱駝	山羊	綿羊	兒羊	원숭이	고양이	도기

獨習漢語指南 (36)

狼랑 狗꾸 耗핳 獵례 海히 鯨칭 尾이
　　子즈 獷찬 獺타 魚위 巴새
　　　　(老랃
　　　　 鼠쭈) 犬촨
　　　　　　(狗)

飛애
禽친
部부

늑티 쥐 산양키 水獺 고리 셕리

鷹영 老랃 家쟈 雁옌 小쌰 鸚영 夜옌 鴿씨 鴨야 鵝어
　鵲써 雀챤 　 燕옌 哥써 猫만 子즈 子즈
　　　　兒얼 兒얼　 兒얼 子즈

미 　싸　참　鳫　鸚　雉　비오　거
사　시　　鵡　오　들　리　위
마　　　　　　리　이　　　　　
귀

孔쿵 仙쎈
雀챤 鶴허

鷲 孔 鶴
　 雀

獨習漢語指南

漢語	發音	國語
家鴨子	자야쯔	집오리
鳧鳥	옌냐오	鳧
鳳凰	뻥황	鳳凰
火鷄	훠지	七面鳥
小鷄子	쌀지즈	軟鷄
公鷄	꽁지	雄鷄
母鷄(草鷄)	무지(짤지얼)	雌鷄
小鷄子兒	쌀지즈얼	鷄卵
喜鵲	시찬	까치
杜鵑	두쥔	杜鵑
雲鴈	윈옌	雲雀

魚介部 (위제부)

漢語	發音	國語
鴕鳥	튀냐오	鴕鳥
黃鸎	황잉	黃鸎
翅膀兒	츠방얼	날개죽지
羽毛	위마오	羽
金魚	진위	金鮒魚
海鯊魚	히샤위	鯊魚
鮫魚	쟌위	鮫魚
鱺魚	민위	민어
撒蒙魚	싸멍위	고등어
大頭魚	따터우위	멍구

(38)

漢字	중국음	한국어
鯉魚	리위	鯉魚
鯽魚	지위	鮒魚
比目魚	쎄무위	比目魚
銀魚	인위	銀魚
鱔魚	싼위	빙장어
烏龜(金龜)	우쎄(진셰)	거복
甲魚	쟈위	자라
章魚	장위	章魚
烏賊魚	우쩨위	오중어
螃蟹	팡셰	게
龍蝦	룽쌰	大蝦

蟲子部 충즈부

漢字	중국음	한국어
蝦米	쌰미	시우
蛤蠣	쎄리	죠기
海蛤	히쎄	큰죠기
鮑魚	반위	全鰒
海參	히션	海參
蠶兒	쏸얼	
蝴蝶	후데	나비
螞蜂	마뻥	벌
蜜蜂	미뻥	굴벌
螞蟻	마이	기미

獨習漢語指南 (39)

蛛쥬
蛛주
兒얼
| 螢횡
火화
虫양 | 長창
長虫
蠅영 | 蒼창
蠅영
子즈 | 蚊원
子즈
子즈 | 虱이
蚤완
蛋완 | 蛇써
臭천
虫충 | 蝸쇠
牛뉴 | 蛤하
蟆머 | 蛤딩
螂당 |

거미 | 螢火 | 蛇 | 파리 | 모긔 | 虱子 | 베룩 | 빈디 | 달펑이 | 미고리 | 뭇蛤

螞마
蚱자 | 蟋쎼
蟋쎼
兒얼 | 毛만
虫양 | 蛆취
蟮얀 | 蟲취
蟮 | 蜈우
蚣둥 | 植즤
物우

草木部

| 四쓰
季지 | 樹쑤
木무 | 小쌀
樹쑤 |

녯두기 | 蟋蟀 | 松虫 | 구더기 | 蚯蚓 | 진네 | 植物

草木部

植物
樹木
ㅅ철나무
小樹

獨習漢語指南 (4)

水엌草짤　草앜　野세草앜　樹수幹산　梗엉兒얼(梃팅兒얼)　芽야　葉이子즈　爬파蔓만兒얼　樹수根껀兒얼　花화　椹쎤兒얼

水草　草　莖幹　枝幹　싹　입사귀　덤풀　木根　花　實

樹아枝직兒얼　花화朶둬兒얼　果귀品판　松숭樹수　梅메樹수　櫻영樹수　杉산松숭　扁쎈松숭　檀단木무　梧우桐퉁　桑쌍樹수　桑쌍椹쎤兒얼

樹枝　花峯　果品　松樹　梅樹　스구라나무　杉木　젼나무　박달나무　梧桐　桑木과 桑實

桃樹 한슈	桃樹
柳樹 리슈	柳樹
梨子 리즈	비
槐樹 해슈	槐木
海棠 히탕	海棠
躑躅 대주	躑躅花
蘭花 란화	란초花
藤蘿 텅뤄	藤
草花 앤화	草花
牧丹 무션花	牧丹
菊花 쥐화	菊花

荷 허	蓮
白果樹 비궈슈	銀杏木
楓樹 엥슈	楓樹
萍果 핀궈	沙果
芍藥 얃얖	芍藥
勤娘子(喇叭花) 친냥즈 라빠화	멧꽃(朝顔花)
芭蕉 빼잪	巴蕉
佛手 예슈	佛手柑
橘子 쿼즈	유즈
無花果 우화궈	無花果
栗子 리즈	栗子

獨習漢語指南 (42)

柘뎌榴류　桂셰花화　棗짯兒얼　榛전子즈　李리子즈　胡후桃콳　竹주子즈　玟메瑰셰花화　落뒤花화生셩　蘆루葦웨　桃닭兒얼

石榴　桂花　大棗　기금　오얏　胡桃　竹木　玟瑰花　落花生　갈듸　桃實

葡푸萄핟　杏싱兒얼　鳳뺑梨리　十싀姉제妹메　菖창蒲푸　水어仙쎈　百셰合허　筤자草앋　蕨헤菜쳬　人신參쯴

金신**石**셔**部**부

葡萄　杏　鳳梨　石竹花　蒲菖　水仙花　百合　浮萍　고사리　人參

五金우진금	金屬
十足金엑쥬진금	上金
五金礦우진금광	金屬礦
金子진子	金
銀子인子	銀
銅둥	銅
鐵테	鐵
鋼鐵샹테	鋼鐵
黃銅황둥	黃銅
紫銅(紅銅)쓰둥(홍둥)	赤銅
洋白銅양쎄둥	洋白銅
白銅쎄둥	白銅
錫시라	含錫
鉛첸	鉛鐵
水銀어인	水銀
黑鉛헤첸	黑鉛
金(銀)葉子진(인)예子	金箔 銀箔
吸鐵石시테석	磁石
硫黃루황	石硫黃
玻璃쎄리	玻璃
寶玉보위	寶玉
寶石보석	寶石

金剛石〱	金剛石	
水晶〱	水晶	
眞珠〱	眞珠	
瑪瑙마나	瑪瑙	
琥珀후뼈	琥珀	
大理石서리식	大理石	
雲母원얼	花崗石	
珊瑚앤후	珊瑚	
潮腦찬나	樟腦	
郵政局우정국	郵便局	

郵政、電報局、銀行部

總局중국	總局	
分局앤국	支局	
信票신만	郵票	
印花紙인화쇠	印紙	
明信片밍신펜	葉書	
來回明信片	往復葉書	
外國明信片	外國葉書	
帶畵兒的明信片	繪葉書	
掛號	登記（書留）	
寄物	小包郵依	
銀行（銀號）	銀行	

存款 존관
支取 직취
滙銀 회인
用錢 용쳰
信錢(費) 신쳬(얘)
寄(發)信人 지(빠)신신인
收信人 셕신인
電報局 뎐보쿼
電報紙 뎐보즈
電費 뎐얘
電報 뎐보

貯金
支出
換錢
口文
郵費
送札人
收札人
電報局
電報
電費
電報

電話(獨律風) 뎐화(떼뤼에)
算賬 싼장
結賬 졔장
股票 꾸퍄
分利 뻰리
盈餘 잉위
虧空 퀘쿵
擔保 딴봐
滙票(對條) 회퍄(뙤탸)
銀票子 인퍄즈
金錢 진쳰

電話
會計
結算
株券
配當利益
利益
損失
担保
換票
紙票
金錢

獨習漢語指南　(46)

股우 本센 電뎬 一이 一이 一이 一이 一이 白쎄 銅둥 銀인
東둥 錢쳬 桿샨 吊댜 塊쾌 角쟏 毛máo 個거 銅둥 錢쳬 錢쳬
　　　　錢쳬 錢쳬 錢쟌 錢쳬 銅둥
　　　　　　　　　 錢쳬
　　　　　　　　　 子z
　　　　　　　　　 兒열

株 資 電 二 一 十 十 一 白 銅 銀
主 本 桿 十 元 錢 錢 錢 銅 錢 錢
　　 木 錢 　 　 　 　 錢

外왜 內네 翻fān 內네 衙야 宮궁 皇황 利리 借제 該셰
務우 務우 譯이 閣꺼 門먼 殿뎬 宮궁 息시 給세 錢쳬
省셩 省셩 局쥐 　　　　　　 錢쳬

城청
府부
部부

外 內 翻 內 官 宮 皇 利 貸 貢
部 部 譯 閣 衙 殿 闕 子 付 債
　　 所 　　　　　　 金

獨習漢語指南 (47)

文部省 원부성	學部	專門學堂 쫜면쉐탕	專修學校
遞信省 디신성	遞信省	武官學堂 우관쉐탕	武官學校
陸軍省 루쮠성	陸軍省	兵學堂 삥쉐탕	
海軍省 히쮠성	海軍省	法政學堂 빠졍쉐탕	法政學校
農商務省 눙샹우성	農商工部	農學堂 눙쉐탕	農學校
法政局 빠졍쥐	司政局	醫學堂 이쉐탕	醫學校
審判廳 쎈판팅	裁判所	商業學堂 샹예쉐탕	商業學校
大學堂 따쉐탕	大學校	職業學堂 직예쉐탕	職業學校
中學堂 중쉐탕	中學校	工業學堂 궁예쉐탕	工業學校
小學堂 쌰쉐탕	小學校	巡警局 쒼징쥐	警察署
師範學堂 스팬쉐탕	師範學校	巡警分局 쒼징앤쥐	派出所
		監獄署 젠위수	監獄署

獨習漢語指南 (48)

博覽會 쎄람회
動物園 동우웬
植物園 직우웬
水族館 쒜주쮠
養育院 양위웬
病院 삥웬
圖書館 투슈쮠
公園 궁웬
運動場 윈둥창
欽差公館 친채궁쮠
領事公館 링스궁쮠

博覽會
動物園
植物園
水族館
養育院
病院
印刷所
公園
運動場
公使館
領事館

佛廟 페먀
寶塔 바타
講書堂 쟝슈탕
牢獄 라위
城廂 청샹

車船部 처쭨부

鐵路 테루
火車頭(火車站) 훠처터(훠처쨘)
一掛火車 이쾌훠처
客車 커처
頭等車 터덩처

寺
塔
禮拜堂
牢囚
城廂

鐵路
停車場
列車
客車
上等車

候車房	허우쳐빵	待合室
貨車	훠쳐	貨車
時刻單	쎠커딴	時間表
車票	쳐퍄오	車票
電氣車	뗀치쳐	電氣車
鐵道馬車	톄따오마쳐	鐵道馬車
湯子馬車	탕즈마쳐	合乘馬車
東洋車	뚱양쳐	人力車
火車(火輪車)	훠쳐(훠룬쳐)	汽車
馬車	마쳐	馬車
車圍子	쳐웨이즈	車揮帳
推車(小車)	훼이쳐(샤오쳐)	獨輪車
脚踏車	쟈오타쳐	自轉車
自行車	쯔싱쳐	自動車
牛車	누쳐	牛車
廠車	챵쳐	荷車
火輪船	훠룬챤	火輪船
信船	신챤	郵便船
商船	샹챤	商船
撥船	뽀챤	荷船
夾板船	쟈빤챤	從船
擺渡船	빠이두챤	渡船

獨習漢語指南 (50)

舡앤板쌘
蓬뻥
鐵떼錨ᄆᆞ
艣루
權잔子ᄌᆞ
䈉샨子ᄌᆞ
轎쟌子ᄌᆞ
陸쥔軍
營영盤판
兵병房빵

陸루
軍쥔
部부

端舟
帆
닷
노
상아ᄶᅵ
棹
步轎
陸軍
兵營
兵舍

宣뗀戰쭈書
交잔戰뗀
打서仗장
防빵守ᄶᅭ
重충修시舊쥬好하
議이和허(說合)
爭셔鬪뗘
局쥐外왜中쑹立리
同쭝盟멍
戰짠場챵
得더勝셩(奏凱班師)

宣戰書
交戰
戰爭
防守
平和
講和談辦
爭鬪
局外中立
同盟
戰場
凱旋

獨習漢語指南 (51)

停턍戰쨘　休戰
投터降썅　投降
嚴옌厲리準쭌備쎄　示威準備
通퉁報밧　通牒
欽친差체回회國궈　公使回國
戰쎤勝씅國궈　勝戰國
戰쎤敗쎄國궈　敗戰國
打따勝셩　勝戰
打따敗쎄　敗戰
敵디兵삥　敵兵
官꽨兵삥　官軍

戰쎤友우　戰士
得더佔쎤　佔領
拿나住주　生擒
被쎄擒친的듸　生擒者
戰쎤利리品픤　戰利品
攻꿍　攻勢
守여　守勢
進진兵삥　出兵
退퉈兵삥　退兵
上썅岸안　登陸
起치貨휘　發貨

紅十字會 흥십자회
裏布 쌔부
治療 지료
陣亡的 젼왕뎨
受傷的 슈샹뎌
重傷 즁샹
輕傷 쳥샹
登時絶命 등시졔졀명
往前走 왕쳔져우
戰鬪力 뗜떠우리
往右轉 왕여우쟌

赤十字社
裏布
治療
陣亡者
受傷者
重傷
輕傷
即時死者
前으로가
攻鬪力
右向立

惡戰 어쩐
耐戰 내쩐
猛攻 멍꿍
決戰 쮀쩐
突擊 투지
馬軍 마쥔
近衞兵 진웨삥
師團 스퇀
軍團 쥔퇀
旅團 뤼퇀
聯隊 렌뛔
大隊 따뛔

激戰
苦戰
激戰
決戰
突擊
馬軍
近衞兵
師團
軍團
旅團
聯隊
大隊

獨習漢語指南

小쏘隊되	中둥隊되	分뻔隊되
步부隊되兵뼝	馬마隊되兵뼝	砲팓隊되兵뼝
工꿍程쳥隊되	輜츠重즁隊되	隊되伍우
傍팡面몐	正셩面몐	

小隊　中隊　分隊
步兵隊　馬兵隊　砲兵隊
工兵隊　輜重隊　隊伍
側面　正面

右여翼익	左쥐翼익	圍웨攻궁
追쮀打타	防팡禦위工궁程쳥	前쳰衛웨
守쇼(卡챠)兵삥	本븐隊되	敎쟈兵삥
先셴鋒훵	後허隊되	

右側　左側　包圍攻擊
追擊　防禦工事　前衛
哨兵　本陣　援兵
先鋒　後陣

(53)

獨習漢語指南 (54)

探子 탄즈
探哨隊 탄쌰오되
軍樂隊 츈에되
電信隊 덴신되
衞生隊 웨성되
常備兵 창뻬삥
鐵路兵 례루삥
現役兵 쎈이삥
豫備軍 위뻬츈
後備兵 쪄뻬삥
國民軍 꿔먼츈

偵探兵
偵探隊
軍樂隊
電信隊
衞生隊
常備兵
鐵道隊
現役兵
豫備兵
後軍
國民軍

守備兵 역뻬삥
憲兵 쎈삥
喇叭手 라빠쎠우
戰地病院 잔듸삥웬
伏兵 액삥
屯兵 둔삥
志願兵 직웬삥
補充兵 부츙삥
軍務處 츈우추
野營 예양
帳房 장빵

守備隊
憲兵隊
喇叭手
野戰病院
伏兵
屯兵
志願兵
候補兵
軍務處
野營
帳幕

糧량食식	軍糧
彈탄子ㅈ兒얼	彈子
火훠藥야庫쿠	火藥庫
軍쥔械셰庫쿠	軍機庫
大따砲꽌	大砲
攻궁城쳥砲꽌	攻城砲
野예砲꽌	野砲
過써山얀砲꽌	回山砲
田뎬鷄지砲꽌	田鷄砲
機지關꽌砲꽌	機關砲
快쾌槍챵	速射砲

子ㅈ母무彈탄	榴彈槍
槍챵	銃
連롄環환槍챵	連發銃
單싼響샹槍챵	一穴彈
砲꽌車쳐	砲車
炸자開캐	爆發
無우烟옌藥야	無烟藥
破퍼壞해	破損
地듸雷레	地雷火
劍젠치	劍
軍쥔旗	軍旗

聯隊旗 뢴되치
停戰旗 틩잔치
白旗 셰치
擔架 선자
看護兵 간후쎙
將校 장쟝
下士官 쌔벼썬
兵丁 쎙
砲門 판먼
城 청셍
槍眼 창엔

聯隊旗
停戰旗
白旗
擔架
看護兵
將校
下士官
兵卒
砲門
城
銃口

砲臺 판터
險要 쎈요
我衣 숭이
軍人 젼싼
隨軍人 쎄젼싼
軍夫 젼약
海軍部 히젼부
海軍 히젼
兵船 쎙챤
犬鐵甲船 쎄데쟈찬
巡洋艦 쳔양쎈

砲臺
要塞處
軍服
軍人
隨軍人
軍夫
洼軍
兵艦
大鐵甲船
巡洋艦

獨習漢語指南

海병찬防船	海防船
水어레雷驅주逐艦쎈	驅逐艦
水어레雷艇팅	水雷艇
報보知무艦쎈	探報艦
水어母무船촨	水雷母艦
鍊렌習시兵삥船촨	兵艦鍊習
삼板빤船촨	舢板船
運윈船촨	運船
魚위雷레	魚形水雷
水어雷레	水雷
機지關꽌水어雷레	機關水雷

掃싸海히法에	掃海法
司쓰令딍官꽌	司令官
艦쎈長장	艦長
放방槍창	放銃
馬마力리	馬力
吃최水어	浮水力
頓둔數수	頓數
排퍼水어量량	排水力
速수力리	速力
海히里리	海路
沈쳔沒머	沈沒

獨習漢語指南 (58)

艙頂 챵뎡	船尾 쳔웨	船首 쳔셔우
船幇兒 쳔방얼	通風筒 퉁훵퉁	汽關房 치꽌빵
司令塔(房) 쓰링타(빵)	定南針 띵난쪈	信號 신하우
水路 쉬루	全滅 쳰메	

甲板
船尾
船頭
舵
通風機
機械關
司令塔
指南鐵
信號
水路
全滅

船上人 쳔쌍؟	非戰鬪員 훼얜떠우웬	戰鬪員 쨘떠우웬
鎭守府 쪈셔우후	海戰 히쨘	護衛 후웨
封口 훵커우	烟筒 옌퉁	兵船旗 삥쳔치
封鎖 훵쒀	損害 순헤	

乘船人
非攻擊人
攻擊人
鎭守府
水戰
護衛
封鎖
烟筒
軍艦旗
封鎖
損害

獨習漢語指南 (59)

燈^녕臺^터
軍^귄港^깡
通^퉁商^양碼^마頭^투
艦^씬隊^되
船^촨塢^우
砲^과擊^지
水^쉬兵^벵
士^쓰官^꽌
船^촨廠^창
開^캐戰^쩐旗^치

燈軍
軍港
港口埠頭
艦隊
船渠
砲擊
水軍
士官
造船所
戰鬪旗

打^따沈^친
淹^옌死^쓰

擊沈
溺水死

散語第一章

你我他這兒那兒
你住在那兒
我住在城裏頭
他上那兒去
城裏頭
衙門街上東西買賣
他上衙門去了
他不是這兒住麼
他上街上買東西去了
街上買賣的人很多

老兄은、何處에、사심닛가
나는、城안에、사옵니다
그는、어듸로갓슴닛가
衙門에、갓슴니다
그는、여긔셔、留치아니 ᄒ옵닛가
그가、힝길로、物件、사러갓슴니다
街上에、買賣ᄒ는 사람이、 ᄆᆡ우만슴니다

散語第二章

還個你數。一數罷。
一、二、三、四、五、六、七、八、九、十。
鋪子廳戶。
多少不要。房子屋子。
你們我們他們很好。
這個是你們的。
那個是我們的。
他們要這個。
這個東西很好。
價錢多少。

이것을、老兄이세여보시오
호나、둘、셋、넷、다섯、여섯、닐곱、여덜、
아홉、열、
이것은、老兄덜에것이오
져것은、우리덜에것、이올시다
그의덜은、이것을、요구ᄒᆞ옵니다
이物件이、미오릿소
갑시、얼마오닛가

我們不要了
你住的房子大小
有三個屋子
開着三個舖子
關上憩戶罷

散語第三章

甚麽可以吃能走
着東城土外頭知
道去了
有甚麽人來
你可以吃飯去

우리는실슴니다
老兄居住하시는집이, 큼닛니가젹음닛가
三間방이, 잇슴니다
三個의塵을, 닉엿슴니다
窓을, 다드시오
엇더호사람이, 왓슴닛가
老兄은, 진지잡수시러가오

我워 吃쩍 過라 了

나는、먹어슴니다

再부 不녕 能 吃바

다시더먹지、못ᄒ겟슴니다

一이 塊괘 兒얼 走뚝 罷바

함긔가읍시다

住주 在쩨 東등 城쳥 裏리 頭터

東門안에、留흠니다

颳쌔 風、앵 土두 大셔 得더 很헌

바람이부러셔、몬지가퇴단흠니다

外왜 頭터 來릭 的신 人의 是싀 誰쉐

밧게온스람이、누구오

你야 知회 道、不、知 道、

老兄은、아심닛가、모르심닛가

我워 要야 回회 家쟈 去쿠 了

나는집에、도라가랴흠니다

散語第四章

喜시 歡환 愛이 不부 愛이 沒메 有여 骯탕
메유탕

着춰 坐쭤 着춰 白셰 糖탕 鹹쎈 鹽옌 點뎐

心麥酒。不是。
我也喜歡那個東西。
這個人你愛不愛。
沒有甚麼很好的。
你在床上躺着
我在椅子上坐着
你愛吃白糖麼
鹹鹽是和白糖一樣兒
餓了、要吃點心
這是麥酒麼
可不是麼、也叫皮酒

나도、그 物件을 됴와ᄒᆞ옵니다
이사람을 老兄이 사랑ᄒᆞ시오、사랑치아니
안으시오
무엇、미오됴훌것、업ᄉᆞᆷ늬다
老兄은、寢床우에누으시오
나는、椅子에、안겟슴니다
老兄이、雪糖을、잘자심닛가
소곰은、雪糖과ᄒᆞᆫ모양이올시다
시장ᄒᆞ니、果子를、먹고자ᄒᆞᆷ니다
이것이、麥酒오닛가
왜아니야요、또ᄒᆞ皮酒라고도ᄒᆞᆷ니다

散語第五章 싼위띄우쟝

誰的엔띄 站着잔쥬 步行兒부싱얼 快쾌
慢的만띄 樓上러썅 地下띄쌰 車쳐 轎쟌
子즈 馬마 騾子뤄즈

這個東西是誰的띵거뚱시스쉐이띠
他在道兒上站着타째떠얼썅잔져
我是步行兒來的워스부싱얼래띠
他走得快타더더쾌
我走得慢워더더만
我上樓上去看워썅러썅큔칸
他在地下做甚麽타째띄쌰쭤썬마

이物件은、누의것이오닛가
그가、路上에셔、셧슴니다
나는、步行으로왓슴니다
그는것기를、速히거ᄒᆞ고
나는것기를、느리게ᄒᆞᆷ니다
니가樓上으로、가셔보겟슴니다
그가싸에셔무엇ᄒᆞᆸ닛가

坐車去很好。
坐着一頂轎子去。
要買的是馬麽。
不是買的是騾子驢。

散語第六章

先生敎習學生
抄寫寫字
記得口音
請先生敎話
敎習是那一位
有好些個學生

先生敎習學生請敎
字典
告訴

車타고, 가는것이, 미오돗소
한치轎子를타고가시오
사시랴난것은, 馬이오닛가
아니오, 사랴는것은, 노새와, 나귀올시다
請컨딕, 先生은, 말을가리쳐, 주시오
敎師는, 엇던분이오잇가
여러學生이, 잇슴니다

你늬那兒有字典兒麽
老兄듸거기에、字典이엇슴잇가

這本書你趕緊的抄寫出來罷
이冊을老兄은、速히抄出ᄒ시오

你會寫字麽
老兄은글시、쓸줄아르심닛가

請您敎我中國話
쳥컨듸、당신은나의게、中國語를、가리쳐주시오

已經告訴過了
임의、말ᄒ얏슴니다

這個字你記得不記得
이글ᄌ를、당신은긔역ᄒ시오、긔역지못ᄒ시오

他的口音正說話眞
그의口音이、발너셔、말ᄒ난것이참됩니다

散語第七章

東邊兒拿來拿去這麽
동벤얼나리쥐나치쟝마

那麽不肯
나마부컨

一本書
이쎈슈

三塊墨
싼쾌머

四管筆
쓰꽌셰

一張紙
이쟝직

懂得官話
東邊兒有三個
你可以拿來
這個東西誰拿去了
這麽大那麽小
他因爲甚麽不肯來
你給我買一張紙
這一本書是甚麽人的
我不可不買了三塊墨四管筆
你懂得不懂

東편에、세기가잇슴니다
老兄은、가져오시오
이物件을、누가가져갓슴잇가
이럭케젹고、저러케젹슴니다
그가、무엇을인호야、오기를시려홈잇가
老兄은、나의게호장조희를사쥬시오
이한권冊은、何人의것이오닛가
니가不可不、셕장먹과、네즈루붓울、사겟소
老兄이아라드르시오、아라듯지못ᄒ심잇가

散語第八章

你會說官話麼

我聽見說你學官話是眞的
從老爺
完了不會明白打起
聽見忘了四聲不錯

那麼
那書上的字都忘了
中國話裡頭四聲是頂難的
實在是不錯的
那一本書你看完了麼

老兄이, 官話를 흐셜줄아심닛가

늬가말을들르니, 老兄이官話를비온다

흐니참말이오닛가

그冊에글ㅈ를, 모다니졋슴니다

中國말中에, 四聲이미오어렵슴니다

참올슴니다

져한권칙을, 老兄이다보셧슴잇가

你不會英國話麼
這件事情、明白不明白
你打那兒來
我起家裡來的
他從這兒過、往西去了
老爺叫我做甚麼

散語第九章

炕　床帳子　席鋪蓋　桌
子椅子　蠟燈　厠房
刀
天氣冷了、得多燒炕

老兄이 英語를、알지못ᄒ옵닛가
이일이、明白ᄒ오、明白지아니ᄒ옵잇가
老兄이어듸로붓터、오섭닛가
나는、집으로붓터、옵니다
그가여긔로、붓터、西으로갓슴니다
令監、나더려무엇ᄒ라、ᄒ심닛가

日氣가차니、溫突에불을더씨여라

這一張床、誰買來的
이 一座床은、누가사온것이오닛가

有帳子、沒有
帳이잇슴닛가、업슴닛가

那個炕上、都有蓆
져溫突우에、자리가、다잇슴닛가

你把鋪盖好好兒、疊起來
너는、寢具를잘기여라

擱在那個桌子上
져四仙床우에、두시오

這些椅子、都壞了
이여러椅子가、모도써졋소

這不是洋燈、就是蠟燈
이것이、洋燈이아니오、燭臺올시다

厨房裡、厨子有沒有
부엌에、부엌덕이가、잇소업소

買給我、一把刀子
칼하나、사주시오

吃外國菜的時候、就用鏟子
外國料理를、먹을ᄯᅢ에는、鏟子를씀니다

散語第十章

飯鍋 뗀궈 茶碗 차완 酒盃 쥬쎄 凳子 떵셩
像伙 쟈훠 爐子 루쯔 花瓶 화핑 酒壺 쥬후
盤子 판쯔 碟子 뎨쯔 點燈 뎬떵
倒水 딸쉐이 滿了 만러 便得 뼨더 滅火 몌훠

飯鍋 뗀궈 是 쓰 黃飯 황판 用的 융디
茶碗 차완 掉 땨오 在地下 짜이띠쌰 破了 퍼러
酒盃 쥬뻬 再拿 짜이나 幾個 지거 來 래
把一條凳子 빠이탸오떵쯔 挪在這邊兒 눠짜이쪄뼨얼
家裡用的東西 쟈리융디뚱시 都是 떠우쓰 像伙 쟈훠
爐子 루쯔 有大小不同 여우따쌰오뿌퉁
那個花瓶很好看的 나거화핑헌하오칸디

솟은、밥짓는디 쓰난것이올시다
茶碗이、싸에떠러져、쎄졋슴니다
슐잔몟키더 가져오너라
한키듯상을、이편으로、비겨노아라
家內에、쓰는物件은 모도세잔이오
화로는、大小가잇셔、갓지안슴니다
져花瓶은、미오보기죳슴니다

那酒壺、盤子、碟子、都是零用 져 酒壺와 소반과 졉시는、모다 허드릭로
的像伙 쓰는 셰간이올시다
黑上來了、你快點燈 어두어 오니、너 난얼핏불케라
滅火、是滅了爐子的火 滅火는、화로의 불을、쓴다는 말이올시다
把那空的、倒滿了水 져빈 것에다 물을 가득히、짜르시오
叫人收拾、使得使不得 사람으로 修繕케 ᄒᆞ면、쓰겟소 못쓰겟소

散語第十一章

前年　去年　今年　明年
後年　上月　本月　下月
前天　昨天　今天　後天
時令　四時　天氣

他是前年來的。
我是去年到的。
今年多大歲數了。
趕到明年、就是滿限了。
後年的事情怎麼能知道呢。
我們上月初十起的身。
他的生日、就是本月二十五日。
到了下月、就是放學。
前天、就是前兒。
昨天、還是昨兒。
今天、天氣很好。

그는、再昨年에왓고
나는、昨日에、왓슴니다
今年에년셰가、얼마나되심잇가
明年에는、곳滿限이올시다
後年의일을、엇지능히안다호릿가
우리난去月初十日에、떠낫슴니다
그의生日은、곳今月念五日이올시다
來月에는、곳放學홈니다
前天은곳再昨日이오
昨天은昨日이올시다
今日、日氣가、매오좃슴니다

獨習漢語指南 (75)

後。天。不是開學應
時令。就是一。年。的四。時
昨兒颳風。今兒天氣。不安當

散語第十二章

下雨下雪白晝黑下
天冷天熱天涼暖和
一式會府上出去
一會兒一點鍾容易合
天冷的時候下雪
天熱的時候下雨
秋天。就是天涼的時候多

모레가、開學이아니오닛가
時令은、곳一年의四時올시다
어제、바람이、부더니、오날은日氣가、뎡망
치못홉니다

날이찰때에、눈이오고
날이더울때에、비가옴니다
秋日에눈、곳셔늘흔때가만슴니다

春天、就是暖和
不分夜裏白晝很愛用工
昨兒黑下得雨很大。今兒
晴了天。
等了一回兒就回去
快到兩點鍾兩刻
這件事情很容易辦的
這個東西做得很合式
您府上在那兒
不愛念書。出去做甚麼
你進來罷。我有話說。

春日에는 곳暖和ᄒᆞᆸ니다
晝夜를 不分ᄒᆞ고 공부ᄒᆞ기를 믹오조와 ᄒᆞᆸ니다
昨日져녁에 비가만이오더니 今日에는 죠곰기다려 곳도라가 오겟소
거진두점솜섬분이나 되엿슴니다
이일은민오、판단ᄒᆞ기、容易ᄒᆞ오
이物件만둘기를、믹우맛게ᄒᆞ엿슴니다
貴宅은、어듸시오
글읽기를、셔러ᄒᆞ고、나가셔무엇을ᄒᆞ나냐
老兄은、들러오시오、내가 할말솜이잇슴니다

散語第十三章

每天。各樣。晌午。
晚上。上半天。前半夜。
長天短。多嗜。工夫雲。
彩下霧。擱着罷了。
每天早起起來。
晌午錯了。
各式各樣。的都有。
今兒晚上見罷。
上半天下了雨。下半天晴了。
前半夜下雪。後半夜冷了。

每日일쯕、니러나지오
各式各樣이、모다잇슴니다
午正이、지낫소
今日견역에、봄시다
午前에는、비가오더니、午後에는、기엿슴니다
子正前에는、눈이오더니、子正後는、춥슴니다

天長的時候、做事的工夫多되 히길씨에난, 일할동안이만코

天短的時候、沒有空兒 히잘을씨에난, 틈이업슴니다

他多噲上學堂去呢 그가, 언제, 學校에갑잇가

用工的人、沒有甚麽閒工夫 공부하는사람은, 무슨閒隙이업지오

天上雲彩滿了、就是陰天 하날에, 구름씬것은, 陰日이라함니다

今兒早起、下霧很大、大山都看不見了 오날아참에, 안기가마니나리여, 큰산도모다, 뵈이지, 아니홈니다

把那個擱到屋裡去罷 그것을, 방안에갓다두시오

就這麽樣罷 곳이러할샌이울시다

散語第十四章

乾淨 腌臢 刷洗 衣裳

襪子 靴子 穿上 脫下
來 縫補 鞋 手巾 臉盆
刷子 破了
這個屋子很乾淨
這水腌臢了、換乾淨的來
你的那皮靴子、得刷一刷
有体面的穿外國衣裳
那個舖子裏、有外國襪子、沒
有
靴子有皮做的有絨做的
你穿上衣裳、我們逛去罷

이방이, 미오셔굿홈니다
이물이더러오니, 셔굿흔것을, 박고아오
너라
老兄의, 져洋靴를, 닥그십시오
졈잔은사람은, 外國옷을입어야됨니다
져편에, 洋襪이잇소업소
목화는, 가죽으로, 민든것도잇고, 융으
로, 민든것도, 잇소
老兄옷슬입으시오, 우리구경흐러갑시

散語第十五章

天氣頂熱、褂子脫下來好
日氣가 미우 더우니, 周衣를 벗는 것이 좃 슴니다

這件衣裳破了、得叫人縫補
이옷이 히졋스니, 사룸으로 ᄒ야금 깃계 ᄒ시오

這一條手巾腌臟了、擱在臉盆裏洗一洗
이 手巾이 더러우니, 셰슈ᄃ야에다 쌀고 빠시오

砍肩兒汗褟兒褂子褲子針線裁了補了
帽子兩樣兒頭髮梳頭
洗澡官帽子撢戴

這砍肩兒是時興的
저 칸계 싱 한 것이올서다

拿水來把汗褟兒洗一洗
물을 ᄀ저다가, ᅀᅡᆷ빅기를 ᄲᅡ라

那褂子太短不合式
져周衣는넘어짤나셔、맛지아니훔니다

褲子、太小於我不中用
바지가、넘우젹어셔、나의게맛지아니호오

針線是女人的本事
針線은、女人의職務올시다

按着單子上寫的尺寸裁了
單子上에쓴、尺數디로、말느면곳됴슴니다

這件衣裳破了趕緊的補了、
이옷이떠러졋스나、급히깃는것이곳됴슴니다

上街上去得戴帽子
힝길에나가랴면帽子를씀니다

官帽兒有凉帽暖帽兩樣兒
官帽에、凉帽와、暖帽두、가지가잇슴니다

拿撣子撣一撣衣裳上的土
떠리개를、긋다가、옷우의몬지를터러

天天兒洗澡就好
날마다、목욕호눈것이、곳됴슴니다

散語第十六章

欠帳 借錢帳目 花費
價錢 很賤 不貴 銀子
錢 銀錢 銅錢 票子 一吊
錢 輕重 秤 稱一稱 花
他 欠人的 帳目就是二千兩
라
銀子
借錢 是 把人家的 錢 挈來 我

那女人的頭髮就像漆黑的
那一把木梳是誰梳頭的

져 女人의 머리髮이, 곳漆 갓치 검소
져 혼자루, 얼에 빗은누가 머리 빗는 것이
오잇가

그가 남에게 빗진 것이 二千兩銀子 올시
다

錢을 借用혼다 눈것은, 남의 게, 錢을 挈來

使 我的家裡、天天兒花費的很多。

這房子的價錢多少。

近來錢很緊東西的價錢都很賤。

那個花瓶價錢不貴。

金子比銀子貴。

銀錢是銀子做的。

銅錢就是銅做的。

票子是一張紙上頭寫着錢

ᄒᆞ야닉가 쓰난것이올시다
나의 집안에셔、每日 쓰난돈이 미우만소
이집갑시、얼마나 됨잇가
近日에、錢荒ᄒᆞ야、물건갑시、모다 헐흠니다
져花瓶갑시、빗싸지아니홈니다
金은、銀보다、貴홈니다
銀錢은、銀子로、만든것이올시다
銅錢은、銅으로 만든것이올시다
票논 一張紙上에、錢額을 쓴것이올시다

數兒 얼 이혼커리버션은, 열냥에 산것이올시다

這一雙襪子一吊錢買的 저 한쌍 쳰미 저울을굿다, 달고 달아야, 그것의 輕重을

拿秤稱一稱,可知道那個的 나 칭 칭 키지 나거 알터이지오

輕重 칭쭝

他很齊刻,不愛花錢 타헌 쳐커 부이 화쳰 그는, 믹우 인쉭호야, 돈쓰기를, 죠와아니홉니다

散語第十七章 찬위뒤의치장

柴火 체휘 煤炭 메탄 米麵 미몐 饅頭 만터

白糖 쎄탕 鷄子兒 지얼 牛奶 뉴너 果兒 궈

子燈油 셩여 香油 샹여 鹽 옌 弄菜 눙채

撒了 쳐써 吃飯 츼밴 喝湯 허탕 芝麻 지마

弄火 눙휘

他要買多少斤柴火
我昨兒買了三百斤煤四十斤炭
給你我買五石米七包麵
饅頭就是沒餡兒的
白糖是很甛很好吃的
我要買一隻小雞子三四個雞子兒
我們這兒買牛奶都是論碗論瓶
買果子都是論個兒

그난, 뎃근나무를, 사고즈ㅎ오
닉가, 어제, 三百斤石炭과, 四十斤木炭을삿슴니다
老兄은, 五石米와, 七包밀가루를사주시오
饅頭난, 곳소가업난것이올시다
雪糖은, 미우달어서, 먹기가죳슴니다
나는, 一首軟鷄와三四個鷄卵을, 사고즈ㅎ오
우리여기셔는, 牛乳를사랴면, 모다碗과瓶으로의론흠니다
果子를사랴면, 모다箇數로의론흠니다

燈油是豆子做的
香油是芝麻做的
鹽擱多了、很鹹的
現在你快去弄菜罷
吃完了、就撤了去
你快快兒去吃飯就來罷
你愛喝湯呢
弄火、就是燒火

散語第十八章

直走繞着走算計道
路遠近南邊北邊一。

燈油는、콩으로、민든것이오
香油는、참세로、민든것이올시다
소금을파이쳐셔、미우짜오
지금네가셔、菜를만들어라
다먹엇스니、치워가거라
너는、어셔어셔가、밥먹고、곳오나라
노형은、국을잡수심잇가
弄火라는것은、불쎠는것이올시다

隻船 坐車 走海 客店
掌櫃的 辛苦了 歇

着
我有事情要進京去。直走近
繞着走遠
算計盤費有多少
這道路不熟不知道遠近
我的家就是這個衚衕、南邊
兒
他住的地方、不是北邊兒了
麼

늬가、일이잇셔、京城을가고즈흐는딕、
바루가면、갓갑고、도라가면멀깃지오
路資를、合計ᄒ면、얼마나、되는지오
이道路가、늬숙지못ᄒ야、遠近을아지못
ᄒ옵늬다
늬의집은、이골목남죽이올시다
그의소는地方은、北邊、아님닛가

我要往上海做買賣去。給我
雇一隻船罷。
要騎馬不愛坐車。
走海路比走旱路受累得多
我聽見說、城外頭客店有不
很好住的。
掌櫃的近來你的舖子買賣
怎麼樣。
我們那些人辛苦得了不得
人乏了、那個都好、到店裏不
過歇着罷了。

늬가 上海로 쟝ᄉᆞᄒᆞ러 갈터이니、一隻船
을、셰닉 쥬시오
馬을 타고 ᄌᆞᄒᆞ고、車ᄂᆞᆫ、타기 조와 안슴니
다
海路로 가ᄂᆞᆫ게、陸路로 가ᄂᆞᆫ 것보담、累가
만슴니다
나ᄂᆞᆫ 들은즉、城밧客店에ᄂᆞᆫ、留ᄒᆞ기가、
죠치 아니ᄒᆞ다 ᄒᆞᆸ듸다
掌櫃之、近來 老兄 가가에、ᄒᆡᆼ졍이 엇더
ᄒᆞ오
우리여러 사람이、辛苦를 미우 힛슴니다
人이 피곤ᄒᆞ면、어듸라도、모다 죳치오、
쥬막에셔ᄂᆞᆫ、不過是 쉬일쑨이 올시다

散語 第十九章

行李 썽리 箱子 썅즈 包兒 빠뒤 口袋 쿠떼

行李是走路的、客人帶的東西.
行李는、길가는사름이、가지는、물건이올시다

布 부 牲口 성꾸 駱駝 뤄퉈 馱子 뒤즈 跟 껀

班 追趕 웨산져 利害 리히 裝得 쟝더

箱子、有皮子做的、有木頭做的.
箱子는가죡으로만든것도잇고、나무로만든것도잇슴니다

西.

包兒是把東西、包起來的.
보자기는、물건을、싸는것이올시다

口袋是布做的、可以裝零碎東西.
젼디는、布로만든것인디可以細碎흔물건을、담슴니다

我要買一疋布、三疋庫緞。
난 一疋綿布와 三疋庫緞을 사고조ᄒᆞ오

人若是不憧好歹、比牲口都
사롬이 만일 조코낫분것을 물으면 김성

不如。
부요 ᄀᆞᆺ지못ᄒᆞ지오

駱駝、都是口外來的。
駱駝는, 모다 張家口外에셔, 오는것이올시다

牲口身上、駝着東西、都叫馱
김셩의 背上에, 실은물건은, 모다 바리라 ᄒᆞᆷ니다

子。

他好像跟班的、一樣。
그는, 驅從과, 호모양이올시다

好半天、追趕也趕不上他
반나잘이나, 좃차도, ᄯᅡ라가지못ᄒᆞ엿슴니다

暑氣很利害、不好出門
더위가 되 단ᄒᆞ야, 출입ᄒᆞ기가 좃치못ᄒᆞ오

把好些個東西、裝在車上罷
여러물건을, 車우에 실러라

散語第二十章

腦袋。耳朶。眼睛。鼻子嘴
嘴脣。鬍子。胳臂。指頭
腰腿。辮子。壯健。頓弱有病
很疼。奇怪。抓破。拉拽
人的頭裏頭,有腦子。就
腦袋
你沒有耳朶麽,爲甚麽,聽得
不淸楚呢。
人老了,眼睛,看不眞了
那個人的,鼻子,眼睛長得奇
怪

人의머리속에,골이잇스니,腦袋라호오

너는,귀가업나냐,엇지호야,明白히듯지,못호나냐

사람이늘그면 눈에뵈는게,지져지못 홈니다

져 사람의코와눈이,奇恠호게성겻소

嘴裏說話、還是吃東西。
입으로말도ᄒᆞ고、또흐물건도먹슴니다

連嘴唇子都破了。
입셜ᄭᅡ지、모도히져슴니다

他的鬍子都白了一半兒了。
그의슈염이、半白이나되엿슴니다

把他的胳臂揝住了勁兒。
그의팔을、심써쥐엿슴니다

我的指頭疼得利害。
나의손가락이、독ᄒᆞ게압푸오

他的腰腿有病躺在炕上直不起來。
그의허리에、병이有ᄒᆞ야、구들우에누어셔펴지럴못ᄒᆞ오

男人們打辮子、女人們梳篡。
男子는머리를ᄯᅡᆺ고、女子는머리을쪽집니다

這個人很壯健、那個人頓弱。
이사람은、미우健장ᄒᆞ고、져사람은、미우연약ᄒᆞ오

得很

你這幾天有病麼、臉上怎麼這麼刷白
老兄은幾日이나病이有ㅎ엿기로、엇지얼골이、이러케힛슉ㅎ엿소

我的牙很疼了
닉의니가 미우압품니다

實在是奇恠的事情
참、奇恠혼일이올시다

那個孩子沒出息把他的胳臂抓破了
져아히가、지각이업셔셔、져의팔을할귀여터졋소

他做甚麼、拉拽着我
그가、무엇ㅎ랴고、나를、왈칵자바식는지오

散語第二十一章

眉毛 鬢角兒 顋頰 下頦兒 脖子 嗓子 肩膀兒 脊梁 胷前 肚子

波稜盖兒 踝子骨刮
臉 剃頭 斬賊 體面
他的眉毛長得不錯
鬢角兒是腦門子兩邊兒的
頭髮
顋頰是嘴兩邊兒的肉
嘴下頭的骨頭是下巴頦兒
腦袋下頭就叫脖子前頭叫
嗓子
肩髈兒是胳臂的上頭
兩個肩髈兒後頭的地方叫

그의眉毛는、腦門兩邊의、頭髮이올시다
鬢毛는、腦門兩邊싱긴것이、무던흠니다
쌤은口、兩邊에살이올시다
입아리뼈는、아리턱이올시다
腦아리를、목덜미라ᄒᆞ고、압흘목이라흠니다
억게는팔의위을시다
두억게뒤는、갈비쎠라ᄒᆞ오

脊梁ㅈㅕ량

臀쎵前젠是ᄉᆞ嗓쌍子즈以이下쌰肚뚜子즈以이上썅
波뽀稜렁盖게兒ᅀᅳᆯ是ᄉᆞ腿퉈中즁間젠兒ᅀᅳᆯ的디骨구
節졔兒ᅀᅳᆯ
脚쟌上썅頭텬的디骨구頭텬就쮜叫ᄀᆑ踝화子즈骨구
拿나刀ᄃᅶ子즈來리刮과々얼臉롄罷빠
外왜國궈人쉰都제是ᄉᆞ剃티頭텬的디
把바那나一이股우賊쎼就쮜斬쟌下쌰來리
他타原웬來리是ᄉᆞ有유體티面몐的디人쉰

散션語위第듸二ᅀᅳᆯ十씨二ᅀᅳᆯ章쟝
皇황上썅百븨姓싱主쥬人쉰底디下쌰

등이라ᄒᆞᄂᆞᆫ것은、목아릭、빅、위올시다
무릅은、다리즁간에쎠올시다

발위에닛번쎠는、복스쎠라ᄒᆞᆷ니다
칼을가지고와셔、面刀ᄒᆞ여라
外國人은、모도머리를쟉갓소
져一羣賊을、곳베여라
그난、原來體面이잇는사람이올시다

人爵位。尊貴。官民 兵丁
開缺。額數。謀算。姓名
全是。苦力。找人
皇上。是百官、萬民的主子
官民就是官長、下民、小民也
叫百姓。
你們的主人、現在往那兒去
呢。
這學堂的、底下人、實在沒禮
貌。
他的爵位、原來大。有點兒傲。

皇上은、百官과、萬民의主宰올시다
官民은、長官과下民이니、小民도百姓이라흠니다
老兄의主人이、지금어듸를 시오
이학교에下人이참禮貌가업슴니다
그의爵位가、原來커셔、조금거만흠이잇

無論甚麼人、學問大。一定是

爵位尊貴。

貴國的兵丁,有多少。

敝國的兵丁,有一定的額數。

一個沒開缺的了。

帶兵的官、謀算。不好麼、連姓

名也難保

他的脾氣。不好、全是說人短

處

叫苦力。擡着這個東西、跟我

無論何人ᄒᆞ고, 學問이 셥부ᄒᆞ면, 一定코
爵位가 尊貴ᄒᆞ지오
貴國에 兵丁이, 얼마나 잇슴닛가
敝國의 兵丁이, 一定ᄒᆞᆫ 額數가 有ᄒᆞ야ᄒᆞ
나도, 궐이 업슴니다
領兵ᄒᆞᆫ 長官이, 謀算이 不好ᄒᆞ면, 姓名도
保存ᄒᆞ기가, 어렵슴니다
그의 셩졍이, 不好ᄒᆞ야, 남의 短處를, 잘
말ᄒᆞᆷ니다
삭군을 불너셔, 이 물건을 메고, 나를 ᄯᅡ라

去罷。

巡쉰捕부的헉額어數,還잔沒믓充충數數,兒득

找잔人인充충補부

散산語위第띄二얼十열三산章장

章장程청 搜써察와 法빠律뤼 治디亂딴

治리理리 道딸理리 理회會회 暴밧虐쎄

大써亂란 太터謬무 一칟羣쳥 耕졍田뗸

囊낭中즁名밍目무

官씬兵벙和훠巡쒼捕부們먼有일一定딩的쟝章장

程천

海희關쒠上썅有일定딩章쟝、得터把바出추入주的디

가게호시오

巡査의 額數가、아즉 充數치 못호얏스니

스람을 쓰바、補充호여 야호깃소

官兵과 巡査들은、一定호 章程이 잇습니
다

海關에셔、一定호 章程이 有호야、出入物

東西搜察

國家有一定的法律叫百姓們都知道

無論那一國有一治一亂的

官長治理得不好所以人民鬧起來了

你有甚麼道理辦這件事情呢

我勸他好幾回他總不理會

做官的不要暴虐為民者豈能抱冤呢

貨를 搜索홉니다

國家에 一定혼 法律이 有호야 百姓덜로 모도 알게홉니다

無論何國호고 一治와 一亂이 有홉니다

官長이 政治를 잘못호고로 人民덜이 써 드러냄니다

老兄은 무슨 道理가 잇셔 이일을 판단호 깃슴닛가

니가 그의게 열어번 권호되 그가 도모지 理會치 못홉니다

官人이 暴虐을 아니호면 人民된者 엇저 抱冤호겟슴닛가

這幾年、天下大亂、可怎麼好呢。
이멧히에 天下가 大亂호니 엇더케호면 좃슴닛가

那個人太謬、不肯聽人家的好話。
져사람이 너무미련호야 남의 조흔말을 질겨듯지아니홉니다

好些個牲口、在一塊兒就呌。
미우여러마리김승이 혼터몰케잇는것을 一羣이라홉니다

耕田是、民人的本分。
밧가난것은 人民의 本分이올시다

你的囊中、有錢麼、借給我三吊錢。
老兄의 囊中에 錢이 有호거든 三十錢만 借給호시오

那個呌甚麼名目。我不曉得了。
져거슨 무어시라고 名目호오 나는알수업슴니다

散語第二十四章

搶奪 逃竄 混跑 懶惰。
棍子 一桿槍 裝槍 扔
東西 恰巧 特意 偶然
自然 按着 成人
不分晝夜裡、把人家的東
西、硬拿了去、就是搶奪
那一股賊、逃竄在那兒呢
他們有甚麼事情、四下裏、都
混跑
人不愛用工、那謂之懶惰。

不分晝夜ᄒᆞ고、남의물건을、억지로쎄셔
가는걸搶奪이라ᄒᆞ오
져、한무리도젹이、도망ᄒᆞ야、어ᄃᆡ로가
셔、잇슴닛가
그의들은、무슨일이잇셔셔、四面으로、
모다뛰여다라나오
사람이、工夫ᄒᆞ기를、조와아니ᄒᆞ면、그
것을懶惰ᄒᆞ다ᄒᆞ오

拿着一根大棍子、混打
忽然、有人拿着一桿槍、來了
趕緊的、裝上槍就打那個賊
那個賊、手裏、拿着的東西、就
扔下去了
恰巧、有一個人來、幫我辦好
了
他、是特意兒來的麽
不、是偶然來的了
人、按着道理辦事、自然而然
的、就好上來了

一個큰몽동이를가지고、짓두들기오
忽然이사람이一個총을가지고왓소
急히총에약을재여셔、그盜盜을노왓슴
니다
그盜賊이手中에、가진물건을、곳너버리
고갓슴니다
공교이혼사람이와셔、나를도와잘판단
ᄒᆞ엿슴니다
그난特別히、온사람이오닛가
안이오、偶然히、온사람을이올시다
사람이、道理上으로일을ᄒᆞ면、自然히제
절노、잘되야감니다

他那個人、很懶惰、怕不能成

그 져 사람은, 미우 懶惰하야, 아마 사람되지못하겟슴니다

散語第二十五章

凡事。大約。揣摩准否。
更改。安當。專心太忙。
參差。定向。定規辦事。
法子。胡鬧。催人幹事。
凡事、總得有定向、纔可以成。

凡事가도모지, 一定한 方向이었셔야, 可以成功이되오

人的。

我。揣摩。着、是。姓。張。的。大約是
了。
他。

나는어림컨디、張哥그사람인듯하오

這件事這麼樣辦好也不知道他的准否

大約沒甚麼更改了

過了好幾天也沒辦妥當

念書寫字都得專心也不可太忙

辦事太忙就有參差了

要幹甚麼事先得有定向

我昨天和他定規今兒見

我有一件難辦的事你給我辦一辦罷

이일을 이럿케 하엿스면、그의 許可를、아지못하깃슴니다

大槪、무슨곳칠거슨、업소

미우열어날이지닛도、安辦이되지못하얏슴니다

글읽고、글시쓴기를、모도專心하여야되고너무밧부게할것이아니오

執務에너무밧부게하면、곳誤錯함이잇슴니다

무슨일을할던지、먼져方向이잇셔야하난게오

니가어졔、그와約條하기를、오날보기로하얏슴니다

니가한가지 판단하기어려운일이잇스니老兄、나를위하야、安辦하여쥬시오

散語第二十六章

沒法子、就回家去了。

拿着棍子、混掄、眞是胡鬧。

他在前頭走、一點兒不忙、所以催他快着些兒

他那個人辦的事情、不安當

言語一句話吵鬧哶

阿哼的哈哈的笑訛做

錯氣血襄困極了

夢貌美貌俩掉下來

擱了擱住很华一則

엇잘슈업시 곳집으로 도라갓슴니다 몽둥이를 가지고、 막두루난것을、막써든다호오
그가 압헤셔、가면서、죠금도 밧부게 안키로、조금속히 가쟈고 지촉 ᄒ엿슴니다
그져 스람에、ᄒ 논일이、온당치 아니홈니다

二則 况且

他的言語、你懂得、不懂
他這麼哼阿哼的、我一句話、
都聽不出來。
跟班兒的、拉車的、他們、
有甚麼樂的事、就哈哈的
呢、人家、都嘎、嘎的笑他
他說的話、也訛錯的多
人老了、就氣血、衰了。
我整天家、在街上、跑來跑去
身子困極了。

그의 言語를、老兄이 알아듯소、알아듯지
못ᄒᆞ시오
그가 이러ᄒᆞ게、흥얼흥얼ᄒᆞ는 말을、내가 한 귀절도、도모지 드러낼슈 업슴니다
驅從과、人力車군、그의들이、무슨 질거운 일이 잇셔셔、하하거리고 웃소、남들이 모도 그를 쌀쌀 웃소그려
그의 ᄒᆞᄂᆞᆫ 말이、또 ᄒᆞᆫ 차 작이 만슴니다
人이 老ᄒᆞ면、血氣가 衰흠니다
내가 왼終日 거리에셔、來徃ᄒᆞ엿더니 몸 이 퍽 단곤ᄒᆞ오

你說的話、就做夢的一樣
너의ᄒᆞ난말이、꿈꾸난것과ᄒᆞ모양일다

一個是貌美、一個是貌陋的、
一人은貌가美ᄒᆞ고、一人은貌가陋ᄒᆞ오

把茶碗掉下來
茶鍾을 닉릿듸렷소

把胳臂搯了
此處가머우좁으니、쳥컨티당신은좀비켜주시오

摺佳他的辮子、要拉了他去
그의머리ᄶᅵ리를、자바쥐고、그를쓸고가고즈흠니다

這個地方很窄請您躱開一
그의머리ᄶᅵ리를, 자바쥐고, 팔을、졉질엿슴나이다

点
첫지눈이러ᄒᆞ고、둘지난져러ᄒᆞ오

一則是這麼樣、二則是那麼樣、
하나ᄶᅵ는이러ᄒᆞ고、둘ᄶᅵ는져러ᄒᆞ오

況且、他說的話、並沒有准兒
況且그의ᄒᆞ눈말이、ᄯᅩᄒᆞ准的이업슴니다

散語第二十七章

先兆、吉兆、安事順當、
寬綽、貧窮、恒產、朋友、
賞錢、留下、不能、丟了、
底根兒、現在、現今。

事情、不論吉凶、都有個先兆
兒

地方兒、鬧得大亂、那、就是不
安寧

沒有恒產、家事就不順當
家裏用的錢、足彀、是寬綽

沒有錢、不能過日子、那謂之

일에 吉凶을 勿論하고、모도먼져죠뎜이
잇슴니다

地方이떠드러大亂한것을、安寧치못한
다홈니다

恒產이업스면、家事가順當치못하오
家內에쓰난돈이、족족한것은、녀녁하다
홈니다

돈이업셔셔、每日의과하지못하는걸、貧

貧窮

你們學堂裏頭同窓朋友有多少
他給的賞錢有多少
他走的時候留下話了
日後怕不能安寧了
民人甚麼都丟了
我們底根兒有那些錢現在都花完了
現今現在目下脚下馬上都是現時的話

老兄學校에 동창친구가, 얼마나 잇슴잇가
窮이라 홉니다
그가 주난 賞錢이, 얼마나 되오
그가 갈써에, 일너둔말이 잇슴듸다
日後에 아마, 安寧치못 ᄒ깃소
人民덜이, 무어시던지, 모도일어 버렷소
너가 잇쵸에는, 돈이좀 잇더니, 지금은 모도다써 발엿슴니다
現今이라, 現在라, 目下라, 脚下, 馬上이라 ᄒ난것은, 모도現時라, ᄒ난말이을시다

散語第二十八章

您尊重、旁人、祖宗
您尊重、家兄、舍弟、兒子
老翁、喧、迎接
孫子、奴才、替
下葬
我絲絨、土貨
您太貴、粗細
您貴姓、您好、是尊稱的話頭
兒
他原來是尊重的、你怎麼能
看不起他呢
傍人的父親、可以稱老翁

당신귀호성이무어심닛가、당신안녕ᄒ
심닛가ᄒ난것은、尊稱ᄒ난말이올시다
그난原來로尊重ᄒ인데、老兄은엇지、쌀
보심닛가
他人의父親을、老翁이라ᄒᆞᆷ이다

那個人的祖宗、都是有名的
我的家兄現在外部當差
他就是我的舍弟從去年到
學堂夫用工
您的福氣很好、孫子、孫女兒、
很多
我有三個兒子、在家裏都念
書了
奴才就是使喚的人也叫底
下人
家主兒叫奴才喳得一聲

져사람의祖上흘、모도有名흔덕이올
시다
늬의家兄은、지금外部베살을단임니다
그눈곳늬의아오인덕、昨年브터、學校에
가셔工夫홈니다
당신은미우유복함니다、孫子와孫女가
미우만슴니다
나는아들三兄弟가잇단덕、집에셔모도
글읽슴니다
奴才눈부리는사룸이니、또흔下人이라
도호오
집主人이불으면、奴才가「예」호소릭함
니다

我的家祖、從外國、今兒回來、
我去迎接。
至好的朋友的老翁下葬、我
得幫他去。
懇求你給買一團絲、兩疋絨
這個東西、不是我們這兒的
土貨
你替我挑一挑出好的罷
這個價錢太貴我不能買了
這夏布、一疋是很粗、一疋是
很細。我要中等的。

너의祖父께셔、外國으로브터、今日도라
오시니、너가가셔、영졉ᄒᆞ깃쇼
지극히죠화ᄒᆞ난친구의父親을、葬ᄉᆞᄒᆞ
다ᄒᆞ니、너의게請ᄒᆞ오、너가ᄒᆞ장하러가야ᄒᆞ깃
다쥬시오
이물건은、우리여기土産이아니올시다
老兄은나를되신ᄒᆞ야、골노고골나시오
이것이갑시너무빗싸셔、너가사지못ᄒᆞ
깃소
이夏布가一疋은미우굵고、一疋은미우
가ᄂᆞ니、나는즁등을요구ᄒᆞᆸ니다

散語第二十九章

想着怎麽睡覺對賽
吞了疊次蔥草木
苗兒老嫩林子森森
濕了晒乾甍刻向來
越多對着
你想着這個錢不是他吞了
却是誰
怎麽呢、大家都念書、你就睡
覺麽
不是、他先頭念完了、就睡覺。

老兄은성각ᄒᆞ여보시오、이돈을、그가먹
지아니ᄒᆞ엿스면、문득누구라말이오
엇져여럿이모도글을、익난듸、너는잠만
자느냐
아니오、그가먼져다익고、잠니다

他那個人、對賽着甚麼、就是了

對賽着寫字。

他家裏有的錢、彀用的、疊次

把人家的錢、吞了呢。

那個葱、二百錢一斤、不是貴

麽

他的後院子裡花草、很多

苗兒是草木剛出士兒的、苗

子、又說四川東南的人

榮有老的、有嫩的、肉也有老

그저사람이、무슨니기를ᄒᆞ오、글ᄌᆞ쓰기를니기흠니다

그의집에、잇는돈이녁녁히쓰깃는듸、屢次남의돈을、먹눈단말이오

져파를、二兩에一斤이라ᄒᆞ니、빗싸지아니ᄒᆞᆷ잇가

그의뒤마당에、花草가미우만슴니다

싹이라는것은、草木이、막、ᄯᅡ에셔나온것이고、ᄯᅩ苗子는、四川東南人을두고한 말이올시다

榮는질긴것도잇고、연한것도잇고、肉에

獨習漢語指南

嫩之說

今兒頂熱、找樹林子去凉快罷

那座山上的樹木綠森森的

你拿着那濕衣裳、鋪在太陽地裏、晒乾罷

他爲人很齷齪、你不要和他來往

我們、向來沒賽過、那能知道

他好不好

도절기고、연훙다난말이잇슴니다

今日은미우더우니、樹林을추자가셔、納凉흡시다

져山上에樹木이、森森호게풀루오

衣服을、모도져셔슴니다

너는、져진衣服을갓다가、히빗치는따에、폐말니여라

그의爲人이、미우인식호니 老兄은그와 來往을마시오

우리가、原來녀기하본젹이업스니、엇지

그가잘호고、못호는걸엇지알것슴잇가

依我想這個東西越多越好

你對着他有甚麽話呢

散語第三十章

某人起初原是

平素和我待人親熱

厚薄敦厚刻薄

傲慢慚愧嫉妒

可憑實客陪着

某人是不說出姓名來的人

我和他起初相好、近來絶了

늬 성각에는, 이 물건이 더욱 만할 소록, 더욱 죳슴니다

老兄은, 그를 對ᄒᆞ야, 무슨 말이 잇셧슴닛가

某人이라 ᄂᆞᆫ 것은, 姓名을, 들어 니지 안 ᄒᆞᄂᆞᆫ 사롬이 올시다

니가 그와 읫쵸에, 셔루 죠와 ᄒᆞ더니, 近來

交了。
那件事情原是那麽樣辦就好了。
平素沒見過的人、初次見他了。
他和我不和和別人也不對。
那是甚麽緣故呢。
我和他很親熱無論甚麽事、都和他商量。
他不分厚薄待人、都是刻薄。
敦厚是刻薄的對面兒

에 絕交를 ᄒᆞ얏슴니다
져일은、原來그럿케판단ᄒᆞ엿는게、죳슴니다
平居에、보지못ᄒᆞᆫ人인듸、그를처음보앗슴니다
그가나와화목지못ᄒᆞ고、다른이와도、相對치못ᄒᆞ니、그게무슨연고온닛가
니가그와、믜우親熟ᄒᆞ야、無論무슨일이던지、그와商議ᄒᆞᆷ니다
그가厚薄을不分ᄒᆞ고、待人ᄒᆞ기를、모도刻薄ᄒᆞ게ᄒᆞᆷ니다
敦厚난、刻薄의對面이오

傲慢是恭敬的對面兒
傲慢은 恭敬의 對面이올시다

我學漢語過了一年的光景、不會說話、實在慚愧的
늬가 漢語비온지가、 一年 동안이 지나되、 말홀줄모루니 참북 그렇습니다

他的脾氣很奇恠嫉妬人家
그의 셩미가、 믜우괴이호야、 남의 조혼곳을、 투긔홉니다

這個孩子實在沒出息竟貪頑兒啊
이아히가、 참지각이업셔셔、 맛참닉작난 만탐홉니다

他說的話也沒有一句可憑的
그의 호는말이、 혼귀졀도、 빙거가업슴니다

那一天有賓客來要見他他却不見了
어늬날、 손이와셔、 그를보고져호되、 그가문득보지아니호엿슴니다

散語第三十一章

您要出城去。我陪着您去好不好
당신께셔, 城外를 나가시랴ᄒ시니, 닉가 당신을 뫼시고, 가는것이 좃슴잇가, 안슴잇가

裱糊匠人一疋紗
밥후장신 피와

一疋布新的舊的
부신 쥬되

光潤太淡染紅的
뎡윤 틴산 산홍되

染藍的玻璃料貨
란되 셰리 뢌휘

必須擦一擦乾着
세쉬 솨 평着

壞了破了裂了
해피례

這屋裏墻上,很腌臢,叫裱糊
저우창 헌앙땅 쟌밥후
이방속벽이, 미우더러우니, 塗褙匠을 불

匠來裱糊罷

木匠、瓦匠、鐵匠、都是叫匠人

你給我買一疋紗兩疋布

新的顏色兒、光潤舊的顏色
兒、太淡

你要的是染紅的染藍的

叫底下人把窓戶的玻璃擦
一擦

這件事情要壞的必須用心

料貨是玻璃東西的總名兒

的辦、就好了

木匠、瓦匠、鐵匠을모도、匠人이라ᄒᆞ오

老兄은나를위ᄒᆞ야、紗一疋과、布二疋을
사쥬시오

시것은빗치潤澤ᄒᆞ고、묵은것은빗치、너
무담ᄒᆞᆷ니다

老兄要求ᄒᆞ는것은、紅色이오닛가、藍色
이오닛

下人을불너셔、窓戶에류리를、닥게ᄒᆞ시
오

料貨는、류리로만든물건에、總名이올시
다

이것건일이、틀니랴ᄒᆞ니、반듯시、用心
ᄒᆞ야결쳐ᄒᆞ는게、곳죳슴니다

獨習漢語指南

這漆板上、誰這麽樣寫呢、你拿刷子來擦一擦。
이漆板上에、누가이러캐썼느냐、너는刷子를갓다가、지워라

有兩隻船、碰着這一雙壞了、把茶盅要擦、碰在卓子上破了。
二隻비가、마주쳐셔、이한쳑이써젓소 茶盅을닥고ㅈㅎ다가、四仙床에다질녀、써젓슴니다

這一張紙、裂了不中用了。
이한장종의가、쩌여져셔、쓰지못ㅎ깃슴니다

散語第三十二章

剛纔等着從來再

三再四、永遠末末。

了兒、取東西送東西

落下來挪開湊到一

塊兒、拴牲口、套車、糧米不夠、一石、商量
疑惑、喊叫、答應
剛纔我們在這兒、論起這件事、還沒辦完了。
我在這兒等着他回來
我是從來、沒有本錢、所以不能做買賣
再三、再四的請他過來、他都不肯、未了兒我到他那邊兒、說過了。

앗가우리가、여긔셔、이ㅅ건을의론ㅎ다가아직도、판단ㅎ야맛지、못낫슴니다
니가여긔셔、그가、돌아오기들、기디림니다
나는原來、本錢이업는고로、장사를못흠니다
再三、再四히그를쳥ㅎ야오라ㅎ여도、그가、도모지오기를、질겨아니ㅎ기로、굿ㅅ니、닉가그의게로가셔、말ㅎ엿슴니다

咱們、今兒、商量半天、纔定規、以後永遠不改了。

우리가、今日에、반나잘이나、의론ㅎ야、게우、規則을定ㅎ엿스니、以後에는永久히곳치지안캣슴니다

你往那邊兒、取甚麼東西去。

너거긔로、무슨물건을、가질너가너냐

明天是、他的父親的壽旦、我們幾個人、定得湊錢、做買送甚麼東西可以好呢。

明日은그의父親의、生日이니、무슨물건을보닉야조켓소 우리幾個人이、돈을모와、장사ㅎ기로定ㅎ얏더니、뒤에二人이떠러져갓슴니다

賣後來落下了兩個人、把那桌子、挪開一點兒就好

져四仙床을、죠금빗겨놋는것이、곳죳슴니

他們好些個人、湊到一塊兒、做甚麼

그의들여러사람이、한군틔몰케셔、무엇을ㅎ오

把那牲口拴在那棵樹底下。
나 뎌 쩐 썬 꺼 나 커 쓔 듸
바
罷
저 검성을, 져 나무 밋헤다가, 미여라

這是單套車、是二套車。
쩌 듸 딴 타 처 스 얼 타 처
이것은 單頭馬車인가、雙頭馬車인가

一個月的糧米有幾石可以
이 꺼 웨 듸 량 미 유 지 쓰 커 이
一個月糧米가、幾石이나 有ᄒᆞ면、可以
彀呢
ᄡᅮ ᄂᆡ
ᄯᅥᆨᄒᆞ깃소

我的家口實在不少、一石米
ᄋᆞ 듸 쟈 커우 스 재 부 ᄡᅸ 이 쓰 미
뇌의집、人口가정말젹지아닉ᄒᆞ야、一石米라도、넉〻지못ᄒᆞᆷ니다

他比我力量大我有事情常
타 삐 ᄋᆞ 리 량 따 ᄋᆞ 유 스 칭 챵
그를뇌게비ᄒᆞ면、度量이커셔、뇌가일이잇스면、항상그를쳥ᄒᆞ야、상의ᄒᆞᆷ니다

請他商量
칭 타 썅 량

我疑惑他不是不能的、就是
ᄋᆞ 이 훠 타 부 스 부 넝 듸 쥬 스
뇌가의혹ᄒᆞ건딕、그가、能치못ᄒᆞ게아니라、곳거짓, 그모양을、ᄒᆞ눈것이올시다

假粧那麼樣
쟈 쟝 나 머 양

散語第三十三章

我疑惑他沒聽見所以喊叫他過來他都不答應
뇌가의혹컨디、 그가듯지못 ᄒ 얏나 ᄒ 야、 그러홈으로、 소리질너그를불너도、 도모지 디답을아니 홈 니다

北京 江河湖海長
江 順流 寬潤 浮橋
井水 一個 坑 尖兒
一條 衕衕 大街 野地
屯裡 山峯 小巷
北京 就是 中國的皇都
江河湖海 是 天下大水的總
名兒

北京은곳中國의皇城이올시다
江과河와湖와海는、天下大水의、總名이올시다

那長江之流, 打西到東一路,
都是順流
那江面有地方兒寬濶和湖
相同
偺們這兒的小河兒很窄有
浮橋就可以過去
京城裏沒有河水喝的都是
井水
他在院子裏挖了一個坑做
甚麼
尖兒那個字眼兒甚麼刀尖

져長江之流가、西으로브터東으로흐르
니、一路가모도順流올시다
져江面이、寬濶흔티가잇셔、湖水와셔루
갓슴니다
우리여기小河는、미오좁아셔、浮橋가有
호야、곳가이건너감니다
京城에는、河水가업셔셔、먹는것은모도
우물물이올시다
그가마당에셔、한웅덩이를파니、무엇을
흐라난지오
쑈죽흥다눈그굴ㅈ눈、무엇이오、칼이쌀

兒筆尖兒、都說得
那一條衚衕裏頭、坐西朝東
的房子、就是我的家
買賣人、大半在大街上開舖
子
城外頭、沒甚麼住家兒的、就
叫野地
民人湊到一塊兒住的、就叫
屯裏、就是鄉下
那山峯的尖兒、是個個不同
衚衕、小卷都是住家兒的多

죡ᄒᆞ다、붓이쌜죡ᄒᆞ다、모도말ᄒᆞᆷ니다
져한골목에、東向집이、곳너의집이올시
다
쟝ᄉᆞᄒᆞᄂᆞᆫ사름은、太半이나、큰거리에셔、
가기를홈니다
城外에、아무人家도업ᄂᆞᆫ곳을、곳野地라
ᄒᆞ오
人民이한ᄃᆡ몰녀ᄉᆞ는곳을、곳、村이라ᄒᆞ
고、곳시골이올시다
져山峯의、쌜죡홈이、個個히갓지안소
골목과、僻處에셔、모다려염집이만슴니
다

散語第三十四章

男女 어뎌면 娘兒們
老爺 앗 老少 쌍 長輩 장세 晩 완
輩 완 頑耍 頑意兒 이 獸 셔
子 춘 蠢笨 받되 胃失 쌍쌱 爽快 쾌
安靜 안 熱鬧 쉬 舒服 쳰 欠 쳰
安耐着 너쉬 受辱 수 討人 타
嫌 쳰
男女 난 就是爺們、娘兒們、
請 청 老爺寬恕 관 쭈 小的 데 有甚麼得
罪 웨 의 呢。

男女는곳、사닉들과、녀편네들이올시다
請컨티、영감게셔용셔허시오、小人이무
슨罪를졋슴잇가

他一家子、不分老少都有病
그의 왼집에, 老少를 勿論ᄒᆞ고, 모도病이 잇슴니다

和祖父一輩兒的、是長輩、和兒孫一輩兒的、是晚輩
祖父와 흔同類는, 존장어룬이오, 孫子와 흔同類는, 시싱이라ᄒᆞᆷ니다

頑耍是小人兒們弄甚麽頑意兒
頑耍는, 兒孩들이, 무슨자란을ᄒᆞ는것이 올시다

獸子是外面不明白的樣子、
獸子난、外面이分明치못흔모양이니, 또

也可以說蠢笨
예키이의ᄒᆞ츈션한어리셕다고도ᄒᆞᆷ니다

不該說的話說不該做的事
맛당히허지아니할말을ᄒᆞ고맛당히허지아니할일을, ᄒᆞ는걸, 곳冒失이라ᄒᆞᆷ니다

做了、就是冒失
말ᄒᆞ고, 일ᄒᆞ는딕, ᄢᅮᆷ질거리지아니ᄒᆞ난

說話、做事、不會拉絲就是爽快
걸, 곳爽快라ᄒᆞᆷ니다

他原來是安靜人不愛熱鬧
心裏沒累是舒服身上欠安
謂之不舒服
他的家很窮過日子很難總
得耐着
他自己不體面常常討人嫌
受了人家的羞辱

散語第三十五章

皇上 朝廷 鼓舞 良民 反
宮 臨走 建立 皇
強暴 禁止 禁地

그난原來安靜혼스람이라, 떠드난걸, 죠
와아니흠니다
마음에累가업스면, 편호다호고, 몸이不
安호면, 편치못호다홈니다
그의집이믹우궁호야, 지닉기가, 믹우얼
엽지만은, 도모지견듸여지나오
그自己가體面업시, 항상남의欠處를, 評
論호다가, 남에게, 슈욕을당홈니다

了 賊匪째에 爭鬪쩡떠우 號令화링
犯罪뻰쮀 恩典언뎬 赦罪싸쮀 寬관
免난免

皇上朝廷,都說是主子家
朝廷隨地酌情,建立地方官,
爲臨民的官
皇宮裏頭,都筭禁地禁止民
人的出入
他在此地有好些年,臨走的
時候,實在是捨不得的
有事情,民人出了力,地方官、

황샹과、朝廷은모도帝王을、말흔것이오
朝廷에셔、地方과事情을침쟉ᄒᆞ야、地方
官을建立ᄒᆞ는것은、治民官이라ᄒᆞᆷ니다
皇宮은모도、禁地가되니、民人의出入을
禁止ᄒᆞᆷ니다
그가이곳에、미우여러ᄒᆡ를잇셔셔、갈쎠
에、「참셥々ᄒᆞ오
일이잇셔셔、百姓이힘을ᄂᆡ난되、地方官
이、銀錢으로賞쥬는것은、鼓舞식히난것

賞給銀錢、那是鼓舞的
鄉下的地方、大爲不靜、每有
強暴混亂、良民也活不了
地方官都不管、不會定計策、
把良民都反了
賊匪湊得多、爲黨爲股、
兩下裏爭鬪沒有平定的日
子
號令是帶兵的官口出的號
法令
兵丁們不聽將軍的號令就

이오
시골地方이、大不安靜ᄒᆞ야、미양강포혼
죠이잇셔、作亂ᄒᆞ며、良民도살슈업소
地方官이、도모지相關치아니ᄒᆞ고、計策
을、定할줄몰나셔、良民을모도反ᄒᆞ게ᄒᆞ
엿소
匪徒가몰기기를만이ᄒᆞ야、作黨이되고、
成羣이되얏슴니다
地方官이、도모지相關치아니ᄒᆞ고、(?)
량편이셔로爭鬪ᄒᆞ야、平定할날이、업슴
니다
號令은、군ᄉᆞ거ᄂᆞ린관원이、입으로닉난
法令이오
兵士가長官의號令을、듯지아니ᄒᆞ면、곳

是씨犯뻰罪쮀。

民민人인犯뻔了랴大따罪쮀皇황上썅隨쒸時씨酌쟉
情칭寬콴免몐了랴那나是씨恩언典뎐
受쓔恩언赦셔罪쮀之즤後휘再재爲웨犯뻔罪쮀實씨
在찌難난免몐死쓰罪쮀

散산語어第띄三싼十씨六류章쟝

古구來리往왕古구後휘世씨孔콩
子즈聖셩人인儒수教쟌佛뻐教쟌
老랕子즈道딷教쟌廟먀僧승家쟈
念년經징俗쑤說쒸和허尙썅告까
示씨楷캐書슈行싱書슈草챂字즈

犯罪라홈니다

人民이、大罪에犯호것을、皇上게셔서셰
를따루고、ᄉ졍을침쟉ᄒ사、免罪ᄒᆞ는것
은、恩典이올시다

恩典을바다、赦罪호後에、다시犯罪ᄒᆞ면
참死罪에免키얼렵소

墨濃　畵兒　抽空兒
唱曲兒
早已過的時候兒是往古
古來有一位聖人姓孔爲萬
世之師表
孔子之敎後世謂之儒敎也
謂之聖道
佛敎是西方僧家傳來的、都
尊重佛爺
和孔子同時還有老子的敎
那謂之道敎。

발셔지나간때는、往古라홉니다
넷젹에、한분聖人이게시니、姓은孔氏라
萬世의師表가되시니이다
孔子의敎를、後世에셔、일으되儒敎라도
호고、쏘한聖道라홉니다
佛敎 西方僧家에셔、傳來훈것이니、모
도부쳐님을、尊重히녁이오
孔子와同時에、쏘老子의敎가잇스니、그
것은道敎라홉니다

京城的廟，多幾座是和尙廟、
幾座是道士廟。
尊佛爺出家的是俗說叫僧
家。
在那兒念經的聲兒是和人
唱曲兒一個樣。
有事情官人寫着告示貼在
牆上叫民人都知道
那個告示寫着楷書好寫着
行書好
一定是楷書好、那行書、就是

京城에졀이만흐니、幾處는、즁의졀이오、
幾處는、道士의졀이올시다
부쳐님을존즁ᄒᆞ야、出家한것을、俗家에
셔僧家라ᄒᆞᆷ니다
져긔셔念佛ᄒᆞ는소리가、사름의唱歌와、
흔모양이올시다
일이잇스면、官人이告示를써셔、담벼락
에붓쳐、人民이、다알게ᄒᆞᆷ니다
져告示를、히즈로쓴것이좃소、반ᄒᆡᆼ으로
쓴것이좃슴닛가
一定코、히즈로쓴것이좃소、그반ᄒᆡᆼ으로

字쯔。

那네ㅱ墻창上썅掛과的디一이幅부畵화兒얼是씨誰쒀

畵화的디

我워過꾀幾지天텬抽춰空쿵兒얼找쟈您닌府우上썅

請칭安안去취

他타在째屋우裏리念냠書슈的디聲셩兒얼和훠唱창

歌꺼一이個거樣양

散산語위第띄三산十씨七치章쟝

倉창庫쿠 米미倉창 銀인庫쿠 雜지

亂란 另링孤꾸 盻판望왕 考칸察짝

草쌰率솅더。更껑使쓰不부得더的디是씨那나草쌰

쓴것은、草率ㅎ고、더욱쓰지못할것은草

書을시다

져벽우에건、一幅畵눈、누가그린것이온

닛가

닛가、멧칠지너셔、틈을타、뒤에추져가

問安ㅎ깃슴니다

그가방에셔、글읽는소리가、唱歌와흔모

양이올시다

重辦 列位 散了 라
角 天涯 依戀 捨不 海
得 跨着 恭敬 白米
倉庫 是米倉銀庫的總名
銀錢 大宗兒 尊重
聽見說, 你要另, 孤別人, 是眞
這一件事辦得雜亂無章
的麽不是旱已孤過了
他因爲甚麽事情, 還沒來呢
我盻望他快來好好兒的
辦這件事情

倉과 庫는、米倉과、銀庫總名이올시다
이호事件이판단ᄒᆞ기를、雜亂케ᄒᆞ야、규모가업슴니다
들으니、老兄이별다른스름을、孤送ᄒᆞᆫ다ᄒᆞ니、졍말솜이오닛가、아니요、벌셔孤送ᄒᆞ엿슴니다
그가、무슨일노、아직도오지못ᄒᆞᆫ지、
나는그가속히와셔、잘、이소건판단ᄒᆞ기를、발아오

那°大人考察小官兒辦的事,
若是辦得不好,那°小官兒,
難免重辦。
現在是快到四點鍾了,衙門
的列位都散了。
海角天涯,是說彼此相離的
過遠的話頭兒
出門往遠處去,臨走的時候
兒難免依戀。
那°依戀是捨不得的意思,或
親戚,或朋友,或本家,都說

져大官이,下官의 판단ᄒᆞ는일을,考察ᄒᆞ
야,만일판단ᄒᆞ기를잘못ᄒᆞ면,져下官은
重罪에,면키얼엽소
지금은,곳四點鍾이니,衙門에열어분이
모도仕退ᄒᆞ엿슴니다
海角과,天涯는,彼此에,相距가,과히멀
다ᄒᆞ난말이올시다
出門ᄒᆞ야,遠處에가는ᄃᆡ,ᄯᅥ날ᄉᆡ에依戀
함을면키얼엽슴니다
져依戀이라ᄒᆞ는것은,차마놋치못ᄒᆞ난,
의ᄉᆞ니,혹친쳑과,혹朋友와,혹일가에

他따跨쿼在쳥床샹上。那나邊비兒여有여傲만慢만
得더。
的머模양樣더。實영在제是。不뿡恭징敬더得。
很헌。
白쎄米미和히銀인錢쳰、是스國궈家쟈民인生엉的더
大따宗쭝兒, 若쉬是스不부發쭈應엉、實시在째
礙이於위國궈計지民민生엉
那나一이位웨爵웨位웨大따些쎄兒、人신家쟈都부
尊쥰重즁他타
散산語어第띠三산十씨八빠章쟝
拏나著져捏녜做쒀行싱李리灑써。

모도말홈니다
그가, 평상젓족에, 거러안저, 그만호모
양이잇스니, 참, 恭順치못호오
白米와, 金錢은, 國家民生에, 重要호것
이니, 만일넝넉저못호면, 참國計와, 民
生에거리씨미되오
져흔분은, 爵位가놉파셔, 남더리모도그
를존즁히녁임니다

了탸條툐帚쥬 打셔碎쉬害히

怕파欸쳔一이聲성 打셔進진下햐來러

時시辰쳔表뱌 能녕磕커西시瓜과 寃원枉왕

他탸手셔裏리拿녜着챠一이管괜筆뱓彷팡彿역要얀

分앤剖펀 能녕磕커劈피開키

寫쎄甚쎤麽마

那나瓦와盆펀兒얼 是시盆펀兒얼匠쟝揑녜做쥐的되

他탸帶대的듸貨훠物우 揑녜報밥是시行싱李리

巡신捕푸察차出추 全쳔收셔入슈官괜

水쉬在째地듸下햐散산開키了랴 是시水쉬灑싸了랴

你니拿나着챠一이把바條툐帚쥬來러 把바地듸掃쌔

그가、손에한쟈붓을가지고、彷彿히무엇을쓰난듯ᄒᆞ오

져질동의눈、동의쟝이가、쥬물너만든것이올시다

그가가진物貨를、거짓行李라ᄒᆞ다가、巡査의게들키여、젼슈를、屬公ᄒᆞ엿슴니다

물이짜에、허터진것은、물을뿌린것이올시다

너는、비를가지고와셔、따을셔긋이쓸어라

乾淨罷。

要砌墻先得打碎
담을싸랴면、먼져、달구질을허
那一條狗很利害、
져한머리가、미우사나온데、셩、한소
了他的主人滿地跳進、
리를질으고、그主人을보고、따에뛰놉니
有一天夜裏、忽然有一個賊、
하루밤에는、忽然히혼도젹이、담오로뛰
打墻上進下來
여나려왓슴니다
我這個時辰表有點兒毛病。
닉의이時表가、조곰병이잇스니、時表修
得找個表匠修理
理匠을불너셔、곳치여라
那西瓜是圓的、那一本書是
져西瓜는둥굴고、져한권칙은
扁的、那個錢、是又圓又扁
져돈은、둥굴기도ᄒᆞ고、납작ᄒᆞ기도ᄒᆞ고
的
다

我沒犯法、人說、我是賊、那不
是寃枉麽
傍邊兒有一個人、替我說明
白就給我分剖了
劈開是、無論甚麽東西、用刀
子和斧子、破開的
我的牙、比你的强、連瓜子兒、
還能磕哪

散語第三十九章

年輕鬍子高壽
慢話長費事耽擱

뉘가犯法ᄒᆞ미엽ᄂᆞᆫ딕、남이날더러、도젹
이라ᄒᆞ니、그게抑寃치아니ᄒᆞᆷ잇가
겻희흔ᄉᆞ룸이잇셔々、나를딕신ᄒᆞ여、明
白히辯明ᄒᆞ야쥬엇슴니다
쏙앤다난것은、無論엇더헌물건이던지、
갈이나, 독기로、쏘기난것이올시다
나의니가、老兄의게比ᄒᆞ면、단々ᄒᆞ여셔
슈박씨도能히、깜니다

便宜 對到 欺哄
幫助 皮褂子 屜子
了

我是年輕的,他是有年紀的
他多大歲數兒、鬍子、都白了、
一半兒
您高壽,我今年、四十多、歲了
那、一件事耽悞了,好幾天、是
因為甚麼緣故呢
那個緣故說起來話長、一時
不能說過的
這件事辦的法子,很容易那,

나난나히졈고,그난年紀가만슴니다
그의年歲가얼마기에、슈염이모도半白
이나되얏슴닛가
당신에春秋가、얼마나되심잇가、나는今
年에、四十餘歲올시다
져한가지일을、미우열어날지쳬ᄒᆞ니,무
슨연고를因ᄒᆞ이온닛가
그연고를말ᄒᆞ랴면、말이길어셔、一時에
能히다말못ᄒᆞ겟슴니다
이ㅅ건은、판단헐方法이、미우容易ᄒᆞ고

件事費事得很, 져 스건은, 힘이 머우 듬니다

那個人過於糊塗說不明白, 져 사름이 넘우 모호ㅎ야, 말을 明白히 못

躭擱了我半天的工夫實在不方便, ㅎ고, 늬의 반나 잘 동안을, 지쳬ㅎ니, 참 便치 못ㅎ오

鄉下有好些個不便宜我喜歡在京裡住, 鄉谷은, 여러가지 편치 못ㅎ이 잇스니, 나 는, 京城에 住居ㅎ기를, 조와ㅎ오

我和他很對勁眞是個穿房入屋的朋友, 늬가, 그와 졍분이 조와셔, 참通家의 벗이 라ㅎ오

他的兄弟很會欺哄人去年, 져 이아우는, 미우 남을 속일줄 알아서, 去年에, 늬의 멋 냥 銀子를, 속여 갓슴니다

還騙去了我幾兩銀子

我和他父親有交情無論甚, 워히 그의 父親과, 交情이 잇서셔, 無論무

散語第四十章

麼事情彼此、都幫助
有一個朋友、借我的皮掛子
去、後來、他給賣了。
他把櫃子裏屉子俀勁兒拉
出來、要找甚麼東西

常見 公事 私事 公
道辦 悶得慌 討厭
累得慌 奉求 煩悶
大夫 苦力 雇錢 賺
錢 貨物 賠錢

손일이든지、彼此에、방조홈니다
한친구가잇서서닉의털마과즈클빌어가
더니、그後에、그가팔아벌엿숨니다
그가궤의셜합을、심써셔빼내고、무슴물
건을、찻는듯흐오

那件事情是常有的我常見
過了。
져스건은, 항상잇셔셔, 내가항상보아지
닛습니다

公事原是官事大衆的事也
公事는原來에, 官事니, 公衆의일도, 公
事라일음니다

謂之公事。
說自己家裏的事情就是私
事。
自己집일을, 말ᄒᆞ랴면, 곳私事라ᄒᆞᆷ니다

事情不分公私總得按着公
事件에對ᄒᆞ야, 公私를勿論ᄒᆞ고, 도모지
道辦就好了。
公道로판단ᄒᆞᄂᆞᆫ게, 곳좃슴니다

這幾天因爲下雨竟在家裏
이몃칠에, 降雨홈을因ᄒᆞ야, 집에서만한
閒坐實在是悶得慌
가이안젓스니, 참답々홈니다

您辦的那件公事雖有一點
당신에판단ᄒᆞᄂᆞᆫ, 져, 公事가비록, 조금

兒討厭心裏還可以有樂
的

我有一件難辦的事情、眞是
個累得慌

奉求您替我打筭怎麽樣

我的街坊那相好的因爲孩
子病、心裏很煩悶的樣子、
所以我給他請大夫去

我自己不能去、雇一個苦力
送信去到後半天、他回來
說、不能找着大夫家、我當

성가시기 눈호나、마음에는、도로혀 즐거
우미 잇깃슴니다

니가 한 가지 판단키、얼여운 일이 잇셔셔、
참 괴럽기가 디 단흠니다

당신게、간절이, 구호노니 나를 티신호여
쥬션호는게 엇더호오닛가

너의 이웃에、저 친구가、아들의 病을 因호
야 마음에 매우、煩悶한 모양이기로、니가
그를 위호야、醫士를 請호려、갓셧슴니다

니가 몸소 가지 못호고、삭군을 스셔、書札
을 호여 보닛더니、한나잘 후에, 그 자가 와
셔 말호되、醫士의 집을、찻지 못호얏다 호

是°謊說°所以不給他扉°錢 기로, 닉가, 쑥, 거즛말노알고, 그자의삭
젼을, 쥬지아니ᄒ엿슴니다

小°價°錢買°來°的、大°價°錢賣°那 헐한갑으로사다가, 빗산갑으로, 팔아쓰
了° 니, 그것이, 돈남으게아니오닛가

那°個貨°物是°十°兩°銀°子買°來、
八°兩°銀°子、賣°去°這°不°是°賠 져°게貨를, 十兩銀子에수다가, 八兩銀子
錢°歷 에파라쓰니, 이게돈밋진게, 아니오닛가

散語第四十一章

差°使 署°理 署°任 學°
쳬°부 슈°리 슈°임 신쇠

習° 公°文 禀°帖 知°會
시쇠 궁°원 셩°례 직회

書°吏 陳°案 衛°役 息°
슈리 쳔안 야이 쌋

隷、

官場中無論大小官人、都叫
差使

本任的官或是公出或是撤
任有官替他辦事那就是
署任

那一個衙門裏頭所出的缺
不大、上司每派委員暑理

六部的上司都稱堂官堂官
之下、就是司官新到衙門、
候補的司官爲學習行走

政府에、無論大小官人 호고、모도差使라

原任官이、或因公 호야、어디를 가던지
或遞任이되던지 호면、다른관원이、그를
디신 호야、視務 호는 것을、곳署理라 홈니
다

언의衙門이던지、궐는자리가、크지아니
호면、上官이매양、委員을派送 호야、署
理를봄니다

六部에長官을모도、堂上官이라 호니、堂
官의아래는、곳司官이니、새로衙門에와
셔、候補 호는司官은、學習 호러 단이는것
이올시다

公文°所論°的是公事家裏辨
的事是私事從下往上告
報事件當用稟帖
這一國和那一國有事情得
知會
京城的衙門辦稿底子不是
司官辦是書班辦這宗官
人也叫書吏
文書發了把存稿存着那叫
陳案
衙門裏使喚的承辦伺候零

公文으로의론ᄒᆞ는것은、公事오、家中에
셔판단ᄒᆞᄂᆞᆫ일은、私事오、아ᄅᆡ에셔우
로報告할일은、맛당히稟帖를ᄒᆞᆷ니다
이나라에셔、져나라와일이잇스면、知會
를ᄒᆞᆷ니다
京城衙門에셔、書類處理ᄒᆞᄂᆞᆫ것은、司官
이ᄒᆞᄂᆞᆫ게아니오、書記들이、ᄒᆞᄂᆞᆫ것이니
이러ᄒᆞᆫ官人을、書吏라ᄒᆞᆷ니다
公文을發送ᄒᆞ고、副本을두나니、그것은
陳案이라ᄒᆞᆷ니다
衙門에셔、使喚ᄒᆞᄂᆞᆫ者와、여러가지承候

散語第四十二章

碎的人總名叫 衙役皂隷

脾氣 性急 性情 奇

惟 抱怨 後悔 命運

志氣 長短 天命

吃虧 寒心 幇助 全負

是 聰明 靈動 蠢笨

死樣

他的脾氣不但不好也是性

急得很。無論甚麼事情辨

ᄒᆞ는사람을、衙役이라、皂隷라ᄒᆞᆷ니다

그의셩졍이、다만좃치안흘뿐아니라、

혼、셩품이매우급ᄒᆞ여、無論무슨일이ᄯᅳᆫ

得錯了。
你的性情、實在是奇恠當事
不管怎麽樣、竟愛抱怨、日
後、難免後悔
你辦的事情、現在快成了這
不是命運好的緣故麽
依我說那運氣的話、誰能預
先知道呢、無論是誰、立定
了志氣、肯用工之後、纔算
是到了好處兒
善人、惡人、處處都有、人家的

지、판단ᄒᆞ기를、글읏홈니다
老兄의性情이、참奇怪ᄒᆞ오、일을當ᄒᆞ야
엇지되던지、不管ᄒᆞ고抱怨만ᄒᆞ니、日後
에、後悔를免치못ᄒᆞ리다
老兄의일이、지금곳되니、이것이運數죠
흔연고가아니오닛가
나눈말ᄒᆞ랴면、그運數라ᄒᆞ는것을、누가
능히먼져알겟소、無論누구던지志氣를
一定히셰워셔、工夫ᄒᆞ기를질겨훈後에
야、게우조흔곳에、일은다ᄒᆞᆼ깃소
善人과惡人은、곳곳에모도잇고、사람의

好處、壞處、各有不等、各人的禍、福、是天按着善惡的
조흔곳과 낫븐곳이 각각 갓지아니ᄒᆞ니 各人의 禍와 福은 하ᄂᆞ님께셔 善惡의 좃

人活的壽數長短、也是天命的所定的罷
코낫븐것을안험ᄒᆞᄉᆞ 곳뎡ᄒᆞᆫ바을시다
사람의壽天長短도 하나님이뎡ᄒᆞᄉᆞ 定ᄒᆞᆫ바이길지오

那個人、實在辜負他的好處還是騙他的銀錢、叫他很吃虧叫他那麽寒心的了
뎌사람이 참그의잘ᄒᆞᆫ곳을 져바리고 ᄯᅩᄒᆞᆫ그의金錢을 속이여먹어셔 그로ᄒᆞ야금 민우손히를보게ᄒᆞ야 그로져러케 寒心케흠니다

不부더得
如수진今那個人、後회悔、再不吃那麽樣雖然倒願意帮助
如今에는 뎌사람도後悔ᄒᆞ여셔 다시는 그모양을아니ᄒᆞ고 비록도로혀 그를방

他˚他˚怎˚麽˚能˚信˚服˚那˚個˚人˚呢˚
有˚好˚些˚箇˚人˚在˚那˚兒˚那˚裏˚頭˚
分˚其˚好˚歹˚的˚三˚個˚是˚好˚人˚
其˚餘˚都˚是˚歹˚人˚
聰˚明˚是˚心˚裏˚有˚靈˚動˚是˚蠢˚笨˚
的˚對˚面˚兒˚活˚動˚是˚死˚樣˚的˚
對˚面˚兒˚

散˚語˚第˚四˚十˚三˚章˚
要˚緊˚預˚備˚通˚共˚緊˚
急˚合˚式˚式˚樣˚茅˚房˚

조코자ᄒᆞ나, 그가 엇지, 져 사ᄅᆞᆷ을, 밋겟소
여러 사ᄅᆞᆷ이, 져긔 잇는ᄃᆡ, 其中에 죠흔 사ᄅᆞᆷ과, 낫분 사ᄅᆞᆷ을 分別ᄒᆞ면, 三人은 好人이오, 其餘는 모도, 낫분 사ᄅᆞᆷ이올시다
聰明이라 ᄂᆞᆫ 것은, ᄆᆞ음에, 신령흠이 잇는 것이니 蠢笨의 相對요, 活動은 死樣의 相對을시다

馬棚除了合篹下

剩着急打圍野牲

口說豎說橫

你天天來不來都不要緊隨

你的便就好了

明天有一位外客來你到同

春樓那個舘子裏去叫他

們預備一點兒好菜罷

你預備的銀錢通共有多少

塊呢我有緊急的事情要

借用你肯不肯

老兄이날마다오시던지아니오시던지
관게치아니호오老兄의편혼디로호눈
게곳됴숩니다
明日에 호 분外國손님이오실터이니
너눈同春樓그요리집에가셔그의덜노
죠금죠혼料理를準備호라호여라
老兄의準備호金錢이都合얼마나잇소
내가緊急혼일이잇셔셔취히쓰고자호
니老兄은질겨호시겟쇼

你蓋的那個房子、不像外國
的樣子、實在不合式、你可
以照著洋房的式樣另蓋
就得了。
這個地方你要做甚麼呢、那
是不能預定了、回頭看情
形、蓋得茅房、蓋得馬棚、都
可以
你住的那個房子、通共有幾
十間、除了、人住的、下餘還
有二十多間了。

老兄의、建築ᄒᆞ져家舍가、外國의모양곳
지아니ᄒᆞ야、참법의맛지못ᄒᆞ니、老兄은
가이洋屋제 도를、모방ᄒᆞ야、다시建築ᄒᆞ
눈게을슴니다
이地方을、老兄이무엇을ᄒᆞ시랴오、그것
은預定치못ᄒᆞ깃쇼、다음에情形을보아
셔廁舍를짓던지、馬廐를짓던지、모도카
ᄒᆞ지오
老兄의居住ᄒᆞ시눈家舍가、모도、몃잔이
나됨잇가 사람住接ᄒᆞ눈 除ᄒᆞ고도、남
져지가二十間이잇슴니다

他欠人的賬目合筭起來、是一萬多兩銀子的、除了還償下剩的、不過一千多兩銀子

그가、남에게빗진것이、都合一萬餘兩銀子이더니、償還호것을除호니、남어지가不過一千餘兩銀子올시다

我月月兒花的錢、很多、沒有一點兒的盈餘、所以人家的些個賬目、還不能還

워웨 내가每月쓰는돈이、미우만어、죠금도盈餘가업셔셔、그런바로남에여러빗을、아즉도能히、갑지못ᄒ얏슴니다

因爲這上頭、過日子很難、雖是很着急、沒法子了

이것을因호야、지나가기가、미우얼여워셔、비록미우조급호나、엇잘슈업슴니다

有個人、損着槍上東山打圍去打的野牲口很多

한사름이、銃을메고、東山에산양하러가더니、山즘성잡은것이、미우만슴듸다

門傍邊兒^{먼팡뺀열}的木頭^{듸무터우}是^쓰堅^주的^듸、門^먼上下^{샹야}的木頭^{듸무터우}是橫^{쓰헝}的^듸說^쉐誤^화是竟愛^{쓰정아이}東拉西扯^{뚱라시쳐}的也叫^{듸예쟈오}說橫說堅^{쉐헝쉐주}。

散語第四十四章。

雨衣裳^{위이샹}　磕頭^{커터우}　鉛筆^{첸비}

要穿^{야오촨}　受使^{쎠우쓰}　兜兒^{떠우얼}　借^졔

光^꽝剩了^{셩려}　太晚^{타이완}　火車^{훠쳐}

恐怕^{쿵파}　左近地方^{쥐진듸빵}　飯舘^{환관}

子^처　冒雨^{마오위}　很難^{헌난}　當得^{땅더}

起^처

문엽해 나무는、세운것이오、門上下에 나무는、걸친것이니、말ᄒᆞ는ᄃᆡ 東을ᄭᅳᆯ고 西를ᄯᅳ는것도、橫說堅說이라ᄒᆞᆷ니다

天氣不安當,你可以拿傘去。
日氣가엇덜지모르니老兄은, 우산을가지고가실터이오, 雨衣를입고, 가실터이오잇가

磕頭磕頭我要抽煙,那兒有洋火麼
곰압쇼〳〵, 닉가담빈를먹고즈ㅎ니, 거긔셔양이잇슴잇가

我要買一管鉛筆,你們那兒有幾樣兒。
닉가一個鉛筆을, 스고져ㅎ니, 老兄거기 멋가지나잇슴닛가

你不要穿新衣裳去。我就要這個衣裳去了。
老兄은새옷을입고, 가지아니ㅎ시랴오 나는, 이옷으로그져가깃슴니다

哎,這洋筆,實在不受使。一下
아, 이鐵筆이참씨여지들아니 야, 흔번

筆就印看不出是甚麼字。
붓슬노니면, 곳, 번져셔, 무슨글ㅅ인지, 보아닐슈업슴니다

來

你兜兒裡裝的是甚麼書呢、老兄걸랑에너은것이、무슨책이오、이것

這是漢語指南了。은、漢語指南이올시다

借光借光你有小刀子沒有、고맙쇼〃、老兄囊刀가잇슴닛가、니가

我要修鉛筆鉛筆을싹고조흠니다

這等了一刻的工夫就要開一刻동안을기다리면、곳비가떠날터이

罷了、你把行李都拾掇好니너는行裝을모도、잘슈습하여라

船車太早、晚車太晚、我要坐아참車는너머일으고、전역車는너머

早車午車去즈니、나는午車를타깃쇼

啊下一邊的火車、是甚麼時아、요다음車는、언의쎄에떠나오、그것

候兒開呢、那是末車兒은、막車이니、다시난업지오

的火車、再沒有了
沒甚麼不可以的、恐怕耽悞
工夫、趕不上開車的時刻
哪家沒有、我要找他去了
借光這左近地方、有姓柳的
那個飯舘子裏做的菜都不
乾淨、雖是那麼着、我肚子
餓了、所以將就着、在那兒
喫了一頓飯了
昨兒下學的時候兒、雨下得

무엇이不可홀게업지만은、아마、동안이
지체되면、車時間을밋치지못홀가보이
다
코맙소、이近處에柳氏의집이잇슴닛가、
늬가그를ᄎᆞᄌᆞ가고ᄌᆞ홈이다
져料理집에셔、料理만드는게、모도셧ᄯᅳ
지못ᄒᆞ나、그러ᄒᆞ나、늬가비가곱파셔、
그런되로、거긔셔、훈끼밥을먹엇슴니다
昨日下學홀ᄯᅢ에、비가믹우만이와셔、能

很大不能回家去、直等到
晚上下得還不住呢、末末
了兒就冒雨回去了。
可知道學漢語、實在是很難
怎麼呢、他原來很有學問
也有聰明的、還是學了三
年的工夫、也不能簡簡決
決的說出來哪。
我原是天生得很笨了一點
兒的本事、也沒有、怎麼能
當得起這麼個重任來呢。

히집에를、가지못ᄒᆞ고、곳져녁서지기디
려도、굿치지아니ᄒᆞ여셔、맞ᄎᆞᆯ닌비를
맛고、도라갓슴니다
참漢語비우기가、미우얼연줄 알껫소、
엇지글어나ᄒᆞ면、그가原來、學問이미우
잇고、쏘聰明이잇는디、三年동안를비와
셔도、아직도能히、죽죽말히닉지못합듸
다그려
닉가原리、天生이미우둔ᄒᆞ야、조고마ᄒᆞ
져쥬도쏘호업는디、엇지能히、일어ᄒᆞᆫ重
任를當ᄒᆞ오릿가

散語第四十五章

啊、原來是偺們同鄉。
아、原來우리가、同鄉이료그려

他那一位是那一省的人。
그저혼분은、언의省스름이오닛가

他到這兒來做甚麽。
그가여긔와셔、무엇을홈닛가

我不知道你問他罷。
니가아지못홈니、老兄이그더러、무러보시오

你帶了來的都是甚麽貨物。
당신이、가지고오신것이、모도무슨물건이오닛가

都是洋廣雜貨。
모도、洋廣雜貨을시다(洋廣)西洋과廣東

爲甚麽沒有本錢麽。
왜요、資本이업수닛가

那個錢大概不很多罷。
그돈이되기、믹우만치아니홈이다

您納騎的不是我們這兒的馬麽。
당신탄말이、우리여긔의말이、아니오닛가

原來在貴處買的
哎呀令尊病的日子久麼
阿病了有十來年呢
那王大人不是你的親戚麼
不是他是我的至好的朋友
令尊留下的家產專歸你一個人兒麼
不是還有家兄舍弟一個人
兒分了一分兒了
這舖子在南邊兒北邊兒還
不知道麼

原來, 貴處에셔, 산것이올시다
아, 春府丈이病드신日子가, 오리되셧슴닛가
아, 病患드신지가, 十餘年이나, 되엿슴니다
저王大人은, 老兄의, 新戚이아니오닛가
아니오, 그는니의지극히조와ᄒᆞ는, 朋友올시다
春府丈께셔, 깃쳐둔家產을, 젼슈ᄒᆞ신老兄흔슈룸에게, 도려보니엿슴닛가
아니오, 또흔家兄과舍弟가잇셔셔, 一個人에흔목식, 나넛슴니다
이가귀가, 南편에잇는지, 北편에잇는지
도쪼아지못ᄒᆞ나냐

散語第四十六章

我是城外頭的、道兒不很熟
趁我回來、他們先跑了
不但車錢、連舘子裏的飯錢、
都沒給了

나는 城外에라, 길이미우, 익지못ᄒᆞㅂ이다
니가, 도라올ᄯᅢ에, 그가먼져달아낫슴니
다만차삭ᄯᅮᆫ아나라, 료리집에료리갑도,
도모지, 쥬지안이ᄒᆞ엿슴니다

你實在是忠厚人哪。
這宗樣兒的人、我決不要他
了。
你們倆、是在那兒遇見的。
他那父親、是做甚麼呢。
從前是做買賣現在是閑佳。

老兄은, 참, 忠厚ᄒᆞᆫ사롬이올시다
이러헌종유의사롬은, 닉가결단코, 그을
요구치아니홉니다
老兄두분이, 어딘셔, 만나보셧소
그의져父親은, 무엇을ᄒᆞ는이오닛가
그젼에난, 장사를ᄒᆞ더니, 지금은놈니다

我模模糊糊記得他眼睛不大好、如今是好了麼
那是求之不得的
比丟了、還可惡。
家裏人口多、沒力量養活那
不免着急
一個帶着三個孩子、一個帶
着四個孩子
不能栽培他們念書
說來說去、你的意思、不是要
我給你找個事情麼

닉가어렴푸시기록ᄒᆞ눈데、그가、눈이더
단이좃치못ᄒᆞ더니、지금은、나은가요
그것은구ᄒᆞ여도、엇지못홀것임이다
일어바린것보담도、더흉ᄒᆞ다
집에人口눈만코、먹여살일흠은업스니、
조급ᄒᆞ기를、면치못ᄒᆞᆷ니다
ᄒᆞ나눈、三子를、ᄃᆡ리고、四子를
ᄃᆡ렷슴니다
능히그의들를、栽培ᄒᆞ야、글일키지못ᄒᆞ
엿슴니다
說往說來에、老兄의意事가、나더러무슨
일을求ᄒᆞ야달나는、것이아니오닛가

我、實在不敢開口.
늬가참,감히,開口를못흠니다

賠本是賠本不像他說的那
밋지긴밋엇지만은,그의말과갓치,글

應賠本
엇케밋지々는,아니흐얏슴니다

不但三四年有十多年的光
다만三四年뿐아니라,十餘年동안,그를

景沒見他了
보지못흐엿슴니다

他說人托他辦土貨出洋
그의말이,남이그의게부락흐야,土産物

有茶葉有湖絲有藥材
를가지고,西洋을간다합듸다
茶葉도잇고,紬絲도잇고,藥材도잇슴니
다

他們沒說數兒竟是叫他從
그의들이,슈효는말을아니흐고,厚흐게
만흐라합듸다

還是半夜的時候兒
坐밤중이나,되엿다슴니

他們在船上樂呀唱啊的鬧
그의들이,船上에셔창가흐고,질거히떠

散語第四十七章

一則是寡不敵衆、二則是他
心裏膽虛。
那旁邊兒的話、筆結了。
他原來是、有個功名麼。
莫不是他們和、那個賊、通了
麼。
是叫官塲中、察着了。
遮掩是應該、遮掩誰叫他張
揚來着

늬

첫지는、寡不敵衆이오、둘지는그의마음
이膽少홈니다
그러헌것가닥말은、마된셰음이오
그가原來에、무슨官職이잇슴듸가
아마그의들이、그도젹과、相通이 되지
아니ᄒ엿나요
官員에게、查出이되얏슴니다
엄젹ᄒ기는、응당음젹헐것이지만은、누
가저더러、들어너릿소

듭듸다

獨習漢語指南

沒有甚麼好話
　무슨조흔말이업슴니다

那騾子、十分膘壯
　저노새가、十分이나、살젓슴니다

叫我保他做甚麼、我萬不能做保
　나더러그의무슨보증을、서라ᄒᆞ나、나는결단코、보증을아니설터이오

你可以把我說的那話告訴他罷
　老兄은、내가ᄒᆞ던말을、그의게견ᄒᆞ여쥬시오

憑他來多少回總不許叫他進來
　그가몃번을오던지、도모지、그를허락ᄒᆞ야드리지마시오

我想、不如簡直的告訴他能
　내싱각에는、바루그더러말ᄒᆞᄂᆞᆫ이만ᄀᆞᆺ지못함니다

若是他來、你用甚麼話推辭
　만일그가오거든、무슨말을ᄒᆞ던지、辭却

罷我決不見他了
　호오、나는결단코、보지아니ᄒᆞᆯ터이오

是誰呀、是你麽、你剛纔叫門 누구냐、너냐、네가앗가、문열나ᄒᆞ얏너냐

包着是幾張畫兒 싼것은、몃장그림이오

不是他提他做甚麽 그가아니면、그를提出ᄒᆞ여무엇ᄒᆞ오

提起來、話還長 씨러닉면、말이깁니다

噯別忙、別忙、還有話說 익、밧부고밧부게마시오、ᄯᅩ말이잇슴니다

他昨兒晚上在我這兒來着 그가어제젼역에、너게왓슴듸다

還摸不着一點兒頭緖呢 아직도、조금頭緖를、차릴슈업슴니다

一則是來瞧哥哥、二則是有求的事情 一則와셔、兄님을뵙고、二則求請ᄒᆞᆯ일이잇슴니다

散語第四十八章

時時刻刻的說舌頭就活了、又愁甚麼不能呢。
不住嘴兒的念不離手兒的看呢。
他們也是學會得罷咧并不是生出來就知道的
老弟你天天兒從這兒過都是往那兒去呢。
都是眼面前兒的零碎話
多嚕是個了手啊
這是你們自己慢了自己

時時刻刻으로、말ᄒᆞ여버릇ᄒᆞ면、혜가부드러셔、또ᄒᆞ무엇이、능치못홈을근심ᄒᆞ리오.
입을쉬지아니ᄒᆞ고、읽고、손에놋치아니ᄒᆞ고봄니다
그의덜도、빅와셔안것이오、生而知之ᄒᆞᆫ것은아니올시다
자뉘가날마다、이리지뉘가니、도모지어듸를가나
모도눈압헤、항용ᄒᆞ는말 올시다
언졔나、굿을맛치깃슴닛가이것은、너의들이、自己가自身을그릇ᄒᆞ는것이올시다

若是三天打魚兩天晒網的、
就念到多少年、也沒用處。
你說的話、句句兒順當沒一
點兒含糊。
實在是沒影兒的瞎話。
他在城外頭、西河沿三和店
了。
願到京來有何貴幹。
願是多喒到的京。
願打筭用甚麼東西。
可不知道中您的意不中。

만일三日고기잡고, 兩日그불말니듯, ᄒ
면, 「몃히를넉거도、쓸디업소
老兄의ᄒ눈말ᆷ이、귀절귀절이、得當ᄒ
야、조금도모호홈이업슴니다
참그림즛도업는, 거짓말이올시다
그는城外西河邊, 三和店에잇슴니다
당신은、京城에오셔서、무슨일이잇슴닛
가
당신은、언제京城을오셧슴닛가
당신의요량은、엇던물건을、쓰실터이오
닛가
당신의뜻에맛고、아니맛는것을, 참알지
못ᄒ게슴니다

你們這兒有好墨鏡沒有
有個看這個墨鏡怎麼樣
敝寶號在那兒啊
我是在城裏頭成興齋古玩舖裏的
我還有一件事情請敎敝納
豈敢你有甚麼事情
這麼些個東西怎麼能一隻船裝得下呢
失陪了衆位

散語第四十九章

老兄、여긔조흔烟鏡이、닛소업소
잇슴닛가、당신은보시오、이연경이엇더험닛가
여러분께、告別흠니다
당신의寶號가、어듸잇슴닛가
나는、城內成興齋古物商店에、잇는者올시다
뭇은、무삼일이잇슴닛가、老兄
니가、훈ᄉ건일이잇는티、당신게、갈아치시기를쳥흠니다、쳔만의말슴이오、老
이러케만헌물건을、엇지훈쳑비에、다실깃슴닛가

等他們搭好了跳板、來告訴
我罷
回禀老爺跳板搭好了請願
下船
那上水的小船兒都是頂水
拉着
把那正馬從馬圈裡拉了來
是由水路走是由旱路走、他
是搭輪船從大江走了
雖然下狠大的雨、他也上衙
門去

그의들이、발판을잘놋커던、너게와셔말
ᄒ여라
영감게엿줍니다、발판을잘노왓스니、쳥
컨듸、비에나리십시오
저逆水호야가는비는、모도、물에셔끔니
다
져말을、馬廐에셔、쓰러니여라
水路로감닛가、陸路로감닛가、그는輪船
를타고、大江으로감니다
비록大雨가와도、그는、衙門에감니다

獨習漢語指南 (175)

今年冬、天也不大冷、也不大
潮。
十。那兒怎麼這麼熱鬧、不
街。
但小童出來看、連小姐兒
都出來看。
連他帶我、都是受傷
嗳、你學話、不過幾個月、說的
那麼順當麼
哎呀、你受了這些年的辛苦、
還不知道、憐恤別人應
可惡那個人、不但白耽慢工

今年겨울은、미오칩지도안ᄒ고、ᄯᅩᄒᆞ
미우음닝치도아니ᄒᆞ니라
거리우져괴셔、엇지일어하게ᄯᅥ드노、다
만小孩만、나와볼쑨아니라、계집아희널
도、나와셔봄니다
그와나와ᄯᅳ지、모도受傷ᄒᆞ얏슴니다
이、老兄이學語ᄒᆞ지不過幾月에、말슴
계져럿케、順탄ᄒᆞ심잇가
아、老兄이、여러히辛苦를겪구도、남을
불샹히여길줄을몰으시오
可惡ᄒᆞ오、져사름이、공연히時間만허비

夫還鬧了許多的錯兒
훌뿐아니라、許多한錯悞를 니오매우

很好、現今外國的機器眞是
죳소、現今外國의機械가、 참奇妙홈니

巧妙的很
다

那位先生看你做的詩、不但
져분先生게셔、老兄의지으신글을보고、다

一次讚妙連呼妙妙
망혼번만、찬양훌뿐아니라、연호야妙
호다호
홈니다

老爺要的是凉水、開水
영감께셔、요구ᄒ시눈것은、冷水온닛가
湯水온닛가

那膀子、那手巾都擱在那兒
져비누와手巾은、모도엇다두엇느냐、비

呢膀子擱在屉板上手巾
누눈、셜합에잇고、手巾은、타조우에

擱在架子上了
두엇슴니다

還有甚麽難處呢你說一說
무슴얼여운곳이잇나냐、너눈말ᄒ여라

如今天快冷了屋裏地下要
如今에、日氣가極冷ᄒ니、방에다담요를

鋪氈子了鋪
後頭那窓戶,透風得利害,沒
有擋佳的好法子麽
這些個,不是我買來的,都是
借來的

散語第五十章

那書架子臉盆架,都沒現成
的,得時木匠定做罷

請老爺出去看看,那一個是
老爺的

前後有兩個門,一個門是進

폐릿가,말넛가
뒤窓戶에,바룸이더단히들어오니,막을
도리가업깃나냐
이여러가지는,닉가사온것이아니오,모
도비러온것이올시다

져칰거리와,셰슈탁자는,모도만드러노
혼게업스니,木匠을불너셔,맛치여라

쳥컨되영감은,나가보섭시오,엇던것이
영감것이온잇가

前後에,두문이잇스니,한문은,들어가

路。一個。門是。出路。
눈딍오、한문은、나아가는딍올시다

買。東。西。的。都。是。從。前。門兒。進
물건사는이가、모도前門으로、드러가셔

去、從。後。門。兒。出來
後門으로나옵니다

從。這。個。衚。衕。去、到。了。儘裡頭
이골목으로붓터가셔、맨구셕에、南向집

嘎。拉。兒。坐。北。朝。南。的。房。子、
이곳그의집이올시다

就。是。他的。家了。

賣。的。東。西、也。不。少。了銅。鐵。木。
파는물건이、젹지안슴니다、銅、鐵과

器。磁。器。衣。服。綢。緞。鋪。蓋。鍾
木器와、砂器와、衣服과、紬緞과、이부자

表。玉。器。紙張字畫照像。片。
리와、鍾과、時表와、玉器와、紙物과、글

兒。甚。麽。的。都。有。
씨와、그림과、寫眞과、무엇이던지、모도

잇슴니다

還。有。小。孩。子。頑兒的。東。西沒
또한、아히들작난가음도、잇소업소

有的
那都是言無二價不能打價兒的
我聽說貴國南洋地方有幾家商買他們招股份要設立銀行是眞的麼
他們本國裏近來鐵軌造的是極精那墊木的材料又極多而且鐵路工師人很多
不敢說會說大概可以說得

그것은、言不二價오니、能히깍지못홀것이올시다
나난말을드르니、貴國南方에서、몃집商買그의더리、股本을모와、銀行을設立혼다하니、정말이오닛가
그의들本國에셔、近來에、鐵軌만드논것도、극히정묘호고、그墊木에材料도、극히만호고、또한鐵路에工匠과、技師도만습니다
감히말홀줄안다、할슈업고、大槪말좀둥

上來、就是了。 혼다호눈것이올슴니다

還是洋藥、洋布、海帶、菜、洋鐵、洋火、洋傘、藥材、茶葉、這些個貨物。 이것은、洋藥과、唐木과、다시마와、洋鐵과、셩냥과、洋傘과、藥材와、茶葉、이여러물건이올시다

不用先定規、來過一個月、您看看之後、再定規工錢好不好。 먼져뎡호지마시고、와셔달포지나거던、당신은보셔셔、다시工錢을뎡호눈게、죳치안슴니가

像那打造首飾和金銀的器皿、點翠、鎣活、拔絲、銲活、這好幾樣兒手藝、得多少年纔能學會哪。 져首飾과、金銀의器皿만드눈딕、파란놋난것과、죠이놋눈것과、絲쓥눈것과、쎡음호눈여러가지손지죠난、몃히면、能히다비와압잇가

你的那個舖子、倒過來、怎麼不換字號呢。
他那個字號、是外頭很有名聲、各處有一定的主顧。
他是一口的好北京話在此地說、他就是數一數二的。
您沒事的時候、可以到店裏去、咱們談一談。
我從先來過、一逿佳了幾天、就回去這是第二逿來的。

老兄의、그가기를、넘겨왓스면엇지字號를、곳쳐지아니호시오、
그가기字號는、外方에믹우、聲名이잇셔、各處에、一定호단골이잇슴니다
그난滿口에、조흔北京官話올시다、此地에셔말호랴면、그가첫지아니면、곳둘지올시다
당신은일업는씨에、우리가기에오셔々、우리이약이나합시다
나는요견에혼번와셔、몃칠을留호고、도라갓다가、이번에두번지옴니다

那也倒不一定誰家的貨合
式我就買誰家的
我也願意再來可不定由得
我也由不得我
我要買幾本話條子可不知
道是天津有還是上海有

그것은一定치못허오,뉘집물건이,맛당
호면,곳그집물건을,사감니다
나도다시오기를,願호지마는,가히,늬
自由로할는지,늬自由로못홀는지,定치
못홈니다
늬가멋권語學冊을,사고즈호는듸,天津
에잇눈지,上海에잇눈지,아지못합니다

會話第一課 學房

我們從今天到學堂去、上學了

我們在學堂裏、念書、寫字、又學筆算了

學房裏頭有教堂和運動場

教堂是、用工的地方、運動場是、做運動、還是頑意兒的地方

在教堂裏、用心用意的用工、

우리덜은、今日브터、學校에가셔、上學 ᄒᆞ엿슴니다

우리덜은、學校에셔、글읽고、글씨쓰고 또한、筭術도 빅옴니다

學校內에는、敎室과、運動場이、잇슴니다

敎室은、工夫ᄒᆞ는곳이오、運動場은、運動도ᄒᆞ고、또한、遊戲도ᄒᆞ는곳이올시다

敎室에셔는、誠心으로、工夫ᄒᆞ고、運動

第二課　莊稼人的兒子

在運動場、歡樂運動、那是很好的了

莊稼人和他兒子、一塊兒耕田了

那孩子的樣子

那孩子的歲數兒今年有十二歲的

那個孩子、從前三年、就到學堂去上學了

那個孩子、每天早起起來、沒到學堂以前、把院子、都掃

場에셔난, 질거이 運動ᄒᆞ는것이, 미우죳
슴니다

農夫가, 그아달아히와, 갓치, 밧을갈니
다

져아히의, 나희는, 今年에 十二歲쯤, 되
얏슴니다

져아히는, 三年前브터, 學校에가셔, 上
學ᄒᆞ엿슴니다

져아히는, 每日, 일즉일어나셔, 學校에
가기젼에는, 庭院을, 모도, 깃굿이쓸고,

第三課 春景天

乾淨、從學堂回來、喂牲口、又下地、幫助他父視耕種了

學堂的人都說他、很勤謹的學生

如今是春天了、一年裡頭最喜歡的時候兒

草木、都發生了、百花、開得很好看

蜂兒、和蝴蝶、在花裏頭、飛來

學校에셔、도라와셔는、즘생도먹이고、또흔、들에가셔、그의父親을、幫助ᄒ야、갈고、심음니다

學校의사람더리、모도그를말ᄒ되、미우근간흔學生이라、ᄒᆞᆷ니다

지금은、春日이라、一年中에、가장죠흔씨올시다

草木이、모도、發生ᄒ고、百花가、만발ᄒ야、미우보기가죳소

벌과、나뷔는、쏫속에셔、飛去飛來ᄒ고、

飛去、各鳥兒、在樹梢兒上、叫喚的聲兒、和唱歌一樣

衆鳥는、나무꼿에셔、불으지지는소리가、唱歌와、혼모양이올시다

暖風是、把草木的香味兒、吹了來了

싸뜻흔바름은、草木의香氣를、부러옴니다

你看罷兩個孩子、把花枝兒、撅來頑兒的、很有趣兒啊

져두아히가、꼿가지를、썩거가지고와셔、작란을、미우흥취잇게홉니다

這個孩子、爲甚麼、不到學堂去呢

져아히는、엇지學校를、가지안슴닛가

今天是禮拜、所以、學堂都放學了

今日은、공일인고로、學校에셔、모도下學호얏슴니다

第四課 蜂蝶

蜂兒, 和蝴蝶從花裏頭來往
不斷, 他們也是頑兒的意
思麽

他們不是頑兒呀花藥兒
裏有甜味兒, 把這個甜味,
當做了粮食, 所以因爲得
了那個粮食整天家, 來來,
往往, 眞是離不開那個花

벌과、나뷔가、꼿속에셔、往來不絕ᄒᆞ니、
그것덜도、또ᄒᆞᆫ、작란ᄒᆞᄂᆞᆫ뜻임니다

그것들이、작란ᄒᆞᄂᆞᆫ게아니라、꼿송이속
에、닷맛이잇셔셔、이단맛으로、粮食을、
만드는고로、그粮食엇기를爲ᄒᆞ야、終日
도록來往ᄒᆞ야、ᄎᆞᆷ그花林을、떠나지아니
ᄒᆞᆷ니다

第五課 方向

林子往往眞是離不開那個花

太陽冒嘴兒遍照着草木上
的露水、有個孩子、不知道
甚麽意思、對着草木、站着
了

太陽是從東邊兒出來徃西
邊兒落了

那個孩子的前面兒、就是東
邊兒後面兒、就是西邊兒、
右邊是南方、左邊是北方、
所以、東西南北、就叫四方
把那個孩子、若是轉過身來

히쑬이、막버러지며、두루草木우희、이
슬에빗치니、져아히는、무삼意思헌지、
아지못ᄒᆞ고、草木을對ᄒᆞ야、섯슴니다

히눈、東으로나와셔、西으로가、짐니다

져아히의、前面은東方이오、後面은西方
이오、右便은南方이오、左便은北方이니
그럼으로、東西南北을、四方이라흠니다

져아히를、만일、몸을도루쳐셰우면、右

第六課 晚晌

太陽落了、天快黑了、百鳥都各自各兒歸了窩兒了
山林和曠野、都是冷冷淸淸
了
莊稼人也牽着牛、回家去了
孩子們、在門口兒站着、等他父親回來呢
莊稼人、淸早出去、整天家、在

站着瞧右邊叫甚麽方向呢

邊은、무슨 方向이라、하겟슴닛가

히가져셔、날이 將且어 두니、百鳥가、모도、각각、제집으로、도라갑니다

山林과 原野가、모도、쓸쓸홈니다

農夫도、또혼、牛를 슬고、집으로、도라감니다

아히들은、문에셔셔、그의 父親、돌아오시기를、기다립니다

農夫난、早朝에 나가、終日、들에셔、辛苦

第七課 田家

這저是시野예歇쎄
子쯔郷샹地띠乏페
後후下샤辛신兒얼
頭투村촌苦쿠的띄
有유裏리到따工꿍
樹수的띄晚완夫부
木무景깅胸숭很헌
綠뤼致치纔채少쌰
森썬了랴回휘
森썬房빵來래
前첸
面몐

莊장稻뚜
稼쟈田톈
人신壟룽小쌰
的띄頭투路루
娘냥小쌰跑퍁
兒얼孩해'
們먼兒얼那나
在짜哄훙個거
水쉬着저孩해
邊볜雀챠子쯔
兒얼從충後후
頭투,
有유

上샹
洗시
衣이
裳샹
了랴

져것은, 시골村의景致올시다, 집後面에
눈, 樹木이잇셔, 森森히푸르고, 前面에
눈, 流水가잇셔, 저물소리가, 참스름으
로, 들님니다

農夫의녀인덜은, 물까에셔, 쌀닉를흠니
다

稻田언덕에, 아히가, 식를쫏노라고, 小
路로뛰여가니, 그아히뒤에, 혼마리기가

호고, 눗게야도라오니, 쉴동안이, 머우
져슴니다

萬念이, 空虛케흠니다

第八課 孩子

一條狗、跟他跑了
鷄在籬笆障根兒、找着蟲子、
牛在水邊兒、放着吃草
你看罷那個孩子、牽着馬走
那孩子名兒、叫開明、年紀纔
十一歲了
開明、是雖然很愛用工·因爲
家裏很窮、不能到學堂去
上學了

잇서、그를싸라、뛰여갑니다
닭은、울타리밋헤서、버러지를찻고、소
난、물가에노아、풀을먹임니다
老兄은、보시오、져아히가、말을끌고 길
을갈씩에도、또혼、글을닑슴니다
져아히의、名字는、開明이라ᄒᆞ니、年紀
는、十一歲올시다
開明은、비록工夫ᄒᆞ기를、됴와ᄒᆞ는、집
이미우가란ᄒᆞ야、能히學校에가셔、上學
을못홈니다

第九課 孩子

那個孩子、每天馱着柴火賣、養活他父親因爲這個事、整天家很忙讀書的空兒、一点兒也沒有、故此牽着馬在道兒上念書了

開明的街坊、有一個孩子、名叫愛國就是和他開明同庚的

愛國的父親是那個村裡頭一個財主土地、園子很多

저 아희는、每日에 나무쟝사를 ᄒᆞ여、그 父親을 봉양ᄒᆞ니、이 일을 因ᄒᆞ야、終日토록、미우 밧버셔、글닑을틈이、죠곰도 업는고로、말을 ᄯᅳᆯ고、길우에셔도、글을 닑슴니다

開明의、이웃에、ᄒᆞᆫ 아희가 잇스니、名字는、愛國이니、곳 開明과 동갑이올시다

愛國의 父親은、그 村裏에셔、첫졔 가는 부자니、土地와、園林이、미우 만슴니다

愛國, 是每天, 往學堂去, 用工,
他是看見開明那們樣的,
專心用工, 所以每夜裏, 教
給他念書了
開明, 帶有的書, 都是愛國給
他的了
那村裏人們, 把這兩個孩子,
又疼愛, 又恭敬了

第十課 四季

一年裏頭有春, 夏, 秋, 冬, 那叫

愛國은, 每日學校에가, 工夫ᄒᆞᄂᆞᆫ데, 그
가開明의, 그모양으로, 專心用工ᄒᆞᆷ을본
고로, 每夜에, 그를가라쳐, 글을읽게ᄒᆞ
엿슴니다
開明의가진칙도, 모도, 愛國이가준것이
올시다
져村人더러이두아ᄒᆡ를, 미우사랑ᄒᆞ고
ᄯᅩ恭敬홈니다

一年동안에, 春夏秋冬이잇스니그것을

四季

春天是、暖和、草木都發芽兒了、花開的、笑啊似的、鳥叫的、唱啊似的、一年裡頭、算是頂喜歡的時候兒

夏天是很熱、草木都長起來了、成了陰涼兒、樹林子裏、聽那伏蝶兒、叫的聲兒、是很喜歡的

秋天是、天氣凉、莊稼都熟了、果木都結果子、熟透了、莊

四時라홈니다

春日은、싸듯ᄒ야、草木이모도、發芽ᄒ고、꼿이피여、웃난것갓고、鳥啼의聲이唱歌와갓흐니、一年中에、미우죠흔時節이올시다

夏日은、미우더워、草木이모도자라셔、濃陰을일우고、樹林속에、저、미얌의、우는소리를드러도、ᄯ흔、미우깃붐니다

秋日은、日氣가서늘ᄒ야、곡식이모도닉엇스니、農고、果木이모도、結實ᄒ야、

第十一課 雞

稼人、很忙的時候兒
冬天是冷了、還是下雪、山林
曠野、一望都成了白顏色、
兒所以、看那個景致、很有
高興的趣味
這兒、有兩隻雞了、一隻是公
的、一隻是母的公鷄是格
兒大、尾巴長、頭上頭、有冠
子、又大又好看、還可以打
鳴兒母鷄、能下蛋

夫가、미우밧쁜째올시다
冬日은、차고、또호눈이와셔、山林과、原
野가、一齊히白色을일우는고로、져景致
를보면、미우高興의趣味가、잇슴니다

여긔、두머리닭이잇스니、호머리는수놈
이오、호머리는、암놈이라、숫닭은、體格
이크고、꼬리가길고、頭上에、冠子가잇
셔셔、크고、또호보기됴코、또호가이、우
룸울고、암닭은、能히알을낫슴니다

他們吃的是粮食和菜尖兒
그의들먹는것은、곡식과、生菜의슌과、

這個孩子很愛那個鷄天天
이아희는、져닭을민우사랑ᄒ야、날마다

給他吃的東西
먹을ᄭ건을、줌니다

所以那個鷄見了這個孩子
그런고로、져닭더리、이아희를보면、

一齊都來咕々的叫、喜歡
齊히、모도와셔ᄭᆞᆺᄭᆞᆺᄒ며、즐거워ᄒ기

的了不得
를、마지아니ᄒᆞᆷ니다

第十二課 馬牛

愛國的家裏、養着牛馬了
愛國의집에셔、牛馬을먹임니다

那個牛馬的貌樣各各不同了
져牛馬의貌樣이、各各갓치안슴니다

牛的身子大馬的身子小
牛的腿短一點兒馬的腿長
一點兒、
牛是有角、馬是有鬃
牛的尾巴尖兒、毛是短的、馬
牛的尾巴尖兒、毛是長的
牛的蹄子是兩瓣兒的、馬的
蹄子是整個兒的
馬是駄人、還是駄東西、牛是
拉車、還是耕田那兩個、都
是要緊的牲口了

소의몸은크고、말의몸은、젹습니다
소의다리는、좀쌀으고、말의다리는、좀
김니다
소는角이有ᄒᆞ고、말은、갈기가有ᄒᆞᆷ니다
牛는、ᄭᅩ리가尖ᄒᆞ고、毛는短ᄒᆞ고、馬도、
ᄭᅩ리가尖ᄒᆞ나、毛는長ᄒᆞᆷ니다
牛의발굽은、두죠까이오、馬의발굽은、
통발이올시다
馬는、人을乘케ᄒᆞ고、물건도실으며、牛
눈車도쓸고、ᄯᅩᄒᆞᆫ、田도耕ᄒᆞ니、져두가
지눈、모도、요긴ᄒᆞᆫ김싱이올시다

第十三課 懶惰的

這兒有兩條道兒、一條是上學堂去的、一條是往郊外去的道路

這個道兒上有兩個孩子、一個是姓李的、一個是姓金的、那姓李的和姓金的、說

一說了

我不要上學堂去、你和我一塊兒往郊外去、在草地裏、掐花頑兒怎麽樣呢

여긔두가닥길이잇스니、흔가닥은、學校로가는길이오、흔가닥은、들로가는길이올시다

이길우에、두아히가잇스니、흔나는姓李이오、흔나는、金姓이라、져姓李가、姓金과말을홈니다

나는、學校에가고즈아니ᄒ니、너도、나와갓치、들에가셔、풀우에셔、꼿을ᄭᆨ고노는것이、엇더ᄒᆫ가홈니다

你怎麼不到學堂去用工呢
너는엇지호야、學校에가셔、工夫를아니
호나냐、날마다、學堂에가셔、新學
天天兒上學堂去、學新學
問、不是很好的事情麽
오눈것이、미우죠흔일이、아니냐홈니다
你雖然說念書寫字還是學
너눈、비록말호기를、글읽고、글씨쓰고
新學問、有甚麼用處呢、我
坯新學問을비온다호나무슨쓸곳이잇고
是要自各兒、往野外去頑
나는혼자野外에가셔、노는것이、미우滋
兒、很有趣兒、了
味잇다호얏슴니다
這麼着、姓李的、往郊外遊
이러셔、李童은野外에가셔놀고、金童은
頑兒、去姓金的往學堂去
學校로가셔、工夫를홈니다
用工了

第十四課懶惰的 二

過了二十一年的光景、有一天
最冷的時候、有個人、穿的
衣服很襤褸、在大宅門口
兒站着要飯了
穿好衣裳的主人、聽那討
飯的聲兒、開了門一看見
那個人、驚愰的了不得
那個要飯的、很有慚愧的樣
子、竟是低着頭兒站着
你們看罷、這兩個人、都是誰

二十年동안을지나셔、ᄒᆞ로는、미우찬ᄯᅢ
에、ᄒᆞᆫ사ᄅᆞᆷ이、衣服을름루ᄒᆞ게입고、大
家門前에셔、밥을달나ᄒᆞᆷ니다
미우오릭동안을지나셔、죠흔衣服입은
主人이、져밥달나ᄒᆞ는소ᄃᆡ를듯고、門을
열어ᄒᆞᆫ번그사ᄅᆞᆷ을보고、놀나기를、마지
아니햇슴니다
져밥달나ᄒᆞ든者가、미우慚愧ᄒᆞᆫ모양이
잇셔셔、머리를슉이고、셧슴니다
老兄들은보시오、이두사ᄅᆞᆷ은、모도누구

第十五課 房子

飛禽打窩巢、走獸攅着窟窿、人是盖房子住、避風雨寒暑了、

子是姓李的罷

呢這生人是姓金的、那花子是姓李的罷

房子、有大小不同

那兒有一百多間的房子、這兒有十六間房子、

或有瓦盖的房子、或有草盖的房子

飛禽은、보금쟈리를치고、走獸는、궁긔를뚜르고、사름은、집을지여셔、風雨와、寒暑를피홈니다

家屋은、大小不同홈이、잇슴니다

져긔는、百餘間집이잇고、여긔는、十六間집이、잇슴니다

或盖瓦き집도잇고、或盖草き집도、잇슴니다

이生人은、金姓이오、져主人은、李姓이깃지오

비렁입이는、李姓이깃가、져主人은、金姓이오、져

第十六課 園子

那個屋子若要是四面兒都
是牆麼、屋裏很黑、所以安
上門窓、爲得是出入方便、
還可以有太陽照着、又明
亮了

園子裏頭種了好幾樣兒的
草木實在是很好的事情
四時都看花、草根兒木葉兒、
或有吃的可以吃、還有移
種的、可以移種、看那發芽

져방을、만일四面에 모도벽을 ᄒᆞ면、방속
이미우어둡고로、窓戶를니임은、出入에
方便과、ᄯᅩ한太陽이빗추여、明朗함을위
함이올시다

동산에、미우여러가지草木을、심는것은
참죠흔일이올시다
四時로、모도 곷을보고、草根과、木葉에、
먹을만흔것은먹고、ᄯᅩ흔移種홀것은、移
種ᄒᆞ야、그싹이나셔、자라는ᄡᅵ를보면、

獨習漢語指南

兒生長的時候、眞是個好참造화올시다
造化了

當了春天暖和的時候、草木
都生芽兒、漸漸兒長起來、
成了枝榦兒
那個枝兒上頭、結了花咕朶
兒、那個花咕朶兒開了、就
成了又香又好看的花
那花兒、謝了、就結果子了
每天早起起來、看了那園子
的光景、眞是叫人喜歡了

참造化올시다
春暖日和흔ᄯᅢ를當ᄒᆞ야、草木이、모도싹
이나셔、漸漸자라셔、가지와、줄기를、이
룸니다
져가지우에、ᄭᅩᆺ봉오리가밋져셔、그ᄭᅩᆺ봉
오리가피미、곳향긔잇고、보기죠흔ᄭᅩᆺ이
됩니다
져ᄭᅩᆺ이ᄯᅥ러지면、곳、열미가밋첨니다
每日일즉히일어나셔、져동산에、風光을
보니、참ᄉᆞ롬으로、깃부게ᄒᆞᆸ니다

第十七課 家裡

我的家裏、父母都在堂、還有兩個妹妹、兩個兄弟、家口一共七個

家人以外、沒有甚麼別的、但家有一隻牛、兩條狗了

家嚴是、天天兒早起、起來到家園子裏看了一遍、把這個事情、當做常、常做了很

母有高興的事了

母親是、做早飯、妹妹是把屋

너의 집에、父母가 모도 게시고、의와、두 아오가 잇셔셔、식구기、도합 열 곱이 올시다

家人外에는、아모 별것이 업고、다만 한 隻 牛와、두 머리 개뿐이 올시다

父親은、날마다、일직히 일어나셔셔、밧데가셔、遍覽ᄒ시는 일노、常事를 숨아 미우 滋味 잇는 일을、삼으십니다

母親은、앗참밥을 지으시고、누의 눈、방

第十八課　家裏 二

我是拿稻稭喂牛、吃早飯之後、就往學堂去、上學了
家嚴和家母、帶着妹妹都下地、兩個兄弟、在家裏頑兒

我的街坊、有一個大夫、和我的父親、很親熱、不分夜裏白晝、常來往、雖是那麼着
我的家裏、一個病人、並沒

裏、都掃乾淨了

속을、모도쓰러맛이쓰니다
나는、베집을갓다가소를먹이고、아참밥먹은후에、곳學校에가셔、上學을홉니다
父親과、母親은、누의를다리고、들에가시고、두아오는、집에셔놉니다

나의이웃에、혼醫士가잇스니、우리父親과、미우、親熱호야、晝夜不分호고、항상來往호나、그러호나、우리집에는、한낫病든스름이업스니、醫士그는、病보러오

有那個大夫、不是因爲看
病來了、就是閒談來的
父母和我們一塊兒吃飯、把
這個當做了樂的事情了
父母常對我們說、我們家裏、
雖是貧窮、我們很勤儉哪、
穿的吃的、都可以、還沒有
一個人有病的、這不是喜
歡的事情麽

第十九課　馬

有一匹馬、馱着鹽過河、滑倒

눈것이안이라、곳閒談ᄒᆞ러、오는이올시
다
父母께셔、우리와ᄒᆞᆫ데셔、밥자시ᄂᆞᆫ것
으로、즐거운일을、삼으심니다
父母께셔、항샹우리들을對ᄒᆞ야、말삼ᄒᆞ
시되、우리집이、비록貧寒ᄒᆞᄂᆞ、우리가、
미우勤儉ᄒᆞ면、입는것과、먹는것이다
될거이오、ᄯᅩᄒᆞᆫ、ᄒᆞᆫ사름도、병든者가、업
스니、이것이깃분일이아니냐、ᄒᆞ심니다

一四馬가有ᄒᆞ야、소금을실고、河水를건

躺在水裡頭、把鹽都化了、那鹽駄子、輕一點兒、那匹馬、就起來、撒歡的了、不得、趕到第二天、那匹馬、駄着稻草、又過河、那馬想着昨天的事情、假粧躺在河裏、把稻草都濕了、那個駄子、忽然重了、眞是個不能起來、受人家的格外鞭打、末了兒、辛辛苦苦的、回家去了

너다가、미끄러져、물가온티、잣바져셔、소금을、모도풀어바린져라、져소금바리가、조금가뵈업거놀、져말이、곳아러나셔、깃버하기를、마지아니하더니、그잇튼날、져말이、베집을실고、또河水를것너실셰、져말이、昨日의일을생각하고、짓물속에、잡바져셔、베집을모도젹신지라、져짐이、忽然히무거워셔、참능히일어나지못하야、남의게、格外의쩌림을밧고、티죵은、辛苦하고、게우집에、도라갓슴니다

第二十課　麥子

有一個人和他兒子，在莊稼地裏，一塊兒站着，看那麥子的情形了

那個麥子，快熟了，滿野地，都是黃金的顏色兒了

麥子有大麥，有小麥，大麥是早一点兒熟黃，小麥是晚一點兒，熟黃了

我們常吃的，不是大麥麼

大麥，可以吃，做飯吃，小麥，磨了

혼 사롬이, 그 아달과, 밧헤 갓치셔셔, 져 보리의 情形을 봄니다

져 보리가, 곳 익어셔, 왼들이, 모도 黃金의 빗이 올시다

麥子는, 大麥도, 有ᄒ고, 小麥도 有ᄒ니 大麥은, 조금 일즉이 익고, 小麥은 죠금 늣게 익음니다

우리들 항상 먹는것은, 大麥이 아님잇가

大麥은, 밥을 지어 먹고, 小麥은, 가루를

粉可以做麵、做好些個點
心吃的
麥子的名兒、不但大麥、小麥、
另有好幾樣的名兒

第二十一課 信局
信局、在那個地方、城裏、有郵
政局外省、各處、都有分
局子、無論甚麽人、來往帶
的信件、都是很方便了

第二十二課 孝子
古時候、有一個人、年紀、纔十

만들어、국수도만들고、여러가지과자를
만드러먹슴니다
麥子의일홈은、大麥과小麥뿐아니라、미
우여러가지일홈이、잇슴니다

郵便局이、언의地方에잇슴닛가、城內에
눈郵便局이잇고、外道各處에눈、모도支
局이잇셔셔、勿論엇더한사롬이든지、來
往間편지가、모도方便합니다

古時에、一個人이有호티、年紀가十四歲

四歲了、他的父親上山打라、그와父親이、山으로、산양ᄒ러갓다
他라
知道這個事、就氣的不가、범의게害혼바、되엿슴니다
得、要打死那個老虎、擊着그가、이러혼일을알고、氣가차셔、그것
大斧子、就上山去找一을띄려잡고 즛ᄒ야、큰독긔를가지고、곳
果커
然、那個老虎、把他的父親山으로가셔、찻고차짐니다
剛吃完了、臥在樹林子底果연져호랑이가、그의父親을다먹고、
下了、他就大聲兒喊、你爲樹林下에누은지락、그가곳크게소리결
甚麼吃我的父親哪、我要으되、너가엇지나의父親을먹엇느냐、누
吃你的肉、報我的寃讎了눈네의고기를먹어、누의원슈를갑겟노
那個老虎、就耷了着尾巴低라ᄒ엿슴니다
져호랑이가、곳꼬리를쳣트리고、머리를

着頭兒、有慚愧的樣子、那個人、拏着大斧子、把虎頭、就砍下來、把肚子、就劃開了、把他父親的骨頭、拿出來、就葬埋了

俗語說的、孝心所至、雖虎不怕的話頭兒、實在是、不錯的呀

第二十三課　學生

快到了、夏天哪不久的工夫兒、就放學了

숙이고, 慚愧한 모양이 잇는지라, 져 사롬이, 큰독긔를 가지고, 호랑의 머리를 찍어㶊리고, 비를갈나, 그의 父親의 뼈를 ᄭᅥ니여, 곳 安葬ᄒᆞ엿슴니다

俗談에 말ᄒᆞ기를, 孝心所至에, 비록 호랑이라도 不怕라ᄒᆞ는 말이, 참ᄭᅮᆯ으지 안슴니다

벌셔, 夏日이 당도ᄒᆞ니, 오릭지아니ᄒᆞ동안에 곳, 放學되깃슴니다

當着夏天頂熱的時候、好한些
個學生們、湊在一塊兒用
工夫、於身體最不相宜、
學問雖是要緊、還不如那個
身體最貴重了、所以這時
候、放我們歇伏了
夏天是、常常下雨很大、無論
甚麽東西、都受濕氣、故此、
到了七八月的光景、有病
的人、很多了
夏天的時候、最小心的、是吃

夏日이、極熱홈띠를當호야、미우여러學生더리몰켜호디셔、공부호면、身體에、가쟝부젹당힘니다
學問도비록、요긴호지마는、도로여져身體에、貴重홈만갓지아니호고로、이씨에우리덜의게、伏中休暇을쥽니다
夏日은、항샹비가만이와셔、勿論엇더호물건이든지、모도濕氣를밧는고로、七八月이되면、病잇는사름이、만슴니다
夏節에、가쟝죠심홀것은、먹는물건이

第二十四課 自鳴鐘

好了

有兩個孩子，一塊兒頑兒，聽見那個掛鐘噹噹兒的響兒、

這個和那個說、現在幾點鍾、你數過了麼

我沒數過的、等回頭再打的時候、可以數一數罷

不久的工夫兒那架坐鍾、又

的東西、或是未熟的果子、或是喝了生冷的水是不

을、먹는것은、좃치안슴니다

두 아히가 잇셔、혼틔셔 노다가、져 掛鐘의 땅땅하는 소리를 듯고、이 아히가 져 아히 다려 말하되、지금 몃시 나 되얏는지、너는 셰여 보앗나냐、홈니다

나는、셰여보지 못하얏스니、다음 다시 칠 때를 기달녀 可히 셰여 보깃다、홈니다

오리지 아니하야、져 종이 쏘 혼、치는지

打了、那個孩子、就掐着指頭說、一下兒、兩下兒、三下兒、四下兒、五下兒、六下兒、七下兒、八下兒、九下兒、十下兒、十一点鍾、十二点鍾了、回頭一定打了十三點了、不是、沒有那樣的、過了十二點鍾麼還打了一點鍾、又過了一點鍾又打了兩點鍾、這麼樣、打到十二點、常

라、져아히가、손가락을곱으며、말ᄒᆞ되、ᄒᆞᆫ뎜、두뎜、셔뎜、녁뎜、다ᄉᆞᆺ뎜、여ᄉᆞᆺ뎜、닐곱뎜、여덜뎜、아홉뎜、열뎜、열ᄒᆞᆫ뎜、열두뎜、을쳣스니、다음에눈、뎍、열셔뎜을치깃다、홉ᄂᆞ이다 아니다、그런것이아니라、십이點이지나면도루、ᄒᆞᆫ뎜을치고、ᄒᆞᆫ뎜이지나면、또、두뎜을치고、이모양으로、열두뎜ᄭᆞ지쳐셔、항샹이러ᄒᆞᆯᄲᅮᆫ이라、홉ᄂᆞ이다

第二十五課 晝夜

常這麼樣罷了

太陽是、出在東邊兒、落在西邊兒

太陽出來的時候叫早起、太陽落的時候叫晚上

有太陽的工夫是白晝、沒有太陽的工夫、是夜裏

太陽正到天中的時候、就是晌午、晌午以前、叫上半天、晌午以後叫下半天

틱양은、東에셔나셔、西에、가집니다

히、뜰띡를、아츰이라ᄒᆞ고、히질띡를、졉녁이라ᄒᆞᆷ니다

히잇눈동안은、낫이요、히업눈동안은、밤이올시다

히가、中天에일은띡를、뎜심띡라ᄒᆞ니、뎜심씨젼은、아참나졀이라ᄒᆞ고、뎜심씨후는、젼역나잘이라ᄒᆞᆷ니다

上半天、下半天各有十二點鍾的工夫所以晝夜一共筭得是二十四點鍾了

我們是上半天上學堂下半天回家去了

第二十六課　狐假虎威

有一個老虎要吃那個狐狸、那個狐狸瞪着眼睛和老虎說、我是性口裡頭的王啊、你若害我立刻就遭天報了、若不信我的話隨着

아츰나잘과、젼역나잘에、各各열두뎜、동안이잇는고로、晝夜를合ᄒ야、二十四時가됩니다

우리들은、아츰나잘、學校에가고、젼역나잘、집에도라갑니다

호호랑이가、여호를먹고자ᄒ거놀、여호가눈을부릅ᄯᅳ고、호랑이더러、말ᄒ되나는、김싱즁에王이라、네가만일、나를害ᄒ면、即刻에、天罰을바드리라、만일、나의말을、밋지안커든、나의뒤를싸르라

我後頭來罷、好些個牲口
見了我、一定是很害怕、都
逃跑了
老虎雖然笑他說話大、就勉
強跟他去了
果然有好些個牲口、見那個
狐狸都逃跑了
你們想罷、那羣獸、眞是怕那
個狐狸麼
不是、羣獸見了後頭有老虎
跟着、所以嚇的了不得

여러짐싱이、나를보면、一定코두려워셔
모도、도망호리라、홈니다
호랑이가、비록、그의말이、갓지아니홀
을우스나 강잉호야 그를짜라갓슴니다
果然、여러짐싱이、져여호를보고、모도
도망호얏슴니다
老兄들은、성각호야보시오、여러짐싱드
리、춤여호를、무셔워힛슴닛가
아니오、여러짐싱이、뒤에호랑이가짜라
옴을본고로、놀니기를、마지아니힛슴니
다

狐狸、本來是奸詐的、爲得是
假那個老虎的威了

第二十七課 火輪車

火輪車從遠處兒來了、有兩
個孩子一個是哥哥、一個
是兄弟、一塊兒站着、看那
光景了
兄弟和哥哥說、您看這個罷
火輪車、冒着烟一溜兒走
得很快、實在是很多的快
車了

여호는、本來奸詐한쎄가만아셔、져호랑
의위엄을、빈것이올시다

第二十七課 火輪車

汽車가、먼곳으로브터、오는딕、두아히
가잇스니、하나는兄이오、하나는아오라
흔틱서셔、져것을구경홈니다
아오가、형에게、말ᄒ되、형님이것보시
오、汽車가烟氣를토ᄒ며、훈갈갓치、간
기를속ᄒ게ᄒ니、춤미우、만흔急行車올
시도

在這兒看麼好像一個車一樣的、敢情是接連掛着好些個車了

여긔셔본닛가、車가혼기모양굿더니、맛참닛、여러車를接連호것이올시다 그려

頭一個冒烟的車、就叫火車頭、客人坐的車、就叫客車、客車不但有一個、有好些個呢

첫지연긔、도호는車는곳機關車오、客더리타는車는곳客車라호니客車는、다만호나뿐아니라、미우열엇이잇슴니다

火車頭的後頭、客車的前頭、有三個車、就是貨車

機關車뒤와客車압헤三個車가잇스니곳貨車올시다

那個貨車裏頭、竟是裝着貨物、不裝別的

저貨車는、맛참닛貨物만、싯고別다른、것은、싯지、안슴니다

那個火車頭、有機器、可以拉
着好些個車走
那個火車頭、怎麽能這麽樣
很有力呢
那個事情不能容易知道的
呀、到學堂去、專心用工、過
了三四年的光景、先生一
定教給你們的
第二十八課火輪車二
火輪車站、着的地方、就叫車、
站

져機關車에는、機械가잇셔셔、여러車를
달고감니다
져機關車는、엇지일엇케、미우힘이잇슴
닛가
그것은能히容易히、아지못할것이니學
校에가셔專心用工호야三四年동안을지
나면先生이一定코너의게、가라쳐、쥬시
리라흠니다

汽車가、셔난곳을停車場이라흠니다

車站的地方、有賣票的、沒有
票不能上車
　　停車호는뒤셔、票를賣호는데가잇스니、
　　票가업스면、車를타지못홈니다

火車裡頭、分三等、頭一等、車
票價錢貴、第三等、車票價
錢、很賤
　　汽車에三等이잇스니、一等의票갑슨、빗
　　싸고三等의票갑손、믹우쌈니다

車票、有白綠紅三樣的顏色
兒、頭等是白色兒的、二等
是綠色兒的、三等是紅色
兒的這都是照着日本火
車說的
　　車票에白綠紅셰가지、빗이、잇스니一等
　　은白色이오二等은綠色이오三等은紅色
　　이니、이것은모도日本滊車를두고、흔、
　　말이올시다

火車在車站上、來往的時刻
　　滊車가停車場에셔、來往호는時間이、一

有一定的
車站的傍邊兒有候車房那、
個屋子裏頭、等車的客人
所滿了
牆上貼着好幾張的告示、寫
着車價和開車的時刻了
雖然是那麼着、不識字的、不
能明白那個告示了
自己不憧文字也不向別人
打聽麼、這眞是糊塗的人
了

定홈이잇슴니다
停車場겻히待合室이잇스니그방속에는
乘客이찻슴니다
벽우에、민우여러장告示를붓처는퇴車
세와車쩌는時間을셧슴니다
비록그러호나識字업는사롬은能히그告
示를明白지못홈니다
自己가文字를몰으고도、남의게向호야、
아라보지、아니호면춤모호흔、사람이올
시다

第二十九課 火輪車

放濚的聲兒、聽見從遠處兒來了、那火輪車打東邊兒就到車站一住下許多的客人、各各兒拿着行李下來、那貨車裏、堆着很多的東西、也搬下來了、那候車房裏好些個等車的人、忙叨叨的上車、趕那坐車的客人、都上去了戴着紅帽的、就搖了鈴鐺、向着機

濚笛소래가、먼터로부터、들니더니、져濚車가東便으로브터停車塲에일으러停車ᄒᆞ며許多ᄒᆞᆫ、客人이各各行李를가지고、ᄂᆞ리고그貨車에積載ᄒᆞ얏든許多ᄒᆞᆫ物건도運下ᄒᆞ고、져待合室에여러待車ᄒᆞ는사람들이奔走히上車ᄒᆞ니、그乘客더리다올으기에밋쳐서、紅帽쓴者가搖鈴ᄒᆞ며機關車를向ᄒᆞ야、손을、늘고、호각을、한번부니、져車가、꼿쩌나셔、먼져눈、쳔쳔히、가다가、졈졈속히、갑니다

第三十課 火輪車

關頭車、擧手把哨子一吹、那個車就又開了、先是慢慢兒的走、漸漸兒的就快走了、有倆莊稼的跑一跑趕到車站兒一看、那個車已經開遠了就嘆了一口氣回去了

두시골사람이、뛰고뛰여停車場에、이르러보니、져車가발셔、떠나、멀니、잣지라、곳탄식만하고갓슴니다

今兒我有事情、要上北京去

今日에、네가일이잇셔北京을、가고져호 니다

不是坐火車去麼

滊車로가시지안슴닛가

是、要坐火車去、所以竟在這

예셔車를、타고、가고자하야、이待合室

候車房等着哪

我也要往北京去、我們一塊兒、搭伴去好不好

很好、你的行李、都在那兒

早已在車站存着了、回頭得

裝在車上

你要坐幾等車

上等的價錢很貴、所以、要坐

下等車

下等是人很多、不是混雜麼

那麼買中等的票罷

에셔、기다림니다

나도北京을가고자ㅎ니우리는、갓치作伴ㅎ야가는것이좃치안슴잇가

미우, 둇슴니다 老兄의行李가모도、어디잇슴잇가

벌셔停車場에두엇는티、다음에는車에다、심을터이지오

老兄은、몃등車를、타실터이오닛가

上等車는、갑시만은고로、下等車를타고자홈니다

下等車는사람이、미우만ㅎ야셔、混雜지아니ㅎ닛가

그러ㅎ면中等票를、買합시다

火車來了、我們買車票去
你看罷、那從車上下來的人、
很多了
戴紅帽子、來來往往的是幹
甚麽的
給客人、運行李的
那些個人、都是甚麽人
或有迎接的、或有送行的
現在搖鈴了、不是要開車麽
可不、我們快上車罷
你今天去、幾時可以回來呢

渘車가、옴니다、우리는、車票사러、갑시다
老兄은、보시오、져車위로、브터、닉려오
눈사름이민우만슴니다
紅帽子를쓰고、來往하는者들은、무엇을
하는것들이오닛가
乘客을爲하야行李를運搬하는者올시다
져여러사름은、모도엇더한、사름이오닛가
或迎接하는이도잇고、或送別하는이도
잇슴니다
지금搖鈴을치니、車가、써나지안슴닛가
다왜아니깃슴닛가、우리는속히、車를탑시다
老兄은、오늘가시면、언제나、도라오
겟슴닛가

第三十一課 火輪車

你坐火車去是坐船去

我常愛暈船、所以要坐火車

明兒第二遢車就回來了

是早車、是晚車

早車太早、晚車太晚、我要坐午車去

行李多不多

不多、就有一個皮箱、沒有甚麼別的

明日第二回車에 곳도라오깃슴니다

老兄은, 滊車를타고가시랴오, 滊船을, 타고가시랴오

나는, 빗멀미를잘, 하는고로, 滊車를 타고가시랴오

고자흠니다

아참車 오닛가, 역젼車 오닛가

아참車는, 너머일으고, 젼역車는, 넘어 느져셔, 나는午車를타고자흠니다

行李가, 만치안슴닛가

만치아니하고 一個皮箱쑨이오, 무슨별 다른것은, 읍슴니다

那麼叫쿠리苦力,送去麼
不,我自己帶저데루去
這條鐵路,是往新義州去的
麼
這是往仁川去的,你要往新
義州去麼
是,要往安東縣去
那麼,你在候車房쩨휙씽等着就是
了
往新義州去的火車,開키了沒유有

그러하면,삭군을불너,보낼터이오닛가
아니오,닉가지고,가깃슴니다
이鐵路는,新義州로,가는鐵路오닛가
이것은仁川으로,가는것이올시다,老兄
은新義州로,가시랴오
예,安東縣으로,가랴함니다
그러호면,老兄은,待合室에셔,기다리
는것이곳올슴니다
新義州로가는 滊車가,떠느지아니ᄒ엿合닛가

第三十二課 火輪車

纔開了不大的工夫兒
막 떠 눈지, 얼마아니 되엿슴니다

哎呀下一盪的火車、是甚麽時候兒開呢
아, 다음 汽車 는언의 쌔에, 떠 남닛가

那是末了兒的火車、再沒有了
져것은, 막 챠니, 다시는 업슴니다

啊、沒法子、等明天再走罷
아, 엇 잘수 업지, 기 디려 來日 가 깃 구

這噹々的是甚麽響的聲兒
이 쌍 々 하 는 것이, 무 슨 소래 온 잇 가

車要開了、那是搖鈴的聲兒
車가 떠 나 랴 고, 져 요 령 치는, 소리 을 시다

這有甚麽意思呢
이것은, 무 슴 意思 가, 잇 슴 닛 가

火車快要開的時候兒、叫客
車 가, 곳 떠 날 씩 에, 乘客 으로, 속 히 上車

人們快快上車的意思올시다
하라는、意思올시다

啊那麽偺們快快走罷、巧了、再
아 그러ㅎ면、우리는、속히갑시다、아마
晚一點兒、就趕不上了罷
조곰만、느졋드면、곳밋쳐 타지、못홀번
ㅎ엿슴니다

別忙、別忙、這是往別處去的
밧버마시오、이것은 이 다른 듸로 가 는것이
了、偺們要坐的、是第二趟
오、우리들、탈것은、둘지번에、떠 남
開的呢
니다

是啊、那麽、還剩了一點多鍾
아 그러ㅎ면、아즉도、한 뎜 동
的工夫了
안이나、남앗소그려

可不是麽、請你抽烟罷、我要
왜아니깃슴닛가、청컨티、당신은、담비
買票去了
잡수시오、나는 票 사러 가 깃슴니다

這是給您的票
이것은、당신에게、드리는 票올시다

第三十二課　貪心狗

費心費心、好說好說

這個、好像打雷似的、這不是

車來的聲兒麼

是了、偺們這就上車罷

造化造化了、跟飛似的、這麼

快呢、遙遠瞧見的山峯兒

眼錯不見的、就沒有了

有一條狗叨着一塊肉、從河

橋過、看見橋底下也有一

個狗叼着肉

수고ᄒᆞ엿슴니다、쳔만의말슴이올시다

이우레갓튼소래가、車오는소래가、아닙닛가

올슴니다、우리는、긔車에오릅시다

죠화올시다、나는것갓치、일엇케속홈니다

다、멀니보이든 山봉오리가、눈깜작홀

동안에、곳업슴니다

한마리개가잇셔셔、흔덩어리、고기를물

고、河橋로건너다가、다리아래를보니、

ᄯᅩ흔마리가、고기를、물엇슴니다

那個橋上的狗、貪心不足、又要吃那個肉、就叫了一聲、把自己嘴裏的肉鬆了、掉下去了、再看橋底下、那塊肉、也沒有了、這個話不但爲牲口說的、是人若有過度的貪心、一定有這樣的事情了

져 다리 우에, 키가 貪心이 無限ᄒᆞ야, 또ᄒᆞ져 고기를 먹고즈ᄒᆞ야, 곳ᄒᆞᆫ소리를 짓다가 自己 입에, 고기를 싸져, ᄯᅥ러졋슴니다 다시 다리 아리를 보니, 져 고기도 업셔졋슴니다 일어ᄒᆞᆫ말이, 다만 짐생만두고, ᄒᆞᆯ말이 아니라, 곳 사롬이라도, 過度ᄒᆞᆫ 貪心이 잇스면, 일뎡코, 이러ᄒᆞᆫ 일이 잇슴니다

第三十四課 太陽的力

太陽出來照着四方各樣兒

히가 나셔, 四方에 빗치면, 각 항물건을,

的東西、都看得清楚、太陽落了、天地都黑暗了、無論甚麼、都看不出來、白晝光明、是太陽照的緣故、夜裏黑暗、是太陽沒有的緣故、太陽把光華給我們全世界上、照得明明白白、若是太陽沒有麼、這世界上都是黑暗、晝夜沒有分別了太陽照的地方、很暖和、太陽背的地方就很冷、白天暖

모도 分明히 보고, 히가지면, 天地가 모도 어두어셔, 勿論무엇이던지, 도모지보아 닐슈업스니, 白晝가 光明혼것은, 히가빗치는 緣故이니, 밤이어두운것은, 히가업는 緣故이오, 히가 光華를 우리 全世界에 明白히, 빗쳐주다가, 만일히가업스면, 이世界는 모도어두어셔, 晝夜의 分別이, 업슬터이올시다

히가빗치는곳은, 싸쏫호고, 히가, 동진곳은미우치우니, 낫은싸쏫하며, 밤은치

獨習漢語指南　(231)

春텬天의的시時候헤에, 草무木젠漸젠漸이生영長쟝是인因웨爲太양陽의的난暖키氣, 漸
長쟝兒고高츄秋텬天的시時候헤에, 草무木
都뚜黃황落뤄兒르是인因웨爲太양陽의的어熱
氣, 漸젠漸이兒르落란的위緣구故了,

第띄三산十우五커課훙虹니霓쟝絳

絳쟝是쓰下햐雨위的시時候헤에, 츄出티來라的, 下
雨위以이前첸下햐雨위以이後허都두有, 上썅
半텐天츄出在시西볜邊얼兒, 下햐半텐天

운것은, 히가잇고엷는緣故올시다

春節에草木이漸漸生長홈은, 太陽의, 짜
듯혼긔운이졈졈놉푼것을인홈이오秋節
에, 草木이모도黃落홈은, 太陽의熱氣가,
졈々減히가는연고물因홈이올시다

무지키는, 雨下時에나오는것이니, 비오
기전에나, 비온후에, 모도잇스니, 아참
나잘은, 西方에셔나고, 젼역나잘은, 東

第三十六課 葡萄

那個樣子好像一張弓似的，顏色兒是至好、細細兒看，候、都是對着太陽、出來了、出在東邊兒無論甚麼時

方에셔나니、無論언의때던지、모도、太陽을對照ᄒ야、나옵니다 져모양은、張弓ᄒ모양갓고、빗은、지극히죠와셔、仔細히보면、믹우여러가지、빗이잇슴니다

這兒頂好的葡萄很多了有麼有好幾樣的顏色兒了

이리키양푸되마무지얼의양싼마되의리
여긔훌륭이、조흔葡萄가、미우만ᄒ니、

這葡萄、誰種的呀、是我的街坊、有一個人他少的時候、種上的呀

白色兒的、有紫色兒的

白色도잇고、紫色도、잇슴니다

이葡萄를、누가심엇나냐ᄒ면、우리이웃에、한사람이잇논데、그가졀머슬때에、심은것이올시다

第三十七課 秋景

暑氣剛過去、早晚兒、都是涼爽、夏天碧綠的草木、慢慢兒的都掛了黃色兒了樹葉兒漸漸兒凋落了

菊花和蘆花、都開了、秋花雖然沒有春花那麼樣的華麗、還是有清淡的雅趣、更有加倍的好看了

處處的稻子都熟了、遍野都是黃色莊稼人高高興興

더위가、막、지나가미、아참져역이、모도셔늘ᄒᆞ야、여름、푸루던、풀은졈々黃色이、되야가고、나무입사귀는、漸々黃落ᄒᆞᆷ니다

菊花와、蘆花가、모도피엿는ᄃᆡ、秋花가비록春花와、갓치그럿케、華麗ᄒᆞᆷ은업스나、ᄯᅩᄒᆞᆫ清淡ᄒᆞᆫ趣味가잇셔셔、더욱비나、됴와、보임니다

處處에베는、모도익어셔、遍野가、모도黃色인ᄃᆡ、農夫덜은、興이高々ᄒᆞ야、唱歌

有意思的老蛐蟵好像頑耍似的、在農夫腦袋上頭飛舞了

夏天、每日叫的伏天兒、不知道那兒去了、現在不能聽見這個聲兒

蛤蟆、有困輊的模樣趴、在溝沿兒上聽見路上行人走道兒的脚聲兒、嚇的跳進溝裏去、雖是那麽着、他的

的歌唱着割稻子

잠자리(蜻蜓)는 뜻이, 잇는드시,작란ᄒᆞ는것갓치, 農夫머리우에셔, 飛舞ᄒᆞ야잇슴니다

夏日에,날마다울든,미암이는,(蟬)어ᄃᆡ로갓는지,지금은소리를,들을수업슴니다

기고리는,(蛙)피곤ᄒᆞᆫ모양이잇셔,길가언덕에,엽ᄃᆞ리엿다가,路上行人의길가는,발ᄌᆞ최소리를듯고,놀닉여피쳔으로뛰여,들어가나,그러ᄒᆞ나,져의힘이,여

第三十八課　稻子（水粳子）

勁兒、比不了夏天的時候、大概說、秋天的景致實在是冷淸的呀

有個孩子、禮拜那天、跟着他的父親、往郊外逛去了、看見莊稼人們作活、就跟他父親說、前一個月來的時候、農夫割稻子、至今還是割稻子、稻子有早熟的和晚熟的分別麼

진 긔운이、녀름째만 못ᄒ고、大槪 말ᄒ자면、秋天의 景致가 참 쓸쓸ᄒᆷ니다

ᄒᆞᆫ 아ᄒᆡ가 잇는ᄃᆡ、空日에 그의 父親을 ᄯᅡ라、野外에 가셔、求景ᄒᆞᆯ식、農夫의 일ᄒᆞ는 것을 보고、곳 그의 父親ᄭᅴ 말ᄒᆞ되、一個月前에、여긔를 왓슬때에、農夫더리、벼를 비더니、지금도、베를 버이니、베가 早熟ᄒ고、晩熟ᄒ는、分別이、잇슴니가

他父親說、不錯、稻子、有早的、有晚的、早熟的、就叫早稻子、晚熟的、就叫晚稻子、你初次來的時候割的、就是早稻子、現在割的、就是晚稻子、

那麼、早稻子、晚稻子、種的時候、也是分早晚麼

不是、種的時候、一樣、都是四月初撒種子、五月底、六月初、就插秧了　此是種水粳子地方說的

그의 父親이、말ᄒᆞ되、올타、베ᄂᆞᆫ 早稻도 잇고、晚稻도 잇스니、早熟ᄒᆞ는 것은、早稻라 ᄒᆞ고、晚稻ᄒᆞ는 것은、晚稻라 ᄒᆞ니、네가 처음、와슬 ᄯᅢ에、비든 것은、곳 早稻오、지금 비ᄂᆞᆫ 것은、곳 晚稻니라

그러ᄒᆞ면、早稻와 晚稻의、심는 ᄯᅢ도、早晚에、分別이、잇슴잇가

아니다、슴으기는、갓치 ᄒᆞᄂᆞ니라、四月初에 種子를、ᄲᅮ리고、五月 금음、六月 쵸싱에、곳 모를 내ᄂᆞ니라

第三十九課 上山逛逛

我們是今天初次到這山上來了。在山頂兒上望着遠處兒。河水和村莊和樹林子都看見了。最近的地方子看見的是每天。我們遊頑看見的是每天的樹林子那一字樣兒長的樹林子那一字樣兒長接連不斷的是徃村裏去的道傍邊長的樹木了。那邊兒看見的一面草房。是我們住的房子了。早已熟

우리들은、오날처음으로、이山上에、왓슴니다、山봉오리우에서、遠處를바라보니、河水와村落과樹林이、모도보임니다、가장갓가온地方의뵈는것은、每日우리가、노든、樹林이오、져一字로길게 不斷한것은、村落으로、가는길녁히、자란樹木이오、져편의보이는、一面草屋은 우리居住ᄒᆞᆫ집이오、일즉히너는、黃稻와。아즉익지아니ᄒᆞᆫ、青稻와、路邊에자란草木이、茂盛ᄒᆞ야、얼킨것은、깃布帳

獨習漢語指南

的黃稻子、和沒熱的青稻子、和路邊兒上長的草木、茂盛相交的、就像鋪開布帳似的人馬來往的是好像螞蟻趕集的一樣了

村莊前邊兒的流水、繞着村子、從岸底下、暗暗的流出來、穿過樹林子去、曲曲灣灣的裏去了

海灣的流末末了歸到大海

海面是遙遠波浪也看不見

올,편것서꼬, 人馬來往ᄒᆞᆫ 눈것은, 미양이,당서 눈것과 ᄀᆞᆺ슴니다

村前에, 흐르눈물은, 村을둘너, 언덕밋흐로暗々히흘너, 樹林속으로지나, 구비구비, 흘너셔, 웃々닛, 大海로드러갑니다

海面은머러셔, 파도도, 볼수업고, 파도

第四十課　松竹間

波浪的聲兒也聽不見、但是鳥似的一片兒、一片兒的白色兒、在海上、飄飄飆的、就是漁船的布帆了

有一天松樹、看不起那個竹子、就說你雖然是身子長、得長、中間兒都是空虛的呀、若是當著颶風的時候一定壓倒了我的身子、又長又大、還是堅

의 소리도、들을수업스되、다만새와곳치、흔조각흔조각식、흰빗이、海上셔에、飄飆ㅎ는것은、곳漁船의、布帆이올시다

하로는、솔나무가、져디나무를、멸시ㅎ야、말ㅎ되너눈비룩、몸이길기는기나、中間이、모도空虛ㅎ야、만일、바롬불쌔를當ㅎ면、一定코、부러질것이라ㅎ얏습니다

니의몸은、길고또흔크고、또흔堅固ㅎ

固쑤雖슈然연颶대大풍風也야不파怕타他
搖야動둥

竹쥭子쯔聽팅他타誇콰口커的디那나個거話화就쥬
冷렁笑쌰他타罷바咧례不부久쥬的디工꽁夫푸
兒얼颶쥐得더風풍很헌大따、竹쥭子쯔是쓰柔여
頓둔的디就쥬隨쒜着자風펑搖야撼한

松쑹樹쓔就쥬凌링風펑站쟌着자、靠칸着자自쯔己지
的디强창硬영有여傲앗慢만的디氣치像썅、那나
個거大따風펑就쥬生셩氣치越웨颳과越웨大따、
末머了랴兒얼把바松쑹樹쓔颳과折쩌了랴、

俗쑤語유兒얼說쒜的디柔여能넝克커剛깡的디

야、비록大風이、불드라도、그것이搖動
ᄒᆞᆯ가、무셔워아니ᄒᆞᆫ다

竹나무가、그의、자랑ᄒᆞᄂᆞᆫ、져말을、듯고、
곳、그를、冷笑ᄒᆞᆯ뿐이더니、오ᄅᆡ지아니
ᄒᆞ야、바람이매우크게、부는지라、티나
무는、부드럽게、바람을、싸라、흔들흔들
ᄒᆞ얏슴니다

솔나무는、곳바ᄅᆞᆷ을、능멸이ᄒᆞ고셔、
自己의、强硬ᄒᆞᆫ것을밋고、거만ᄒᆞᆫ、氣象、
이잇ᄂᆞᆫ지라、져大風이氣가나셔、더욱크
게부러、ᄯᆞᆺᄯᆞᆺ이、솔나무를、자바꺽거바
리니、俗談에말ᄒᆞ기를、柔能克剛이라ᄂᆞᆫ

第四十一課 米麵

大米和白麵、都是我們最緊要吃的東西了、大米是水粳子碾的、白麵是小麥磨的、水粳子是、自春至夏温暖的時候種的、到秋冬天凉的時候、就収成、小麥是打秋到冬耕種的、到了春夏温暖的時候収的

話、眞是不錯了

말이、참그르지안습니다

大米와、白麵은、모도우리가、가장요긴히먹는물건이니、大米는、베로찐것이오、白麵은、밀로간것인딕、大米는自春至夏温煖흔띡에、심어셔、秋冬셔늘흔띡에、거두고、밀은、秋와冬에、심어셔、春夏温煖흔띡에、거듭니다

第四十二課 烏蛤

有一個老鴉在海邊兒上、看見一個蛤蠣、想要吃這個、拿嘴叨一叨、因爲他堅硬、不能剖開吃了、所以沒法子擱下就飛了去、然後又來了一個老鴉、把蛤蠣細細兒一看、把那個蛤蠣叨在嘴裡飛過高處兒、找來了一塊石頭地方就仍下了、那個蛤礪就摔碎了、若是人見了爲難的事、就

한、가마귀가、海邊에셔、혼긔죠긔를보고、이것을먹고자ᄒᆞ야、주둥이로、찍되、단ᄼᅡ흠을、因ᄒᆞ야、능히쏘긔、먹지못ᄒᆞ고、엇잘슈업시、ᄇᆞ버리고、날너감니다、그후에、쏘혼마리、가마귀가、와셔、죠긔를、자셔히보고보다가、를、입에다물고、날나셔、놉흔곳、한명어리、돌、잇는틱로가셔、곳나려트리니、져조긔가、곳셔젓소、만일ᄉᆞ롬이、어려온일을보고、곳희틱ᄒᆞ야、힘을쓰지아니ᄒᆞ면、언제나成事가、되리오、넷말에、

第四十二課　母親的心

懈志不用心、多噲是個成了呢、古語兒說的、可以人而不如鳥乎啊

太陽往西山落了、月亮還沒上來、正是黃昏的時候、還是有一點兒涼風、光景正冷清了、大兒子和小兒子、兩個孩子、早出了門這早晚還沒回來、他們的媽、心裡很着急、好像獸子似的

일으기를、가히 사룸이 되야、시만 갓지 못할랴 ᄒ얏슴니다

희가、西山에지고、달이、아족 둣지아니ᄒ야、졍히 어둑어둑혼 ᄯᅢ오、ᄯᅩ한 凉風이、조금 잇서셔、光景이、쓸々 혼지라、큰아들과、젹은아들、두 아희가、일쯕히、문에 나가셔、엇지 일엇케 늣도록、도라오지를 아니 ᄒ노、그의 어마니、마음이、매우 조급ᄒ야、녁일은 사룸곳치、大門에셔

那나

在大街門口兒站着、心裏 에서제면어귀에썼셔、心中에暗想ᄒᆞ되、길이나、어거찌지
暗想、莫不是走岔了道兒 아니ᄒᆞ얏나、或아ᄒᆡ쳔에、或키쳔에、
了、或者是掉在溝裏頭、或 얏나、或아ᄒᆡ덜과、싸오다가、맛지나아
者是跟孩子們打架、挨了 니ᄒᆞ엿나、비가곱하、길우에셔、울지나
道兒上哭麼、左思右想竟 아니ᄒᆞ나、이리싱각ᄒᆞ고、져리싱각ᄒᆞ
打莫不成餓的了不得在 며、근심을ᄒᆞ고、기터림니다
是發愁等着了
兩個孩子不知道他母親 져두아ᄒᆡ는、그의、어마니가、이럿케、근
這麼樣憂愁、竟是貪頑兒、 심흠을、아지못ᄒᆞ고、놀기만、탐ᄒᆞ다가
直到了黑下、纔忙忙忙 참캄ᄒᆞ기에、일으러、게우밧부게、도라
的回來了 옴니다

他那母親、見他們倆回來、纔放心、領着他們進屋裏去了、無論甚麼人叫他父母常常擔憂、那是沒有孝心的了、所以孔子說、父母在、不遠遊、遊必有方了

第四十四課 公雞爭鬪

有兩隻公鷄、在院子裏爭鬪、這隻鷄鬪不過那隻鷄、這隻鷄、就敗跑了、那隻得勝的鷄、很有得意的樣子、飛

그의、져어머니가、그두아희、도라옴을 보고、게우放心호야、그의들을、다리고 방으로드럿갓슴니다、無論엇더호ㄴ사름이던지、그의부모로、항상근심케호면、그것은孝心이업다호오、그런바로、孔子게셔、말슴호시되、父母가게시거든、遠遊를아니호며、놀면반다方소가、잇다호셧슴니다

第四十四課 公雞爭鬪

두머리、숫둙이、뜰에셔、爭鬪홀시、이둙이、져둙을、당치못호야、곳피호야、다라나눈지라、져得勝호ㄴ둙이、미우得意호ㄴ모양으로、집우으로、날녀가셔、죽지를

第四十五課 縣城裏

到房上去揝着翅兒(古歸)펴고(쫙켜야) 흔 소리를 부르니, 참거만 흠니다 누가 알엇슴잇가, 忽然히 흔 사우나온 독슈리가 와셔, 그 닭을, 훔켜갓 슴니다

哈叫了一聲、眞是傲慢誰
知道、忽然來了一個頂利
害的老鵰鷹把那隻鷄抓

我們的縣城裏頭、人口有一
千五百戶、一半兒是瓦房
一半兒是草房、那裏頭、頂
大的房子、就是知縣住的、
和我們天天兒去的那個

우리 고을 城內에는, 人口가 一千五百戶인디, 半은 瓦家오, 半은 草家이니, 그 중에, 민우 큰 집은, 郡守잇는 곳과, 우리들, 날마다가는 學校올시다

學堂了

雖是那麼着、知縣的衙門是、舊日的樣子、學堂的房子、是仿照外國的樣子、建造的了

知縣是、忠厚、愛民如子、民人們、都佩服他了

知縣到任、過了有五年的工夫、縣內的事情、漸漸好、百姓們、都安樂過日子了

비록그러ᄒᆞ나、郡守의官舍는、舊式이오、學校의校舍는、外國式樣을본바다、建築훈것이올시다

郡守는忠厚ᄒᆞ야、愛民如子ᄒᆞ니、百姓들이모노그를心服홉니다

郡守가、到任훈지、五年동안에、郡内事가、漸漸잘되고、百姓들이、모도安樂ᄒᆞ야지닝니다

第四十六課 打圍的

學堂是、很大的、還有很大的運動場好些個新樣子、與前不同了
教習有六位、教我們、不差甚麼、跟親子弟一樣
我們是、早起起來、就上學堂、把這個事情、當作了頭一宗的樂事了

有一個打圍的、擔着槍上山去、遇見三個猴兒、一個是

學校는、미우크고、또미우큰運動場이잇고、미우여러가지、新式이전과、ス지안습니다
教師는、여셧분이게신터、우리를、가라치기를、親子弟와、한모양에、틀니지안습니다
우리는、일직히、일러나셔、곳學敎에가눈일노、우두머리樂事를삼음니다

한산양군이、잇셔、銃을메고、山에가셔 셰머리、원슝이를만낫논터、한머리、어

母猴兒、領着倆小猴兒、打圍的、趕緊的放槍、那個母猴、不顧自己的性命、就要把那倆小猴兒、給逃躱了、到底自己叫他打死了、打圍的、擡着那個猴兒回家去、攔在院子裏、這天夜裏、那倆小猴兒、到門外頭、哭的很疼、打圍的開開門、拿槍要打、那倆小猴兒、一點兒不怕、還是不跑、竟

미원숭이가、두쇠기、원숭이를、다린지라 산양군이)급히총을、노흐니、져어미원숭이가、自己의性命을、不顧호고、져석기두마리원숭이를、위호야、避케호다가、맛참닉、自己는、마자죽은지라、산양군이、그원숭이를、메고、집에도라와、뜰에두엇더니、그날밤에、그두셕기원숭이가、문밧게와셔、울기를、미우셜호눈지라、산양군이、문을열、총으로놋코자호되、져셕기원숭이기、죠금도、두려워호지아니호며、쏘다라나지를아

第四十七課 猴兒

是在門口兒、看看那個死猴兒哭、打圍的看那個光景、心裏就感動了、把那個死猴兒、給了他們了、那倆猴兒、就背着回去了

猴兒、是好像跟人似的、一個走獸、手脚都是五個指頭、脚也能拿東西

人但是能走罷例、這個猴兒不但能走、還是能爬着走、

너ᄒᆞ고 門前에셔、져 죽은、원숭이를 보고、울기만ᄒᆞ는지라、산양군이、져 光景을 보고、마음이、곳감동ᄒᆞ야셔、죽은 원숭이를、그의들에게더져 주니、그 두 원숭이가、곳업고、갓슴니다

원숭이는、사람과갓튼、한낫走獸라、手足이 모도 五指오、발로도、能히 물건을、가짐니다

사람은、能히 行步만、할뿐이로티、이 원숭이는、다만、能步ᄒᆞᆯ뿐아니라、能히 긔、

耳朵、眼睛、鼻子、嘴、這些個、
長的也彷彿人一個樣、就
是比人差的嘴大、鼻子小
了
雖是那麼樣、人裏頭也有嘴
大鼻子小跟猴兒一樣的
了
猴兒吃東西的時候兒、也是
用手拿着吃、又可以抱着
小猴兒給他吃奶、還是背
着回來回去的、這些個事

여러 行하기도 ᄒᆞ고、耳와 目과 鼻와 口의、
열어가지、싱긴것도、彷彿히 사람과、ᄒᆞᆫ
모양이로ᄃᆡ、사람에、比ᄒᆞ야、다른것은、
口가、大ᄒᆞ고、鼻가、젹은것을올시다

비록그러ᄒᆞ나、사람에도、口가、大ᄒᆞ고、
鼻가、小ᄒᆞ야、원숭이와갓튼이도、잇슴
니다

원숭이가、물건먹을ᄯᅢ에도、손으로가지
고먹고、ᄯᅩᄒᆞᆫ색기를안고、졋을먹이며、
ᄯᅩᄒᆞᆫ업고往來ᄒᆞ는、여러가지일도、사람
과毫釐不差홈니다

情也、跟人、絲毫不錯、
跟人不一樣的是渾身上、
生出了很多的毛兒、
就是人、該哭的時候哭、該
笑的時候笑、也可以和
別人談一談、或彼此商量
事情寫一個字兒、彼此、就
知道那個意思這猴兒是
話也不能說字也不能寫、
所以為人者、不能通文
字麼、和猴兒差不多一個

곳 사람과、갓지 아니한것은、온몸에、미
우털이、만이 낫슴니다
쏘한、사람은、울때에울고、우슬때에웃
고、쏘한、他人과、셔로、이야기도하고
或彼此에、일도、상의하고、一個글자를
써도、彼此에、곳그意思를아눈데、이원
숭이는、말도못하고、글자도、쓰지못하
니、그런바로、為人者가不能通文하고不
能寫字하면、원숭이와、거의한모양이라
홉니다

第四十八課 雪景

今天是很冷的天、哪、大雪下得滿地、房子上、道兒上、都是雪景兒、眼前都是雪景兒、樹枝兒上掛的雪、好像春花開的一個樣了

狗是很喜歡雪景兒、在街上混跑這狗的性子、是最愛活動的了、頂冷下雪的時候也不在家裏竟出去到

今日은、믜우、찬날이올시다大雪이、그득히와서、집웅위던지、길위가、모도、희여셔、眼界가、모도雪景이올시다、枝上에걸인눈은、春花滿發호것과、호모양이올시다

기눈、미우雪景을、죠와호야、거리우에셔、막뛰놈니다、이기의、셩졍은、가쟝活動홈을、죠와호야、몹시차고、눈、오눈째에도집에잇지아니호고、밧게나가셔、興

外邊兒、高興的東跑西跑
이잇게、東奔走西홈니다

信局子的脚力、雖然下的雪很大、都不管、還是來來往往的送信、這信件是公衆要緊的信件了、所以下不下雪、總得那麼樣辛若的了
郵便局遞夫는、비록눈이、만히왓스나、도모지상관치아니ᄒ고、오히려、來往ᄒ며、편지를傳ᄒ니、이편지는、公衆의要緊흔편지라、그런고로、눈이오든지、아니오든지、도모지그모양으로、辛苦홈니다

第四十九課 洋火

那一天、有兩個孩子拿着洋火、在院子裏陶氣、那院子
어느날은、두아히가、당셩양을、가지고언의날은、두아히가、당셩양을、가지고마당의셔、작란ᄒ는티、저마당에는、나

裡樹葉所滿了、那孩子們
把洋火一滑就掉在樹葉
裏頭都着了火、火氣很大、
孩兒們很吃怕、要撲滅、也
不能、越燒越大、所以大聲
兒叫、走了水了、隔坊的人、
聽見了這喊叫的聲兒、都
會齊了辛辛苦苦的纔滅
了那個火了、無論甚麼人、
拿洋火做頑意兒、是頂危
險的、因為洋火、要了命的

무 입시가、만슴니다、져 아히더러 셩양
을 그어셔、나무닙소에、뻐리터리여、모
도 불이 붓터、미우 큰지라、아히들이、미
우겁을니여、撲滅코쟈 ᄒ되、撲滅치못ᄒ
고、불은、더욱이、커지난고로、크게、소
래질으되、불이야 ᄒ니、이웃집 사롬더
리、고함ᄒ는 소리를듯고、모도모여셔、
辛苦히、그 불을 잡엇슴니다、母論엇더
혼、사롬이던지、셩냥을、가지고 쟝란ᄒ
눈것은、미우 危險ᄒ오、셩냥으로因ᄒ
야、誤命ᄒ눈이와、집을불「살으눈」일이

第五十課 伶俐奴才

西歷시되우에 宰相家에, 한床奴가잇는디, 미우聰明호
宅저門子裡, 有一個奴才, 他很
지라, 네宰相이, 그와실업시말
聰明的, 有一天, 這位老爺,
호되, 네가原來령리호기로, 네가마이,
和他頑說, 你原來是伶俐
스랑혼다, 네가멋마듸, 말을물을더이
的, 我很疼愛的呀, 我有幾
니, 네눈디답호깃느냐, 그가말호되, 小
句話, 問一問, 你可以答應
人이原來지죠가, 업눈디, 大監게셔, 과
罷, 他說小的原來沒有本
도히칭찬호시니, 참당치못호깃슴니다.
事, 承你納過獎實在當不

참격지아니호니, 이것이죠심홀, 물건이
和燒房子的事情實在不
안임닛가
少了, 這可不是小心的東

起雖是那麼着、老爺可以
吩咐這老爺說、滿天上的
星星有多少數兒、你可以
數應他說那個是很容易
數的了、那星星的數兒、就
跟老爺頭髮的根兒一樣
請你先數罷、老爺聽他
這話就喝呼他罷了、再問
一問我前幾年到外國去
的時候、過了一個大海、那
海水頂深哪、不知道那水

그러나、大監께오셔、分付ᄒᆞ십시오、이
宰相이말ᄒᆞ되、天上에가득ᄒᆞᆫ、별이멋기
인지、너는셰깃느냐、그가말ᄒᆞ되、그것
은、미우容易히셰깃슴니다、져별의數ᄎᆞ
가、大監의頭髮數와、갓흐니、져별을
먼져셰여여、보십시오、宰相이、이말을듯
고、곳그를號令홀뿐이오、ᄯᅩ뭇되、뇌가
年前에、外國을、갓슬ᄯᅢ에、한大海를、지
나눈딕、그海水、가미우깁허셔、그물의
容積이、얼아나되눈지、아지못ᄒᆞ엿스
니、너눈과量ᄒᆞ여보깃느냐、그가말ᄒᆞ

的斗量多少、你可以斗量麽、 되、이것도容易흔것이올시다마는、또
他說、這也是容易的、還有 한、한죠건이잇스니、大監께셔는、먼져
一層請老爺先把那海水 그海水의上流를、막어주시면、小人이가
的上流杜住小的可以去 셔、斗量훙깃슴니다、宰相이싱각호슈
斗量了、老爺越想越氣、再 록、긔가나셔、또뭇되、이벽우에、그
問一問、這墻上畵的老虎、 여붓친호랑이를、너눈잡아가깃느냐、그
你可以拿他去麽、他一直 가、즉시말훙되、그것도容易훔니다、청
的說、那也是更容易了、請 건틱大監은、
老爺哄那個老虎、往外出 니쫏치섭시오、이宰相이곳、쌀쌀웃고、
去罷、這老爺、就嘎嘎的笑 마라슴니다
罷了

第五十一課 海魚開會

海裡頭、有好些個魚、那一天、他們都聚在一塊兒、說談一談、自各兒誇張自己的本事、那裡頭有傲慢的螺螄、他說、你們雖能快跑比不了我這樣的走、穿甲的了、可巧鯨魚、鱷魚沒在這兒、若是他們來了、你們一定是活不了、我是藏在甲裡頭、甚麼也不

海中에、믹우여러魚族이잇는터、어느날、그것들이、한곳에모혀、談話ㅎ는터、제각기自己、그것들을자랑ㅎ니다、그중에거만흔、소라가、잇셔그가、말ㅎ되、老兄들은、비록能步能走ㅎ나、나의、이모양으로、갑옷입은것만、갓지못ㅎ리라、공교히、鯨魚와鱷魚가、여긔업슴니다、만일그것들이、오면、老兄들은、一定코、살지못ㅎ리다、나는갑옷속에、숨어셔、무엇이던지、무셔워아니홉니다、져여러魚

怕了、那些個魚、聽着這話、族이、이말을듯고、곳冷笑홀뿐이더니、
就冷笑他罷了、這時候、海잇때에、海水가忽然沸騰ᄒ야、許多ᄒᆫ魚
水忽然沸騰起來、許多的族이、모다四方으로도망ᄒᄂᆫ지라、이소
魚、都四下裏混跑、這螺螄、라ᄂᆞᆫ갑옷속에、숨어셔、웃고、말ᄒ되、이
竟藏在甲裡頭、自笑說、這여러魚族들은辛苦히、어듸로、다라나
好些個魚、辛辛苦苦的跑노、나갓든이는、참죠흔운슈로다、반
到那兒去、呀像我這樣的나잘뒤에、海水가모도平靜ᄒᆫ지라、소
實在是好造化了、等了半라가、일이업는、줄로알고、머리를들어
天、海水都平靜了螺螄想보니、自己몸우에、ᄒᆫ덤눌도업ᄂᆞᆫ지라、
着、沒有事了、出頭看自己마음에、미우驚訝ᄒ야、곳머리를顯出ᄒ
的身上沒有一點兒的水、야、ᄒᆫ번보니、ᄒᆫ오락지죠희를、등우

第五十二課 窓友問病

心裡驚訝, 就顯出頭來, 一看, 有一條紙, 貼在甲背上, 那條紙上頭, 就寫着是三個銅子兒了, 哎呀,

禮拜那一天, 你不到學堂去, 不知道甚麼緣故, 我今兒早起聽見說, 你有感冒病, 不能去, 是眞的麼, 你特來問病, 實在當不起, 我昨天出城去, 因爲天

에, 붓첫는딕, 그죠희우에, 쓰기를, 三錢이라ᄒᆞ얏슴니다, 일구

月曜日에, 老兄이學校에오시지아니ᄒᆞ셧기, 무슴緣故인지아지못ᄒᆞ얏더니, 오날일즉이, 드르닛가老兄이感氣로, 오시지못ᄒᆞ셧다니, 졍말이오닛가, 고맙슴니다老兄이特別히와셔, 問病ᄒᆞ시니, 참당치못ᄒᆞ깃슴니다, 닉가어제, 城外에갓다

氣很冷還是冒着雨回家
去、吃也不能吃、就睡覺了
忽然着了涼了到今兒
好一點兒、沒甚麽大
好、所以明天還及調養、趕
後天可以上學堂去罷

第五十三課　我們的學生

你們學堂是、那一個學堂呢
是、外國語學堂
你在那個學堂、學那一國的
話呢

가、日氣가、미우차고、쏘흔비롤노맛고、
집에도라와셔、먹지도못ᄒ고、곳잣더
니、忽然히感氣가、들어셔、오날은좀낫
기는ᄒ나、아즉쾌히낫지를못ᄒ고로、明
日도調理ᄒ고、後明日쯤이나學校에가
깃슴니다

老兄의學校는、언의學校온닛가
예、外國語學校올시다
老兄은그學校에셔、언의나라말을、빈우
심닛가

我是在漢語部、學中國話了
那就是了、學過幾年呢
己經學了兩年的工夫
你原來是天分高、又很用心
我想和中國人說、就可以
簡簡兒說出來
怎麼能呢、這中國話本難學、
各處有各處的鄉談、就是
官話通行所以和北京人
說麼、還可以說幾句話、別
處不甚懂

나는 漢語部에셔、中國말을、비옴니다
그러시오、幾年이나、비왓슴니가
벌셔兩年동안이나、비왓슴니다
老兄은原來지분이、놉흐시고、또흔、디
우注意흐시니、닉성각에는、中國스룸
과、말흐더리도、곳줄々通話흐시리다
엇지能흐다흐깃슴닛가、中國말이、本來
비우기、얼여운것이、各處에方言이잇
고、곳官話는通行흐기로北京人과、말흐
면、몃마듸通話흐깃지마는、다른곳은、
미우通흘슈업슴니다

過謙過了幾年纔可以畢業呢、原定的期限、是三年、那個話、全是漢字編成的、所以你可以一面兒學話、一面兒學漢文、這就是一舉兩得的了

第五十四課 狼心

有個狼、嗓子、叫骨頭瞌住了、他辛苦得不得、要求鳥兒、給他叨出來了、各鳥兒

너무겸사올시다、멧히를지나면卒業을、하심닛가

原定限은、三年이올시다

그말은、젼슈이漢文으로編成혼것이니、老兄은、一변으로學話호고、一변으로漢文을、빅우시니곳一擧兩得이올시다

一個狼이잇는데、목구녕에、뼈가、걸녀셔、고성을한업시호다가、식의게딕호야、새닉여주기를、要求호니、羣鳥가、이

因為狼是最愛撲生的、都不肯向前、狼很着急、就起誓說、你們肯給我出力、我後來一定有重報、傍邊兒有一個鶴聽他這麼說、在不忍的給他這鶴叨完了和狼要馬錢狼說我不害你、那還不是重報的麼、這是勸人不要給人出了死力的意思

第五十五課 飯館子

리눈가장살성을잘혼다호야、모도不肯向前호눈지라、狼이、미우죠급호야、곳맹셔호야말호되、老兄드리、나를爲호야、用力호기를、질기여호면、니가後日에、一定코重報호리이다、겻히鶴이잇다가、이말을듯고、참不忍히여여、그를爲호야、써니여주고、뛰에、이리의게、卽錢을要求호니、져、이리가、말호되、니가老兄을害치아니호눈것이、重報가아닌가、호얏스니、이것은、사람을勸호되、낫분사룸을爲호야用力치말나눈意思올시다

你,愛吃甚麼菜呢 老兄은,무슨料理를,잡숫기,죠와ᄒᆞ심닛가

我,愛吃中國菜,天天兒吃三 나는中國料理를,조와ᄒᆞ야,每日셰번

頓也不膩了 식,먹어도油이ᄒᆞ지안슴니다

那麼,偺們就這麼一塊兒到 그러ᄒᆞ면우리가,곳일엇케,한가지料理

飯館子去罷 집에갑시다

那一個飯館子好呢 엇던의料理집이,좃슴닛가

在此地說麼,那個二宮街,羣 此處에셔말ᄒᆞ것면,져二宮안,羣英樓가

英樓是頭一個,有名的飯 第一有名혼料理집이올시다

館子了 허허갑시다

哈哈走罷

跑堂兒,喳 뽀이야오너라 예ㅡ

拿^나菜^쎄單^딴子^쯔來^리

這是菜單子、這以^이外^왜、還^히有^유別^쎄的菜^쎄

那^나麽^마不^부拘^쥐甚^쎤麽、有好吃^츼的、可^키以^이拿^나來^리

酒^쥐麽

先^쎄拿^나黃^황酒^쥐後拿玫^메瑰^쮀露^루酒^쥐來^리就^쥐
好了、跑^판堂^탕兒、你^닌們^먼這兒、有

現成兒的、魚翅^취菜^쎄、和^허鷰^옌窩^워

菜麽

沒^매有、這是當^땅下^싸不^부能^녕做^쮜的、若^워

料理單子、가져와

이것은料理單子인듸、이外에도、다른料
理가、잇슴니다

그러호면、무엇이던지、먹기죠흔、것으
로、가져오너라

술、은

먼져黃酒가져오고、뒤에玫瑰露酒、가져
오는것이、조치、썃이야、너의게、現時민
드러노은、魚翅菜와燕窩菜가잇느냐

업슴니다、이것은當塲에만들지、못호

是要吃這個菜、耽誤半天的工夫纔可以的
너, 만일, 이 菜를, 자시고자ᄒ면, 반나잘 동안을, 지체ᄒ여야, 됩니다

那麼拉倒罷就筭筭帳
그러면, 고만두고, 곳會計ᄒ여라

這有八大碗和酒價筭起來、通共十六塊七角了
이것은 八大碗과, 술갑을, 치면, 모도 十六圓七十錢이올시다

那麼、賞給你三角錢、合十七塊、寫我的帳罷、謝謝
그러면賞錢으로三十錢을合ᄒ야十七圓이니, 늬게로, 치부ᄒ여라 감소々々ᄒ 니다

第五十六課 學生省親(ᄒᆡᆨᄉᆡᆼ셩친)

請問、你趕着歇伏的時候兒、
뭇슴니다、老兄은夏期放學때에、시골로 觀親ᄒ러、가실터이 오닛가

要下郷省親去麼
엇지아니깃슴잇가、늬가客地에잇슴

可不是麼、我在客店裏好幾

年老没回家、所以今年放
學的時候、一定要回去
一
滙了
託福家父家母都還健壯
貴昆仲幾位
令尊令堂都在堂麽
我們弟兄三個、我是排二
令兄令弟、現在做甚麼呢
我的哥哥、前幾年、到英國去
學新學問、快到畢業的期
限、舍弟、在鄉下、侍候雙親

지가、되우여러힉에、오리집에、가지못
호고로、今年放學때에는、一定코、혼번、
가깃슴니다
兩親侍下오닛가
老兄근렴호신덕분에、兩親이、모다健强
호심니다
몃兄弟分이심닛가
우리三兄弟에、늬가、둘지올시다
伯氏와季氏는、지금무엇을、호심닛가
나의兄님은年前英國을、가셔셔、新學
問을비우시는듸、卒業期限이갓가워오
고、아오는、시골셔兩親을모시고、글을

第五十七課 春天約逛

念書了
老大人、做過甚麼官呢
家父從前是兵部當差現在
把差使擱下了、在家內閒
着哪

읽습니다
春府丈게셔、무슴벼살을、지닉셧슴잇가
家親은、요젼에 軍部베살을、단이시다
가、지금은、베살을、노으시고、집에셔
한가히게심니다

您怎麼這麼悶在呀
今天、不是禮拜麼、所以沒上
學堂去、竟是這麼閒在
啊巧了、我也今天沒有事情
那麼偺們逛達逛罷

당신은、엇지일엇케、혼가ㅎ심잇가
今日은、공일이아닙닛가、그런바로學校
에가지아니ㅎ고、일엇케、혼가이、잇슴
니다
아、공교홉니다、나도오날일、이업스니、
그러면、우리散步나 갑시다

好的、您打算要上那兒去呢
那北門外頭怎麼樣
在那兒有甚麼可看的好景致
那原不是多有果木園子的地方兒了麼、當了這麼春暖花香的時候、一定是更好看了罷
是了、那麼偺們、這就走罷
您瞧、這不是北門麼
怎麼是個北門呢這門樓上

좃슴니다、당신은、어듸로、가시랴ᄒᆞ심잇가
져北門外가、엇더ᄒᆞ잇가
거긔무슴可觀홀景致가잇슴잇가
거긔눈原來果木밧이만흔地方이、안임잇가、이러헌春暖花香ᄒᆞᆯ當ᄒᆞ야一定코더보기가죳슴니다
올슴니다、그러ᄒᆞ면、우리가、일엇케、곳갑시다
당신은、보시오、이게北門이안임잇가
엇지이게北門이라홈잇가門樓上에、쓰

寫的、不是彰義門麽

기를彰義門이라, 아니호얏슴잇가

啊您不知道了、這個名字麽、
原是彰義門、可是在漢城
北邊兒了、所以又叫北
門

아, 당신은, 아지못호심니다, 이일홈은
彰義門이지마는 漢城北邊에 잇는고로 北
門이라 호옵니다

哪

承您 致謝謝

당신께셔, 글아쳐, 쥬시니, 감소흠니다

您瞧 這麽個山清水秀 而且
那紅紅綠綠的花草樹木、
有多麽好看哪

당신은, 보시오, 이럿케 山明水麗호고,
또흔져 紅紅綠綠호 花草와 樹木이 만어셔
보기가, 좃슴니다

很好很好、眞叫人胸襟開
啊、豁萬慮皆空了 若不是您

아, 좃고좃슴니다, 참소름으로, 胷襟이
開豁호고, 萬念이 皆消흠니다, 만일당신

第五十八課　火輪船

帶我來麼、差不多的叫我賀此春光了

請東家來、我有話說

東家不在屋裏、請掌櫃的來也行不行

您叫我有甚麽話吩咐

我這是要到天津去、不知道

有往那麽去的火輪船沒

有

이, 날을다리고, 오시지아니ᄒᆞ셧더면, 이春光을거의져버릴번ᄒᆞ셧슴니다

主人을請ᄒᆞ여오, 라니, 가ᄒᆞᆯ말이잇소

主人이방에업스니, 會計라도請ᄒᆞ야오 눈것이, 엇덧슴잇가

쏘흔쓰깃소이다

당신은, 날을, 부르시니, 무슴分付ᄒᆞᆯ, 말슴이, 잇슴잇가

늬가天津을가고ᄌᆞᄒᆞ눈듸, 그곳으로가 눈, 灰輪船이잇눈지업눈지, 아지못ᄒᆞ오

這兒灣着、有一隻立神船、明日早朝
여긔한쳑立神船이，디엿는데，明日早朝
에곳天津으로떠나갑니다

兒早起就開往天津去
찬지라키어왕텬진거

那巧極了、可是這隻船好不
나챠지랴커왕텬진거 가만此這隻船好不
그것은극히공교ᄒᆞ니다, 이빅가조흔비
온잇가

好呢
이뇌

這兒到天津有三隻船來往、
여긔셔天津ᄭᅡ지三雙船來往ᄒᆞᆷ이잇스니

一個是相模船、一個是高
一雙은相模船이오一雙은高沙船이오

沙船、再就是這立神船、這
ᄯᅩ는，곳立神船이니이、비는，민우크고，

隻船、船身頂大、頂乾淨、船
민우셔굿ᄒᆞ고，船上에應接ᄒᆞ는사람도，

上應酬人、也很周到、您一
민우슈밀ᄒᆞᆷ니다，당신혼분이，혼자가심

個人單走麽
잇가

就是我和我的底下人
곳나와，닉의，下人이올시다

獨習漢語指南 (278)

您打算定幾等艙
一個二等艙、一個三等艙、船
價是多少
二等艙、四十五塊錢、三等艙
十八塊錢、若是帶的行李
多、另外得給水腳
那麼船價我這就開發麼
不必我們櫃上可以先給您
墊上了
就是就是、那麼、託你代辦罷
遼辦遼辦、請您歇一歇罷

당신은、何等을定ᄒ시랴심잇가
ᄒ나는二等이오、ᄒ나는三等이니船價
는얼마요
二等은四十五圓이오三等은十八圓이니
만일가진行李가만ᄒ면、그외에、삭젼을
줌니다
그러ᄒ면船價를곳내가쥬릿가
아니올시다、우리會計室에셔、먼져당신
을위ᄒ야、쥬깃슴니다
곳울소、그러ᄒ면老兄의게代辦ᄒ기를
委任ᄒ오
命을좃차훌터이오니、쳥컨디당신은、쉬
십시오

第五十九課 送行去

辛若你哪

少見少見、好啊、您納

托福托福、您這麼、早早兒的、到舍下來、有何見教、請坐

請坐

您請坐罷、聽說您今兒早起

起身、要下鄉去、所以我就

給您送行來了

啊、勞駕、勞駕、您實在多禮了

該當的、您這回下鄉去、有何

老兄을슈고식킴니다그려

드물게뵙심니다、당신은安寧ㅎ시오잇가

덕분이올시다、당신은、이럿케、일죽이、

닉집에、오셧스니、무슴敎導홀、일이잇

슴잇가、쳥컨티안지시오

쳥컨티、당신은、안지시오、드르니、당신

이今日일죽이、시골을、가신다기로、닉

가、당신게餞別ㅎ러、왓슴니다

아、슈고ㅎ셧슴니다 당신은참禮가만슴

니다

맛당혼일이지오、당신은、이번에시골가

貴幹 시는것이, 무슴보실일잇슴잇가
甚麼要緊的事情、爲得不 무슴요긴훈, 일은업고、不過是遊覽호러
沒 갑니다
過是遊歷去的
連來帶去、總得要多少日子 가고오시기썻지、멋철이나、되겟슴잇가
呢 이것은一定처못하오、쳐어도、두어달동
這還不一定、少也不下倆多 안은、되깃슴니다
月的工夫罷 그럿케、여러날이、된다하깃슴잇가、車
敢情是那麼些日子呀、要坐 를타고, 가시랴오、빈를타고、가시랴오
車去、是坐船去呢
也不要坐車、也不要坐船、竟 車도아니타고、빈도아니타고、거러셔、
要步行兒走了 가고즈흠니다

要走的、總有多少里路呀 가시는데가、몃길이나됨잇가

通共算起來有五百多里的 都合五百餘里나됨니다

光景罷

啊、這麽好遠的道路、怎麽能 아、이럿케、먼길을、엇지거러셔、가시엇가

步行兒走呢

也沒甚麽爲難的慢慢兒的 무엇이、어려울것이업지오、쳔々히、

一天走個三十里呀、四十 로에三十里나四十里의길을、가면다리

里的道兒脚也覺不着

疼了 도、압푼줄을몰음니다

這話也不錯、可是還有個件 이말도、괴이치안습니다、그런되또혼同

兒應、是您單走呢 行이나、잇슴잇가、당신、혼자가심잇가

還有打幫走的、一位朋友了
那麼好罷
我這就要起身了、可是因爲
行期很忙、不能到府上、給
令兄辭行去了、求您回去、
替我說說罷
您太周到了、這我回到家裏
應該是給您說的
多謝多謝
別送別送請您、一路平安

第六十課　螃蟹和長虫

또훈作伴호야가는、훈분친구가、잇슴니다
그더욱좃킷슴니다
니가、곳써날터인데、미오밧버셔、딕에가셔令兄과拜別을못호오니、당신은、가시거든、나를딕신호야、말솜호시오
당신은、너무쥬밀호심니다、니가집에가면、맛당히당신을위호야、말솜호리다
감수감소홈니다
나오시지마시오、청컨디당신은、一路에平安히往返호십시오

螃蟹、和長虫、不知道有甚麼
事情很有交情了,雖是那
麼養、螃蟹原來是耿直的,
和那個長虫說來說去,沒
有一點兒說話還是叫他
不要做壞的事情再三
四的勸勸他,因爲這個、那
長虫本來不是個好東西
了、總不聽勸他的話、不關
怎麼樣不能改邪歸正末
了兒到了危險的地方

게와、비암이、무숨일로、미오交情이잇
눈지악지못ᄒᆞ나、그러ᄒᆞ나、게ᄂᆞᆫ、原來
正直ᄒᆞ야、져비암과說往說來에、조금
도、거즛말이업고、ᄯᅩᄒᆞᆫ비암으로ᄒᆞ야
곰、못된일을、ᄒᆞ지못ᄒᆞ게再三勸勉ᄒᆞ
니、이러홈으로、져비암은原來조흔물건
이아니라、도모지、권ᄒᆞᄂᆞᆫ말을、듯지아
니ᄒᆞ고、엇더턴지、關慮를아니ᄒᆞ야, 능
히改邪歸正치아니ᄒᆞ다가、져게가、엇지ᅟᅠᆨ유업
ᄒᆞᆫ地境에일으ᄂᆞᆫ지라、져게가、엇절슈업
셔、그와絶交를ᄒᆞ고、잇다가、ᄒᆞ루ᄂᆞᆫ、게

兒那螃蟹沒法子、和他絕了交了、有一天螃蟹趁着他睡覺的時候兒、就拿繩子把他從頭至尾的纏起來個壁直的、這麼着就死了、那個螃蟹、拿指頭指着壁直的死長虫說、你若是聽我的勸、改過、怎麼這麼樣的光景呢

第六十一課 電報局

偕光、偕光、電報局、在那兒啊

가、비암、주는찌를、타셔、곳노를、갓다
가、그를、從頭至尾로씃씃이、감으니、
이러셔、곳쥭난지라、제게가、손가락으
로씃이쥭은、비암을、가라쳐、말ᄒ되、
네가、만일、나의、말을、드러、改過ᄒ얏
더면、엇지能히、이모양이되리오ᄒ얏슴
니다

용셔ᄒ시오、電報局이、어듸잇슴잇가

您要往那兒去麼　당신은、어듸로、가시렴잇가
是我要打電報去了　예、나는電報노으려、가고자홉니다
這巧極了、我也正往那麽去　이참공교호오、나도그리갈터이니、당신
呢請您一塊兒去罷　은갓치갑시다
很好　하々
你們倆位、有甚麽貴幹　랴웨부쎈귀간
我們是、打電報來了　워먼싼티빠오라이러
是打到那兒去的呢　싼다따나알취디너
是中國上海地方了　귀듸씨듸됴
那一位呢　웨이너
是日本長崎去的、電報費是　쎈창치취디、예

예、中國上海地方이、올시다
예、어듸로、노으실터이온잇가
우리는、電報를노으려、왓슴니다
老兄두분은、무솜일이잇슴잇가
미우죳슴니다、미우죳슴니
은갓치갑시다
이참공교호오、나도그리갈터이니、당신
예、나는電報노으려、가고자홉니다
당신은、어듸로、가시렴잇가
저흔분은
예、日本長崎로노올터인데、電報費는、

要多少呢
那總得按着字數兒算的、您
先不用着急這兒有電報
紙、請您各自寫上罷
請看、這麼寫、可以使得麼
好、電報費是三個字一角錢、
是上海去的通共九個字、
算得是三角錢。長崎去的
字通共十二個字算得是
四角錢、請您看一看、對不對了、
可是回報趕多㗲來呢

얼마나되옴잇가
그것은、도모지字數되로、바드오니당신
은、조금히마시고、여긔電報紙가잇스
니쳔컨듸뎡신은제각곰쓰시오
쳔건듸보시오、일엇케쓰면、可以쓰깃슴
닛가
좃슴니다、電報費는、三個字에十錢이
니、이上海로가는것은、都合九字에、合
計가三十錢이오、長時로가는것은、都合
十二字에、合計가十四錢이니、당신은보
시오、맛슴꼬가、맛지안슴닛가
맛슴니다、回報는언제나、옴닛가

第六十二課 電報局 二

那是不一定的、從這兒打到那兒去、在那兒收報的人、當下有回報、過不了一天的光景、就到、立刻送到您府上去的
그것은、一定치못ᄒᆞ오、여긔셔져긔로電報ᄒᆞ야、져긔셔、收稱ᄒᆞ는사ᄅᆞᆷ이、즉시回報ᄒᆞ면、ᄒᆞ로동안이못되야、곳回報가오니、즉각에당신되으로、보너드립니다

是了、我就回去的
올슴니다、나는곳감니다

您要上那兒去呀
당신은、어듸로가심닛가

我要打一個電報、上電報局
나는、ᄒᆞᆫ낫電報를노으랴고、便報局에갑니다

去了、是打到甚麼地方
예、어ᄂᆞ의地方으로、노시랍닛가

獨習漢語指南 (288)

我有個朋友前年上北京去
了，昨天他給我送信來求
我借一百兩銀子、現在我
沒有錢、得趕緊的回答、免
得他盼望了
電報局、您知道在那兒麼
不是在西城裡頭麼
那是郵政局
電報局、在那兒、請您細細兒
告訴我罷
從這門口兒、一直的往南去

나의훈쳔구가잇셔셔, 再昨年에, 北京을
갓눈데, 어졔그가늬게편지호고, 나의게
一百兩銀子를취호라, 호엿스나, 자금닉
가, 돈이업슨즉, 回答이나, 진죽호야, 그
의바라눈것이나, 免케호랴니다
電報局, 이어디잇눈지, 당신은아심닛가
西門에잇, 지아니흠닛가
그것은, 郵便局이올시다
電報局이, 어디잇눈지, 쳥컨딕당신이자
셰히, 말숨호야쥬시오
이문압헤셔, 곳남죽으로가셔, 熱鬧훈地

第六十三課 狐求狼

到熱鬧的地方兒、有一道河橋、從那兒往西偏着點兒、有很高的三層洋樓、門口上有執字、就是那個

번화한 곳에 가면, 한河橋가 잇는데, 거긔셔, 西편으로좀다거셔, 미우놉흔三層洋屋이 잇는데, 門面에, 문픽가잇스니, 곳거긔 올시다

아라슴니다, 감스함니다

曉得了謝謝

有個狐狸、天天兒、在靑山緣林裏、自由々々的遊樂呀、有一天、忽然間掉在山澗裏了、就趴着沿邊兒、僅露着腦袋、正叫喊的時候兒、

흔 개 여호가 잇는데, 날마다, 靑山緣林속에, 自由로遊樂ㅎ다가, ㅎ로는忽然間山澗裏에, 써러져셔, 沿邊으로, 허비여, 겨우머리를내놋코, 불우지질씨에, 공교히 흔 마리, 이리 가우에셔, 아래로내려다보

哈哈、有一隻狼從上頭往下瞧見了那個狐狸就跟他哀求說若有一根繩子、可就活了。求您哥哥呀無論怎麽樣兒的想法子給我救命罷、後來一定重報您的、那個狼也很憐恤他就解勸他說、噯、你這光景、實在可了不得、我這是碰着這麽個壞運氣了呢。

거날、져여호가、곳그에게哀求ㅎ야말ㅎ되、만일ㅎ바람줄만、잇스면곳살깃스니、구ㅎ노나、이리형님아、無論엇더케方法을생각ㅎ던지、나를위ㅎ야、救命ㅎ시면、日後에一定코、당신께重報ㅎ리다、져이리가、또ㅎ그를불상히여겨、위로ㅎ여말ㅎ되、아老兄의光景은、참、말이못되오、나는眞心으로(老兄을、불상이역이오、누가이러ㅎ못된운슈를、만날줄、알앗쓸잇가、져여호가말ㅎ되、아야、이리형님아。당신이만일、나를그럿케사

那個狐狸說噯呀狼哥哥, 량호시거던, 반다시그러호죠흔말만마
您若果然那麼疼愛我罷 시고, 곳급히方法을싱각호야, 나를救호
不必竟說那麼好話, 就趕 야쥬시오, 남이우럿케, 물이턱에다아
緊的想法子, 就救我罷人 셔, 生死米定호환란을, 當호얏는딕, 져
家遭這樣水齊下巴頦兒 러호目前에, 身面보낸말만드르니, 더구
生死不定的難了聽那宗 나, 날로傷心이되오
眼面前兒的冤話、更叫
我傷心了

第六十四課 財神廟

鄕下、有一座財神廟、裡頭住 시골흔(財神廟)(션왕)안에, 두비렁이
着倆花子, 這倆花子, 見天 가잇는데, 이두비렁이가, 날마다, 밥을

討飯回來、把所得的東西、
就先供奉那個財神然後
纔吃、得了錢就買香來焚
燒、所以那個財神奶奶對
財神爺說、您太勢利、若富
貴的你偏叫他發財、那貧
窮的你偏不管、財神爺說、
這是甚麽話呢財神奶奶
說、即如這個花子、天天要
了來的、還供奉我們、爲甚
麽不叫他們發點財、財

비러셔、어든바를건을、곳먼져財神을供
奉흔後에、먹고、돈이싱기면、곳香을사
다가、불사르니、져財神母ㅣ、財神父를
對ㅎ야、말ㅎ되、당신은、너무츄세만ㅎ
오、富貴ㅎ는者는、너머펴벽되히、發福
케ㅎ고、져貪窮ㅎ財난편벽되히、상관치
아니ㅎ고、財神父가말ㅎ되、이게
무슴말이오、財神母가말ㅎ되、곳이와굿
흔두비렁이가、날마다비러오난것을、우
리들게、供奉ㅎ거ㄴ、엇지ㅎ야、그의덜
노조금도、發福을아니식키시오、財父神

神爺說、你是不知道、他們
沒有造化、若是給他們錢
一定害了他們了、財神奶
奶說我不信、您試一試、財
神爺說、就是那麽着、趕到
第二天、在香爐裏埋上了
一個元寶、趕那倆花子回
來、一燒香、看那香爐裏、很
硬、刨出來一看、敢請有一
元寶、就喜歡的了不得、這
個和那個說、偺們打一點

가, 말하되, 당신은아지못하오, 그의들
은, 福이업눈이니, 만일그의들을, 돈을
주면, 一定코그의들을害하는것이오, 財
神母가말하되, 닉가밋지아니하니, 당신
은시험하야보시오, 財神임여, 말하되,
그리하리라하고, 그잇튼날, 香爐속에
다, 흔기元寶를무덧더니, 져두비렁이
가, 도라와곳焚香하며)져香爐속이, 미
우단단하거놀, 파고본즉, 의외에元寶가
잇는지라, 곳깃거하야, 이비렁이가, 져
비렁에게말하되, 우리가, 술좀사다먹자

兒酒喝罷、一個花子看家
一、個花子去打酒、那個打
酒去的花子、想着若把酒
下上毒藥死他、那個元寶
不是我一個人的了麼那
個看家的花子、想着找了
一根犬棍子、藏在門後、等
他來了、打死他、那個元寶
不是我一個人的了麼趕
那個打酒的花子回來、一
進門、就拿一根子、就把他

호고、훈비렁이는집을보
술 사러갓쇼、져술사러가는비렁이가
싱각호되、만일술에다毒藥을녀어셔、져
놈을죽이면、져元寶는、늬훈사람의게아
니냐호고、져집보는 렁이는생각호되、
훈기큰몽동이를、가지고문뒤에숨엇다
가、그가오기를기다려、그를싸려죽이
면、져元寶는、늬훈사람의게아니냐호얏
와、막、문에드러오는것을、곳호기몽둥
이로、그를싸려죽이고、술을、져혼자마
쇼、져술사가지고오는비렁이가、도라

第六十五課 小俚騙鞋

有一個小俚正在街上溜達，忽然來了一個鄕下老兒，穿着一雙湛新的鞋，他要吃他那個鞋，就心生一計，在後頭悄不聲兒跟着他、

趕到背靜地方、傍邊有一
個小房子、他就在後頭、把
那個人的帽子、抓下來、扔
在房上了、那個鄉下人、就
回頭罵、你爲甚麼、把我的
帽子、扔在房上呪、那個小
俚、就笑臉迎着說、敢情您
納、我認錯了人了、我以爲
是個相好的、我的不是了、
求您納寬恕、我打給您納
一個橫梯兒、拿下來、就

져은집이잇거놀、그가곳뒤에셔、져사람
의帽子를벗겨셔、져집웅위에다던지니、
져시골사롬이、머리를돌녀、꾸짓되、너가
엇지호야、帽子를、집웅위에다、던지느
냐호니、져좀도젹이、웃는낫으로、다려
들면셔、말호되、의외에당신이올 다
려、닉가그릇사롬을알앗슴니다、나는조
와호눈친구로알앗더니、닉가잘못호얏
슴니다、당신은、용셔호시오、닉가당신
을위호야、흔사다리를노아셔、닉려드리
눈것이곳올슴니다、져시골사롬이、성각

第六十六課 猫吃虎肉

是了、那個鄉下人、想了想、沒別的法子、只好得那麼着、那個小俚、就蹲下了、叫那鄉下人、登在他的肩膀兒上、就慢慢的站起來說、趴罷、正到上也下也下不來的時侯兒、他就把那兩隻鞋拔下來、就跑了、實在是可笑

有個野猫、想吃老虎的肉、有

호고、싱각호니、엇잘슈업는지라、다만 그리호라호니、져좀도져이、쏘구리고안 져셔、져시골스롬을、제억키우에올녀 치고、차차일어나며、말호되、기어올나 가시오호야、졍히올나가라오를슈업고、 니려오랴니릴슈업슬지음에、곳져호거 리신을베겨가지고、도망호얏스니、참可 笑홉니다

호로세가、호랑이고기를먹즈호야、하로

一天找了一個老虎去、在他跟前、磕了頭說、這左近、有個頂肥的牛、我的力量、當不起他了、請先生和我同心合力、抵他吃、怎麽樣哪、這時候、老虎也是正在很餓、一聽這話、就喜歡、點着頭說、很好很好、你的這話、實在有理了、我也很願意的、這麽着那個野猫、就彈着那長的耳朶、往前

호호랑이를 차ᄌᆞ가셔、그의압해셔、머리를졉벅ᄒᆞ며、말ᄒᆞ되、이근쳐에、미우살진소나가、잇는듸、나의힘으로는、당치못ᄒᆞ니、先生은、나와갓치、同心合力ᄒᆞ야、그놈을ᄌᆞ바먹는것이、엇더ᄒᆞ닛가、이쎄에、호랑이도미우쥬린지라ᄒᆞ번、이말을드르미、곳깃거ᄒᆞ야、머리를낏덕거리며、말ᄒᆞ되、미우죳쇼죳쇼、老兄의말이참有理ᄒᆞ오、나도願ᄒᆞ눈바라ᄒᆞ니、더도기가、긴귀를쑥쑥처고、압흐로가며、말ᄒᆞ되、先生은、나를ᄯᅡ라오시오ᄒᆞ

走就說、請先生跟我來罷、
這麼着、就走了、兩三里地、
到了個水坑傍邊兒了、那
個野貓說、請您把尾巴擱
在這水裏頭、合着眼睛坐
着罷、我自各兒去、先把他
勾引到這兒來、再一塊兒
下手罷、這時候、正是很冷
的冬天了、那坑子裏的水、
都凍了、所以那個老虎、就
把尾已擱在氷上合着眼

며、곳 兩三里쯤가다가、물웅덩이 겻헤를
일으러、더로기가 말ᄒᆞ되、당신은 꼬리를
갓다가、물에다당그고、눈을감고、안저
게시오、니가혼ᄌᆞ가셔、먼져 그를誘引ᄒᆞ
야、이곳으로ᄃᆞ리고올터이니、흠게下手
를합시다、잇ᄯᅢ눈、졍히치운겨울이라、
더웅뎅이속에물이、모도얼은고로、더호
랑이가、꼬리를갓다얼음믈우에、놋코、눈
을감고、쭈구리고안졋거늘、더로기가곳
가만가만히、뒤로가셔、오줌을누어、호
랑의꼬리를、얼어붓차고、다시나무를갓

睛蹲着了、那個野猫、就偸
偸兒的往後面兒去下了
溺把他那尾巴凍住了、還
是把柴火攔在他那傍邊
兒、點着火了、然後望他說、
請你多等一會兒那隻牛、
快來了這麼着那個老虎、
心裏也暗暗的、喜歡、就緊
合着眼睛蹲着了、忽然間、
毛都着了火了、覺着燙的
了不得、剛要起來、可是

다、겻다놋코、불을붓친후、호랑의게
말호되、당신은、호동안만더기다리시
오、뎌쇼가곳옴니다호니、뎌호랑이가、
마음에암암이깃거호야、눈을아주싹감
고、죽구리고안졋더니、忽然間털에불이
붓터、훈량업시쓰거거우운치라 이러나고즈
호나、쇠리가발셔、싹얼어붓터셔、다라
나라도다라나지못호고、곳타셔죽으니、
더토기기、미우깃거호야、곳近處호寡婦
집에、다라가셔、갈퀴、도마를、비러다
가、즈바먹고、먹기를다호고、곳싱각호

把尾巴已經凍住了、跑也不能跑、就燒死了、這麼着那個野猫、很喜歡、就跑到那個寡婦家裏去、借了刀子、和案板來、宰了吃了、趕到吃完了、一想說、怎麼報答那寡婦借給刀子和案板的恩惠呢、這麼着就把那牙縫兒塞着的點兒肉、挖出來、和那刀子、案板、一塊兒給送回去了

야말ᄒᆞ되、엇지ᄒᆞ면、져寡婦의、칼과도마벌닌은혜를갑ᄒᆞ랴ᄒᆞ고、곳니틈에、씨인、고기를글거닉여、져칼과도마와갓치보닉쥬엇슴니다

第六十七課 聾翁取笑

有三個老者、都是聾子、一天聚在一塊兒、傍邊有好些個年輕的人、聽着、他們老翁說、咱們各自各兒說一個笑話罷、一位就說有一個黃鼠狼餓了、他要找一點吃食、就心生一計、自己跳在水裡、把身子沾濕了、然後上來、在宣土裡滾一滾、身子跟土塊一樣了、就

세눈군이가, 잇눈데, 모도귀먹은者라, 하로눈, 한듸모엿눈듸, 겻희믹우여러年들이잇셔, 듯습니다, 더老翁들이말호 되, 우리들은, 각기우슌말호마듸식합시 다호고, 호분이, 곳말호되, 호말리쪽제 비가잇눈듸, 쥬려셔먹을것을엇고 쟈, 곳호쇄를닉이고, 自己물로뛰여드러 가, 몸을젹신후, 나와셔진흙속에, 궁구 러셔, 몸이흙덩이와, 호모양오로, 곳野 外에가셔, 죽구리고안자셔기디리눈지

跑到野地去蹲下等着、那飛來飛去的雀兒、當是土椿子、就落在上頭了、他就抓着吃了、你說可不可笑、那些年輕的都哈哈的笑了、那倆老者也笑而不言、似知道的樣子、一位說、我也要說一個、比這還有趣兒、衆人都聽着、也說的是那黃鼠狼的事情、那些年輕的人、都嘎嘎的笑

라, 더 飛來飛去하는 시덜이 말둑으로 알고, 그 우에 안거늘, 그가 쏫웅케머겄스니, 老兄은, 우슙슴, 우슙지아니하오 여러少年들이 모도쌀쌀우스니, 더두 근이도, 우스며, 말을아니하기, 알아드른듯한모양이올시다, 흔분이 또 말하되, 나도 이버더 나은, 즈미잇는이야이를, 하오리다, 여러스룸이, 모도들으니, 또한 小족계 비利於藥이를하는지라, 더여러年들어, 모도쌀쌀우스니, 그가그의하는利於藥이가, 즈미잇셔, 그리하는줄알

起來、他以爲笑他說的笑話有趣兒、很得意的樣子、一位老、又說你們說的笑話雖然有趣兒、比不了我這個更好、衆人都用心用意的聽着、又說的是那個、衆人都笑的了、不得他以爲更有趣兒了、意的了、不得、敢情他們都是死聾子、無論甚麽人、聽這個話沒有不笑的了

고, 미우 得意호 모양이올시다、훈분늘군이가、또 말호되 老兄들、호는 利於藥이가 비록 즈미는잇스나、나호랴는 利於藥이 비록 즈미는잇스나、나호랴는 利於藥이 브덤、더 낫지못호리라호니、여러스롬이、모도 注意호야、드른즉、또호 져 쪽이、모도 注意호야、드른즉、또호 져 쪽이、비 利於藥이를、호거눌、여러스롬이、모도 웃기를 미지아니호니、그가 매우 즈미잇셔 그러호 눈줄알고、더욱 得意호니、그 늘군이들은、모도 졀벽이올시다、엇더호 소름이 던지、이 말올 드르면、웃지 아니호는이가、업숨니다

第六十八課　三子分家

有一位老人家裏很富足他
有三個兒子、有一天把他
們叫到跟前、把家產分給
他們了、那位老人、素有心
愛的個金剛石戒指兒、要
給他們、他一想着要夾開
麽、用不着、要但給一個人、
似乎偏向了、這麽着、想一
個法子、就吩咐他們人說、
我給了你們三個月之限、

흔 분 老人이 有흔디, 집이 미우 饒富흔지
라, 그가 三子를 두엇는디, 흐루는, 그의
들을불너, 압헤안치고, 家產을 分給홀
서, 저분老人이, 平日에 특별히 사랑흐는
金剛石반지가 잇셔셔, 그의들을 쥬랴흐는
디, 그가 성각흐되, 또 흐랴흐즉, 쓰지못
흐고, 흐나롤만 주랴흐즉, 편벽된지라,
일어흔 죠흔 方法을 성각흐고, 곳그의들
의게, 分付흐되, 니가 너의들게 三個月限
을 쥬니, 너의들은 까기나가셔, 高尙흔

你們各自兒、出外去、辦了高尙的事情、若有頂好的麼、就把戒指兒給了這麼着他們都去了、挃過了三個月之後、他們就回來了、那個排大兒的說、我到了一個鎭店、上住下了、認得一個外卿人、是做買賣的、把幾十箱子的金銀財寶、把我給他收着、就定規了、一個月之後就取回

일을 ᄒᆞ되、만일믹우죠흔者가잇스면、곳반지를쥬깃노라ᄒᆞ미、그의들이모도나갓다가、三個月이지난후、모도、도라와셔、맛아들이、곳말ᄒᆞ되、나ᄂᆞᆫ흔곳市場에가셔、머무는듸、흔시골ᄉᆞ람쟝ᄉᆞᄒᆞᄂᆞᆫ이가、數十個箱子의金銀財寶를、갓다나의게맛기고、작졍ᄒᆞ기를、一個月後에、곳차즈가깃다 ᄒᆞ기로니 가곳맛혓더니、期限이지나도、도모지차즈가ᄂᆞᆫ者가업셔셔、니가민우이상ᄒᆞ게여긔여、곳ᄉᆞ람을보뇌여알아본즉、意外에、그ᄉᆞ람이 數

去了、這麽着我就收起來
了、趕過了期限、并沒人取
回去的、我很訛異、就孤人
打聽去了、後來打聽着、敢
情那個人、前幾天病死了、
那個家裏的人、也不知道
他在外頭、存銀寶的事情、
按這情形看、那個財寶、眞
是我的東西了、纔筭得是
大財主、雖是那麽着、我心
裏想一想、這就是非義的

日前에、病으로죽고、그집사롬들도、또혼他處에다寶銀둔일을、아지못ᄒᆞᆫ지라、일어혼졍형으로보면、져財物은참나의물건이니、인졔는、큰富者라ᄒᆞ깃스나、그러나、뉘마음에、싱각ᄒᆞ죽、이것은、곳非義ᄒᆞᆫ쟝편지를쓰고、數十箇箱子와갓치、그의집으로、보니쥬엇스니、이것이高尙ᄒᆞᆫ일이아님잇가、져老人이말ᄒᆞ되、네가만일그물건을속엿스면、盜賊과굿지아니ᄒᆞ냐、그것은不過正直ᄒᆞᆯ뿐이

財呀、怎麽能、拿過去呢、因
爲這個、就寫了一封信、和
幾十個箱子、送他家裏去
了、這不是高尙的事情麽、
那個老翁說、你若是昧起
那個東西、不是跟賊一個
樣麽、那不過是一個正直
罷了、第二個、又說、我出去
走路的時候、過了一個河、
有一個孩子、在河沿兒正
頑兒、忽然栽了個筋斗、就

로구나、돌지아달이、또말ᄒ되、나는
아ᄎᆞ셔길갈ᄯᅢ에、ᄒᆞ河水를건너는디、ᄒᆞ
아희가、물가에셔、놀다가、忽然히곡그
러져、군두박질ᄒᆞ야、곳잡ᄲᅡ져、물에ᄲᅡ
지는지라、내가이것을보고、미우죠급ᄒ
야、급히ᄯᅱ여가셔、自己身上에衣服을不
顧ᄒ고、ᄯᅱ여날여가셔、그의生命을救ᄒ
엿스니、이것이高尙ᄒᆞᆯ일이아임잇가、그
의父親이、ᄯᅩ말ᄒᆞ되、그것은소름마다모
도할일이라、何必너ᄒᆞ낫소름만ᄒᆞ깃ᄂᆞ
냐、말ᄎᆡ아달이、곳말ᄒᆞ되、나눈말을타

躺下,掉在水裏去。我看這個很着急,跑到那兒去,不顧自己身上的衣服,就跳下去,救他的性命了,這不是高尙的事情麼,那個父親又說,那是人人都可以做的事情了,何必你一個人做的呢,末了兒的就說我是騎着馬,出門去了,有一天,因爲多貪走路,過了客店,到了一個地

고 나아가는 티, 하로는, 길만히 가기를, 탐호야, 客店을 지나 놋코, 혼군티를 일으니, 四方의 周圍가, 모도 山이오, 맛참니, 쓸쓸혼 地方이오, 날이 쏘어두엇눈티, 혼고지로브터 지나 그럴 띡에, 忽然히, 말이 깝짝 놀나,펄젹뛰여서,거위뻐러질번호다가,급히 말게 나려보니,거운 누은지라,이러케夜深혼 띡에,이것이 사룸이냐,鬼神이냐,갓가히 가셔,혼번죠체히본즉,意外에나의웟슈잇는 사룸이, 술을 먹고, 미우 취호야, 잡

方、四周圍都是山，竟是冷冷清清的地方，天又黑上來了，從一個山嶺兒過去，正走的時候，忽然馬一嚇，驚了一跳，幾乎把我掉下去，我趕緊的下着馬一瞧，有一個人、擋着道兒、躺下了，這麽個夜靜的時候、這是人哪、鬼呀、走到跟前一細瞧敢情是和我有仇的人喝酒很醉、躺着覺睡了

바져즈눈지라, 니가心즁中에 싱각ᄒ하되, 그놈을죽여셔, 원슈를갑ᄒ하랴,) 졍히됴흔 機긔會회라ᄒ하야, 졍히싱각ᄒ할때에, 흡스히붓쳐님이, 몸우에강님ᄒ하눈듯ᄒ하야, 앗가싱각ᄒ하든악ᄒ한마음은, 모도九天雲外에, 이져바리고, 忽然히仁心이發生ᄒ하야, 그를 흔드러셰우고, 前後에 소졍을말ᄒ하야, 푸러바리고「그들노와보닛스니, 이것이高尚혼일이안님닛가, 그의父親이, 곳이말을듯더니, 곳하하우스며, 말ᄒ하되, 너논참高尚ᄒ한일을ᄒ하얏구, 나다시눈녀보담

我心裏想着要殺他報仇
麽、正是好機會了、正想着
的時候、好像佛爺降在身
上的一個樣、剛纔想着的那
個万事都忘在九霄雲外、
忽然間生了惻隱之心、抱
他攪醒、把前後的事情說
合就放他走了、這不是高
尙的事情麽、那個父親就
聽這話、就哈哈的笑說、你
眞是個作高尙的事情了、

第六十九課 戒友酒色

老弟、你是個明白的人哪、怎麼應這麼樣呢、我告訴你、古人說的話、是萬不錯的、酒是亂人性害命的、色是迷人傷財的、就以現在、你所好的這兩樣兒說、在當時的時候、是何等樣的快樂、過後兒、想起來、遭蹋錢、遭蹋

再沒有比你強的呀、說完了、就給他戒指兒了、

老弟야、자네는 明白 한사람인 딕、엇지、이모양인가、비가자네게말 할게、古人之言이、萬에一도 글으지안이 하니、술은 亂性害命하는것이오、色은迷人傷財하는 것이라、하얏스니、자네지금、이두가지 죠와 하는것으로말 하면、當時에는、何等에快樂이라 하겟지마는、지나고 생각하면、돈업서 지고、몸바리고、許多한일을、그

身子、耽悮了許多的事情、듯치고、許多훈朋友에게、得罪를ᄒᆞ니、
得罪了許多的朋友、這是이것이무슴모양인가
甚麼樣昵
兒屈我的心、這兩件事情、형님의、敎訓ᄒᆞ시ᄂᆞᆫ말씀은、참나의마음
我固然是有的、也不過是、에、조금억울ᄒᆞᆷ니다、이두가지일이、果
逢場做戱的、應酬朋友們 然잇기ᄂᆞᆫ호나、不過是逢塲에作戱ᄒᆞ야、
罷咧若按您這麼一說、我 朋友間에應接홀뿐이오、만일형님게셔、
不成了酒鬼、色迷了麼、我 일엇케ᄒᆞ시ᄂᆞᆫ말슴갓타셔ᄂᆞᆫ、뉘가酒鬼
有悮過甚麼事情、得罪那 나、色迷가되지아니ᄒᆞ얏슴잇가、무슨죄
個朋友、不知道那個嘴大 를언의친구에게、지엿슴잇가、몰으겟슴
　　　　　　　　　　　　니다마ᄂᆞᆫ、엇더ᄒᆞ쥬둥이싼소름이、나의

大哥您敎導我的話、眞有點 형님의、敎訓ᄒᆞ시ᄂᆞᆫ말씀은、참나의마음

舌長的人、給我編造這些沒影兒的瞎話、特意吹到您的耳朶裡、好叫您一件一件的指着勸勸我這眞是委屈我呀、我知道、你也必不生氣、我知道、你也必不是這樣的人、但是老弟、你不必生氣、我知道、你我既然聽見他們這樣兒的交情豈不上緊的勸、也不過是、叫你有則改之、無則加勉的意思啊、

게열어가지、그림쟈도업는、거진말을지여닉여、형님의귀에、들어가게ᄒᆞ야、형님으로、낫々치집어닉여、나를권ᄒᆞ시니、참닉게、억울케ᄒᆞ심닉다
老弟야、자닉는、노여워ᄒᆞᆯ것이아닐셔、나도자네가、이러ᄒᆞᆫ사롬으로、아지는아니ᄒᆞ나、既往닉가드른지라、우리이러ᄒᆞᆫ交情에엇지緊緊ᄒᆞ게、자네를권치아니ᄒᆞ겟나、ᄯᅩᄒᆞᆫ不過是자네로ᄒᆞ야금、잇시면、고치고、업스면加勉ᄒᆞ라는意思일셰、

你箸是年輕的、應當不知道、這兩樣害處的詳細、我告訴你罷、我箸是過來的人了、當初我在二十歲的時候兒、眞比你現在鬧的、還利害、和朋友們一塊兒喝酒、誰肯讓誰呢、從晌午喝起、到半夜還沒完、喝酒以來甚麽都不吃、你想這身子、受傷不、於和朋友塔伴兒出去、打

자네는年少혼터이닛가、응당이두가지害處에詳細혼것을몰으리、니가자네게、말홈셰、나는다지나본사름일셰、當初니가二十餘歲쯤된써에는、자네지금써드는디、比호면、더심호다호깃네、친구와、곳치술을먹으면、누가누구를、스양호깃나、午時브터、먹기시작호면、밤중이되여도、못이아니나고、술만먹기서작혼후로는、아무것도、먹지아니호엿스니、자니성각호야보게、이몸이傷호엿겟나、傷치아니호엿겟나、또친구와、作件호야、

茶園去、那些個女們、搽臙
摸粉兒、首飾打扮、衣服講
究的樣子一看寔在離不
開的呀、這時候把金錢、彷
佛揚水似的花完了、我如
今想起來、越想越氣、你看
我、我現在不過是四十多
歲的人、身子就這麼樣兒
豈不是年輕的時候兒沒
出息的緣故麼、所以我現
在聽見人說、你也要入這

나아가셔、妓生의집에가면、그여러게집들、臙脂찍고、紛발은것과、首飾에모냥것이며、衣服에치례호모양을、호번보면、춤쩨날슈업는데그려、이찍에는、金錢을彷佛히、물쓰듯호야다쓰고、뇌가至今싱각호죽、싱각홀스록、긔가나네、자네눈나를보게、뇌가不過四十餘歲에、뇌몸이이모양되얏스니、엇지年少훈쩍에、지각업시훈緣故가、아닌가、그러훈바로、뇌가至今남의게들으니、자네도일어훈誤道에든다훙기로、不可不急急히、자

個道兒、不能不着急的勸너를권호는것일셰、만일자네、몸이、이
你、若等到你的身子、落了러호구덩이에、싸진뒤에、권호야셔는
這個坑裏、纔勸你、두렵건되、다시容易호게、뛰여나지못호
恐怕再不容易跳出來的가、호는것일셰
呀야

獨習漢語指南 終

擧壬乙丑初旦偶然生意元使朴聖祚私
罗寻此漢語書擇學尹桂亭昌漢雖見評
自今元春之漢語等為妙也
橙山書

大正二年二月十五日　初版發行
大正十年五月二十三日　四版印刷
大正十年五月二十七日　四版發行

（修正　獨習漢語指南）
（改正　定價金壹圓貳拾錢）

不許複製

著作者　京城府益善洞二三七番地
柳廷烈

發行者　京城府寬勳洞七十二番地
南宮濬

印刷者　京城府公平洞五十五番地
金重煥

印刷所　京城府公平洞五十五番地
大東印刷株式會社

總發行所　京城府寬勳洞三十番地
朝鮮圖書株式會社
電話　一九五四番
振替京城八二五五番

"早期北京話珍本典籍校釋與研究"
叢書總目錄

早期北京話珍稀文獻集成

（一）日本北京話教科書匯編

《燕京婦語》等八種　　　　　　四聲聯珠
華語跬步　　　　　　　　　　　官話指南・改訂官話指南
亞細亞言語集　　　　　　　　　京華事略・北京紀聞
北京風土編・北京事情・北京風俗問答
伊蘇普喻言・今古奇觀・搜奇新編

（二）朝鮮日據時期漢語會話書匯編

改正增補漢語獨學　　　　　　　修正獨習漢語指南
高等官話華語精選　　　　　　　官話華語教範
速修漢語自通　　　　　　　　　無先生速修中國語自通
速修漢語大成　　　　　　　　　官話標準：短期速修中國語自通
中語大全　　　　　　　　　　　內鮮滿最速成中國語自通

（三）西人北京話教科書匯編

尋津錄　　　　　　　　　　　　北京話語音讀本
語言自邇集　　　　　　　　　　語言自邇集（第二版）
官話類編　　　　　　　　　　　言語聲片
華語入門　　　　　　　　　　　華英文義津逮
漢英北京官話詞彙　　　　　　　北京官話初階
漢語口語初級讀本・北京兒歌

（四）清代滿漢合璧文獻萃編
清文啓蒙　　　　　　　　　清話問答四十條
一百條・清語易言　　　　　　清文指要
續編兼漢清文指要　　　　　　庸言知旨
滿漢成語對待　　　　　　　　清文接字・字法舉一歌
重刻清文虛字指南編
（五）清代官話正音文獻
正音撮要　　　　　　　　　　正音咀華
（六）十全福
（七）清末民初京味兒小説書系
新鮮滋味　　　　　　　　　　過新年
小額　　　　　　　　　　　　北京
春阿氏　　　　　　　　　　　花鞋成老
評講聊齋　　　　　　　　　　講演聊齋
（八）清末民初京味兒時評書系
益世餘譚——民國初年北京生活百態
益世餘墨——民國初年北京生活百態

早期北京話研究書系
早期北京話語法演變專題研究
早期北京話語氣詞研究
晚清民國時期南北官話語法差異研究
基於清後期至民國初期北京話文獻語料的個案研究
高本漢《北京話語音讀本》整理與研究
北京話語音演變研究
文化語言學視域下的北京地名研究
語言自邇集——19世紀中期的北京話（第二版）
清末民初北京話語詞彙釋